Marc Friedrich & Matthias Weik
Der größte Crash aller Zeiten

Weitere Titel der Autoren:

Der größte Raubzug der Geschichte
Der Crash ist die Lösung
Kapitalfehler
Sonst knallt's (mit Götz W. Werner)

Marc Friedrich & Matthias Weik

DER GRÖSSTE CRASH ALLER ZEITEN

Wirtschaft, Politik, Gesellschaft –
Wie Sie jetzt noch Ihr Geld schützen können

eichborn

Haftungsausschluss

Jede Person ist für seine Geldanlage selbst verantwortlich. Die Autoren übernehmen keinerlei Haftung für Schäden, die durch falsche Schlussfolgerungen aus den Hinweisen in diesem Buch entstanden sind. Die Informationen basieren auf tiefgreifenden Recherchen – nichtsdestoweniger können Fehler auftreten. Die Autoren schließen Haftungsansprüche jeglicher Natur aus.

Dieses Buch enthält Links zu Websites, die außerhalb unseres Einflussbereiches liegen. Der Verlag übernimmt keine Haftung für die Inhalte dieser Websites oder die Sicherheit von der auf diesen Websites ausgeführten Aktivitäten und haftet auch sonst in keiner Weise für die Inhalte dieser Websites.

Stand: September 2019

Dieser Titel ist auch als Hörbuch und E-Book erschienen

Eichborn Verlag in der Bastei Lübbe AG

Originalausgabe

Copyright © 2019 by Bastei Lübbe AG, Köln

Lektorat: Anne Büntig-Blietzsch
Umschlaggestaltung: Christina Hucke, www.christinahucke.de
Umschlagfotografie: Christian Staehle, Asperg
Satz: Helmut Schaffer, Hofheim a. Ts.
Gesetzt aus der Adobe Caslon Pro
Druck und Einband: GGP Media GmbH, Pößneck

Printed in Germany
ISBN 978-3-8479-0669-8

5 4 3

Sie finden uns im Internet unter www.eichborn.de
Bitte beachten Sie auch www.luebbe.de

Inhalt

Vorwort	11
Einleitung: Der größte Crash aller Zeiten	13
Winter is coming	16
Dauerkrisenmodus	17
Elitenproblem	18
Unser Szenario	19
1. Die größte Blase aller Zeiten	21
Schuldenblase	21
Anleihenblase	22
Ein bewährter Krisenindikator: die inverse Zinskurve	25
Fazit	30
2. Wann scheitert der Euro?	33
Gründe für das Scheitern des Euros	33
Wie verschwinden Staatsschulden?	36
Währungsunionen in der Vergangenheit	42
Wann könnte eine Währungsunion funktionieren?	43
Die Euro-Lüge	44
Der Euro wird scheitern!	45
Mögliche Auslöser für einen finalen Eurocrash	47
3. Europäische Zentralbank (EZB) – das größte Notenbankexperiment aller Zeiten	57
Nie wieder Zinsen!	58
Deutschland auf dem absteigenden Ast	60
Insolvenzverschleppung	63
Noch mehr von der Droge Billiges Geld	64
Die Planwirtschaft der Notenbanken	65
Zombiefirmen	66

Das Bankensterben kommt! 67
Deutsche Bank und Commerzbank – Verstaatlichung oder Pleite 70
Die Deutsche Bank – einstige Vorzeigebank 71
Nieten in Nadelstreifen 71
Die Deutsche Bank wird scheitern! 73
Der Super-GAU für den Steuerzahler 74
Versicherer in der Zinsfalle 75
Die Folgen für die Bürger 77

4. Macht doch mehr Schulden! 79
Die Notenbanken kaufen Zeit und lösen keine Probleme 80
Die Politik des billigen Geldes geht unvermindert weiter 80
Der Europäische Gerichtshof gibt grünes Licht 81
Helikoptergeld – Herr, wirf Geld vom Himmel 82

5. Enteignung, Negativzinsen und was noch auf uns zukommt ... 87
Finanzielle Repression 87
Die perfiden Pläne des IWF 94
Bargeldabschaffung zur Vorbereitung auf den großen Crash 94
Komplette, legale Enteignung per Gesetz 99
EDIS – Europäische Einlagensicherung 100
Versicherungen – zahlen und nichts dafür bekommen! 104

6. Deutschland auf dem Holzweg 107
Welcher Crash? Uns geht es so gut wie nie zuvor! 107
Steuerwahnsinn – wir zahlen die höchsten Abgaben weltweit! 114
Deutsche Experten für die Schweiz und die USA 116
Wohnen wird zum Luxusgut 119
Wohnraum enteignen? 126
Niedriglöhne sorgen für Altersarmut 127
Infrastrukturdesaster Deutschland 136
Deutschland diskutiert – China baut 139
Wo sind die ganzen Steuerüberschüsse hin? 140
Politik in Deutschland 144
CumEx-Mafia – Organisierte Kriminalität made in Germany 151

7. Gesellschaft in Deutschland ... 155

Wem gehören die Medien? ... 155
»Transatlantische Swingerclubs« – Gehirnwäsche pur ... 157
Rundfunkbeitrag: Kultur- oder Zwangsabgabe? ... 159
Fake News – wie man das Vertrauen der Bürger verspielt ... 167
Deutscher Rechtsstaat im Niedergang ... 169
Justiz in Deutschland – die Gewaltenteilungssäule wackelt ... 173
Kinder sind ein Luxusgut ... 183

8. »Die Königin besitzt kein Bargeld« – schöne Grüße aus dem Elfenbeinturm ... 187

Ja-Sager prägen den Tag ... 188
Man bleibt unter sich ... 189

9. Deutschland verpasst den Anschluss an das 21. Jahrhundert ... 193

Energiewende und Klimawandel ... 194
Deutschland vor dem Wirtschaftssturm ... 195
Der Euro als Krisenbeschleuniger ... *196*
Deutschland – ein Euro-Gewinner? ... 197
Das monetäre Endspiel steht bevor ... 200
Das Märchen vom reichen Land ... 202

10. Die EU ist nicht Europa – The Final Countdown ... 205

Warum die EU scheitern wird ... 205
Brexit – ein Alptraum für Nordeuropa und der Anfang vom Ende der EU ... 219

11. USA – bald nur noch Nummer 2 ... 227

Trump – Brillant oder Blender? ... 227
Fake News starten Kriege – Krieg gegen den Iran? ... 230
Kritik unerwünscht ... 234
Das Leben auf Pump geht weiter ... 234
Die Sause geht weiter! Immer mehr schlechte Schulden! ... 235
US-Staatsverschuldung geht durch die Decke ... 236
Immobilienblase ... 238

12. China – die neue Nummer 1 ... 239

Der Boom ist vorbei ... 241

Wenn China die Puste ausgeht, dann knallt es in Deutschland ... 241

Trumps Handelskrieg – verheerend für China und Deutschland ... 243

13. Lösungen ... 245

Wie entsteht Geld? ... 245

Wem gehört das Geld auf Ihrem Konto? ... 247

Ist die Einlagensicherung sicher? ... 248

Machen Sie keine Schulden! ... 250

Das Ende des US-Dollar – was kommt danach? ... 255

Handelskrieg, Währungskrieg, Krieg? ... 257

Das nächste Geldsystem wird digital ... 258

Schweiz und Franken – ein sicherer Hafen für Ihr Geld? ... 259

Vermögenssicherung – das Zeitalter der Sachwerte beginnt ... 268

Kurze Bemerkung über Kartoffeln ... 269

Sachwerte schützen Ihr Vermögen ... 270

Vermögenssicherung mit der Wurzelstrategie
und dem Eichhörnchenprinzip ... 271

Aktien ... 276

Bargeld ... 283

Bitcoin ... 284

Bitcoins Wert – Modellierung mit Stock-to-Flow ... 292

Diamanten ... 305

Gold ... 308

Silber ... 320

Fremdwährungen ... 325

Immobilien ... 326

Investment-No-Gos ... 330

Whisky ... 334

Versicherungen ... 349

Sachwert Daten ... 351

Das wichtigste Investment ... 351

Investmentmatrix ... 354

14. Nach der Demokratie droht die Diktatur 355

Keine Lösung in Sicht? 356

15. Maschinen an die Macht! 361

Die Technik ist schon da – die Revolution steht noch aus! 366

Ein Bier auf die Zukunft der Maschinen 367

Denkst du noch – oder entscheidest du schon? 369

Maschinen an die politische Macht 370

Künstliche oder von Menschen gemachte Politik? 371

Ersetzen Maschinen dann Politiker? 373

Maschinen an die Macht – bitte auch im Finanzwesen 375

Brauchen wir eigentlich noch eine Bank? 376

16. Worum gehts überhaupt? 381

Zombie-Gesellschaft 382

Wer nicht hören will, muss fühlen 385

Die Krise als Chance 386

Was kommt danach? 387

Kontakt 389

Danksagung 391

Endnoten 393

»Das ist die Seuche unserer Zeit:
Verrückte führen Blinde.«

William Shakespeare

Vorwort

*»Die Mehrheit der gewöhnlichen Bevölkerung
versteht nicht was wirklich geschieht. Und sie versteht
noch nicht einmal, dass sie es nicht versteht.«*
Noam Chomsky, Kommunikationswissenschaftler

Es ist wieder soweit. »Friedrich & Weik« haben es schon wieder getan. Wir haben ein weiteres Buch geschrieben. Noch immer lassen wir uns nicht den Schnabel verbieten und weiterhin nehmen wir kein Blatt vor den Mund und sprechen unangenehme Themen an.

Wir beiden Autoren sind eine brisante Mischung: **Ökonomen und Schwaben.** Aus unserer Heimat, dem Remstal bei Stuttgart, kamen schon viele kritische Geister, Querdenker, Visionäre und Rebellen. So war der »Arme Konrad« Ausgangspunkt der Bauernaufstände im 16. Jahrhundert, der einen besseren Stand für die einfachen Menschen erreichte. Die Weiber von Schorndorf, vor allem Barbara Künkelin, die erste Bürgermeisterin, wehrten sich 1688 mutig gegen die Eroberung der französischen Truppen und stürmten das besetzte Rathaus. Und der Remstal-Rebell Helmut Palmer stänkerte gegen das etablierte Parteiensystem.

Wo gehobelt wird, da fallen bekanntlich auch Späne und manch einem aus der politischen und wirtschaftlichen Elite wird das eine oder andere Kapitel gewiss missfallen – und das ist auch gut so. Unsere Kritiker motivieren uns immer wieder aufs Neue und belegen, dass wir auf dem richtigen Weg sind und dass offenkundig so einiges falsch in unserem Lande läuft. Daher werden wir auch weiterhin den Finger in die Wunde legen. Wir sind weder Mitglieder noch Anhänger oder Unterstützer irgendeiner Partei und haben dies auch nicht vor. Unserer Ansicht nach wird der Wandel nicht von einer oder mehreren Parteien, sondern von uns, den Menschen, kommen. Folglich ist es sinnfrei uns in irgendeine politische Ecke zu stellen oder gar einer Partei zuzuschreiben. Das Buch spricht die verschiedensten Themenbereiche an. Es ist wie alle bisherigen Bücher allgemein verständlich und faktenbasiert. Dennoch wird es bei dem ein oder anderen bestimmt für einen Aufschrei sorgen und genau das ist unsere Absicht! Sollten wir mit diesem Buch einen kleinen, bescheidenen Beitrag zu einer gerechteren Welt und einem besseren Finanzsystem beitragen können, wären wir unendlich dankbar und demütig. Uns ist es eine Herzensangelegenheit, unsere Mitmenschen aufzuklären, sie vor Schlimmerem zu bewahren und ein neues Wirtschaftsdenken für ein besseres Finanzsystem zu initiieren, um die Welt als einen lebenswerten Platz zu erhalten.

Herzlichst
Marc Friedrich & Matthias Weik

Einleitung: Der größte Crash aller Zeiten

»Es gibt keinen Weg, den finalen Kollaps eines Booms durch Kreditexpansion zu vermeiden. Die Frage ist nur, ob die Krise früher durch freiwillige Aufgabe der Kreditexpansion kommen soll oder später zusammen mit einer finalen und totalen Katastrophe des Währungssystems.«
Ludwig von Mises

Denken Sie, dass die Finanzkrise von 2008 ausgestanden, geschweige denn gelöst ist? Haben Sie noch Vertrauen in den Euro und in die Europäische Zentralbank (EZB)? Meinen Sie, dass man Krisen lösen kann, indem man immer mehr Geld druckt?

Wie auch immer Ihre Antwort lautet – wir zeigen Ihnen in diesem Buch den Irrsinn in der Politik und Finanzwelt auf und erklären Ihnen, wie Sie sich und Ihr Geld jetzt noch sichern können, um nicht als Verlierer dazustehen.

Rückblickend werden unsere Kinder und Enkelkinder uns fragen: **Habt ihr das nicht kommen sehen?** Nach der Lektüre dieses Buches kann keiner mehr behaupten, dass er von nichts gewusst hat. Wir haben unzählige Daten und Fakten zusammengetragen und aus den vielen einzelnen Puzzlestücken ein großes Gesamtbild gebaut – mit einem erschreckenden Ergebnis. Nach der intensiven Recherche und der Fertigstellung des Buches müssen wir beide erkennen: Dieses ist bis dato unser wichtigstes Buch mit einer ganz klaren Warnung!

Der größte Crash aller Zeiten steht uns bevor und wir können ihn nicht mehr verhindern!

Werden Sie aktiv und bereiten Sie sich vor. Es ist nicht die Frage, ob der Crash kommt, sondern wann. Eines ist jetzt schon sicher: Das Zeitfenster bis dahin und damit zur Vorbereitung wird nicht größer, sondern jeden Tag kleiner – werden Sie am besten heute noch aktiv!

Seit 2008 erleben wir weltweit ein historisch einmaliges Notenbankexperiment, das die Finanzkrise nicht gelöst, sondern lediglich die Symptome mit niedrigen Zinsen und unvorstellbar viel billigem Geld übertüncht und die Auswirkungen in die Zukunft verschoben hat. Man darf aber nicht vergessen: **Noch nie wurde eine Krise durch Gelddrucken gelöst, und es wird auch dieses Mal nicht funktionieren.**

Wir alle spüren intuitiv, dass seit der Finanzkrise 2008 die Welt aus den Fugen geraten ist. Nicht nur in der Finanzwelt, sondern auch gesellschaftlich und politisch. Die vielen Krisen der letzten Jahre zeigen ganz klar auf, dass wir und insbesondere der Finanzkapitalismus und die Demokratie in einer Existenzkrise sind. Denken Sie nur an **Donald Trump, den Brexit, das Politikversagen, die immer stärker werdenden extremen Parteien, den Klimawandel, die Rezession, den Nullzins, den Negativzins, das Eliteproblem, die Skandale um die Kirchen, Harvey Weinstein und Jeffrey Epstein, den Flughafen Berlin Brandenburg (BER), das Bahnprojekt Stuttgart (S21), die Dieselaffäre, die CumEx- und CumCumEx-Geschäfte, die EU-Wahl, Ursula von der Leyen, Boris Johnson, Hongkong, Italien, Iran und so weiter.**

Aber was war der Auslöser? Vor 10 Jahren erschütterte die Lehman-Pleite die Grundfesten unseres Finanzsystems und läutete offiziell die Finanzkrise ein. Deren Auswirkungen sind bis heute zu sehen und zu spüren. Nicht nur monetär, sondern auch gesellschaftlich. Seit dem Erscheinen unseres ersten Buches *Der größte Raubzug der Geschichte – warum die Fleißigen immer ärmer und die Reichen immer reicher werden* im Jahr 2012 hat sich in Deutschland, Europa, ja auf der gesamten Welt nichts Grundlegendes zum Besseren verändert. Viele unserer Prognosen aus diesem, aber auch unseren anderen Büchern sind erschreckend schnell und exakt eingetroffen. In diesem Buch schließen wir an unsere beiden ersten Bestseller an und zeigen auf, dass das gesamte Finanzsystem am Abgrund steht. Es ist lediglich eine Frage der Zeit, bis es kollabiert.

Die Reichen werden nach wie vor immer reicher, die Superreichen sogar absurd reich, während die Mittelschicht immer weiter schrumpft und die Unterschicht kontinuierlich wächst. Die Politik hat bei der Abzocke von uns Bürgern durch die Finanzwelt Schmiere gestanden, und aus den Krisenverursachern, den zockenden Banken, sind Krisengewinner geworden.

Der Unmut in der Gesellschaft über die Finanzwelt, die Politik, aber auch die Medien, wird tagtäglich größer. Wir erleben einen historischen Vertrauensverlust in die Finanzwelt, in die Politik, die Kirchen und die Medien. Dieser wird von zahlreichen Politikern, Wirtschaftsbossen und Vertretern der Medienbranche mit einer besorgniserregenden Realitätsverweigerung ignoriert. Die Kluft zwischen Oben und Unten wird kontinuierlich größer und sorgt für sozialen Sprengstoff. Die Finanzkrise ist direkt verantwortlich für das Erstarken von linken und rechten Parteien weltweit, für die Wahl Trumps sowie den Brexit. Nicht nur unser Wohlstand, unsere Rente und unser Erspartes sind in Gefahr, sondern auch unsere Demokratie und unsere Freiheit. Denn sie werden zunehmend von den Machtinhabern angegriffen und beschnitten.

Jede Krise ist ein wichtiges Korrektiv und zeigt Fehler im System auf. Wurden diese Fehler 2008 erkannt und beseitigt? Nein! Ganz im Gegenteil. Durch ein einmaliges Notenbankexperiment, das zum Scheitern verurteilt ist, wird sich teuer auf Kosten von uns Bürgern Zeit erkauft. Wie von uns in unserem zweiten Buch *Der Crash ist die Lösung* bereits prognostiziert wurde, werden dadurch politische Kräfte am linken und rechten Rand immer stärker. Sie treiben die etablierten Parteien vor sich her und schicken beziehungsweise haben bereits einige ehemalige Volksparteien in Europa in die politische Bedeutungslosigkeit geschickt. Findet bei den Eliten kein Umdenken statt, dann wird sich das politische Umfeld in den nächsten Jahren drastischer verändern, als es sich die meisten Bürger heute vorstellen können.

Winter is coming

Dieser Kultspruch aus der erfolgreichen HBO-Serie *Game of Thrones* bedeutet, dass man sich vorbereiten muss, weil der kommende Winter hart und gefährlich sein wird. Zu allem Übel kommen dann auch noch die White Walkers, eine Art Zombiearmee. Wir möchten Sie nun auch warnen: Winter is coming! Und statt Zombiearmeen haben wir Zombiebanken und Zombieunternehmen, die aber genauso gefährlich sind.

Die folgende Aussage ist drastisch, aber leider realistisch: Unsere Analysen und Recherchen zeigen auf, dass der finale Kollaps nun unausweichlich ist. Es gibt keine Chance mehr, ihn zu stoppen – anders als die Jahre zuvor. Selbst wenn es noch Möglichkeiten gäbe, würden die verantwortlichen Protagonisten in Politik und Finanzwelt – wie bisher – versagen und nicht den Mut aufbringen, den notwendigen, unbequemen Weg einzuschlagen. Dies bestätigen leider überdeutlich die letzten Jahre. Wir haben mit vielen Politikern, Entscheidern und Ministerien gesprochen. Wir haben in all unseren Bücher immer konstruktive Lösungsvorschläge gemacht, für uns als Gesellschaft, für die Politik und für den einzelnen Leser. Es hat kein tiefgreifendes Umdenken stattgefunden, stattdessen wurden nur Beruhigungspillen verabreicht und kosmetisch ein bisschen am Patienten herumgepudert. Eines ist aber sicher und wird durch die Daten bestätigt: **Der Patient Geld- und Finanzsystem ist dem Tod jetzt deutlich näher als noch vor einigen Jahren.**

Unser System ist unheilbar krank. Anstatt radikal einzugreifen, hat man sich 2009 dazu entschieden, Homöopathie anzuwenden, also noch mehr Schulden zu machen, um die bestehenden Schulden zu bezahlen. Das Ergebnis ist: Wir befinden uns im Endstadium, und eine Rettung ist nicht mehr möglich.

Wir stehen vor der größten Zeitenwende der Neuzeit, und noch kann man sich darauf vorbereiten.

Dauerkrisenmodus

Wir erleben seit der Finanzkrise 2008 ein historisch einmaliges Rettungsexperiment. Mit Billionen an US-Dollar, Euro, Yuan und Yen, wurde der Kollaps des Finanz- und Bankensystems verhindert – aber das Problem nicht gelöst. Es wurde teuer Zeit erkauft. Mit dieser Aussage stehen wir auch nicht mehr allein: Im November 2018 war ich (MF) bei der »Future of Money«-Konferenz in der Business School of Frankfurt zum Thema »The Future of Money – 10 Jahre nach Lehman Brothers und Satoshi Nakamoto (Bitcoin)« eingeladen. Man tauschte sich über die Auswirkungen und Nachwehen der großen Finanzkrise aus. Teilnehmer waren Dr. William White, Chefvolkswirt der OECD und ehemaliger Chefvolkswirt der BIS (Bank of International Settlements; das ist die Notenbank der Notenbanken) und einer der wenigen, der die Krise 2008 schon 2003 hat kommen sehen und davor eindringlich gewarnt hat, sowie Michael Kumhof von der Bank of England, Miguél Ángel Fernández Ordóñez von der EZB, Thomas Mayer, der ehemalige Chefvolkswirt der Deutschen Bank, Gerhard Schick, der ehemalige Bundestagsabgeordnete und Initiator der Finanzwende.

Das Verrückte war, dass es unter den Experten nicht die Frage gab, **ob der nächste große Crash kommen wird, sondern lediglich wann.** Das war der allgemeine Tenor. Nach seinem Vortrag fragte ich William White vor den Teilnehmern: »Wann erwarten Sie den nächsten Crash an den Finanzmärkten? Bis 2023?« Seine Antwort wurde untermalt von einem Raunen im Saal: »Nein, das wird viel schneller passieren, in den nächsten ein bis zwei Jahren.« Noch mehr das Blut in meinen Adern gefrieren ließ dann das anschließende persönliche Gespräch mit ihm vor dem Mittagessen. Mir gefiel, dass er Tacheles redete. Ich fragte ihn nach seiner persönlichen Einschätzung, wie und wann die Krise beginnen wird. Er sagte ganz klar: **»Früher als jeder denkt und heftiger als jeder erwartet.«** Wir waren Brüder im Geiste. Auf meine Frage, ob die kommenden Verwerfungen heftiger werden als die Finanzkrise 2008, lachte er kurz laut auf und sagte: »Yes, Sir, 100 percent.« Ich sah in seinen Augen, dass er es todernst meinte. Ich musste schlucken. Auf der einen Seite weiß ich dies seit Jahren, aber es von einem anderen, renommierten Experten zu hören, ist dann doch erschreckend, weil wir seit Jahren gegen Windmühlen kämpfen und uns oftmals allein an breiter Front fühlen. Er führte fort: »2008 wird der kommende Sturm in den Schatten stellen, er wird viel heftiger als 2008 und vor allem nicht kontrollierbar. **Es wird der größte Crash aller Zeiten!«.**

Elitenproblem

»Was glauben Sie, was in diesem Land los wäre,
wenn mehr Menschen begreifen würden, was hier los ist!«
Volker Pispers, Kabarettist

Sie denken nun vielleicht: »Na, und? Dann soll es halt an den Aktienmärkten mal wieder crashen. Wird ja auch Zeit!« Nein, wir reden nicht von einem Börsencrash von 40 oder 50 Prozent, sondern von 80 Prozent und mehr. Wir reden von Deflation und Inflation, von Arbeitslosenquoten weit über 10, 20 Prozent. Wir reden aber vor allem von einem Systemcrash. Nicht nur wirtschaftlich, sondern politisch und gesellschaftlich. Dieses Mal wird es sich auf allen Ebenen auswirken. 2008 war dagegen eine leichte Brise. Jetzt kommt die volle, angestaute Ladung – ein Tsunami! Was denken Sie, was hier los ist, wenn der Euro, Banken oder ganze Länder umkippen?

Es ist nicht mehr zu leugnen: Wir haben ein gravierendes Eliteproblem – nicht nur in Deutschland, sondern global. Egal ob in Wirtschaft, Politik, Rechtsprechung, Religion, Sport, Medien und Showbusiness – überall herrscht eine kleine Elite zumeist älterer Männer. Diese kleine Elite beherrscht nicht nur die Welt, nein, sie plündert sie nach wie vor gnadenlos aus, unterdrückt die Menschen, kreiert unfassbare Finanzblasen und bereichert sich schamlos. Einige Wenige haben mittlerweile auf Kosten vieler anderer solch absurde

Reichtümer angehäuft, die tagtäglich weiter anwachsen, dass sie für jeden Normalsterblichen unvorstellbar sind. Eben diese Männer fahren unseren Planeten mit voller Wucht an die Wand. Mittlerweile ist es eine Sekunde vor zwölf, denn wir haben nur einen Planeten.

Vielen von uns ist dies bekannt, doch kaum jemand unternimmt etwas dagegen. Warum ist das so? Was können wir tun, um unsere Welt zu retten? Eines muss uns klar sein: Von den jetzigen Eliten dürfen wir weder ein Umdenken noch einen tiefgreifenden Wandel erwarten. Sie werden den Karren komplett gegen die Wand fahren und unseren Lebensraum unwiederbringlich vernichten.

Wir müssen also eine Lösung dafür finden, dass nicht mehr unsere Eliten über das Wohl und Wehe unserer Welt – unserer Zukunft, die unserer Kinder und Kindeskinder – bestimmen, sondern jemand anderes. Dieser Jemand muss im Interesse von uns, den Menschen, und nicht nur im Interesse einiger Weniger handeln. Wer soll dieser Jemand sein, und wer wird sein Handeln bestimmen? Genau darüber machen wir uns in diesem Buch grundlegende Gedanken.

Unser Szenario

Zuerst wird ein deflationärer Schock durch die kommende Rezession ausgelöst, dann werden die Notenbanken weitere Zinssenkungen durchführen und damit ein Bankensterben einläuten. Die Umlaufgeschwindigkeit des Geldes wird sinken, einhergehend mit einer erlahmenden Kreditvergabe, die den Kollaps der Zombieunternehmen auslöst, die dann die restlichen Banken mit sich ziehen. Laut BIS – Bank für Internationalen Zahlungsausgleich – sind 15 Prozent aller Unternehmen in Europa sogenannte Zombieunternehmen, die nur aufgrund des billigen Geldes noch am Leben sind. Dann werden die Zentralbanken panisch alle Schleusen öffnen, den Zins weiter ins Minus drücken und ohne Ende Geld drucken, um verzweifelt das ganze System zu retten. Dadurch wird es eine Inflation und Hyperinflation von mindestens 10, 20 Prozent pro Monat (nicht pro Jahr!) geben. Unsere Berechnungen zeigen aber einen täglich höheren Kapitalbedarf, so dass wir auch 30, 40, 50 Prozent Inflation sehen können. Die Tendenz ist steigend, je länger wir an dem kranken System festhalten. Die Kollateralschäden für unseren Wohlstand, unsere Rente und Altersvorsorge nehmen jetzt schon täglich zu.

Als Finale folgt der Neustart in Form einer Währungsreform. Wie Wolfgang Schäuble sagen würde: »Isch over«! Die Verluste werden zwischen 90 und 100 Prozent liegen. Blickt man in die Vergangenheit, erkennt man, dass bei allen großen Wirtschaftskrisen und Staatsbankrotten verbunden mit Währungsschnitten und Währungsreformen die breite Masse der Verlierer war. **Zwischen 97 und 99 Prozent** der Bevölkerung haben 50 bis 100 Prozent verloren – egal ob in Argentinien 2001, in Russland 1998 oder in Deutschland 1948. Allein eine kleine Elite von Insidern (Politiker, Banker, Könige, Minister, Eingeweihte und so weiter) und Informierten konnten sich schützen. Erstmalig haben wir die Chance, den Anteil der Informierten zu erhöhen, mithilfe des Internets und vielleicht auch mit diesem Buch. Geben Sie das Buch gerne weiter, kopieren Sie es, geben Sie Ihr Wissen daraus weiter. Seien Sie ein Multiplikator! Unsere Mitmenschen müssen erfahren, was sich da anbahnt und zusammenbraut.

1. Die größte Blase aller Zeiten

Schuldenblase

Niemals zuvor war die globale Verschuldung höher. In den letzten 20 Jahren haben sich die Schulden weltweit verdreifacht. Um die Finanzkrise 2008 abzufedern, haben sich die Staaten in immer mehr Schulden gestürzt, um Banken zu retten, die Konjunktur anzukurbeln und das System zu stabilisieren. Aktuell beläuft sich der globale Schuldenberg auf 250 Billionen US-Dollar (siehe Abbildung 1). **Das sind gigantische 318 Prozent des weltweiten Bruttoinlandsproduktes (BIP).**

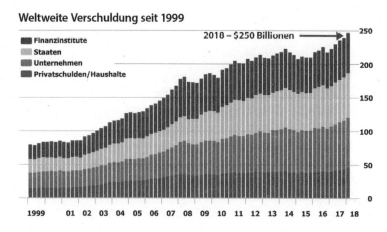

Abbildung 1

Das weltweite BIP (alles, was die gesamte Welt in einem Jahr produziert) beläuft sich gerade mal auf 84,74 Billionen Dollar.[1] Das heißt, global gibt es dreimal mehr Schulden, als die gesamte Menschheit in einem Jahr an Wertschöpfung erarbeitet. USA, China, Japan und Deutschland vereinen mit einem BIP von rund 42 Billionen Dollar die Hälfte der globalen Wirtschaftsleistung auf sich.

Im Jahr 2000 produzierte die Welt für 45 Billionen Dollar Waren und Dienstleistungen. Der Schuldenstand betrug 87 Billionen Dollar. 2010 betrug das weltweite BIP 65 Billionen Dollar, und die Schulden beliefen sich auf 200 Billionen Dollar. Das bedeutet, dass für eine Steigerung des globalen BIPs um 20 Billionen Dollar von 2000 auf 2010 113 Billionen Dollar Schulden gemacht werden mussten. Hier machen sich die Börsenkrisen bemerkbar. Das bedeutet, für 1 Dollar Wachstum hat sich die Welt um 5,65 Dollar verschulden müssen. Für das BIP-Wachstum um 20 Billionen Dollar zwischen 2010 und 2019 wurden global 50 Billionen Dollar neue Schulden gemacht! Das ist das 2,5-fache. **Dies ist keinesfalls nachhaltig und auf Dauer zum Scheitern verurteilt.**

Die weltweite Verschuldung, wie sie in der Abbildung 1 dargestellt ist, lässt sich wie folgt zusammenfassen:

- **Staatsschulden** sind seit 2008 von 37 Billionen Dollar auf 70 Billionen Dollar gestiegen.
- **Unternehmensschulden** stehen bei 74 Billionen Dollar.
- **Privatschulden** sind um 30 Prozent auf 46 Billionen Dollar gestiegen. Vor allem in China, Indien, Mexiko, Südkorea, Chile, der Tschechischen Republik und Malaysia hat man sich privat kräftig verschuldet.
- **Finanzinstitute** stehen bei 60 Billionen Dollar.

Anleihenblase

Staats- und Unternehmensanleihen steigen auf immer neue Rekordhöhen. Staaten verschulden sich im Rekordtempo. Dank immer niedrigerer Zinsen werden immer mehr Schulden gemacht. Die Verschuldung von Unternehmen wächst kontinuierlich. Sie investieren mit den aufgenommenen Krediten allerdings nicht etwa in Forschung, Entwicklung und Wachstum, sondern in Aktienrückkaufprogramme. Goldman Sachs geht davon aus, dass zwei Drittel der Kursentwicklungen an den Aktienmärkten seit 2010 auf die Aktienrückkäufe zurückzuführen sind. Allein in den USA wurden 2018 Aktien im Volumen von 1 Billion Dollar zurückgekauft. Im ersten Halbjahr 2019 ging es sogar nochmals eine Spur schneller, weil die Unternehmen sich immer günstiger über Anleihen verschulden können. Der Versicherungskonzern Allianz hat seit 2017 für 7,5 Milliarden Euro Aktien zurückgekauft.[2] In der Abbildung 2 sieht man, wie sich der amerikanische Aktienmarkt seit 1999 ohne Zinssenkungen (beziehungsweise bei gleichem Zinsniveau wie 1999) entwickelt hätte – ohne die Steigerungen der Gewinnspannen – ohne die Steuersenkungen für Unternehmensgewinnsteuern – ohne Aktienrückkäufe.[3] Wir sehen also: Die Aktienindizes wären ohne diese Unterstützungsmaßnahmen bei Weitem nicht auf dem heutigen Niveau.

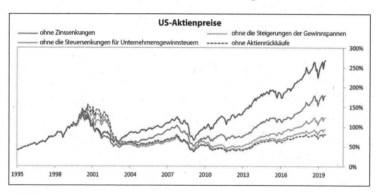

Abbildung 2 — FRIEDRICH & WEIK
VERMÖGENSSICHERUNG

Würden Sie jemandem Geld leihen, wenn Sie wüssten, dass Sie weniger zurückbekommen?

Zum Beispiel nur die Hälfte? Genau das passiert – und zwar weltweit! Der globale Staatsanleihenmarkt hat mittlerweile ein Volumen von circa 60 Billionen Dollar. In diesem unvorstellbar großen Markt passiert gerade etwas Absonderliches:

Über 17 Billionen Dollar an Staatsanleihen werden global bereits negativ verzinst. (Abbildung 3) Dies bedeutet, dass Staaten dafür bezahlt werden, Schulden zu machen. Sie werden also dafür belohnt, sich immer weiter zu verschulden.

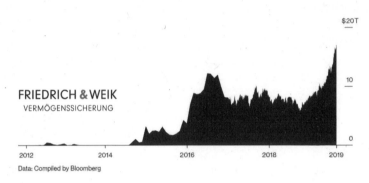

Abbildung 3

Das betrifft 27 Prozent aller Staatsanleihen weltweit. Die Tendenz ist stark steigend. Insgesamt sind über 50 Prozent der europäischen Anleihen negativ verzinst. Davon sind 14,7 Prozent französische, 13,1 Prozent deutsche und 12 Prozent spanische Anleihen. In Japan sind sogar bereits 42 Prozent aller Staatsanleihen negativ verzinst.

Im Bereich der Unternehmensanleihen ist eine ähnliche Entwicklung zu beobachten. Weltweit sind 10 Prozent negativ verzinst. Tendenz ebenfalls stark steigend (siehe Abbildung 4).

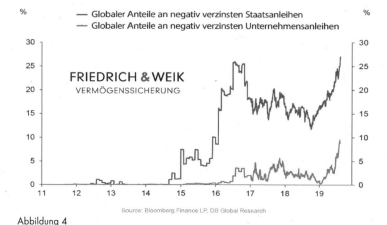

Abbildung 4

Ein bewährter Krisenindikator: die inverse Zinskurve

Eine inverse Zinskurve liegt vor, wenn langfristige Anleihen weniger Rendite abwerfen als kurzfristige. Sinken die Zinsen, ist es für Anleger attraktiver, langlaufende Anleihen zu besitzen, da sie stärker von Kursanstiegen profitieren. Hierfür werden kurzfristige Anliegen verkauft und gegen langlaufende eingetauscht. Steigen die Zinsen wieder, verlieren die langlaufenden Anleihen stärker an Wert als die kurzlaufenden. Gefährlich ist das vor allem, weil Banken dann weniger Kredite vergeben und die Realwirtschaft belasten. Banken verwenden nämlich kurzfristige Einlagen, um langfristige Kredite zu vergeben.

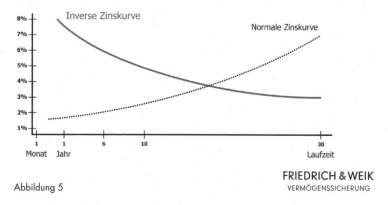

Abbildung 5

Die inverse Zinskurve steht für extrem pessimistische Wachstums-erwartungen und ist ein zuverlässiger Krisenindikator. In neun von zehn Fällen hat sie korrekt vor Rezessionen und Krisen gewarnt. Auch 2007!

Nun ist erstmalig seit 2007 genau das wieder passiert. Die 10-jährigen Anleihen der USA und Großbritanniens sind unter die 2-jährigen Anleihen gefallen – dies gilt gemeinhin als klares Rezes-sionssignal. Spätestens 24 Monate nach diesem Ereignis kam es in der Vergangenheit zu einer Rezession.

Alarmierende Fakten:

- 30-jährige US-Staatsanleihen sind erstmalig unter 2 Prozent ge-fallen.
- Die Schweiz kann sich momentan bis zu 50 Jahre verschulden und bekommt Geld dafür.
- **Alle deutschen Anleihen bis zu 30 Jahre sind komplett negativ verzinst.** Das bedeutet: Finanzminister Scholz befindet sich im finanziellen Schlaraffenland. Deutschland macht Schulden und wird dafür sogar noch bezahlt. Dies ist im Übrigen auch ein Grund, warum die Staatsverschuldung sinkt. Als Anreiz für Haushaltsdisziplin sind Negativzinsen eher kontraproduktiv. Dies ist insbesondere in Italien zu beobachten.
- Auch in Dänemark, den Niederlanden und Finnland sinken die Zinsen kontinuierlich. Selbst die Zinssätze der Problem- und Plei-teländer wie Frankreich, Italien und Spanien gehen immer weiter Richtung null. Viele Anleihen der Länder Südeuropas tendieren deutlich unter der Inflationsrate.

Der Zins ist generell ein Risikoparameter. Je höher die Bonität, des-to niedriger der Zinssatz. Je schlechter die Bonität, desto höher der Zinssatz. Heute scheint dieses Naturgesetz offensichtlich nicht mehr relevant zu sein. Es wurde von den Notenbanken vollkommen ausge-hebelt. Selbst faktisch bankrotte Länder wie Griechenland und Italien können sich immer günstiger verschulden. Dies widerstrebt jeglicher Logik. Tabelle 1 zeigt Staatsanleihen, die negativ verzinst sind.

Zinssätze von Staatsanleihen

In %, as of close of business on Aug 15, 2019.

15-Aug-19	1-3 Years	3-5 Years	5-7 Years	7-10 Years	10-15 Years	15+ Years
Denmark	-0.919	-0.910	-0.868	-0.789	-0.665	-0.498
Germany	-0.926	-0.949	-0.907	-0.810	-0.644	-0.364
Netherlands	-0.899	-0.877	-0.763	-0.656	-0.471	-0.306
Finland	-0.832	-0.813	-0.701	-0.540	-0.345	-0.084
Sweden	-0.725	-0.738	-0.664	-0.552	-0.339	0.020
France	-0.828	-0.832	-0.704	-0.519	-0.284	0.218
Austria	-0.816	-0.811	-0.712	-0.573	-0.198	0.304
Belgium	-0.802	-0.788	-0.641	-0.468	-0.197	0.269
Japan	-0.279	-0.317	-0.353	-0.298	-0.149	0.092
Ireland	-0.671	-0.628	-0.438	-0.211	0.003	0.490
Spain	-0.562	-0.453	-0.292	-0.099	0.163	0.749
UK	0.379	0.323	0.314	0.358	0.520	0.890
US	1.507	1.439	1.457	1.498	1.526	1.912
Italy	0.147	0.556	0.883	1.115	1.570	2.146

Source: J.P. Morgan

Tabelle 1

FRIEDRICH & WEIK
VERMÖGENSSICHERUNG

Österreich ist momentan Spitzenreiter: Für eine 100-jährige Anleihe bekommt man momentan 0,85 Prozent Zins. Das heißt, abzüglich der Inflation ist man circa 1 Prozent unter Wasser und verliert Geld. In der Abbildung 6 erkennt man deutlich die Absurdität des Ganzen. Der Chart zeigt eine 100-jährige Anleihe der Republik Österreich, welche 2017 emittiert wurde und insgesamt 5,8 Milliarden Euro eingesammelt hat. Die Tranche musste aufgrund der großen Nachfrage sogar um 1,25 Milliarden Euro vergrößert werden. Der ursprüngliche Zins lag bei 2,1 Prozent, sank dann auf 1,17 Prozent und liegt aktuell bei 0,576 Prozent (Stand Ende August 2019).

Abbildung 6

Das besagte Papier hat eine Zinsempfindlichkeit (*modified duration*) von 58. Das bedeutet: Wenn der Zins um 1 Prozent gesenkt wird, steigt die Anleihe um 58 Prozent. Dasselbe gilt allerdings auch im umgekehrten Fall. Steigt der Zins um 1 Prozent, fällt die Anleihe um 58 Prozent.

Sollte die Europäische Zentralbank (EZB) den Leitzins auf -1 Prozent senken, würde sich die Anleihe weiter auf über 352 Euro verteuern. Bei -2 Prozent steigt der Kurs auf 443 Euro, bei -3 Prozent auf 534 Euro und bei -4 Prozent Zins auf 626 Euro, in unserem Szenario bei -5 Prozent auf über 717 Euro.

Wenn Sie jetzt denken, Bombengeschäft!, müssen wir Sie trotzdem warnen. Zwar gehen wir auch von weiteren Zinssenkungen aus und erwarten Negativzinsen von -4 bis -7 Prozent für die Eurozone, allerdings ist es eine heiße Wette, in Staatsanleihen zu investieren.

Diese oder andere negativ verzinsten Staatsanleihen bis zum Schluss zu halten, ist natürlich nicht sinnvoll. Niemand weiß, ob die

Länder oder die Währungen in 2, 5, 30 oder 100 Jahren überhaupt noch bestehen. Zudem müssen Sie immer einen Dummen oder noch Dümmeren finden, der Ihnen das Papier abkauft. Das ist wie bei dem Spiel »Reise nach Jerusalem«. Irgendwann gibt es nur noch einen Stuhl, aber zwei Hintern.

Die Fragen, die man sich vor einem solchen spekulativen Investment stellen sollte, lauten: Wann bricht der Trend? Wann ist der Markt bereit, für Sicherheit an negativer Zinslast zu bezahlen? Findet man noch einen Dummen, dem man das Papier noch teurer verkaufen kann?

Über 17 Billionen US-Dollar an Anleihen sind bereits negativ verzinst und weitere 12 Billionen Dollar mit 0 Prozent oder unter der Inflationsrate. Dies ist ein absoluter Höchststand. Das bedeutet, dass die Anleger mit diesen Papieren auf jeden Fall Geld verlieren werden.

Mit dem neuen Aufkaufprogramm seit dem 1. November 2019 (20 Milliarden Euro pro Monat – vorerst!) wird diese kranke Entwicklung weitergehen und die Zinsen der Anleihen werden weiter sinken. Somit haben die Staaten keinerlei Anreiz, ihre Schulden zu reduzieren. Stattdessen werden sie ihre Verschuldung weiter in die Höhe treiben. Deutschland zahlt mittlerweile kein Geld mehr für seine Schulden, sondern bekommt welches dazu: 2 Euro pro 1.000 Euro, die ihm über zehn Jahre geliehen werden.[4]

Jetzt fragen Sie sich bestimmt: Wer ist so bescheuert, jemandem Geld zu leihen, wenn er später weniger bekommt, als er zuvor verliehen hat?

Zum einen sind Kapitalsammelstellen verpflichtet, für bestimmte Produkte in sogenannte »mündelsichere Papiere« zu investieren. Als »mündelsicher« im Sinne von § 1807 BGB werden Vermögensanlagen bezeichnet, wenn Wertverluste der Anlage praktisch ausgeschlossen sind. Die Anlage erfolgt in der Regel in festverzinslichen Anleihen, Staatsanleihen, Schatzbriefen, Hypotheken und Rentenschulden.

Ein weiterer Grund sind die Kapitalkosten. Momentan muss die Finanzbranche 0,5 Prozent Minuszins an die EZB bezahlen. Da ist dann eine negative und durch die EZB gesicherte Anleihe von

Portugal mit -0,2 Prozent oder Italien mit sogar +0,8 Prozent ein guter Deal.

Unter vielen Kapitalsammelstellen herrscht Anlagennotstand. Sie müssen die Gelder ihrer Kunden investieren.

Zudem halten viele Finanzinstitute die Anleihen nicht bis zum Ende der Laufzeit, sondern realisieren die Gewinne durch vorzeitigen Verkauf. Dank steigender Notierungen verbuchen sie einen Gewinn, denn mit den fallenden Renditen steigen die Anleihenkurse.

Zu guter Letzt vertreten einige Marktteilnehmer die Meinung, dass im schlimmsten Fall -0,3 oder 0,5 Zins besser sind, als das Geld in Aktien, Immobilien oder Währungen zu investieren. In Anbetracht eines Währungsschnitts, einer Hyperinflation, einem Emittentenrisiko oder sogar einer Währungsreform mit Verlusten von 30, 50 oder sogar 90 Prozent, sind sichere Staatsanleihen mit einer Negativrendite von 1, 4 oder 10 Prozent sogar ein Schnäppchen.

Fazit

Wir befinden uns in einer Zeitenwende – auch bei den Anleihen. Wer jetzt Sicherheit sucht und denkt, dass Staaten diese gewähren, wird enttäuscht werden. Anleihen sind Investments in Schulden in der Hoffnung, dass diese Schulden von den Steuerzahlern der Staaten zurückbezahlt werden. Erschwerend kommt hinzu, dass diese von sicheren Ländern und Unternehmen negativ verzinst werden, und dieser Trend nimmt zu.

Wir sind am Ende eines Konjunkturzyklus (Boom). Wir erleben ein letztes Aufbäumen. Der Trend in puncto Negativzinsen ist nicht mehr zu stoppen. Wir erwarten negative Zinsen auf breiter Front. Diese werden nicht nur Banken, Versicherungen und Sparer belasten, sondern Investmentprodukte wie Lebensversicherungen, Rentenversicherungen, Bausparverträge, Festgeldkonten und so weiter.

Zusätzlich werden sie dazu führen, dass die finanzielle Repression gegen uns Bürger immer stärker vorangetrieben wird. Mit Christine Lagarde als EZB-Chefin dürfen wir uns auf zahlreiche Einschränkungen und Verbote gefasst machen, um das System am Leben zu erhalten. Und denken Sie immer daran: Fakt ist, **Staaten werden sich auf Kosten ihrer Bürger und Schuldner entschulden.** Die Vergangenheit hat hierfür zig Beispiele.

2. Wann scheitert der Euro?

Ums kurz zu machen: **bis spätestens 2023**

Die Frage ist nicht, ob der Euro scheitern wird, sondern lediglich wann. Wir haben uns nie zu einer Zeitaussage hinreißen lassen, bis im Laufe des Jahres 2018 alle Indikatoren Warnsignale aufgezeigt haben. Nicht nur verschlechterten sich die volkswirtschaftlichen Eckdaten der südlichen Länder Europas wie Italien, Spanien, Griechenland, Frankreich, Portugal kontinuierlich, sondern auch die Aufkaufprogramme und die Nullzinsphase der EZB verfehlten ihre erhoffte Wirkung. Die Verschuldung in den Ländern wuchs weiter, die Wirtschaft dagegen wuchs weniger beziehungsweise schrumpfte sogar (Italien), immer mehr Menschen, vor allem junge und zumeist gebildete, verließen diese Länder, um woanders eine Zukunft zu finden. Diese und weitere Punkte führten dazu, dass unsere Modelle das Scheitern des Euros bis spätestens 2023 prognostizieren.

Gründe für das Scheitern des Euros

Warum wird der Euro scheitern? Das hat mehrere Gründe. Hier die wichtigsten:

1. **Wirtschaftshistorisch sind alle Währungsunionen ausnahmslos gescheitert**
   Der Euro ist ein Währungsexperiment unter vielen. So hatten wir in Europa zuletzt die Lateinische Münzunion von 1866 bis 1908 (Frankreich, Schweiz, Belgien, Italien und Griechenland), die Deutsch-Österreichische Münzunion von 1857 bis 1867 (Deutscher

Zollverein, Kaiserreich Österreich und Liechtenstein) und die Skandinavische Münzunion von 1872 bis 1924 (Schweden, Norwegen und Dänemark). Alle scheiterten an der mangelnden Disziplin der souverän gebliebenen Staaten. Zum Bruch führten fehlende fiskalische Disziplin, mangelnde ökonomische Konvergenz, unterschiedliche Vertragsauslegungen, unterschiedliche Ziele und so weiter. Mit der neuesten Auflage der Währungsunion namens Euro wurden dieselben Fehler abermals begangen, und das Ende des Euros ist absehbar. Als ich (MF) im ZDF bei Markus Lanz mit einem der Euroväter, Theo Waigel (CSU), zusammensaß und ihn darauf ansprach, musste ich mit Erschrecken feststellen, dass er davon wohl noch nie gehört hatte.

2. Dauerkrisenmodus

Würde der Euro tatsächlich funktionieren, so wie es uns die Politik und die EZB immer wieder suggerieren wollen, warum besteht dann der Dauerkrisenmodus seit 2008 und die ewige Rettungsorgie der EZB? Warum wird weiter Geld gedruckt? Wieso haben wir immer noch eine Nullzinsphase und Aufkaufprogramme? Wieso wurde die Bilanz der EZB auf 4,688 Billionen Euro hochgefahren? Wieso wurden für über 300 Milliarden Euro italienische Staatsanleihen aufgekauft? Wieso umfasst die Bilanz der EZB über 40 Prozent des BIP der gesamten Eurozone?

3. Wer, wenn nicht wir?

Deutschland hat historisch gute Zeiten hinter sich mit Rekordsteuereinnahmen und einer Rekordbeschäftigungsquote. Nicht einmal in Rekordjahren wurden die Schulden zurückbezahlt. Es wurden weder Schulden getilgt noch Rücklagen für schlechte Zeiten gebildet. Die Frage ist aber: Wann, wenn nicht jetzt – zu wirtschaftlichen Boomzeiten – und wer, wenn nicht wir – der Exportweltmeister Deutschland? Wie sollen wir von Ländern wie Italien, Griechenland, USA oder Japan erwarten, dass sie jemals ihre Schulden bezahlen, wenn wir es selbst nicht tun? Fakt ist: **Noch nie hat ein Land seine Schulden zurückbezahlt!**

Was kostet uns der EURO?

a) Muß Deutschland für die Schulden anderer Länder aufkommen?

Ein ganz klares Nein! Der Maastrichter Vertrag verbietet ausdrücklich, daß die Europäische Union oder die anderen EU-Partner für die Schulden eines Mitgliedstaates haften. Mit den Stabilitätskriterien des Vertrags und dem Stabilitätspakt wird von vornherein sichergestellt, daß die Nettoneuverschuldung auf unter 3% des Bruttoinlandsprodukts begrenzt wird. Die Euro-Teilnehmerstaaten werden daher auf Dauer ohne Probleme ihren Schuldendienst leisten können.
Eine Überschuldung eines Euro-Teilnehmerstaats kann daher von vornherein ausgeschlossen werden.

Abbildung 7

4. Vertragsbrüche am laufenden Band

Es wurden Regeln festgelegt, damit der Euro funktioniert, die allesamt gebrochen worden sind. Die Kriterien der Maastrichter Verträge sind längst vergessen und unzählige Male gebrochen worden (auch von

Deutschland). Auch das Versprechen der CDU, dass die Deutschen niemals für die Schulden der anderen Länder aufkommen müssen, ist längst Schnee von gestern (siehe Abbildung 7). Wir haben jetzt die Haftungsunion, und zwar nicht nur für die Partnerländer, sondern auch für die EZB. Ex-EZB-Chef Mario Draghi hat im September 2012 den Gläubigerstatus der EZB ad acta gelegt. Das bedeutet, dass wir für die EZB haften, falls das mit der Banken-, der Euro-, der Griechenland-Rettung et cetera schiefgeht. Dann haftet nicht die EZB mit ihrem sowieso viel zu geringen Eigenkapital von gerade mal etwa 11 Milliarden Euro, sondern es haften die Bürger der Eurozone und vor allem die Deutschen. Wenn man die Aufkaufprogramme der EZB, die Target2-Salden und Ähnliches zusammenrechnet, kommt man locker auf über 5 Billionen Euro. Zum Glück haben die Guthaben der Deutschen neue Rekordniveaus in Höhe von 6,4 Billionen Euro erreicht. Das dürfte im Extremfall reichen.

Wie verschwinden Staatsschulden?

Staatsschulden verschwinden ausschließlich über die vier folgenden Möglichkeiten:

1. Wachstum,
2. Inflation,
3. Insolvenz/Währungsreform,
4. Krieg.

Lassen Sie uns die einzelnen Wege genauer betrachten.

1. Wachstum

Seit der Finanzkrise 2008 haben wir die bisher am längsten anhaltende Wachstumsphase. Allerdings ist das Wachstum unterdurchschnittlich schwach. Die durchschnittlichen Wachstumszahlen seit 2008:

- USA 1,8 Prozent
- Kanada 1,7 Prozent
- Deutschland 1,3 Prozent
- Großbritannien 1,3 Prozent
- Frankreich 0,9 Prozent
- Japan 0,7 Prozent
- Italien -0,3 Prozent

Das ist die **schwächste Erholungsphase nach einer Rezession aller Zeiten,** und das trotz der größten Notenbankeingriffe weltweit. 1 Prozent weniger Wachstum über eine Dekade bedeutet Vermögensverluste und Steuermindereinnahmen in Milliarden- oder Billionen-Höhe, und zwar pro Land! Zusätzlich steigen die Schulden prozentual stärker als das Wachstum. Damit können die Schulden aber niemals bezahlt und langfristig auch nicht bedient werden. Das bedeutet, die galoppierende Verschuldung wird immer größer und kann nicht mehr eingefangen werden.

In Deutschland hat sich seit dem Zweiten Weltkrieg das Wachstum immer weiter abgeschwächt. Nach dem Krieg musste alles wieder aufgebaut werden (siehe Punkt 4), was zum berühmten Wirtschaftswunder führte. Hier die durchschnittlichen Wachstumsraten[5]:

1950 – 1960	8,2 Prozent
1960 – 1969	4,4 Prozent
1970 – 1980	2,9 Prozent
1980 – 1991	2,6 Prozent[6]
1991 – 2000	1,6 Prozent
2000 – 2009	0,84 Prozent
2010 – 2018	2,0 Prozent

Die Periode ab 2010 muss als Sonderfall gesehen werden. Es wurde ein künstlicher Aufschwung durch mehrere Billionen Dollar billigen Geldes der Notenbanken generiert. 2019 wird das Wachstum weit unter 1,0 Prozent liegen, und eine Rezession ist im Anmarsch.

Etliche Studien, unter anderem auch die des ehemaligen IWF-Chef-ökonomen Kenneth Rogoff und der Harvard-Professorin Carmen Reinhart (Growth in the time of debt[7]), zeigen auf, dass Staaten mit einer Staatsverschuldung unter 60 Prozent zum BIP die notwendige Wachstumsrate vorweisen können und somit keine Probleme haben, ihre Schulden zu bedienen. Staaten mit einer Verschuldung über 60 Prozent wachsen 1 bis 2 Prozent weniger und bei einer Verschuldung von über 90 Prozent halbieren sich die Wachstumsraten. Dies wiederum erschwert es, den Schuldendienst zu erbringen, und zieht eine Abwärtsspirale nach sich. Höhere Staatsschulden führen zu weniger Wachstum. Ein geringeres Wachstum führt zu höheren Schulden. Ein Teufelskreis. **Je höher die Verschuldung, desto niedriger die Wachstumsraten.**

Sobald die Staatsverschuldung eines Landes die 90-Prozent-Marke zum Bruttoinlandsprodukt überschreitet, ist die »Todeszone« erreicht und die Misere besiegelt, weil das notwendige Wachstum von den Zinszahlungen aufgefressen wird. Die Maastrichter Kriterien, die als Fundament für den Euro gelten sollten, haben also nicht ohne Grund die 60-Prozent-Staatsschuldenquote als Marke im Vertrag stehen.

Betrachten wir die Verschuldung einiger Länder der Eurozone:

Griechenland	181,9 Prozent
Italien	132,7 Prozent
Portugal	121,5 Prozent
Zypern	109,1 Prozent
Spanien	103 Prozent
Frankreich	103 Prozent
Belgien	102 Prozent

_____ **Hier verläuft die Grenze der »Todeszone«**

Österreich	86,2 Prozent
Slowenien	83,2 Prozent

Niederlande	65,2 Prozent
Irland	64,8 Prozent
Finnland	63,7 Prozent
Malta	63,9 Prozent
Deutschland	60,9 Prozent

Von 19 Mitgliedsländern liegen 14 oberhalb der 60-Prozent-Marke und 7 Länder sogar über der gefährlichen 90-Prozent-Marke. Ab 100 Prozent ist es für ein Land de facto unmöglich, das Ganze umzukehren. Dies trifft auch auf Frankreich und Italien zu, die zweit- und drittwichtigsten Volkswirtschaften der Eurozone. Das ist ein Alarmsignal, welches nicht mehr allzu lange ignoriert werden darf.

Übrigens haben auch die USA eine Staatsverschuldung von 106 Prozent. Solange sie mit dem Dollar die Weltreservewährung haben, ist alles gut. Sie können Geld drucken, bis das Vertrauen in den Dollar badengeht. Schuldenweltmeister ist nach wie vor Japan mit 253 Prozent.

Fazit: Wachstum als Lösung kann ausgeschlossen werden. Trotz der langen Wachstumsphase der letzten Jahre steht eine Rezession bevor, mit dem Resultat, dass die Schulden noch weiter ansteigen werden.

2. Inflation

Durch eine Inflation entschuldet sich der Staat auf Kosten der Bürger. Die Kaufkraft des Geldes wird immer geringer. Die EZB beabsichtigt eine höhere Inflation von 2 Prozent zu erreichen, schafft aber mit Müh und Not gerade mal 0,6 bis 1,8 Prozent. Die wahre Inflation sehen wir in den Aktien- und Immobilienmärkten. Seit Jahren versuchen die Notenbanken Inflation zu erzeugen. Das funktioniert hervorragend für die Staaten, die sich auf Kosten der Bürger entschulden und sich immer günstiger an den Kapitalmärkten refinanzieren können. Parallel dazu kreieren die Notenbanken immer neue Finanzmarktblasen, um die vorherigen Finanzmarktblasen abzulösen. Wenn diese platzen, müssen die Staaten und der

Steuerzahler dafür haften und geradestehen. Obendrein schaffen sie damit Altersarmut, zerstören viele Rentenprodukte sowie Banken und Versicherungen.

In der Abbildung 8 sind die Inflationsrate der Eurozone und die Bilanz der EZB zu sehen. Trotz des vielen gedruckten Geldes von 4,688 Billionen Euro hat sich die Inflation immer weiter abgeschwächt. Das ist ein Beweis dafür, dass das EZB-Programm nicht funktioniert.

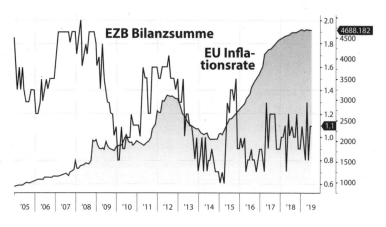

Abbildung 8

Es ist deutlich zu erkennen, dass die EZB-Pläne zur Ankurbelung der Wirtschaft und Erhöhung der Inflation nicht funktionieren, nein, sogar schaden und immer größere Kollateralschäden anrichten – wirtschaftlich, politisch und gesellschaftlich. Und was lernt man daraus in Frankfurt bei der EZB? Was wird gemacht? Mehr vom Gleichen – auch weil die Notenbank sich in einen Teufelskreis manövriert hat und gar nicht mehr anders kann. Würde die EZB die Geldflut stoppen und die Zinsen erhöhen, würden uns der Euro und die EU um die Ohren fliegen. Die 15 Prozent Zombieunternehmen und mit ihnen etliche Banken sowie ganze Staaten würden pleitegehen. Dann würden wir eine Wirtschaftskrise erleben, die die Krisen von 2008 und selbst von 1929 in den Schatten stellen würde. Wird am fatalen Kurs festgehalten, wird die volkswirtschaftliche sowie gesellschaftliche Schadensmaximierung auf neue Hochs katapultiert. Das Ergebnis wird dasselbe sein, nur extrem potenziert. **Wir erleben gegenwärtig das größte Notenbankexperiment aller Zeiten. Dieses wird fulminant scheitern. Der größte Crash aller Zeiten wird kommen.**

3. Währungsreform
Die Politiker werden um jeden Preis einen Staatsbankrott verhindern. Deshalb wird eine Währungsreform kommen. Diese wird uns Bürger einen Großteil unseres Vermögens kosten.

4. Krieg
Um an der Macht zu bleiben und ökonomische Probleme zu verdecken, war auch Krieg schon immer ein probates Mittel. Dem Kriegsende folgt der Wiederaufbau und die Wirtschaft floriert. Ein leuchtendes Beispiel hierfür ist das deutsche Wirtschaftswunder nach dem Zweiten Weltkrieg. Bis Anfang der 1960er Jahre hatte Deutschland Wachstumsraten von durchschnittlich 8,2 Prozent zu verzeichnen.

Währungsunionen in der Vergangenheit

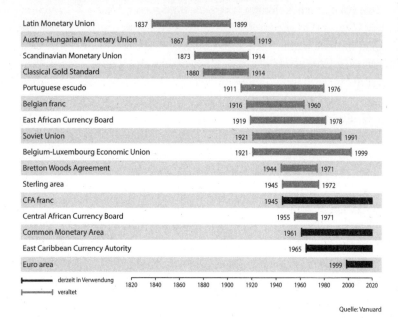

Abbildung 9

Wie in der Abbildung 9 zu erkennen ist, sind bisher die meisten Währungsunionen gescheitert. Wenige bestehen noch.

CFA Franc: Genau genommen ist diese Währungsunion auch schon gescheitert, denn seit ihrer Einführung hat die Gemeinschaftswährung der Länder Benin, Burkina Faso, der Elfenbeinküste, Guinea-Bissau, Mali, Niger, Senegal und Togo eine Entwertung von 99,99 Prozent erfahren.

Common Monetary Union (Südafrika, Namibia, Lesotho, Swasiland): Eher eine Fake-Währungsunion ist die Common Monetary Union, da jedes Land seine eigene Währung (Parallelwährung) ausgeben darf und diese an den südafrikanischen Rand gekoppelt sind. Der Rand ist zudem kein gültiges Zahlungsmittel in Swasiland.

Eastern Caribbean Dollar: Die Währungsunion betrifft die ehemaligen britischen Kolonien Anguilla, Antigua und Barbuda, Dominica, Grenada, Montserrat, St. Kitts und Nevis, St. Lucia, St. Vincent und die Grenadinen. Sie funktioniert, da alle hinsichtlich Sprache, Werten, Wirtschaft und Ausrichtung sehr ähnlich sind. Zusätzlich ist der ostkaribische Dollar an den US-Dollar gebunden.

Oft bekommen wir an dieser Stelle den Einwand zu hören, dass die Währungsunion in der USA mit dem US-Dollar doch funktioniere. Die Situation in den USA mit der Eurozone zu vergleichen, ist aber, als würde man Äpfel und Birnen vergleichen. Bei der Eurozone handelt es sich um eine multilaterale Währungsunion zwischen wirtschaftlich unterschiedlich starken Ländern mit verschiedenen Kulturen, Traditionen, Werten und einer zentralistischen Notenbank mit nur einem Zinssatz, der für alle Länder gilt. In den USA sprechen wir hingegen von einem homogenen Staat mit gleicher Sprache und Kultur sowie gleichen Werten und insgesamt zwölf regionalen Notenbanken und einem atmenden Zinssatz. der sich regional spezifischen Situationen anpassen kann. Im Gegensatz zum starren Zins der EZB für 19 unterschiedliche Länder, in welchen manche höhere und andere niedrigere Zinssätze bräuchten, kann die FED den Zins regional anpassen.

Wann könnte eine Währungsunion funktionieren?

Eine Währungsunion kann nur funktionieren, wenn fiskalisch Einklang herrscht. Zudem müssen die Länder sowohl von den wirtschaftlichen Faktoren her als auch kulturell nahe beieinander sein. So würde sicherlich eine gemeinsame Währung der Schweiz, Baden-Württemberg, Bayern, Hessen, Österreich und Norditalien funktionieren. Alles andere ist zum Scheitern verurteilt. Dies hat die Geschichte immer wieder bestätigt und wird sie leider auch mit dem Untergang des Euros wieder bestätigen.

Die Euro-Lüge

Die Aussage der Bundeskanzlerin Angela Merkels »**Scheitert der Euro, dann scheitert Europa**«, ist unserer Ansicht nach, totaler Unsinn. Erstens ist Europa ein Kontinent, der nicht gleichzusetzen ist mit der EU, geschweige denn mit dem Euro. Zweitens trennt der Euro die EU, anstatt sie zu einen, da er viel zu stark für den Süden Europas und viel zu schwach für Deutschland ist. Unter dem Euro werden weder Italien noch Griechenland oder Frankreich wirtschaftlich jemals auf die Beine kommen. **Der Euro ist politisch gewollt und wird pathetisch verteidigt.**

Jahrelang wurde uns von der Politik erzählt, das insbesondere wir Deutschen vom Euro profitieren würden. Die Wahrheit ist aber: **Die meisten Deutschen profitieren nicht vom Euro!** Die Unternehmen haben enorm vom Euro profitiert. Daher kann man sagen, dass der Euro ein Subventionsprogramm für die exportorientierte Industrie in Deutschland ist. Folglich profitieren insbesondere die Aktionäre und (weniger) die Mitarbeiter dieser Branchen. Der Anteil nicht-deutscher Eigentümer an den DAX-Konzernen liegt bei über 50 Prozent. Folglich fließt ein Großteil der Dividenden außer Landes. Ferner sind erhebliche Wohlstandsverluste für andere zu verzeichnen. Wir Konsumenten können nicht mehr wie früher von der höheren Kaufkraft der eigenen Währung profitieren, wenn wir beispielsweise im Euroraum Urlaub machen.

Der schwache Euro und das tiefe Zinsniveau, das Teil der Rettungspolitik der EZB war, haben den Wettbewerbsdruck für die deutsche Wirtschaft erheblich gesenkt. Infolge dessen sind die Produktivitätszuwächse in Deutschland deutlich zurückgegangen. Es wurde weniger in Deutschland investiert, was zu weniger technischem Fortschritt führte. Parallel dazu ist Deutschland besonders in den weniger produktiven Bereichen gewachsen. Kontinuierlich erodiert so unsere Wettbewerbsfähigkeit und die Wertschöpfung. Dies wird in Zukunft zu einem Rückgang des Wachstums in Deutschland führen.

Obendrein stellt sich die Frage, ob Deutschland tatsächlich etwas von den Handelsüberschüssen hat, die es mit den anderen Ländern des Euroraumes erzielt. Diese Überschüsse bedeuten, dass Deutschland immer höhere Forderungen gegen Länder aufbaut, die oftmals bis zur Halskrause verschuldet sind. Die zins- und tilgungsfreien Target2-Kredite der Bundesbank sind mittlerweile bis auf knapp 1 Billion Euro angeschwollen. Die Target2-Salden unterstreichen die Dysfunktionalität der Kunstwährung Euro. Sie sind als Fieberkurve der Eurozone zu sehen. Dass Deutschland einen großen Teil des Geldes nie wiedersieht, ist unserer Ansicht nach sicher. Der Euro zwingt Deutschland zur zinslosen Kreditvergabe an Schuldner – wie beispielsweise Italien und Griechenland –, welche oftmals faktisch bankrott sind.

Eigentlich könnten wir unsere Waren auch gleich verschenken. Frage: Würden Sie jemandem Geld leihen, wenn Sie wüssten, dass derjenige komplett blank ist und es keine Chance auf Rückzahlung gibt? Nein? Warum machen wir es dann innerhalb der Eurozone? Hier wird erwirtschaftetes Vermögen fahrlässig aus dem Fenster geschmissen.

Der Euro wird scheitern!

Der Euro kann aus vielen der aufgeführten Gründen auf Dauer nicht funktionieren. Er wird lediglich dank irrsinniger Maßnahmen der Notenbank EZB künstlich am Leben erhalten. Der Preis, den wir Bürger der Eurozone für dieses Währungsexperiment bezahlen müssen, steigt kontinuierlich. Die Kollateralschäden werden immer gravierender. Nicht nur monetär, sondern auch politisch und gesellschaftlich.

Selbstverständlich werden die Politiker nochmals alles geben, um den Euro am Leben zu erhalten. Was dürfen wir erwarten neben weiterer Abgaben, Rettungspaketen, steigenden Target2-Salden und Krisengipfeln? Hier die Highlights:

Transferunion: Als Erstes wird die Politik versuchen, die eigentlich vertraglich ausgeschlossene Transferunion zu installieren. In Deutschland haben wir so etwas schon unter der Bezeichnung »Länderfinanzausgleich«. Dieser funktioniert eher schlecht als recht.

Ohne Bayern, Baden-Württemberg, Hessen und manchmal Hamburg würden in Bremen und Berlin die Laternen ausgehen.

Fraglich ist, ob man diese Transferunion nun auf ganz Europa ausweiten kann und wie man das uns Steuerzahlern leicht verdaulich präsentiert. Solange die Wirtschaft brummt, ist eine Transferunion sicherlich kein Problem, auch wenn sie ökonomisch nicht nachhaltig ist. Aber was geschieht, wenn die Rezession kommt? Dann wird es schwierig werden, uns Steuerzahler für einen europaweiten Finanzausgleich zu begeistern. Das hat regelrecht Bürgerkriegspotenzial.

Zudem würde eine Transferunion kein einziges Problem beheben, sondern die Probleme nur in die Zukunft verschieben. Auch würde sie nicht dazu führen, dass die Krisenländer notwendige Reformen umsetzen. Das Ergebnis wäre ein langfristiges Siechtum, ein Sterben auf Raten, und zwar aller Beteiligter.

Parallelwährung/temporäres Ausscheiden aus dem Euro: Eine weitere Option wäre das temporäre Ausscheiden aus der Eurozone oder die Einführung einer Parallelwährung. Bei Ersterem müssten die Länder wenigstens Anstrengungen unternehmen, wieder die Maastrichter Kriterien zu erfüllen, was zu Haushaltsdisziplin, essenziellen Reformen und so weiter führen würde – wobei schon früher getrickst und manipuliert wurde. Die Krisenländer Südeuropas haben daran jedoch kein Interesse. Aus zwei Gründen: Erstens haben sie ein enormes Erpressungspotenzial durch die gigantischen Target2-Salden, und zweitens hat die Südschiene erstmalig durch den Brexit in der EU die Mehrheit und kann die Länder Nordeuropas bei wichtigen Entscheidungen überstimmen. Wir sehen diese Option daher als eher unwahrscheinlich an. Es wird auf ein Durchwursteln und eine Potenzierung der Risiken hinauslaufen. Leider.

Es ist wie gesagt nicht die Frage, ob das Kartenhaus Euro zusammenbricht, sondern lediglich wann. Bezüglich des Zeitraums herrscht unter den Ökonomen Dissens. Die einen sprechen von einem Zeitraum von wenigen Jahren, während andere davon ausgehen, dass es noch möglich ist, das Scheitern weitere 10 bis 15 Jahre hinauszuzögern. Wir gehen, wie anfangs geschrieben, von einem wesentlich kürzeren Zeitraum aus: **bis spätestens 2023.**

Mögliche Auslöser für einen finalen Eurocrash

Keiner weiß exakt, was zum Crash unserer Währung führen wird. Es können verschiedene Faktoren sein. Wir möchten hier einige mögliche Auslöser für das Ende des Euros nennen.

Eine starke Rezession

Momentan hält die noch wachsende Wirtschaft die EU und insbesondere die Eurozone zusammen. Sowohl der IWF als auch die OECD sowie das ifo-Institut haben mehrfach die Wachstumsprognosen gesenkt – zuletzt auf nur noch 0,7 Prozent. Eine Rezession wie von uns schon 2018 für das Jahr 2020 angekündigt scheint unvermeidlich. Die deutsche Automobilbranche steckt bereits in einer Rezession.

Wenn die Rezession in der EU, besonders beim Exportwelt- und größten Zahlmeister Deutschland voll einschlägt, dann werden die zu verteilenden Töpfe erheblich kleiner werden. Die jetzt schon schwindelerregend hohen Schuldentürme werden noch weiter anwachsen. Ohne die üppigen Gelder, die von Berlin Richtung Brüssel fließen, sähe es in der EU finster aus. Sollte Deutschland in eine schwere Rezession kommen, können die für den EU-Haushalt zugesagten Beträge nicht mehr nach Brüssel fließen. Im Zuge der Rezession werden zuerst etliche Zombieunternehmen und die Banken der faktisch bankrotten Staaten Italien, Spanien und Griechenland kippen. Um diesen Super-GAU zu verhindern, sind gigantische Summen erforderlich. Wir rechnen mit zwischen 5 und 10 Billionen Euro. Woher diese Summen kommen sollen, steht in den Sternen. Wahrscheinlich werden sie von den Notenbanken gedruckt. **Wurden 2008 die Finanzinstitute von den Notenbanken gerettet, stellt sich dann die legitime Frage: Wer rettet die Notenbanken?** Fakt ist: Eine weitere schwere Rezession wird die Eurozone und der Euro nicht überleben!

Deutschland

Noch fließen, oberflächlich betrachtet, Milch und Honig in Deutschland, aber der Putz bröckelt bereits. Unsere Wohlstandsillusion droht zusammenzubrechen. Dank der Nullzinsphase werden wir Sparer tagtäglich enteignet. Das viele billige Geld macht Wohnen immer teurer. Die Kluft zwischen Reichen, Armen und der immer weiter schrumpfenden Mittelschicht wächst kontinuierlich. Unsere Rente wackelt gewaltig. Aber nichts wird dagegen unternommen.

Offenbar sind wir Deutschen extrem leidensfähig. Doch irgendwann ist der Bogen überspannt, und wir Bürger werden nicht mehr gewillt sein, für den Erhalt des Euros jeden Preis in Form von immer niedrigeren Zinsen, immer höherer Inflation, immer größerer finanzieller Repression und immer weiter explodierenden Immobilienpreisen zu bezahlen. Dann werden die Wähler dieses Landes Anti-EU- und Anti-Euro-Parteien wählen, die das Land radikal verändern werden. Dazu wird es kommen, wenn der Preis für die Erhaltung des Euros immer weiter erhöht wird.

Auch sozialistische Fantastereien wie Enteignungen und Verbote werden wieder en vogue. **Nach der Demokratie droht uns eine Diktatur.** Die Parallelen zu den 1920er-Jahren sind frappierend und sollten jedem eine Warnung sein. Ohne das wirtschaftliche Schwergewicht Deutschland fällt das EU-Kartenhaus sofort in sich zusammen.

Italien

Italien ist das große Sorgenkind in der EU und der ganz große Verlierer des Euros. Und es gibt keine Aussicht auf Besserung. **Seit der Finanzkrise 2008 haben 25 Prozent aller Firmen in bella Italia ihre Türen für immer geschlossen** (abzüglich der Neugründungen!). Wie lange dies von der italienischen Bevölkerung mehr oder minder stillschweigend ertragen wird, ist fraglich. Bereits heute ist die Mehrheit der Italiener unter 45 Jahren gegen den Euro und die EU. **Das ist ein weiteres Indiz dafür, dass der Euro Europa nicht eint, sondern zerstört.**

Wir gehen davon aus, dass die italienische Regierung immer stärker gegen folgende Stabilitätskriterien des Euros verstoßen wird:

- Das Haushaltsdefizit darf nicht mehr als 3 Prozent des Bruttoinlandsprodukts (BIP) ausmachen.
- Die gesamtstaatliche Verschuldung sollte 60 Prozent des BIP nicht übersteigen.
- Die Inflationsrate darf sich nicht weiter als 1,5 Prozentpunkte vom Durchschnitt der drei preisstabilsten Länder entfernen.
- Die langfristigen Zinssätze dürfen nicht mehr als 2 Prozentpunkte über dem Niveau der drei EU-Länder mit den niedrigsten Zinsen liegen.

Die kommende Rezession wird die wirtschaftliche Lage in Italien weiter verschlechtern. Die jetzt schon maroden italienischen Banken werden noch weiter in Schieflage geraten, und die Arbeitslosigkeit, insbesondere die Jugendarbeitslosigkeit, wird bis dato ungekannte Höhen erreichen.

Je schlechter die wirtschaftliche Lage wird, desto mehr werden die extremen Kräfte in Italien erstarken, die dem Wähler faktisch unbezahlbare Versprechen für ein bankrottes Land machen, um gewählt zu werden. Die italienische Regierung wird ihre Forderungen nach finanzieller Umverteilung immer weiter nach oben schrauben und die EU erpressen, bis die Politiker der Nord-Euro-Länder, aus Angst vor der eigenen Abwahl, den Geldhahn zudrehen werden. Dann werden die Italiener gezwungen sein, die Eurozone zu verlassen.

Zuvor wird Italien aber das enorme Erpressungspotenzial gegen seine Partner in der Eurozone zu seinen Gunsten einsetzen. Das hat bereits funktioniert. Das angedrohte Defizitverfahren vonseiten der EU wurde nicht eingeleitet. Der erste Warnschuss in Form der Mini-Bots wurde allerdings schon abgefeuert. Das italienische Parlament hat im Mai 2019 einstimmig für die Einführung der Mini-Bots und die Forderung nach einem Schuldenerlass gestimmt. Italien will die Staatsanleihen, die die EZB gekauft hat, streichen lassen.

Mini-Bots

Mini-Bots sind kurzlaufende Staatsanleihen von 3 bis 12 Monaten, die die italienische Regierung für ihre Ausgaben herausgeben möchte, um Unternehmen zu bezahlen. Da diese auch vom Fiskus für Steuerzahlungen angenommen werden, würde das schlechte Geld gutes Geld verdrängen und die Mini-Bots eine Art Parallelwährung werden. Damit könnte man den sanften Ausstieg aus dem Euro vorbereiten beziehungsweise einleiten.

Nach dem Austritt Italiens aus dem Euro wird es zu einem Staatsbankrott kommen. Die Target2-Forderungen der Bundesbank an Italien in Höhe von knapp 500 Milliarden Euro werden unwiederbringlich verloren sein. Sobald Italien wieder seine eigene, souveräne Währung hat, wird es diese abwerten, um wettbewerbsfähig zu werden. Dann wird der Urlaub wieder attraktiv günstig im Süden. Oh bella ciao.

Frankreich

Die zweitgrößte Volkswirtschaft der Eurozone ist ein weiterer großer Verlierer des Euro. Die volkswirtschaftlichen Eckdaten zeigen den erschreckenden Niedergang der Grande Nation. Die Industrieproduktion Frankreichs ist seit der Einführung des Euros um 9 Prozent gesunken. Während der Finanzkrise 2008 ist die Industrieproduktion genauso stark gesunken wie in Deutschland, allerdings hat sich Deutschland wieder erholt, während es Frankreich nicht aus dem Tal herausgeschafft hat. Noch schlimmer steht es um die Industrieproduktion der folgenden südlichen Länder (siehe Abbildung 10): Portugal mit -14 Prozent, Italien und Griechenland mit jeweils -19 Prozent und Spanien mit -21 Prozent. **Die Südschiene Europas ist immer noch in der Krise, und das in der längsten wirtschaftlichen Erholungsphase seit dem Zweiten Weltkrieg. Kommt es zur globalen Rezession, werden in den südlichen Euroländern alle Dämme brechen!**

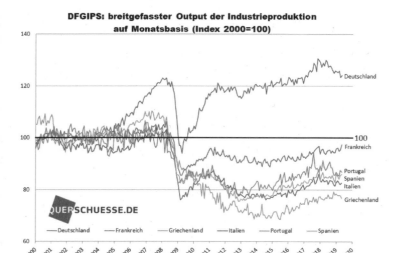

Abbildung 10

Mit der kommenden Rezession wird das politische System um Emmanuel Macron scheitern. Die Gelbwesten auf den Straßen des Landes waren nur ein kleiner Vorgeschmack auf das, was in Frankreich möglich ist. Die Arbeitslosenzahlen in Frankreich mit seiner größtenteils nicht wettbewerbsfähigen Wirtschaft werden weiter nach oben gehen und die Regierung wird gezwungen sein, an der Steuerschraube zu drehen, um den Sozialstaat am Leben zu erhalten. Dann aber wird die Bevölkerung in Massen auf die Straße gehen und den Bürgerkrieg ausrufen.

Sollte die Politik in Frankreich weiterhin versagen (wovon wir ausgehen), dann wird der oder die nächste PräsidentIn aus den Reihen der Partei des Front National hervorgehen.

Selbst Jean Pisani-Ferry, ein einflussreicher Euro-Lobbyist und der ehemalige Chef von Bruegel, einem großen, wirtschaftlichen Think Tank, hat nun erkannt, dass der Euro keine gute Idee war. Immerhin nach 18 Jahren.

Krieg zwischen Iran und den USA

Sollte der Konflikt zwischen den USA und dem Iran zu einem Krieg eskalieren, hätte dies auch unvorstellbare Auswirkungen auf Deutschland und Europa. Es besteht die Möglichkeit, dass die gesamte Region in Brand und damit völlig außer Kontrolle gerät. Abgesehen von all dem menschlichen Leid wären in diesem Falle die wirtschaftlichen Konsequenzen gravierend. Sollten die Öl- und Gastanker plötzlich nicht mehr vom Persischen Golf und von Nordafrika aus die Welt mit Öl und Gas beglücken, dann würde der Öl- und Gaspreis in Kürze durch die Decke gehen. Dies würde jegliches wirtschaftliches Wachstum abwürgen und die Welt in eine tiefe Rezession stürzen.

Neue Flüchtlingskrise

Eine weitere große Flüchtlingskrise wird Europa nicht stemmen können – weder finanziell noch gesellschaftlich. Dass diese aber droht, ist durchaus wahrscheinlich.

Der FDP-Außenpolitiker Alexander Graf Lambsdorff warnt vor einer militärischen Konfrontation zwischen den USA und dem Iran. Eine solche »würde Deutschland unmittelbar betreffen und könnte dramatische Folgen haben«.[8] Sollten auch nur zwischen 5 und 10 Prozent der iranischen Bevölkerung (knapp 81 Millionen) daraufhin fliehen, wären das zwischen vier und acht Millionen Menschen, die ihr Land verlassen und in Richtung Europa ziehen. Das würde massive Auswirkungen auf Europa haben, und es ist davon auszugehen, dass die europäischen Grenzen geschlossen werden würden.

Außerdem würde sich die politische Landschaft innerhalb der EU – auch in Deutschland – komplett verändern. Die weitere Aufnahme von Millionen Flüchtlingen wäre den Wählern an sich schon schwer zu vermitteln, aber in Kombination mit einer Rezession dürfte das keinesfalls gelingen. Das bedeutet, dass höchstwahrscheinlich rechte Parteien ein Parlament nach dem anderen erobern und die EU und den Euro zerstören würden.

Bankenkollaps/-krise

Eine neue Bankenkrise ist nur eine Frage der Zeit. Etliche italienische und spanische Zombiebanken sind marode. Sie werden nur noch von der EZB künstlich am Leben erhalten. Ohne die Aufkaufprogramme PSPP (Public Sector Purchase Programme), CSPP (Corporate Sector Purchase Programme) und TLTRO (targeted longer-term refinancing operations) würde es etliche von ihnen längst nicht mehr geben.

Anleihen-Aufkaufprogramme der EZB

PSPP
Nach einem festen Aufteilungsschlüssel, der sich nach deren Anteil am Kapital der EZB richtet, werden europäische Staatsanleihen gekauft. Das größte Volumen fällt dabei auf deutsche Anleihen, das zweitgrößte auf französische, das drittgrößte auf italienische und so weiter. Der Anteil des Eurosystems an der Gesamtmenge einzelner Wertpapiere war auf 25 Prozent begrenzt (im September 2015 wurde die Begrenzung auf 33 Prozent erhöht). Der Anteil an den Schulden eines Staates auf 33 Prozent. Die Rendite der gekauften Anleihen muss oberhalb des Einlagezinssatzes der EZB liegen. Insgesamt wurden mit dem Programm PSPP und dem CSPP für 2,59 Billionen Euro Anleihen an Staaten und Unternehmen erworben.

TLTRO
Mit diesem Hilfsprogramm versorgt die EZB die Banken mit extrem günstigen und langlaufenden Krediten (bis zu vier Jahren), um die Kreditvergabe zu stimulieren und die Banken mit Liquidität zu versorgen. Es handelt sich hierbei um gezielte langfristige Refinanzierungsgeschäfte, damit Banken Anreize erhalten, Darlehen an die Wirtschaft zu geben. Bisher gab es zwei TLTRO-Programme, und zwar 2014 und 2016.

Die Institute erhalten die Gelder zum aktuellen Leitzins, also zum Nulltarif. Darüber hinaus erhielten die Banken eine Prämie von bis zu 0,4 Prozent, wenn sie nachweislich mehr Kredite vergaben. Mit dieser Konstruktion sollte erreicht werden, dass das Geld tatsächlich auch in Form von Darlehen zur Stützung der Konjunktur in der Wirtschaft ankommt. Das Gesamtvolumen beträgt aktuell 720 Milliarden Euro, und vor allem Banken in Italien, Spanien und Frankreich nutzen diese.

Italienische Geldhäuser wurden mit 240 Milliarden Euro, spanische Institute mit rund 167 Milliarden Euro und Banken aus Frankreich mit etwa 112 Milliarden Euro versorgt. Für Institute in Deutschland ergibt sich ein Kreditvolumen von etwa 88 Milliarden Euro. Die meisten Kredite laufen im Sommer 2020 aus, die letzten im Jahr 2021. Da es jetzt schon wieder Lücken gibt, vor allem bei italienischen Banken (circa 140 Milliarden Euro), wurde das dritte TLTRO-Programm bereits im November 2019 mit 20 Milliarden Euro pro Monat gestartet.

Weitere Programme der EZB sind das Asset Purchase Programme (**APP**), das Covered Bond Purchase Programme 3 (**CBPP3**), das Asset-Backed Securities Purchase Programme (**ABSPP**) sowie die Wertpapierleihe im **APP** (Securities Lending). Daran sieht man deutlich, wie gut der Euro funktioniert …

Italienische Banken haben 8,9 Prozent notleidende Kredite in ihren Bilanzen. Auf dem Höhepunkt 2015 waren es 17,1 Prozent. Zusätzlich wurde dadurch auch die größte Insolvenzverschleppung der Geschichte finanziert. Bis zu 15 Prozent aller Unternehmen in der Eurozone sind sogenannte Zombieunternehmen. Weltweit geht man sogar von 13 Prozent aus![9] Auch diese hätten ohne das billige Geld der EZB und Anleihenaufkäufe schon längst das Zeitliche gesegnet. Mit der kommenden Rezession werden die Unternehmen weitere Kredite benötigen und gegebenenfalls nicht erhalten. Wenn diese

Zombies dann kippen, werden sie einige Banken mit sich reißen und einen fatalen Dominoeffekt auslösen.

Aber auch deutsche Banken stehen auf tönernen Füßen: Die Deutsche Bank hat etliche Leichen im Keller und de facto keine Chance zu überleben. Der Wertverlust der Aktie spricht Bände: Die Deutsche-Bank-Aktie hat noch einen Wert von circa 12 Milliarden Euro bei einem Eigenkapital von 64 Milliarden Euro. Also bewertet der Markt diese Aktie mit 51 Milliarden weniger. Wieso tut er das? Weil anscheinend keiner mehr davon ausgeht, dass die Deutsche Bank ohne staatliche Eingriffe überleben wird. Mehr dazu auf Seite 67.

Weitere Auslöser für einen Eurocrash wären: ein großer Stromausfall (Energiewende lässt grüßen!), Terroranschläge, Bürgerkriege und Naturkatastrophen. Was es auch immer sein wird, eines ist sicher: **Der Euro wird nicht freiwillig von der Politik ad acta gelegt werden, sondern sein Ende durch äußere Umstände finden.**

3. Europäische Zentralbank (EZB) – das größte Notenbankexperiment aller Zeiten

Die Zeichen in der Wirtschaft stehen auf Sturm. Trumps Handelskrieg, der Irankonflikt, Sanktionen gegen Russland, faktisch bankrotte Staaten mit EU-skeptischen Regierungen, verheerende Konjunkturaussichten und eine schwache Inflation sorgen für Panik unter den Währungshütern. Mario Draghi war der erste EZB-Chef, der während seiner Amtszeit niemals die Zinsen erhöht und die EZB-Bilanz auf ein historisches Hoch von 4,6 Billionen Euro aufgebläht hat. Seine Nachfolgerin Christine Lagarde wird voraussichtlich noch radikaler vorgehen als er. Kurzum, jetzt kommt der Währungskrieg.

Die tiefsten Zinssätze seit 5000 Jahren!

Abbildung 11

Wann steigen endlich wieder die Zinsen? Diese Frage brennt allen Sparern unter den Nägeln. Unsere Antwort lautet: **Nie wieder!** Im Zins- und Währungskorsett der EZB werden wir nie wieder steigende Zinsen erleben. Ganz im Gegenteil, wir prognostizieren sogar **Minuszinsen**. Das bedeutet, dass Sie für jeden Euro, den Sie auf dem Konto haben, zahlen müssen. Weltweit haben wir momentan die am längsten anhaltende Tiefzinsphase aller Zeiten (siehe Abbildung 11).

Nie wieder Zinsen!

Die Notenbanken auf der ganzen Welt sind dabei, die Zinsen zu senken. China hat den Leitzins stärker gesenkt als während der Finanzkrise 2008. In Australien ist der Leitzins mittlerweile auf einem historischen Tief. Die US-Notenbank FED hat ebenfalls wieder erstmals seit der jüngsten Finanzkrise die Zinsen gesenkt. Auch in der Eurozone werden die Zinsen weiter sinken. Es wird noch mehr Geld gedruckt und es werden noch mehr Anleihen von faktisch bankrotten Staaten und Unternehmen von den Notenbanken gekauft werden, um den Euro weiterhin am Leben zu erhalten.

Der ehemalige EZB-Chef Draghi verkündete im Juni 2019: »Sollte sich der Wirtschaftsausblick nicht bessern, ist eine zusätzliche Zinslockerung notwendig.« Wir sind davon überzeugt, dass sich die wirtschaftliche Lage nicht verbessern wird. Bei den wichtigsten Zentralbanken werden Zinssenkungen und neue Aufkaufprogramme erwartet. Auslöser ist die sich am Horizont abzeichnende Rezession. Wenn diese heftig ausfällt – wovon wir ausgehen –, dann zeigt die Vergangenheit, dass die Zentralbanken die Zinsen um etwa 400 bis 500 Basispunkte (4 bis 5 Prozent) senken müssen, um die Rezession zu stoppen. Das wirft folgendes Problem auf: Keine der großen Zentralbanken in den Industrieländern besitzt so viel Spielraum. In den USA liegt der Zinssatz bei 1,75 bis 2 Prozent und in der Eurozone bekanntermaßen bei 0 Prozent. **Das bedeutet, wir werden Negativzinsen sehen.** Wir hatten schon 2016 – vor der Zinsabsenkung der EZB auf 0 Prozent – in unserem dritten Buch *Kapitalfehler* geschrieben, dass die Eurozone, um zu überleben, langfristig Negativzinsen zwischen –4 und –7 Prozent benötigt. Genau das wird bald eintreten. Selbstverständlich wird dies schrittweise geschehen, damit keine Panik unter der Bevölkerung ausbricht. Um einen Ansturm auf die Banken zu verhindern, wird entweder das Bargeld verboten (eher unwahrscheinlich) oder das Bargeld genau so negativ besteuert wie das Geld auf den Konten. Wenn man zum Beispiel 4 Prozent Negativzins auf dem Konto bezahlt, dann wird das Bargeld ebenfalls mit 4 Prozent negativ verzinst.

Mit Christine Lagarde als neuer EZB-Chefin steht nun erstmalig kein Ökonom an der Spitze der EZB, sondern eine Juristin und Politikerin. Sie hat beim IWF zahlreiche Erfahrungen bezüglich der Erstellung und Implementierung von Krisen- und Rettungspaketen sammeln können. Nun soll sie diese Erfahrung beim großen Finale ins Spiel bringen und die Politik vom letzten Aufgebot überzeugen. Immerhin sind unter ihrer Riege beim IWF so drastische Gedankenspiele gemacht worden wie »die Abschaffung des Bargelds«, »Gold als Brandbeschleuniger in Krisen« und »Wie man Negativzinsen implementieren kann«. Eine »10-Prozent-Steuer auf alles« wurde ebenfalls vom IWF angedacht.

Die Französin Christine Lagarde wird entscheidend über unsere Zukunft bestimmen. Ob sie tatsächlich die richtige Frau für einen solch komplexen und verantwortungsvollen Job ist, wagen wir zu bezweifeln.

> **»Ohne Führung wäre ich ineffizient, ohne Unterstützung wäre ich nicht sehr glaubwürdig«**
>
> Ein von Christine Lagarde verfasstes, und von der französischen Tageszeitung *Le Monde* veröffentlichtes Schreiben untermauert unsere Meinung, dass diese Frau gewiss nicht geeignet ist, die oberste Herrin unseres Geldes zu sein. »Lieber Nicolas, ganz kurz und mit tiefem Respekt«, beginnt Lagarde ihren

Brief an den damaligen französischen Präsidenten Nicolas Sarkozy, um sogleich unterwürfig auf den Punkt zu kommen: »Ich bin an deiner Seite, um dir und deinen Projekten für Frankreich zu dienen.« Der frisch gewählte Präsident begleitete Lagarde bereits ihr gesamtes Karriereleben. Nachdem Sarkozy im Mai 2007 zum Präsidenten gewählt wurde, stieg Lagarde für kurze Zeit zur Ministerin für Landwirtschaft und Fischerei auf, wenig später hievte Sarkozy sie ins Finanzministerium. »Ich selbst hege keinerlei persönliche politische Ambitionen, ich habe nicht den Wunsch, ein sklavischer Ehrgeizling zu werden wie viele in deinem Umkreis, deren Loyalität in letzter Zeit mitunter nur von kurzer Dauer ist. Benutze mich so lange, wie es für dich passt [...] Wenn du für mich Verwendung findest, brauche ich deine Führung und Unterstützung: Ohne Führung wäre ich ineffizient, ohne Unterstützung wäre ich nicht sehr glaubwürdig. Mit meiner immensen Bewunderung, Christine L.«

Gefunden wurde das Schreiben übrigens bei einer richterlichen Hausdurchsuchung im Rahmen der sogenannten Tapie-Affäre.[10] Lagarde hatte als französische Wirtschaftsministerin das private Schiedsgericht angerufen und gegen die Entscheidung zugunsten Bernard Tapies keine Rechtsmittel eingelegt. Sie wurde dafür 2016 wegen Beihilfe zur Veruntreuung von Staatsgeldern schuldig gesprochen, blieb allerdings straffrei.[11] Wie man eine Frau wie Lagarde zur Hüterin unseres Geldes machen kann, ist für uns schleierhaft.

Deutschland auf dem absteigenden Ast

Deutschlands Schlüsselindustrie – die Automobilbranche – ist bereits in einer Rezession. Sie steht für 21 Prozent des deutschen BIP und sichert direkt und indirekt Millionen Arbeitsplätze. Insbesondere in dem für deutsche Automobilproduzenten außerordentlich wichtigen

Gigamarkt China sieht es schlecht aus. Die Pkw-Verkaufszahlen in China sanken laut China Association of Automobile Manufacturers im Mai 2019 abermals um 17,37 Prozent im Vergleich zum Vorjahresmonat. Für die ersten fünf Monate des Jahres 2019 ist ein Verlust von 15,17 Prozent zu verzeichnen. Die gesamten Fahrzeugverkäufe (Pkw, Busse und Lkw) sind in China im Juni 2019 um 17,73 Prozent im Vergleich zum Vorjahresmonat gesunken. Die deutsche Pkw-Produktion sank im ersten Halbjahr 2019 um 12,5 Prozent. 2018 hatten wir schon einen Rückgang von 9,4 Prozent.

Im Juni 2019 ist die Rohstahlproduktion in den deutschen Hüttenwerken um 5,8 Prozent im Vergleich zum Vorjahresmonat auf 3,405 Millionen Tonnen gesunken. Im ersten Halbjahr 2019 sank der Output um 5,1 Prozent verglichen mit dem Vorjahr. Bereits im Jahr 2018 sank der Output um 2,2 Prozent. Der ifo-Geschäftsklima-Index ist auf einem Sechs-Jahres-Tief. Selbst die robuste Baubranche musste Einbußen hinnehmen. Hier ging es zuletzt auf Jahresbasis um 2,4 Prozent abwärts bei den Baugenehmigungen.

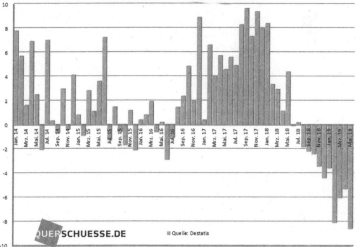

Abbildung 12

Im Verarbeitenden Gewerbe fallen die Auftragseingänge seit Juni 2018 quasi exponentiell (siehe Abbildung 12).

Der Einkaufsmanagerindex des Verarbeitenden Gewerbes sank im Juli 2019 auf 43,1 Punkte und damit auf den tiefsten Stand seit sieben Jahren. Das weist auf einen starken Abschwung in der deutschen Industrie hin. Zweifellos steht eine Rezession vor der Tür. Die Frage ist nur, wie heftig sie ausfallen wird, nachdem die Notenbanken jahrelang einen künstlichen Boom erzeugt haben.

Abbildung 13

Insolvenzverschleppung

>*»Mit Gelddrucken lassen sich nachhaltig
keine Probleme lösen.«*
Matthias Weik

Allein die Ankündigung weiterer Aufkaufprogramme durch die EZB verursachte einen erneuten Einbruch der Zinsen für europäische Staatsanleihen. Selbst die Renditen für zehnjährige Staatsanleihen aus Österreich und Frankreich rutschten erstmals in den negativen Bereich. Betrachtet man die verheerenden volkswirtschaftlichen Eckdaten Frankreichs, dann wird auch dem Letzten der Irrsinn bewusst.

In Deutschland sind die zehnjährigen Bundesanleihen noch tiefer in die Negativzone gerauscht und erreichten ein Rekordtief von −0,79 Prozent. Erstmalig in der Geschichte fiel sogar die 30-jährige deutsche Staatsanleihe ins Negative. Damit sind alle deutschen Schuldscheine unter 0 Prozent! Dies ist ein völlig aus dem Ruder gelaufenes Geldexperiment, welches Banken, Versicherungen und Privatleute schädigen oder sogar ruinieren wird.

Und es wird noch abstruser: **Griechenland kann sich aktuell günstiger verschulden als die USA!** Offensichtlich lautet heute das Motto: Je schlechter die Bonität, desto niedriger der Zinssatz. Dank der EZB fehlt den Ländern Südeuropas jeglicher Anreiz für Reformen, da billiges Geld ohne Ende zur Verfügung steht. Normalerweise ist der Zins ein Risikoindikator. Gläubiger mit schlechter Bonität bezahlen einen hohen Zinssatz. Dies zählt heute nicht mehr. Das von einer hohen Arbeitslosigkeit gebeutelte Italien mit einer Industrieproduktion auf dem Niveau von vor 30 Jahren und einer Rekordverschuldung in Höhe von 2,4 Billionen Euro kann sich noch immer unfassbar günstig verschulden. **Dies ist volkswirtschaftlicher Irrsinn und steht mit Sicherheit in keinem Volkswirtschaftslehrbuch.**

Abbildung 14

Wie kaputt das ganze System ist, zeigt allein die Tatsache, dass mittlerweile 27 Prozent aller weltweiten Staatsschulden mit einem Negativzins versehen sind (siehe auch Kapitel: »Die größte Blase aller Zeiten«).

Noch mehr von der Droge Billiges Geld

Die EZB wird alles versuchen, um eine Rezession zu unterbinden. Dies wird ihr jedoch nicht gelingen. Es ist lediglich eine Frage der Zeit, bis uns unser auf Pump und kontinuierlichem Wachstum basierendes Wirtschafts- und Finanzsystem mit einem Riesenknall um die Ohren fliegt. Wir erleben ein historisch einmaliges Notenbankexperiment, das versucht, die Mathematik zu überlisten. **An dieser Hybris wird die Eurozone scheitern.**

Staaten, viele Unternehmen und Privatpersonen sind bereits bis zur Halskrause verschuldet. Die Welt ist süchtig nach der Droge Billiges

Geld. Diese Droge wird es in Kürze in gigantischen Mengen geben. Fakt ist: **Mit Gelddrucken lässt sich weder Wohlstand erzeugen noch lassen sich die Probleme damit lösen.** Das Einzige, was die Notenbanken gewinnen, ist Zeit, mehr nicht.

Die Planwirtschaft der Notenbanken

Von der Politik wird uns vorgegaukelt, dass wir in Zeiten der freien Marktwirtschaft leben. Dies entspricht jedoch keinesfalls der Wahrheit. Wir haben längst das Zeitalter der Planwirtschaft erreicht – der Planwirtschaft der Notenbanken. Laufend greifen die Notenbanken in die Märkte ein, kaufen Anleihen von Staaten und Unternehmen und sogar Aktien. Selbst die kleine Schweizer Nationalbank hatte beispielsweise Ende 2018 Aktien von rund 6.600 Unternehmen aus 95 Prozent aller Aktienmärkte im Wert von 145 Milliarden Schweizer Franken im Portfolio.[12]

Die Bank of Japan besitzt bereits über 80 Prozent aller japanischen ETFs. Sie ist damit der größte Besitzer des japanischen Aktienmarktes und bei 23 Unternehmen schon der größter Einzelaktionär!

Ist das nachhaltig und gesund? Wir sagen: Nein! **Das ist eine Insolvenzverschleppung und volkswirtschaftliche Schadensmaximierung!**

Mit der kommenden Rezession werden die Notenbanken global zukünftig in noch größerem Stil als in der Vergangenheit die Geldschleusen öffnen und die Zinsen weiter senken. Die EZB wird noch drastischer in die Märkte eingreifen und Zombieunternehmen wie beispielsweise die italienischen Banken weiterhin am Leben erhalten. Die Zinsen werden weiter sinken und die Notenbankbilanzen werden in gigantischem, uns bis dato unbekanntem Stil aufgebläht werden, um den Schein einer funktionierenden Finanzwelt weiter aufrechtzuerhalten. Die Planwirtschaft der Notenbanken wird in Kürze vollkommen absurde Ausmaße annehmen. Während der letzten Krise waren 65 Billionen US-Dollar nötig, um das System zu retten. Beim nächsten Mal wird es garantiert teurer, und es muss die Frage gestellt werden: **2008 wurden die Banken durch die Notenbanken gerettet – wer rettet nun die Notenbanken?**

Spätestens seit dem Zusammenbruch der DDR sollte zumindest in Deutschland jedem klar sein, dass Planwirtschaft auf Dauer nicht funktioniert. Und sie wird auch in Zukunft nicht funktionieren. Auch nicht die Planwirtschaft der Notenbanken!

Unserer Ansicht nach stehen die Zeichen auf Sturm, denn eine zweite gravierende Krise werden die Notenbanken nicht stemmen können.

Zombiefirmen

Wegen der viel zu niedrigen Zinsen und des irrsinnigen Aufkaufs von Unternehmensanleihen durch die EZB und andere Notenbanken außerhalb der Eurozone gibt es mittlerweile zahllose Zombieunternehmen. Die Notenbank der Notenbanken (BIS) geht von 15 Prozent aller Unternehmen in der Eurozone aus. Diese Zombiefirmen stellen eine erhebliche und tagtäglich größer werdende wirtschaftliche Gefahr dar. Egal ob in Deutschland, Frankreich oder Italien – überall gehen die Insolvenzanmeldungen zurück. Es gibt jedoch nicht im-

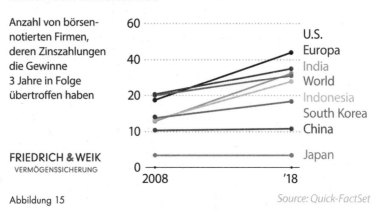

Immer mehr Zombiefirmen

Anzahl von börsennotierten Firmen, deren Zinszahlungen die Gewinne 3 Jahre in Folge übertroffen haben

Abbildung 15

Source: Quick-FactSet

mer weniger Firmenpleiten, weil es überall wirtschaftlich perfekt läuft, sondern weil Firmenkredite extrem billig sind.

Niedrige Zinsen müssen für Unternehmen nicht unbedingt etwas Schlechtes sein. Wenn sie weniger Geld für Kredite aufwenden müssen, können sie mehr investieren, forschen und Mitarbeiter einstellen. Die Crux ist jedoch, dass angeschlagene Firmen durch Niedrigzinsen dazu verleitet werden, über ihren Verhältnissen zu leben – also mehr Schulden zu machen, als sie eigentlich stemmen können. Und genau das ist oftmals der Fall. In Europas Unternehmen besteht ein hoher Anteil an Kurzzeitkrediten (Kredite mit einer Laufzeit von maximal einem Jahr sowie Überziehungskredite). Brisanterweise machen im Euroraum solche Verbindlichkeiten knapp ein Drittel aller Bankkredite der Unternehmen aus. Der Anteil ist insbesondere in den südeuropäischen Ländern extrem hoch. In Italien sind es 45,4 Prozent, in Griechenland 45,1 Prozent.

Das Bankensterben kommt!

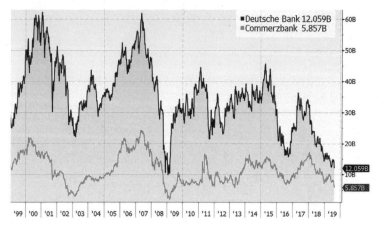

Abbildung 16

Wir erwarten aus mehreren Gründen ein großes Bankensterben. Die europäischen Banken befinden sich weiterhin in einem einmaligen Niedergang. Dabei haben wir noch nicht einmal offiziell eine Krise. Trotzdem hat der Bankenindex ein historisches Tief erreicht. Sowohl in Europa als auch in Deutschland.

Die meisten Banken haben die Digitalisierung komplett verschlafen, das Filialgeschäft überschätzt (jetzt werden fleißig Filialen geschlossen und Bankautomaten abgebaut) und viel zu spät mit dem Sparen angefangen. Obendrein haben sie sich viel zu lange auf ihrem hohen Ross der Unantastbarkeit und Unfehlbarkeit ausgeruht und viele Banken, insbesondere Landesbanken, haben sich mit Kapitalanlagen vollkommen verzockt. Die Negativzinsen sind ein weiterer harter Schlag für die Bankenwelt. Zusammengefasst heißt das: Die Hütte brennt.

Das spüren nicht nur die Wackelkandidaten Deutsche Bank und Commerzbank, sondern auch Volks- und Raiffeisenbanken, Sparkassen und Landesbanken. Filialschließungen, Fusionen und Entlassungen im großen Stil stehen auf der Agenda der hochbezahlten Bankenvorstände.

Kommen jedoch die großen Banken Südeuropas ins Trudeln, dann gibt es auch in Deutschland kein Halten mehr und Verstaatlichungen von Banken werden wieder unsere Nachrichtensendungen dominieren. Heiße Kandidaten sind für uns die Deutsche Bank und die bereits teilverstaatlichte Commerzbank.

Beide Banken erleben einen bemerkenswerten Niedergang. Die Aktienkurse sind um über 85 Prozent eingebrochen und man wartet nur darauf, dass der Staat eingreift. Die Wahl besteht zwischen **Verstaatlichung und Pleite!**

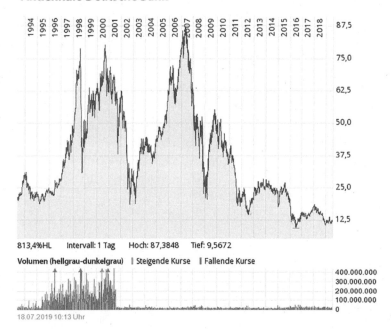

Abbildung 17

Die ehemals großen Bankhäuser Deutsche Bank und Commerzbank sind nur noch einen Bruchteil wert. Die Marktkapitalisierung schrumpfte auf 5,8 Milliarden bei der Commerzbank zusammen und auf 12 Milliarden bei der Deutschen Bank (Abbildung 17). Der Staat ist bei der Commerzbank bereits Anteilseigner und hat auch schon Milliarden verloren. 2009 war das Investment 5,1 Milliarden Euro wert, aktuell sind es noch circa 900 Millionen Euro.

In der Abbildung 18 sieht man schön, wie die Banken durch den Einlagezinssatz der EZB leiden.

Abbildung 18

Aber auch den Banken in anderen Ländern geht es nicht besser. In Spanien, in Italien oder in der Schweiz bewegen sich die Kurse der Banken auf immer niedrigere Tiefs zu. Bis auf die US-Banken haben alle in Europa verloren.

Deutsche Bank und Commerzbank – Verstaatlichung oder Pleite

Bereits in unserem zweiten Buch *Der Crash ist die Lösung* haben wir den Niedergang der Deutschen Bank und der Commerzbank prognostiziert. Leider sind unsere Prognosen eingetroffen.

Die Deutsche Bank – einstige Vorzeigebank

Eigentlich sollten Banken ja mit Geld umgehen können. Mit dem Geld der Aktionäre kann die Deutsche Bank das nicht. Allein zwischen 2014 und 2019 ist der Aktienkurs um 90 Prozent auf 6,84 Euro in den Keller gerauscht.

Obendrein hat die Deutsche Bank bei beinahe jedem Finanzskandal die Finger im Spiel gehabt. Bis dato mussten über 15 Milliarden US-Dollar für »Verfehlungen« gezahlt werden. Beispiele hierfür sind verbotene Geschäftspraktiken bei Aktien-Hinterlegungsscheinen, versuchte Marktmanipulation, angebliche Manipulation von Edelmetallpreisen, der Geldwäsche-Skandal in Russland, Fehler bei der Veröffentlichung wichtiger kursrelevanter Informationen, Geldwäsche von Kunden bei Wertpapiergeschäften in Moskau, London und New York, dubiose Hypothekengeschäfte, Verstöße gegen das US-Sanktionsrecht, die Verstrickung in den Libor-Skandal um manipulierte Zinssätze, der Streit um Hypothekenpapiere in den USA, umstrittene Zinswetten und so weiter.[13]

Auch bei den CumEx- und CumCumEx-Geschäften war die Deutsche Bank ganz vorn mit dabei. Im Februar 2019 kam dann auch noch ans Licht, dass die Bank ihren Anlegern bei einer Kapitalerhöhung 2014 ein Anleihe-Paket mit womöglich zweifelhaftem Wert vorenthalten hat. Ein 2007 erworbenes Anleihe-Paket wurde knapp zehn Jahre später mit einem Verlust in Höhe von 1,6 Milliarden US-Dollar verkauft. Ohne diesen Verkauf hätte die Bank 2016 einen Gewinn statt einen Verlust von 1,4 Milliarden Euro verbucht.[14]

Nieten in Nadelstreifen

Aufsichtsratsvorsitzender der Deutschen Bank ist seit 2012 Paul Achleitner. Anstatt sich vollkommen auf die Deutsche Bank und deren massive Probleme zu fokussieren, ist der ehemalige Deutschland-Chef von Goldman Sachs und langjähriger Finanzvorstand der Allianz äußerst umtriebig. Er ist auch noch Mitglied der Aufsichtsräte von Bayer und Daimler sowie des Gesellschafterausschusses von Henkel.[15]

Für uns grenzt es an ein Wunder, dass es die Deutsche Bank überhaupt noch gibt. Es stellt sich die Frage, wie lange noch und insbesondere in welcher Form es sie in Zukunft geben wird. So wie bisher wird es wohl nicht weitergehen können. Während die Aktionäre in die Röhre geschaut haben, haben die Mitarbeiter die Bank ausgeplündert.[16]

Abbildung 19

Wie ein Aufsichtsrat so etwas über viele Jahre zulassen kann, ist uns schleierhaft. Warum der ehemalige Chef-Investmentbanker Garth Ritchie 2018 zuzüglich zu seinem Fixgehalt in Höhe von 3 Millionen Euro einen Bonus von 2,6 Millionen Euro erhielt, obwohl der Gewinn des Bereichs, den er als Vorstand verantwortet, um mehr als die Hälfte eingebrochen ist, ist äußerst rätselhaft.[17]

Die Deutsche Bank wird scheitern!

Die Zeiten, in denen ein vom Größenwahn getriebener Josef Ackermann von 25 Prozent Eigenkapitalrendite fantasiert hat, sind längst vorbei. Die Deutsche Bank ist nur noch ein Schatten ihrer selbst. Die ehemaligen Vorturner wie Mister »Peanuts« Hilmar Kopper, »Mister Finanzplatz« Rolf-Ernst Breuer, dessen kritische Bemerkung zur Kreditwürdigkeit von TV-Mogul Leo Kirch das Bankhaus rund 925 Millionen Euro kostete,[18] Josef Ackermanns »Rainmaker« Anshu Jain, Jürgen Fitschen und John Cryan interessieren die Probleme der Bank wahrscheinlich nicht die Bohne. Anders sähe es wahrscheinlich aus, wenn man die exorbitanten Boni der Vorstände, der Protagonisten aus dem Investmentbanking, aber auch des Vertriebs nicht ausbezahlen würde, sondern lebenslang verrentet hätte.

Die einstmalige Vorzeigebank des Exportweltmeisters Deutschland liegt jedenfalls in Trümmern. Jetzt ist guter Rat teuer, und man ist verzweifelt auf der Suche nach einem Dummen, der für die ganze Misere geradesteht. Die Möglichkeit einer Übernahme durch eine andere Bank halten wir für höchst unwahrscheinlich. Wer will schon eine Bank erwerben, die unzählige anhängige Verfahren und ein Derivatevolumen von 43,459 Billionen Euro hat? **Das ist fast das das 13-fache des Bruttoinlandsprodukts (BIP) von Deutschland oder das 679-fache des Eigenkapitals der Bank.**[19]

Abbildung 20

> **Derivate**
>
> Bei Derivaten handelt es sich um oftmals kompliziert verschachtelte Wertpapiere, häufig mit hohem spekulativen Charakter. Im Falle einer neuen Finanzkrise können diese Derivate rasch immense Probleme nach sich ziehen und schlussendlich das gesamte Finanzsystem durch einen Dominoeffekt in Schieflage bringen. All dies haben wir bereits bei der Pleite der Lehman Bank 2008 erleben dürfen. Damals hat der Steuerzahler gerade noch einmal die »Kernschmelze« des Finanzsystems verhindert.

Der Super-GAU für den Steuerzahler

Die Deutsche Bank wird für uns Steuerzahler noch ein sehr teures Unterfangen werden. Zuletzt hat die Bank für das zweite Quartal 2019 einen Verlust von 2,8 Milliarden Euro verbucht. Das ist knapp 1 Milliarde Euro Verlust pro Monat! Die Arbeitsplätze werden um 18.000 Stellen auf 74.000 Arbeitsplätzen reduziert, und das verlustreiche Investmentbanking wird eingedampft.

Es wird eine neue Bad Bank geben. Ja, es gab schon mal eine mit einem Volumen von beachtlichen 128 Milliarden Euro, in der sollen weitere 74 Milliarden Euro an schlecht laufenden Derivaten ausgelagert werden. Die Bank hat Level-3-Vermögenswerte im Volumen von 22 Milliarden Euro in ihren Büchern. Für Level-3-Werte gibt es keinen Markt und auch keine Nachfrage. Sie sind also de facto wertlos. Den Wert berechnet die Bank intern ohne externe Kontrolle. Das ist natürlich brandgefährlich.

Außerdem hat die Deutsche Bank Level-2-Vermögenswerte im Volumen von knapp 500 Milliarden Euro, für die es keinen regulären Marktpreis gibt. Hier wird uns noch die eine oder andere Hiobsbotschaft erreichen. Immerhin hat das Derivateportfolio der Bank ein gigantisches Volumen von 43,459 Billionen Euro.

Der Bank werden weder radikale Sparmaßnahmen noch die Entlassung von 18.000 Angestellten oder die Gründung einer Bad

Bank ihr langfristiges Überleben sichern. Eher früher als später werden wir Steuerzahler einspringen müssen.[20] Wir gehen davon aus, dass die Deutsche Bank nicht mehr zu retten ist. Da die Bank aufgrund ihrer »Systemrelevanz« nicht pleitegehen darf, wird sie wohl verstaatlicht werden. Wir Steuerzahler werden noch einen sehr hohen Preis für das Missmanagement und die Gier der Bankmanager, vor allem von Josef Ackermann, bezahlen müssen. Wir sagen es knallhart: **Die Deutsche Bank ist eine tickende Zeitbombe und sie ist am Ende!**

Abbildung 21 zeigt die immense Systemrelevanz der Deutschen Bank. Ein Bankrott würde etliche weitere Institute mitreißen. Das wird daher durch eine Verstaatlichung verhindert werden.

Versicherer in der Zinsfalle

Die Null- und Negativzinsen zerstören aber nicht nur die Banken, sondern auch Versicherungen, Pensionskassen und Versorgungswerke. Auch bei den Bauspar- und Betriebskassen knabbert der Nullzins an den Erträgen. Laut BaFin und Bundesbank werden die gefährdeten Unternehmen immer mehr. Mittlerweile stehen 34 von 87 Lebensversicherungen auf der Beobachtungsliste der BaFin unter »intensivierter Aufsicht«. Diese Institute haben finanzielle Probleme. Betroffen sind 32,8 Millionen Verträge. Nichtsdestotrotz verteilen die klammen Unternehmen so viel Geld wie noch nie in den vergangen zehn Jahren – aber natürlich nicht an ihre Kunden, sondern an die eigenen Mutterkonzerne. 276 Millionen Euro Gewinn führten die 34 betroffenen Versicherer alleine 2017 ab. Auch bei den Pensionskassen stehen aktuell 31 Unternehmen auf der Watchlist (es waren vor Kurzem noch 45). Bei 14 haben die Arbeitgeber inzwischen Kapital nachgeschossen. Bei 5 bis 10 davon wird es sehr bald schlechte Neuigkeiten geben. In Deutschland gibt es 136 Pensionskassen mit 170 Milliarden Euro Anlagekapital. Die meisten waren einst von Arbeitgebern gegründet worden, um die betriebliche Altersversorgung für die Mitarbeiter zu organisieren. Jetzt geht's nach hinten los

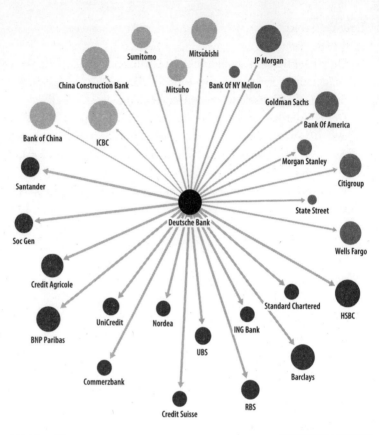

Abbildung 21

FRIEDRICH & WEIK
VERMÖGENSSICHERUNG

und die Arbeitgeber müssen die Pensionskassen mit neuen Mitteln ausstatten und eventuell sogar retten.

Die 2016 von der EU eingeführte Richtlinie Solvabilität II sollte den Versicherten helfen. Sie hat aber zu viele Ausnahmeregelungen und zu lange Übergangsfristen – von denen die deutschen Versicherungsgesellschaften über Gebühr profitieren.

Drei Beispiele:

1. Die Steuerberaterkasse muss die Leistungen für ihre Mitglieder wegen eines Fehlbetrags von 158 Millionen Euro kürzen. Die Steuerberaterkasse darf keine Neugeschäfte abschließen.
2. Die Bausparkassen lösen die Reserven aus dem Notfallfonds auf. Seit 2014 sank das Finanzpolster der 13 größten Bausparkassen von 1,94 Milliarden Euro auf nur noch 374,5 Millionen Euro! Wenn das so weitergeht, ist die Kasse 2020 leer!
3. Der Pensionskasse der Caritas und deren Schwestergesellschaft Kölner Pensionskasse fehlen 122,8 Millionen Euro. Nun sollen Versicherten die Bezüge gekürzt werden. Ihr Neugeschäft mussten sie auf Anordnung der BaFin einstellen.

Diese von uns schon vor Jahren prognostizierte Entwicklung wird weitergehen und sich sogar noch verstärken. Das bekommen vor allem die Kunden zu spüren: Die Prognosen für das, was sie am Ende einmal rausbekommen sollen, sinken von Jahr zu Jahr. **Die Rente ist nicht sicher! Daher wieder einmal unser Rat: Noch kann man einige Anlagen und Papiere verkaufen oder stilllegen. Prüfen Sie Ihre Anlagen, ob sie noch zeitgemäß sind, und bauen Sie Alternativen auf.**

Viele Wertpapiere von heute sind das Altpapier von morgen. Das Zeitalter der Sachwerte hat begonnen.

Die Folgen für die Bürger

Wir Sparer sind die Gelackmeierten. Ein jeder, der für dass Alter vorsorgt und spart, wird eiskalt bestraft oder besser gesagt enteignet. Egal ob Riester, Rürup, Lebensversicherungen – all das können Sie dank der Politik der Notenbanken vergessen. Auch das klassische Sparbuch ist schon längst kein Sparbuch mehr, sondern ein Kapitalvernichter. Die Renditen für Spareinlagen liegen unter der Inflationsrate. Je stärker Nominalzins und Inflation auseinandergehen, desto stärker wird der Sparer geschröpft. Bei Nullzinsen und einer gleichzeitigen Inflation von 2 Prozent reduziert sich die Kaufkraft bei einem Sparguthaben von 50.000 Euro um 1.000 Euro. **Und zwar pro Jahr.** Binnen zehn Jahren ist die Kaufkraft der 50.000 Euro auf knapp 40.000 Euro geschrumpft. **648 Milliarden Euro haben Sparer durch Niedrigzinsen laut DZ Bank zwischen 2010 und 2019 verloren.**[21]

Auch die Sozialkassen, insbesondere die Gesetzliche Rentenversicherung sowie die Krankenkassen, leiden unter der Nullzinspolitik. Bereits für 2017 hat die gesetzliche Rentenversicherung sogenannte negative Vermögenserträge in Höhe von 49 Millionen Euro ausweisen müssen.[22]

4. Macht doch mehr Schulden!

»Die Deutschen könnten die niedrigen Kreditzinsen für sich nutzen. Dafür müssten sie sich etwas mehr verschulden, aber das mögen viele einfach nicht.«
EZB-Vizepräsident Vítor Constâncio[23]

Was der damalige portugiesische EZB-Vizepräsident Vítor Constâncio in dem obigen Zitat von sich gibt, ist unglaublich. Warum nicht einfach auch in den Schuldenwahnsinn verfallen, wie es offensichtlich in Südeuropa en vogue ist? Zum Glück ist immer noch ein Großteil der Bevölkerung nicht so dumm, sich zu verschulden. Constâncios Ansage ist insbesondere in Anbetracht einer kommenden Rezession brandgefährlich. Momentan läuft alles noch so einigermaßen. Wir in Deutschland haben eine Rekordbeschäftigungsquote, Kurzarbeit und Arbeitslosigkeit sind gerade Fremdwörter. Bald wird sich das jedoch grundlegend ändern.

Deutschland hat sich sehr lange in einer Boomphase befunden, doch bekanntermaßen hat jeder Boom auch ein Ende. Und das ist jetzt. Nun wird offensichtlich, wer sich seinen Lebensstandard tatsächlich weiterhin leisten kann und wer weit über seine Verhältnisse gelebt hat. Darum sollten wir uns folgendes Zitat des österreichischen Schauspielers Walter Slezak zu Herzen nehmen: »Viele Menschen benutzen das Geld, das sie nicht haben, für den Einkauf von Dingen, die sie nicht brauchen, um damit Leuten zu imponieren, die sie nicht mögen.«

Das betrifft beispielsweise Immobilien. Noch mehr Menschen werden mit Geld, das sie nicht haben, Immobilien erwerben, die sie sich nicht leisten können. Die Immobilienblase wird zunehmend gigantischer und Wohnraum zum Luxusgut.

Die Notenbanken kaufen Zeit und lösen keine Probleme

Banken und Versicherungen werden weiter unter dem Notenbank-experiment leiden und schlussendlich auch wir Sparer. Wir alle werden durch die Niedrigzinsphase kontinuierlich enteignet und sind Opfer dieses Ausnahmezustands.

Unvermindert versuchen die EZB und die nationalen Notenbanken ohne spürbaren Erfolg, die Krise mit der Druckerpresse zu lösen. Bis Ende 2018 hat die EZB knapp 5 Billionen Euro aus dem Nichts erschaffen.

Die Garantiezinsen werden weiter sinken und immer mehr Finanzinstitute werden Filialen schließen und schlussendlich sukzessive von der Bildfläche verschwinden. Das Einzige, was die Notenbanken mit ihrer Politik erreichen werden, ist, ist sich abermals teuer Zeit zu erkaufen und den Crash erneut in die Zukunft zu verschieben. Denn eines werden sie gewiss nicht – das Problem lösen! Nein, lediglich die Fallhöhe wird weiter nach oben justiert und der Aufprall damit noch härter. Das Einzige, was momentan von den Notenbanken betrieben wird, ist volkswirtschaftliche Schadensmaximierung.

Die Politik des billigen Geldes geht unvermindert weiter

Wir gehen davon aus, dass die EZB und die nationalen Notenbanken weiter in erheblichem Umfang Anleihen von faktisch bankrotten Staaten wie beispielsweise Italien und von Zombieunternehmen wie etwa italienischen Banken aufkaufen werden, da sich auf den Märkten für ebendiese Anleihen wohl kaum Käufer finden werden. Abbildung 22 zeigt schon jetzt, dass die EZB größter Besitzer von italienischen Anleihen ist und italienische Banken mit Geld von der EZB ebenfalls kräftig den Staat stützen, um das Perpetuum mobile am Laufen zu halten.

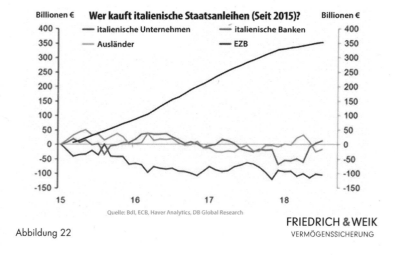

Abbildung 22

Offensichtlich läuft es in der Eurozone nicht so prächtig, ansonsten wären die Aufkaufprogramme längst rückgängig gemacht und der Leitzins erheblich erhöht worden. Beides wird jedoch auch in Zukunft nicht geschehen. Die Bilanzsumme der EZB und somit auch das Haftungsrisiko für die Bundesbank als größten Anteilseigner werden immer astronomischer.

Der Europäische Gerichtshof gibt grünes Licht

Erwartungsgemäß hat der Europäische Gerichtshof (EuGH) die Politik der EZB abgesegnet. Die Finanzierung von Staaten durch die Notenpresse verstoße laut EuGH nicht gegen gültiges Recht. In Wirklichkeit verstößt dieses Vorgehen jedoch nicht nur gegen die Statuten der EZB, sondern auch gegen den Vertrag von Maastricht. Muss sich das oberste EU-Gericht nicht an Recht und Verträge halten?

Helikoptergeld – Herr, wirf Geld vom Himmel

Ein Zauberwort der EZB heißt TLTRO, was für Targeted Longer-Term Refinancing Operations steht (siehe Kapitel »Wann scheitert der Euro?«). Es ist ein milliardenschweres Kreditprogramm für die Banken. Wir gehen davon aus, dass die dritte Auflage dieser EZB-Kredite die bereits im Juni 2014 und im März 2016 vergebenen Kredite in den Schatten stellen werden. Das bedeutet, dass abermals fleißig Geld gedruckt wird. Die Banken werden sich bestimmt über die Aktion der Notenbank freuen und das ein oder andere Fläschchen hochpreisigen Schaumweins aufmachen.

Sollte diese Maßnahme nicht ausreichen, wovon wir ausgehen, dann muss noch mehr Geld her, viel mehr Geld, sogenanntes Helikoptergeld, um die Inflation anzuheben und die chronische Nachfrageschwäche auszumerzen. Da die Staaten bereits bis zur Halskrause verschuldet sind, muss das Geld anderswo herkommen. Also soll die Zentralbank das Geld einfach drucken oder besser gesagt elektronisch per Knopfdruck einfach erschaffen. Unter Helikoptergeld versteht man, dass die Zentralbank – direkt oder indirekt – sehr große Mengen an Geld unters Volk bringt, damit der Konsum angeregt wird. Jedoch wird auch mit dieser irrsinnigen Aktion das Problem einer Welt, die bis zur Halskrause in Schulden steckt, keinesfalls gelöst, sondern es wird abermals lediglich nur eines gewonnen: Zeit.

Die Finanzwelt ist süchtig nach der Droge Billiges Geld. Sie benötigt immer mehr in immer kürzeren Abständen. Auf Dauer kann und wird dies jedoch nicht gutgehen. Unserer Ansicht nach ist Helikoptergeld das letzte sinnfreie Aufbäumen vor dem endgültigen Zusammenbruch. Wer wird denn noch an unser Geldsystem glauben, wenn Geld quasi verschenkt wird?

MMT – Weimarer Republik und Zimbabwe hoch drei

Der neueste Gehirnfurz heißt: MMT – modern monetary theory. Die Idee ist, da wir 2008 die Krise mit Gelddrucken gelöst haben und seitdem die längste anhaltende Erholungsphase ohne Rezession gesehen haben, sollte man doch einfach so weiter machen und kräftig Geld drucken. Immerhin haben wir seitdem neue Höchststände bei Aktien und Immobilien erreicht und die Wirtschaft sowie der Arbeitsmarkt brummen ohne Ende.

Da müssen wir mit dem gesunden Menschenverstand einschreiten. Wie gesagt: **Noch nie wurde eine Krise durch Gelddrucken gelöst und noch nie wurde durch die Druckerpresse Wohlstand erschaffen!**

Erfinder könnte Robert Mugabe aus Zimbabwe sein oder die Weimarer Republik. Mugabes Minister kamen zu ihm und sagten, dass man neue Brücken, Straßen und Schulen benötigte, aber die Staatskassen leer seien. Daraufhin hat Mugabe nur erwidert: Wenn kein Geld da ist, dann druckt es doch einfach. Gesagt getan. Ende vom Lied: 2008 hatte das Land eine Inflation von knapp 80 Milliarden Prozent – pro Monat! Aufs Jahr hochgerechnet waren es dann 90 Sextillionen. Das ist leider wenig sexy, sondern extrem bitter – vor allem für die Menschen. Eine Sextillion hat 36 Nullen und die Obernull in diesem Fall war Robert. Wir sehen also: Würde MMT funktionieren, dann **wäre Zimbabwe eines der reichsten Länder der Welt. Stattdessen haben sie als erstes Land der Welt den 100-Trillionen-Dollar-Schein.**

Abbildung 23

Das EZB-Folterinstrument: drastische Negativzinsen

Um die Konjunktur zu stimulieren, wird die EZB in der nächsten Krise die Zinsen noch weiter senken. Dies wird jedoch die Flucht in das Bargeld massiv beschleunigen, da man für Geld auf dem Konto keine Zinsen mehr erhält, sondern ganz im Gegenteil für sein Erspartes eine Gebühr zahlen muss. Dies bedeutet, wer auf dem Sparbuch spart, verliert Geld dank Negativzins. Und die Inflation kommt noch dazu. Bei manch einer Bank ist dies schon Usus. Zuletzt bei einer der größten Sparkassen der Republik, der Haspa in Hamburg. Zudem zahlen viele Bankkunden seit einigen Jahren Kontoführungsgebühren, obwohl sie immer mehr selbst machen und kaum noch die Filialen aufsuchen. Sparer sollen ganz klar davon abgehalten werden zu sparen. Sie sollen zum Konsumieren gezwungen werden.

Das Problem ist jedoch, der Bürger wird das perfide Spiel schnell durchschauen, sein Geld abheben und als unverzinstes Bargeld horten. Dies hat auch den enormen Vorteil, bei einer erneuten Krise nicht Opfer der Gläubigerbeteiligung (Bail-In) zu werden. Hier wird man im Extremfall ab 100.000 Euro enteignet, wie bereits auf Zypern geschehen. Bargeld hat bei einer erneuten Krise auch den gravierenden Vorteil, dass Sie nicht zur Kasse gebeten werden können, wenn Ihre Bank sich verzockt hat. Denn ab 100.000 Euro ist im schlimmsten Fall Ihr Geld schlicht und einfach weg. Weg ist es natürlich nicht, es ist anderswo, jedoch nicht mehr bei Ihnen.

Inwieweit die 100.000-Euro-Grenze in einer Krisensituation tatsächlich haltbar ist, ist äußerst fraglich. Wir gehen davon aus, dass sie keinesfalls haltbar sein wird und manch einer noch sein blaues Wunder in alternativlosen Zeiten erleben wird. Erst wer sein Geld physisch abhebt, ist auch dessen Eigentümer. Immer noch zu wenige Menschen wissen um diesen essenziellen Fakt. Folglich wird es Abhebungsbeschränkungen geben.

All jene, welche ihre Konten bereits leergeräumt haben, sollten ihren Jubel jedoch unverzüglich beenden. Um diesem Schutz für uns Bürger einen Riegel vorzuschieben, haben sich die IWF-Ökonomen Ruchir Agarwal und Signe Krogstrup etwas ganz Besonderes ausgedacht. Da man Bargeld auf die Schnelle nicht abschaffen kann und aufgrund seiner Popularität nicht abschaffen möchte, steht eine neue ›sexy‹ Alternative zur Debatte: Parallelwährungen und Negativzinsen auf Bargeld.

Parallelwährungen: Bargeld und elektronisches Geld

Die Geldmenge wird in die zwei Parallelwährungen Bargeld und elektronisches Geld (Buchgeld; Sicht- und Spareinlagen) unterteilt. Auf das Buchgeld fallen Negativzinsen an. Gleichzeitig soll das Bargeld einen bestimmten Umrechnungskurs gegenüber dem Buchgeld bekommen.

Der Umtauschkurs wird so festgelegt sein, dass das Halten von Bargeld immer exakt genauso unattraktiv ist, als würde man das Geld auf dem Konto belassen. Bei einem Negativzins von beispielsweise -5 Prozent würde Bargeld pro Jahr um 5 Prozent gegenüber den Einlagen abgewertet werden. Nach einem Jahr ist dann 1 Euro Bargeld eben nur noch 0,95 Euro elektronisches Geld wert. Somit ist es vollkommen egal, ob man Bargeld hält oder das Geld auf dem Konto lässt.

Die Idee ist bereits Anfang 2019 eruiert worden. Interessanterweise hat Signe Krogstrup sie mit Katrin Assenmacher-Wesche verfasst, die als Abteilungsleiterin für geldpolitische Strategie bei unserer EZB arbeitet.[24] Mit dieser Methode besteht die Möglichkeit, uns Bürger auch ohne Bargeldverbot richtig abzukassieren. All dies klingt heute noch abstrus. Im Zuge der nächsten Krise wird uns dann dieser Wahnsinn als alternativlos verkauft, um den Euro und die EU und folglich Europa zu retten. Dann bleibt nur noch die Flucht in mobile Sachwerte wie beispielsweise Edelmetalle. Bitte vergessen Sie jedoch nicht: **Nichts ist alternativlos, die Krise wird jemand bezahlen müssen und das sind wir.**

5. Enteignung, Negativzinsen und was noch auf uns zukommt

Die kommende Krise wird, wie üblich, von uns Bürgern bezahlt werden in Form von Abgaben, Steuern, Enteignungen, Inflation und anderen ökonomischen Gemeinheiten. Im Folgenden werden wir Einiges benennen und erläutern, was uns erwartet.

Finanzielle Repression

Bei der Finanziellen Repression handelt es sich um einen Vermögenstransfer von privat zu staatlich. Also von uns Bürgern, genauer gesagt von uns Steuerzahlern, zum Staat. Kurzum: Die, die noch etwas besitzen, werden weiter geschröpft. Durch eine Niedrigzinspolitik der EZB werden Sparer und Bürger schleichend enteignet zugunsten des Staates. Während sich einerseits der Staat günstig, zuletzt sogar mit Minuszinsen, verschulden kann, schmelzen andererseits unsere Spareinlagen dahin wie Eis in der prallen Sonne. Eine sinnvolle Altersvorsorge wird damit immer schwieriger. Wer konsumiert und auf Pump lebt, wird belohnt (noch!), wer vorausschauend denkt und für das Alter vorsorgt, wird bestraft. Dies ist weder nachhaltig noch zielführend, sondern volkswirtschaftlicher Wahnsinn. Enorme wirtschaftliche Kollateralschäden in Form einer grassierenden Altersarmut werden in Zukunft die Folge sein.

Schauen wir uns weitere Maßnahmen gegen uns Bürger an:

Der Krieg gegen das Bargeld

Verwenden Sie Bargeld? Haben Sie welches bei sich? Dann sind Sie bereits verdächtig und latent kriminell. Ja, Sie lesen richtig. Bereits seit Jahren wird scharf gegen das böse und schmutzige Bargeld geschossen. Es wird uns suggeriert, dass nur Terroristen, Kriminelle, Steuerhinterzieher und zwielichtige Personen mit Bargeld hantieren, um illegale Dinge zu vertuschen. Jeder, der mit Bargeld bezahlt, ist per se halbseiden und führt irgendetwas Illegales im Schilde. Zudem haften eklige Bakterien am Bargeld, und Koksspuren sind allgegenwärtig auf den Scheinen.

Außerdem ist es doch sowieso viel bequemer, praktischer und sicherer, mit Plastikkarte oder Smartphone zu bezahlen. Mit etlichen Annehmlichkeiten und Vorteilen sollen wir in Zukunft nur noch bargeldlos bezahlen. Oder uns am besten noch einen Chip implantieren lassen, so wie es bereits einige im »Bargeldhasser«-Land Schweden getan haben. George Orwell und Big Brother lassen grüßen.

Es wird mit allerlei Mitteln und Tricks versucht, uns das gesetzliche Zahlungsmittel madig zu machen. Warum? Weil es ausschließlich um Kontrolle, Enteignung und Manipulation geht. **Bargeld ist Freiheit. Es ermöglicht uns Anonymität. Es geht keinen etwas an, was wir wann und wo konsumieren. Diese Freiheit gewährt uns ausschließlich Bargeld.** Solange wir Bargeld haben, können wir noch vollkommen legal Geld aus dem Bankenkreislauf herausziehen und uns so vor Enteignung und Kontrolle schützen. Wir können einkaufen, ohne Spuren zu hinterlassen, um nicht als komplett gläserner Kunde von den Konzernen perfekt eingestuft und mit maßgeschneiderter Werbung zum weiteren Konsum verführt zu werden. Auch wenn man jetzt keine peinlichen Produkte wie Pornos oder Zigaretten kauft, möchte man vielleicht trotzdem nicht alles offenbaren.

Bei allen Kundenkarten, ob vom Discounter oder der Tankstelle, geht es nur darum, dass Unternehmen Daten von Ihnen sammeln, um ein möglichst perfektes Bild von Ihnen zu erhalten. **Daten sind das neue, digitale Gold, der Rohstoff des 21. Jahrhunderts. Sie sind**

bares Geld für deren Besitzer. In Zeiten des Turbokapitalismus gibt es nichts zu verschenken. Folglich bekommen Sie auch zumeist nichts Werthaltiges geschenkt oder günstiger von den Anbietern. Die Kundenkarte ist lediglich ein Lockmittel, um sie dazu zu bringen, sie so oft wie möglich einzusetzen, damit die Unternehmen ein genaues Profil von Ihnen erhalten. Den Gewinn, den die Unternehmen mit diesen Daten machen, ist gigantisch, und Ihre Prämie lediglich ein Nasenwasser.

Dasselbe gilt für Facebook, Google, Apple, Samsung, PayPal, Tencent und Alibaba. Die folgenden digitalen Konzerne sind innerhalb weniger Jahre zu den wertvollsten und profitabelsten Unternehmen der Welt aufgestiegen:

- Apple 1001 Milliarden Dollar
- Amazon 895 Milliarden Dollar
- Alphabet 743 Milliarden Dollar
- Facebook 438 Milliarden Dollar
- Tencent 420 Milliarden Dollar
- Alibaba 400 Milliarden Dollar
- Netflix 130 Milliarden Dollar
- Twitter 33 Milliarden Dollar

Damit sind einzelne Unternehmen wirtschaftlich stärker und größer als ganze Staaten. Facebook ist größer als Argentiniens Volkswirtschaft, Apple steht für mehr als die Hälfte des russischen BIPs und Alphabet ist so groß wie 38 afrikanische Länder zusammen.[25]

Ihre Besitzer sind zu den reichsten Menschen der Welt aufgestiegen. Jeff Bezos von Amazon ist mit einem Vermögen von über 165 Milliarden Dollar der reichste Mensch der Welt – selbst nach der Scheidung von seiner Frau hat er immer noch über 100 Milliarden Dollar auf der hohen Kante. Bitte vergessen Sie nicht, dass Amazon erst 1994 gegründet wurde und noch keine 30 Jahre auf dem Buckel hat. Facebook-Gründer Marc Zuckerberg hat 75 Milliarden Dollar, die beiden Google-Gründer jeweils über 50 Milliarden Dollar, Alibaba-Gründer Jack Ma ist stolzer Besitzer von 39 Milliarden Dollar und damit der reichste Chinese. Und selbst Jack Dorsey von Twitter (gegründet erst 2006) darf sich über 6 Milliarden Dollar freuen.[26]

Fakt ist: Das Geschäft mit Daten und Profilen ist hochprofitabel. Die digitalen Konzerne sind daher die Rohstoffhändler der Neuzeit. Im Gegensatz zu Öl, Gold und so weiter sind die von uns an die Konzerne überlassenen Daten kostenlose Rohstoffe. Das muss sich ändern (siehe Kapitel »Lösungen«, Sachwert Daten).

Bargeldobergrenze

Auch gegen das andere wahre Geld, gegen Gold, wird weiter geschossen. So soll die Bargeldobergrenze für den anonymen Erwerb von Edelmetallen weiter beschränkt werden. War es bis zum 26.07.2017 möglich, für bis zu 14.999 Euro Edelmetalle und Edelsteine im sogenannten Tafelgeschäft zu erwerben, wurde diese Grenze auf 9.999 Euro reduziert. Nun soll die nächste Richtlinie der EU zur Geldwäsche in Deutschland umgesetzt werden (»Verhinderung der Nutzung des Finanzsystems zum Zwecke der Geldwäsche und der Terrorismusfinanzierung und zur Änderung der Richtlinien 2009/138/EG und 2013/36/EU«)[27]. Hierzu liegt ein Referentenentwurf aus dem Bundesfinanzministerium vor, der vorsieht, dass ab dem 1.1.2020 Bargeschäfte in Edelmetallen nur noch für bis zu 1.999,99 Euro stattfinden dürfen, wenn sie anonym sein sollen (»Entwurf eines Gesetzes zur Umsetzung der Änderungsrichtlinie zur Vierten EU-Geldwäscherichtlinie« [Richtlinie (EU) 2018/843]).[28] Ab 2.000 Euro sind die Händler verpflichtet, die Personalausweisdaten festzuhalten. Damit werden die Edelmetallkäufe in Deutschland kriminalisiert. Für andere Güter gilt weiterhin die Grenze von 9.999,99 Euro für Barzahlung. Noch!

Wie sieht es in dieser Hinsicht in anderen Ländern aus?

- **Belgien:** Bargeldgrenze für Waren und Dienstleistungen liegt bei 3.000 Euro, eine Gesetzesänderung auf 1.500 Euro liegt auf dem Tisch. Bargeldzahlungen beim Immobilienerwerb sind komplett untersagt.
- **Bulgarien:** Bargeldgrenze 9.999 Lew (circa 5.100 Euro)

- **Dänemark:** Keine Bargeldgrenze bei Waren, aber Sonderregelung bei Dienstleistungen: Werden über 10.000 DKK (circa 1.340 Euro) bar bezahlt und führt der Händler dann die Steuer nicht ab, kann der Verbraucher mit zur Verantwortung gezogen werden.
- **Estland:** Keine Bargeldgrenze, aber kein Annahmezwang mehr für Händler, wenn es mehr als 50 Geldscheine oder 50 Münzen sind.
- **Frankreich:** Bargeldgrenze liegt bei 1.000 Euro, was auch für ausländische Händler gilt (zum Beispiel auf Messen). Steuerausländer dürfen bis 10.000 Euro bar bezahlen. Bargeldzahlungen unter Privatpersonen sind nicht begrenzt.
- **Griechenland:** Bargeldgrenze 500 Euro, Ausnahme: Autokauf
- **Großbritannien:** Keine Bargeldbegrenzungen, aber wer Barzahlungen über 15.000 Euro akzeptiert, muss sich registrieren lassen (High Value Dealers).
- **Italien:** Nach anfänglich 1.000 Euro gibt es jetzt eine Bargeldgrenze von 2999,99 Euro. Die Mindeststrafe bei Verstößen beträgt 3.000 Euro.
- **Kroatien:** Bargeldgrenze 15.000 Euro
- **Luxemburg:** Keinerlei Bargeldbeschränkungen (interessant!)
- **Niederlande:** Verbraucher können noch grenzenlos mit Bargeld bezahlen. Allerdings gibt es einen Gesetzesentwurf, um dies auf 3.000 Euro zu begrenzen. Zudem gibt es eine Verpflichtung, dass Banken, Versicherungen, Casinos et cetera Transaktionen bereits ab 2.000 Euro melden müssen.
- **Norwegen:** Keine Bargeldgrenze, aber Sonderregelung bei Dienstleistungen, die bar bezahlt werden, Regelung ähnlich wie in Dänemark (ab 10.000 NOK)
- **Polen:** Bargeldgrenze liegt bei 15.000 Euro (62.242,50 Zloty).
- **Portugal:** Verkäufe von Händlern an Verbraucher grundsätzlich nur bis 1.000 Euro in bar, Beträge darüber per Überweisung, Scheck oder Bankkarte. Verbraucher untereinander können beliebig hoch an- und verkaufen.
- **Rumänien:** Bargeldgrenze 10.000 RON (etwa 2.200 Euro)
- **Schweiz:** 25.000 Franken
- **Slowakei:** Bargeldgrenze für Verbraucherkäufe von Händlern und

unter Händlern: 5.000 Euro. Bargeldgrenze auch für Geschäfte unter Privatpersonen: 15.000 Euro.

- **Spanien:** Ortsansässige dürfen von Händlern nur bis 2.500 Euro bar kaufen. Ausländer, die in Spanien leben, allerdings bis 15.000 Euro. Bei Verstößen gibt es Strafen von bis zu 25 Prozent der bezahlten Summe.
- **Tschechien:** Bargeldzahlung bis 350.000 Kronen (circa 13.000 Euro) pro Tag möglich
- **Ungarn:** Keine Bargeldgrenze außer für juristische Personen oder Einzelpersonen, wenn sie mehrwertsteuerpflichtig sind, dann 1,5 Millionen HUF (etwa 5.000 Euro)

In Finnland, Irland, Island, Lettland, Litauen, Österreich, Schweden und Slowenien besteht noch keine Bargeldobergrenze.

Die Abstufung für Barverkäufe im Bereich Edelmetalle auf 0 Euro wird kommen, ebenso wie weitere Formen der Finanziellen Repression. Vorstellbar ist die Wiedereinführung einer Mehrwertsteuer auf Gold, ebenso wie ein Edelmetallverbot. Dass die Bargeldobergrenze weder die Kriminalität noch den Terror verhindert, beweisen Frankreich und Italien, die seit Jahren strenge Vorgaben haben. Dennoch gibt es in keinem anderen Land der Eurozone eine so große organisierte Kriminalität (Mafia) wie in Italien, und Frankreich hat unter zahlreichen Terroranschlägen zu leiden.

Schließfachregister

Den nächsten Schritt zur finanziellen Repression gegen uns Bürger können wir Ihnen bereits jetzt nennen. **Wir werden ein Schließfachregister bekommen.** Woher wir das wissen? Aus der gleichen Richtlinie wie oben. Die EU will Folgendes bis zum 10. September 2020 umgesetzt sehen: »Die Mitgliedstaaten sollten bis zum 10. September 2020 zentrale automatische Mechanismen einrichten, die die Ermittlung von Inhabern von Bank- und Zahlungskonten sowie von Inhabern von Schließfächern ermöglichen«. Und da EU-Gesetz immer über nationalem Gesetz steht, wird es kommen.

Vermögensabgabe

Zum Stopfen der Löcher im Bundeshaushalt erwarten wir eher früher als später eine Immobilien- und Vermögensabgabe. Der IWF forderte bereits vor Jahren eine Schuldensteuer von 10 Prozent auf alles, um wieder auf das Schuldenniveau vor der Finanzkrise zu kommen. Zuletzt wurde diese Forderung vom IWF wiederholt. Wie kann es anders sein, dass auch die SPD nun eine Vermögensabgabe will. Der erste Entwurf sieht einen Freibetrag von 2 Millionen Euro vor, darüber soll man 1 Prozent pro Jahr zahlen und ganz Reiche 1,5 Prozent. Trotz Rekordsteuereinnahmen (zuletzt, im 1. Halbjahr 2019, erreichte man eine Überschussquote von 2,7 Prozent oder 45,3 Milliarden Euro) und der jetzt schon höchsten Abgabenlast weltweit plant die Regierung schon weitere Steuern, anstatt zu sparen.

Insgesamt erhofft man sich damit 10 Milliarden Euro Mehreinnahmen. Allerdings haben Vermögensabgaben es so an sich, dass die Betroffenen nach Alternativen und Lösungen suchen, diese zu umgehen. Zumeist verlassen sie das Land und mit ihnen geht in einer globalisierten und hochmobilen Welt auch ihr Geld. Dies bedeutet dann erst recht weniger Steuereinnahmen, insbesondere jedoch weniger wertschöpfende Investitionen, folglich weniger Arbeitsplätze, weniger Innovation und weniger Wohlstand. Österreich sowie das soziale Schweden haben nicht ohne Grund die Vermögenssteuer wieder abgeschafft.

Wohin die Reise gehen kann, sieht man bei unseren niederländischen Nachbarn. Hier gibt es eine jährlich anfallende Vermögensabgabe auf alle Besitztümer, also Bargeld, Kontoguthaben, Aktien, Edelmetalle, Immobilien, Grund und Boden, Oldtimer, Uhren, Kunst et cetera. Parallel haben die ersten Banken in den Niederlanden das Abhebelimit für Bargeld von 5.000 Euro pro Tag auf 5.000 Euro die Woche reduziert. **Bei einem Vermögen bis zu 30.360 Euro fällt keine Vermögensabgabe an. Danach kassiert der Staat bei einem Vermögen von bis zu 71.056 Euro 1,94 Prozent. Bei einem Vermögen zwischen 71.651 Euro und 989.736 Euro sind es 4,45 Prozent Vermögensabgabe. Darüber hinaus sind es 5,6 Prozent**

jährlich. Aus diesem Grund spart kein Niederländer irgendetwas an, da sowieso am Ende des Jahres Steuern darauf anfallen. Deswegen haben wir in unserem zweiten Buch *Der Crash ist die Lösung* geschrieben, dass die Niederländer die Griechen Nordeuropas sind, da sie die höchste Privatverschuldung pro Kopf haben. Jetzt wissen wir warum.

Die perfiden Pläne des IWF

Der IWF hat schon verschiedene Strategiepapiere entworfen, die wir auch in diesem Buch immer wieder andeuten. Neben der Verteufelung und Kriminalisierung des Bargeldes macht der IWF auch das Gold als Schuldigen für Krisen mitverantwortlich und beschreibt, wie man Negativzinsen erfolgreich umsetzt, ohne dass die Bürger ihr Geld von der Bank nehmen können. Hier lautet die Lösung: Das Bargeld muss genauso hoch besteuert werden wie das Guthaben auf dem Konto. Wann immer der IWF etwas vorschlägt, sollte man hellhörig werden.

— ⊛⊛⊛ —

Bargeldabschaffung zur Vorbereitung auf den großen Crash

Gastbeitrag von Dr. Norbert Häring (www.norberthaering.de.)
Autor von »Schönes neues Geld«

Die globalen Eliten bereiten sich auf den nächsten großen Crash vor. Sie arbeiten daran, ihre Kontrolle über das Geldsystem und darüber hinaus zu perfektionieren, damit sie – wenn es soweit ist – die Verluste so zuteilen können, wie sie es möchten, ohne dass die Beglückten ausweichen können oder eine Revolution ausbricht.

Unter dem Vorwand, die Wirkungsmacht der Geldpolitik bewahren zu wollen, hat der Internationale Währungsfonds (IWF) Ende April 2019 Empfehlungen veröffentlicht, wie Notenbanken den Bürgern das Bargeld entziehen oder madig machen können. Es ist bereits mindestens die dritte Studie dieser Art in zweieinhalb Jahren. Erst wenige Monate zuvor hatte die Leiterin der Division Geldpolitische Strategie der Europäischen Zentralbank (EZB), Katrin Assenmacher, gemeinsam mit IWF-Beraterin Signe Krogstrup ein ähnliches Papier verfasst.

Ich spreche von den Erfordernissen einer wirksamen Geldpolitik als Vorwand, weil sich der neuerliche Vorstoß gegen das Bargeld in die Strategie zur trickreichen Bargeldbeseitigung einfügt, die in einem IWF-Papier aus dem Jahr 2017 beschrieben ist. Es lohnt sich, dieses zur Einordnung kurz zu rekapitulieren:

In »The Macroeconomics of De-Cashing« empfiehlt der IWF Regierungen, die Bargeld beseitigen wollen, mit harmlos erscheinenden Schritten anzufangen. Man könne zum Beispiel mit der Abschaffung von großen Geldscheinen und Obergrenzen für Barzahlungen beginnen. Es sei vorzuziehen, den Privatsektor mit harmlos erscheinenden Umstellungen vorzuschicken. Direkte staatliche Eingriffe würden angesichts der Vorliebe der Menschen für Bargeld stärker hinterfragt und die Leute könnten stichhaltige Gegenargumente vorbringen. Nötig sei aus diesem Grund auch ein gezieltes PR-Programm, um Misstrauen abzubauen, insbesondere den Verdacht, dass die Regierungen alle Aspekte des Lebens der Menschen kontrollieren oder die persönlichen Ersparnisse in den Bankensektor zwingen wollen. Der Bargeld-Beseitigungsprozess werde besser vorankommen, wenn auf eine Kosten-Nutzen-Abwägung abgestellt werde.

Man beachte: Der Autor hält das Misstrauen nicht etwa für verfehlt. Er zählt die Möglichkeit, alle finanziellen Transaktionen der Menschen zu überwachen, explizit zu den Vorteilen der Bargeld-Beseitigung, und auch, dass die Ersparnisse in die Banken gedrängt werden, listet er unter den Vorteilen auf.

Christine Lagarde, die IWF-Chefin, unter der diese Papiere entstanden sind, wird bald als neue Chefin der Europäischen Zentralbank (EZB) vereidigt.

In der zuletzt veröffentlichten, 88-seitigen Studie des IWF »Enabling Deep Negative Rates to Fight Recessions: A Guide« ist die

Kosten-Nutzen-Erwägung, auf die abgestellt wird, eine geldpolitische. Es soll den Notenbanken möglich gemacht werden, die Zinsen tief in den negativen Bereich zu drücken. Bisher verhindert die Existenz von Bargeld, dass die Banken tiefe Negativzinsen an ihre Einlagenkunden weitergeben. Denn diese könnten ihre Guthaben bar abheben und zum Nullzins im Tresor lagern.

Gemäß dem IWF-Vorschlag soll dafür gesorgt werden, dass im Fall negativer Zentralbankzinsen Bargeld gegenüber Bankengeld beständig abwertet. 1 Euro Bargeld würde also relativ zu 1 Euro Guthaben bei einer Bank immer weniger wert. Wer bar bezahlt, müsste (zunehmend) mehr bezahlen als derjenige, der per Überweisung oder Karte bezahlt. Damit das die beabsichtigte Wirkung hat, soll dafür gesorgt werden, dass alle wesentlichen Preise in digitalem Geld ausgezeichnet werden. Wenn etwas mit 10 Euro ausgezeichnet ist, sollen also Barzahler mehr bezahlen, nicht etwa Digitalzahler weniger. Alte Schuldverhältnisse sollen so umgedeutet werden, dass Rückzahlung in digitalem Geld (Bankengeld) die Schuld tilgt, während bei Barzahlung ein Aufschlag verlangt werden kann.

Damit die Durchsetzung von Digitalgeld als neuer Recheneinheit besser klappt, soll nach der Empfehlung des IWF die Bargeldnutzung weiter zurückgedrängt werden. Ein probates Mittel dafür könne auch die Ausgabe eines allen Bürgern zugänglichen digitalen Zentralbankgeldes sein. »*Solche Innovationen dürften die Rolle von Bargeld weiter reduzieren*«, lobt gerade der IWF.

Umgesetzt würde der vom IWF bevorzugte »saubere Ansatz« im Zusammenspiel von Notenbank und Geschäftsbanken. Wenn der EZB-Leitzins zum Beispiel −4 Prozent betrüge, würde die EZB ankündigen, dass Banken nach einem Jahr für eingezahltes Bargeld 4 Prozent weniger bekommen, als sie heute dafür bezahlen müssen. Nach einem Quartal wäre es 1 Prozent weniger. Egal ob die Bank das Geld auf dem Konto lässt oder bar abhebt und einlagert, es würde sie in beiden Fällen pro Jahr 4 Prozent kosten.

Die Banken sollen die Kosten von Bargeld an ihre Bargeld nutzenden Kunden weitergeben. Sie würden Bargeld am Automaten oder am Schalter laufend billiger machen (in Bankengeld gerechnet). Umgekehrt würden diejenigen, die Bargeld einzahlen, also vor allem die Händler, immer weniger Bankguthaben für das eingezahlte Bargeld bekommen. Die Händler würden dann entweder von Barzahlern höhere Preise verlangen oder Bargeld nicht mehr annehmen.

Wenn Bargeld nicht mehr ohne Weiteres verfügbar ist oder laufend abwertet, ist Bargeldabheben keine Option mehr, um Negativzinsen zu entkommen, und die Banken können ungeniert Negativzinsen an ihre Einlagenkunden weitergeben.

Verräterisch ist im Abschnitt zum digitalen Zentralbankgeld für Jedermann, das einen positiven, aber auch negativen Zins tragen kann, der verschämte Hinweis: »Um den Menschen die Sicherheit zu geben, dass ihr digitales Zentralbankgeld nicht konfisziert werden wird, wäre es gut, eine ausdrückliche Garantie zu geben, dass der Zins auf dieses digitale Geld nie um mehr als x-Prozentpunkte unterhalb zum Beispiel von der Verzinsung kurzfristiger Staatsanleihen liegen wird.«

Hier wird implizit eingeräumt, dass man mit hinreichend tiefen Negativzinsen die Menschen auch enteignen kann. Bei –5 Prozent, einem Satz, der in diesen Kreisen oft genannt wird, hat man nach fünf Jahren ein knappes Viertel seines Guthabens verloren. Für Bankguthaben und Bargeld schlägt der IWF keine solche Garantie vor, ja, er erwähnt das Problem nicht einmal explizit. Letztlich bedeuten tief negative Guthabenzinsen, dass Einleger teilenteignet werden, um Banken zu sanieren, die sich verzockt haben.

Aber wenn Bargeld es nun einmal der Zentralbank unmöglich macht, in der künftigen Niedrigzinswelt ihre gemeinnützige Arbeit der Konjunkturstabilisierung zu machen, dann ist ein ruchloser Egoist, wer sich aus Sorge um sein Erspartes dem entgegenstellt. Das ist die Botschaft des IWF.

Um diese Botschaft zu vermitteln, tun die Autoren so, als wäre Zinspolitik mit dem Umweg über die privaten Geschäftsbanken nicht nur ein wirkungsvolles, sondern auch noch das einzig verfügbare Mittel der Geldpolitik. Schon darüber, ob die traditionelle Zinspolitik besonders wirksam ist, kann man in Anbetracht der sehr mäßigen Ergebnisse der letzten zehn Jahre trefflich streiten. Auf keinen Fall aber ist diese Politik alternativlos.

Da gibt es zum Beispiel den Vorschlag des Helikoptergeldes, der immerhin schon von Nobelpreisträger Milton Friedman und vom ehemaligen US-Notenbankchef Ben Bernanke in die Diskussion gebracht wurde – von Letzterem ausdrücklich als Alternative, wenn die Zinspolitik an die Nullzinsgrenze stößt. Helikoptergeld bedeutet, dass die Zentralbank das neu geschaffene Geld nicht an die Banken gibt, sondern direkt zur Nachfragestimulierung an die Bürger verteilt. Für diese Politik ist die Nullzinsgrenze kein Thema. Sie ist auch ziemlich unumstritten wirkungsvoll für die Konjunkturstabilisierung. Hauptargument der Gegner ist, dass dann die Menschen verstehen würden, wie das Geldsystem funktioniert, und dann würden sie ihr Vertrauen in dieses System verlieren.

In neuerer Zeit haben sich unter anderem Adair Turner, ehemaliger Chef der britischen Finanzaufsicht, Thomas Mayer, der ehemalige Chefvolkswirt der Deutschen Bank, Mark Blyth (Brown University) und Eric Lonergan, Hedgefondsmanager, Daniel Stelter und (mit Abstrichen) Willem Buiter, Chefvolkswirt der Citigroup, für Helikoptergeld ausgesprochen. Man muss den Vorschlag nicht gut finden, aber ihn bei der Darstellung möglicher Alternativen zur Nullzinspolitik nicht zu erwähnen, ist unseriös.

Der Preis für Gold würde bei einem deutlichen Negativzins, der auch Bargeld erfasst, natürlich in die Höhe schießen. Weil Gold ein prominenter Gradmesser für das Vertrauen in die Buchwährungen gilt, wäre das sehr unschön. Deshalb wäre dafür zu sorgen, dass der Negativzins irgendwie auch auf Gold anzuwenden ist, was schwierig ist, oder die private Goldhaltung wäre zu begrenzen oder zu verbieten. Dazu passt der im Juli 2019 bekannt gewordene Plan der Bundesregierung, die Obergrenze für Goldkäufe ohne Identitätsprüfung von 10.000 Euro auf 2.000 Euro zu senken.

Es geht derzeit in Riesenschritten voran. Bis die Krise kommt, will man soweit sein, dass Bargeldhaltung und Goldhaltung anmeldepflichtig sind und beliebig begrenzt werden können.

— ❀❀❀ —

Komplette, legale Enteignung per Gesetz

Das wichtigste Gesetz der letzten Jahre heißt SAG, Sanierungs- und Abwicklungsgesetz, und der Name ist Programm.

Dieses Gesetz ist leise und ohne große Medienpräsenz am 1.1.2015 in Kraft getreten und hat 176 schwer lesbare Paragraphen. Die Verabschiedung im Bundestag erfolgte vor annähernd leerem Plenum zu fortgeschrittener Stunde ohne Aussprache. Es entstand aus den Lehren der Finanzkrise 2008. Damals musste der Staat mit Garantien und Milliarden an Steuergeldern die Hypo Real Estate verstaatlichen, Aktionäre enteignen und die Commerzbank stützen. Mit dem SAG wäre es anders gelaufen. Man hätte die Aktien der Bank, aber auch alle Kontoguthaben teilweise entwerten oder sogar ganz auf null setzen können (nach § 89 SAG). Gehen wir mal davon aus, dass die Einlagensicherung noch funktioniert hätte (was bei einer so großen Bank schon mehr als unwahrscheinlich ist, auch die Sicherungstöpfe der Banken beinhalten lediglich 6,9 Milliarden Euro).

SAG betrifft Bankkunden, die sich in Sicherheit wiegen und doch jederzeit ohne rechtliche Gegenmittel enteignet werden können. Die neue Bundesanstalt für Finanzmarktstabilisierung kann anordnen, bei drohender Insolvenz einer systemrelevanten Bank Kundengelder einzuziehen oder in Aktien der Bank zu einem von ihr festgelegten Nennwert umzuwandeln und den Nennwert herabzusetzen – bis auf 0! Ein Widerspruchsverfahren ist ausgeschlossen. Selbst eine Klage hat keine aufschiebende Wirkung. In diesem Fall gelten alle Ansprüche des Aktionärs als »erfüllt«, und zwar für immer (§ 99 Abs. 1 – 3 SAG). Selbst wenn die Bank sich wieder erholt, gibt es kein Zurück.

Interessanterweise wurde in § 5 SAG festgehalten, dass alle Funktionsträger über das nach dem SAG ablaufende Verfahren Stillschweigen zu wahren haben. Deswegen hören Sie auch nichts von dem Gesetz. Fragen Sie doch mal Ihren Vermögensverwalter, Banker oder Makler.

Dies bedeutet aber auch, dass gemäß § 5 SAG alle Verfahrensbeteiligten per Gesetz zum Stillschweigen angehalten sind, selbst wenn sie die Systemgefährdung einer systemrelevanten Bank vermuten. Wie 2008 bei Lehman Brothers – diese Bank hatte bis zuletzt trotz Milliardenverlusten ein Top Rating.

Wer muss im Ernstfall haften?

1. Alle Privatkunden und Firmenkunden, die Einlagen ab 100.000 Euro bei einer »systemrelevanten« Bank führen, werden im Extremfall zur Kasse gebeten. Betroffen sind Sparbuch, Giroguthaben, Fest- und Tagesgeld, Sparverträge (auch vermögenswirksame Leistungen), Namensschuldverschreibungen und vorübergehend geparkte Liquidität auf dem Wertpapierdepot.

2. Die Aktionäre der systemrelevanten Bank.

EDIS – Europäische Einlagensicherung

Die Einführung der Europäischen Einlagensicherung (EDIS) wird von Teilen der Politik forciert. Dies bedeutet, dass deutsche Banken und somit deutsche Sparer für teilweise vollkommen marode Institute in Südeuropa haften müssen. Volks- und Raiffeisenbanken und Sparkassen laufen berechtigterweise Sturm, denn sie wissen, was ihnen und uns dann blühen wird.

Jetzt soll es an das Geld der deutschen Sparer gehen. Die EZB plant, den größten Jackpot in der Eurozone anzubohren: den deutschen Sparer und die deutschen Geldinstitute, allen voran Volksbanken und Sparkassen.

Hinter der Abkürzung EDIS verbirgt sich ein Einlagensicherungssystem für die gesamte Eurozone, das die nationalen Einlagensicherungssysteme ablösen soll. Einlagensicherungssysteme werden mit den Beiträgen von Banken finanziert. Sie garantieren im Fall einer Insolvenz einer Bank die Einlagen der Kunden und sollen einen Banken-Run (Schaltersturm) verhindern. Die EZB plant also ein System einzurichten, das EU-weit bei einer Bankenkrise das Geld der Sparer schützt. Was geschieht jedoch, wenn die Mittel erschöpft sind?

Ferner ist zu beachten, dass bis 2024 nationale Bankenverbände in der Eurozone ihre Fonds zur Einlagensicherung füllen müssen.

Doch von den erforderlichen Werten sind die meisten Länder weit entfernt – auch die größte Volkswirtschaft Deutschland. Dabei ist seit 2014 europaweit gesetzlich vorgeschrieben, dass Banken alle Spareinlagen ihrer Kunden bis 100.000 Euro zu 0,8 Prozent durch eigene Mittel absichern müssen.

Selbst die Töpfe, mit denen sich in Deutschland Sparkassen, Volksbanken und Privatbanken innerhalb ihrer jeweiligen Verbünde in Krisenzeiten gegenseitig helfen, waren lediglich mit durchschnittlich 0,4 Prozent der gesicherten Einlagen gefüllt. Damit befindet sich Deutschland auf Platz 11 der 19 Eurostaaten. Es ist zu befürchten, dass dann die Steuerzahler für die Banken Europas haften müssen, da zahlreiche Banken in Europa bekanntlich aufgrund ihrer Größe noch immer systemrelevant sind.

Dementsprechend stellt sich die Frage, wer tatsächlich geschützt werden soll und wer schlussendlich die Zeche bezahlen wird.

In der Bundesregierung und bei deutschen Banken stößt EDIS auf große Skepsis. Warum? Es ist davon auszugehen, dass deutsche Geldhäuser in Haftung genommen werden, wenn Institute in anderen Mitgliedsländern in Schieflage geraten oder besser gesagt kurz vor der Pleite stehen. Bei Lichte betrachtet haben heute bereits zahlreiche Banken in Südeuropa enorme Probleme und stehen de facto kurz vor der Insolvenz. Ohne die massive Intervention der EZB in Form von Anleiheaufkäufen durch das Aufkaufprogramm PSPP wäre bei ebendiesen Banken in Südeuropa bereits längst das Licht ausgegangen.

Blanker Unfug und nicht realisierbar

Gegenwärtig sind laut EU-Regeln alle Bankguthaben bis zu 100.000 Euro gesetzlich garantiert. Sollte es zu einem Kollaps einer großen Bank in Europa kommen, wird man zügig feststellen, dass dies blanker Unfug und nicht realisierbar ist. Dementsprechend regt sich Widerstand. Der Bundesverband der Deutschen Volksbanken und Raiffeisenbanken warnt davor, dass Haftung und Risiko bei einer Zentralisierung des Sparerschutzes weit auseinanderfielen. In Europa haben sich mittlerweile marode Kredite von fast 1 Billion

Euro angesammelt. Helmut Schleweis vom Sparkassenverband DSGV bezeichnet EDIS sogar als einen »systematischen Griff in unsere Kassen« – zulasten der deutschen Sparer.

Das Risiko massiver Bankenkrisen in Südeuropa bleibt weiter bestehen. In dem hohen Bestand an Problemdarlehen sieht auch Bundesbank-Präsident Jens Weidmann ein gewichtiges Argument gegen die Einführung von EDIS. Wie gewichtig sein Wort bei der EZB ist, wird sich zeigen.

Als Mario Draghi im September 2012 den Gläubigerstatus der EZB abschaffte, wurde Jens Weidmann mit 16 zu 1 Stimmen überstimmt. Seither haftet nicht mehr die EZB mit ihrem lächerlichen Stammkapital von knapp 11 Milliarden Euro, sondern es haften 342 Millionen Europäer für eine Notenbankpolitik, die über Zinsen an der Nullgrenze zu einer erheblichen Umverteilung von Kreditgebern zu -nehmern und von Sparern zu Schuldnern führt.

Die Länder der Eurozone haften mittlerweile gemeinschaftlich für die Staatsanleihekäufe der Europäischen Zentralbank. Hinzu kommen die Anleihen der nationalen Notenbanken. Verluste nationaler Notenbanken können laut Artikel 32.4 der Satzung des Europäischen Systems der Zentralbanken (ESZB) auf das gesamte Eurosystem umgelegt werden.

Für die Länder Südeuropas wäre es zweifellos vorteilhaft, wenn ihre nationalen Einlagensicherungssysteme in Zukunft mit denen der stabileren nordeuropäischen Euro-Länder im Rahmen von EDIS zwangsfusioniert würden. Somit würden ihnen wesentlich mehr Mittel für die Sicherung der Einlagen ihrer Banken zur Verfügung stehen.

Anreiz zur Nichtvorsorge
Aufgrund der unterschiedlichen Stabilität der Bankensysteme würde EDIS auf eine massive Umverteilung innerhalb der Eurozone hinauslaufen: Die stabileren Bankensysteme Nordeuropas müssten für die schwächeren Südeuropas zahlen. Vermutlich würde dies Anteilseigner, aber auch Bankkunden treffen. Obendrein würde EDIS Fehlanreize nach sich ziehen. Kunden würden sich voraussichtlich

Banken mit riskanteren Geschäftsmodellen aussuchen, die höhere Zinsen abwerfen, da diese durch EDIS abgesichert sind.

Ferner ist fraglich, ob mit EDIS tatsächlich insbesondere in Südeuropa eine starke Bankenregulierung stattfinden wird. Wir bezweifeln das. Mit EDIS lohnt sich die Vorsorge über die freiwilligen Sicherungseinrichtungen der Sparkassen, Volksbanken und privaten Banken nicht mehr. Dies bedeutet, eine Bank, die zusätzlich aus Eigeninitiative vorsorgt, ist die Gelackmeierte. Denn solche Banken müssen zuerst diese Mittel verbrauchen, während diejenigen Banken, die selbst nicht vorsorgen, sofort auf die Mittel von EDIS zugreifen können. Die Konsequenz ist, dass ohne die freiwilligen Sicherungseinrichtungen der Banken alle Einlagen über 100.000 Euro nicht mehr geschützt sind.

Laut einer Studie des Kölner Instituts der deutschen Wirtschaft (IW) könnte die EU-Einlagensicherung die Gefahren in der Eurozone durch faule Bankkredite nur schwer auffangen. Weiterhin bestehen signifikante Risiken in den Bilanzen systemrelevanter Geldhäuser des Währungsraumes.

Seltsamerweise unterstützen CDU/CSU, SPD, Grüne und FDP EDIS im Europaparlament. Wir stellen uns die Frage: Wen und welche Interessen vertreten diese Parteien in Brüssel? Die des deutschen Sparers können es unserer Ansicht nach keinesfalls sein. EDIS wird nicht zur Gesundung Europas beitragen, sondern lediglich das Scheitern auf Kosten der Bürger hinauszögern.

Wir gehen davon aus, dass EDIS kommen wird, auch wenn Frau Merkel aktuell noch dagegen ist. Eines sollte aber jedem Leser klar sein: Wenn die europäische Einlagensicherung implementiert wird, ist absolute Gefahr im Verzug und unserer Ansicht nach kann man dann die Uhr danach stellen, bis die erste südeuropäische Bank kippt und gerettet werden muss. Spätestens dann sollte man sich überlegen, wie viel Geld man auf dem Konto noch liegen lassen möchte.

Versicherungen – zahlen und nichts dafür bekommen!

Das klingt nach einem schlechten Deal. Ist es auch!

Zwar haben wir diese Punkte schon in unserem zweiten Buch *Der Crash ist die Lösung* gebracht, dies ist jedoch bei vielen noch nicht angekommen – ungeheuer wichtig zu wissen. **Kennen Sie das Versicherungsaufsichtsgesetz vormals § 89 jetzt § 314: Zahlungsverbot; Herabsetzung von Leistungen?** Wahrscheinlich nicht, dabei hat es dieses Gesetz in sich und ein jeder Kunde sollte vor Abschluss einer Versicherung darüber informiert werden müssen!

Das Gesetz sagt Folgendes: Im Notfall, um eine Insolvenz zu vermeiden, können Versicherungen Leistungen senken oder sogar ganz einstellen. Die Aufsichtsbehörden können auch eigenmächtig die Versicherungssumme, zum Schutz der Versicherung, herabsetzen. Das bedeutet nichts anderes als eine Enteignung der Versicherungsnehmer. Nehmen wir an, Sie haben 50.000 Euro angespart und die Aufsichtsbehörde macht daraus 25.000 Euro. Die Auszahlung an die Versicherungsnehmer kann sogar von Staatsseite aus komplett verboten werden!

Das Versicherungsaufsichtsgesetz (Auszüge)

»Ergibt sich bei der Prüfung der Geschäftsführung und der Vermögenslage eines Unternehmens, dass dieses dauerhaft nicht mehr imstande ist, seine Verpflichtungen zu erfüllen, die Vermeidung des Insolvenzverfahrens aber zum Besten der Versicherten geboten erscheint, so kann die Aufsichtsbehörde das hierzu Erforderliche anordnen.« § 314 (1) S. 1 VAG

»Unter der Voraussetzung nach Absatz 1 Satz 1 kann die Aufsichtsbehörde, wenn nötig, die Verpflichtungen eines Lebensversicherungsunternehmens aus seinen Versicherungen dem Vermögensstand entsprechend herabsetzen. § 314 (1) S. 1 VAG

»Alle Arten von Zahlungen, besonders Versicherungsleistungen, Gewinnverteilungen und bei Lebensversicherungen der Rückkauf oder die Beleihung des Versicherungsscheins sowie Vorauszahlungen darauf, können zeitweilig verboten werden.« § 314 (1) S. 2 VAG

»Unter der Voraussetzung nach Absatz 1 Satz 1 kann die Aufsichtsbehörde, wenn nötig, die Verpflichtungen eines Lebensversicherungsunternehmens aus seinen Versicherungen dem Vermögensstand entsprechend herabsetzen. § 314 (2) S. 1-3 VAG

Die Versicherungsnehmer müssen aber weiterhin ihre Beiträge berappen, auch wenn sie nichts dafür erhalten!

Das Versicherungsaufsichtsgesetz (Auszug)

»Die Pflicht der Versicherungsnehmer, die Versicherungsentgelte in der bisherigen Höhe weiterzuzahlen, wird durch die Herabsetzung nicht berührt.« § 314 (2) S. 4 VA

Bitter und perfide ist in diesem Fall: Der Kunde wird ohne Gegenleistung weiter geschröpft.

Dies gilt für alle Lebensversicherungen: Kapitallebensversicherungen, Rentenversicherungen, aber auch für fondsgebundene Lebensversicherungen. Das Sondervermögen in Form von Aktien und Fonds gehört der Versicherung und nicht dem Versicherungsnehmer.

Aufgrund der Dauerkrisen unseres Systems und der Null- und Minuszinsen ist es unserer Ansicht nach nur eine Frage der Zeit, bis dieses Gesetz Anwendung findet. Wir können uns sehr gut vorstellen, dass das Gesetz im Extremfall für alle Versicherungen gilt, egal ob Berufsunfähigkeit, Haftpflicht, Riester, Rürup oder Krankenversicherung.

Diese Art von Gesetzen wurden nicht aus Jux und Tollerei gemacht, sondern um Vorsorge für den mit Sicherheit eintretenden

Ernstfall zu betreiben. Dieselbe Vorsorge sollten auch Sie treffen. **Daher unser Rat: Noch kann man einige Anlagen und Papiere verkaufen oder stilllegen. Prüfen Sie Ihre Anlagen, ob diese noch zeitgemäß sind und bauen Sie Alternativen auf.** Überlegen Sie sich, welche Versicherungen Sie tatsächlich benötigen, betreiben Sie Vermögenssicherung und bereiten Sie sich auf alle Eventualitäten vor. Nochmals unser Motto: Viele Wertpapiere von heute sind das Altpapier von morgen und das Zeitalter der Sachwerte hat begonnen. Das Zeitfenster zur Vermögenssicherung wird immer kleiner und die Repressalien werden immer perfider, kreativer und vielfältiger.

6. Deutschland auf dem Holzweg

Welcher Crash? Uns geht es so gut wie nie zuvor!

> *Der Chef fährt im Porsche vor. Ein Mitarbeiter meint zu ihm:*
> *»Wow, schönes Auto!«*
>
> *Daraufhin antwortet der Chef: »Wenn Sie hart arbeiten,*
> *die Ziele stets verfolgen und sich voll reinhängen,*
> *kaufe ich mir nächstes Jahr einen zweiten!«*

Unser erstes Buch *Der größte Raubzug der Geschichte – warum die Fleißigen immer ärmer und die Reichen immer reicher werden* haben wir 2010 begonnen zu schreiben. Es erschien 2012. Jetzt stellt sich die Frage: Was ist seitdem geschehen? Haben wir Recht behalten? Sind die Reichen immer reicher und die Fleißigen immer ärmer geworden? Die Medien und die Experten aus Politik und Wirtschaft verkünden allerorts: So gut wie heute ging es uns noch nie, und die Deutschen sind so reich wie nie zuvor. Ist dies tatsächlich der Fall? Gehören bloß wir selbst nicht zu den Deutschen, denen es so gut wie nie zuvor geht?

Eine zukunftsreiche Branche: die Tafeln

Die Tafeln in Deutschland boomen. Das ist ein Armutszeugnis! In jeglicher Hinsicht. In Deutschland, einem der reichsten Länder der Welt, ist die Zahl der Tafeln auf mittlerweile 934 mit über 2.100 Läden angestiegen. Diese versorgen ungefähr

1,5 Millionen Menschen täglich in Deutschland. Ohne die 60.000 meist ehrenamtlichen Mitarbeiterinnen und Mitarbeiter, die übriggebliebene, qualitativ einwandfreie Lebensmittel in den Geschäften einsammeln und an Bedürftige weitergeben, sähe es für viele Menschen in Deutschland ganz bitter aus.

Wenn in Bayern ein 87-jähriger Rentner beim Diebstahl von drei Stück Käse erwischt wird und als Grund für den Diebstahl Hunger angibt, dann wissen wir, dass in unserem Land etwas grundlegend schiefläuft.

In den 70er- und 80er-Jahren des letzten Jahrhunderts arbeiteten in den klassischen Mittelstandsfamilien zumeist nur die Väter. Die Frau und die Kinder (durchschnittlich zwei) waren damit versorgt. Oftmals war die gesamte Familie sogar privat krankenversichert. Obendrein konnte man sich ein kleines Häuschen oder zumindest eine schöne Wohnung, ein Auto und ein paar Mal im Jahr Urlaub in Italien oder Spanien leisten. Im Winter ging es in die Berge zum Skifahren und im Sommer ans Meer. Mit 62 Jahren ging man dann in den wohlverdienten Ruhestand und musste sich um die Rente oder Krankenversicherung keine Sorgen machen.

Wenn wir uns heute im Familien-, Freundes- und Bekanntenumfeld umschauen, dann ist der Sachverhalt ein grundlegend anderer: Beide Elternteile arbeiten – wenn überhaupt Kinder vorhanden sind, denn immer mehr entscheiden sich gegen Kinder –, das Auto ist oftmals geleast, der Familienskiurlaub ist für viele nicht mehr möglich, von einem Haus träumen die meisten nicht einmal mehr und wenn es noch Urlaub im Ausland gibt, dann eine günstige Pauschalreise vom Discounter an den Plattensee oder in die Türkei für 399 Euro all inclusive für zwei Wochen. Man ist heilfroh, wenn man eine für die Familie viel zu kleine Wohnung bis zum Renteneintritt abbezahlt hat. Und selbst dem letzten jungen Menschen ist heutzutage klar, dass er viel weniger Rente bekommen wird, als er jetzt einzahlt.

Das Rentenniveau

Momentan bekommen Rentenempfänger 47,9 Prozent vom letzten Bruttolohn. Das Rentenniveau ist von der Arbeitsmarktlage und der demografischen Entwicklung abhängig. Im Rentenversicherungsbericht der Bundesregierung geht man davon aus, dass das Rentenniveau bis 2030 auf 44,3 Prozent absinken wird. Dann bekommt der Durchschnittsrentner nur noch 44,3 Prozent dessen, was ein Durchschnittsarbeitnehmer dann verdient. Für die Zeit nach 2030 ist keine Untergrenze mehr vorgesehen! Es ist noch unklar, wie es dann weitergeht.

Eine weitere Stabilisierung zum Beispiel bis zum Jahr 2040 wird in jedem Fall sehr teuer: Nach Berechnungen des Rentenexperten Axel Börsch-Supan müssten dafür insgesamt 493 Milliarden Euro aufgewendet werden, 50 Milliarden Euro allein im Jahr 2040. Um das Rentenniveau bei 47,9 Prozent zu halten, sieht der Rentenexperte zwei Möglichkeiten: entweder die Steuern oder die Rentenbeiträge erhöhen. So müsste beispielsweise die Mehrwertsteuer 2030 um vier Prozentpunkte auf 23 Prozent steigen. Oder die Beiträge zur Rentenversicherung müssten 2040 auf mehr als 25 Prozent angehoben werden.

Warum sinkt das Rentenniveau? Das war eine politische Entscheidung zur langfristigen Finanzierung der Renten. Den Ausgleich für die Rentenlücke sollten die Beschäftigten aus eigener Tasche zahlen und privat vorsorgen – etwa mit der staatlich geförderten Riester-Rente. Das war weniger lohnend für die Angestellten, aber umso mehr für die Versicherungen, die Makler und den Staat.

Mit der gesetzlichen Rente allein wird es für die meisten schwierig, ihren Lebensstandard zu halten. Selbst wer – wie die Hälfte der Deutschen – derzeit 2.500 Euro monatlich verdient, kann im Alter leicht in die Nähe zur Sozialhilfe geraten. Heute käme man damit nach 45 Beitragsjahren auf 1.009 Euro Rente – bei einem Rentenniveau von 43 Prozent blieben nur noch 906 Euro Nettorente, also nach Abzug von 11 Prozent Sozialversicherungsbeiträgen.

Das eigentliche Ansinnen, dass die Renten im Grunde der Lohnentwicklung folgen sollen, funktioniert schon seit Jahren nicht mehr. Einer der Hauptgründe: Wegen sinkender Geburtenraten muss eine schrumpfende Zahl von Beitragszahlern eine wachsende Zahl von Rentnern finanzieren. So kommen heute auf 100 Erwerbstätige, die Beiträge in die Rentenversicherung einzahlen, 60 Rentnerinnen und Rentner – im Jahr 2030 wird dieses Verhältnis nach Prognosen der Deutschen Rentenversicherung bei etwa 1:1 liegen. Zudem leben die Menschen immer länger, beziehen also auch länger Rente. Wer sich auf die Rente verlässt, wird in die Röhre schauen. Die Rente ist nicht mehr sicher. Sicher ist, dass wir immer länger arbeiten werden oder Pfandflaschen sammeln müssen.

Dennoch verteilen Politiker Gelder anstatt Rücklagen zu bilden. Fakt ist: Die Politik schert sich offenkundig nicht um junge Menschen. Warum ist das so? Ganz einfach, weil die Alten mittlerweile die größte Wählerschicht sind und Politiker bekanntlich eines wollen: wiedergewählt werden. Aus diesem Grund wurde in den letzten Jahren und vor allem vor der letzten Bundestagswahl das Geld nicht in dringend notwendige und wichtige Projekte wie die Infrastruktur, in Kinder, Bildung oder Digitalisierung investiert, sondern in die höchste Rentenerhöhung jemals. Seit 2013 sind die Renten in Ostdeutschland um durchschnittlich 3,59 Prozent und in Westdeutschland um 2,63 Prozent pro Jahr gestiegen. Damit wurde der Steuerüberschuss ungerecht und einseitig verteilt. Das nennt man Klientelpolitik. **Deswegen sprechen wir uns ganz klar gegen das Berufspolitikertum aus.** Es sollten maximal zwei Legislaturperioden möglich sein. Warum wir diesen drastischen Schritt fordern, erklären wir im Kapitel »Lösungen«.

Hamsterrad

Wir müssen immer schneller im Hamsterrad rennen, um überhaupt noch über die Runden zu kommen. Wer kein Vermögen erbt und auch kein großartiger Erfinder ist, muss hart arbeiten, um in Deutschlands Städten leben zu können. Manche brauchen dafür sogar zwei Jobs und haben im Rentenalter trotzdem zu wenig. Es ist eine Illusion, wenn wir davon reden, dass es uns so gut gehe wie noch nie.

Parallel dazu steigen sämtliche Kosten. Das Ziel der Europäischen Zentralbank (EZB) ist eine Inflation von 2 Prozent pro Jahr. Das bedeutet aber auch 2 Prozent weniger Kaufkraft pro Jahr, denn die Löhne steigen nicht um 2 Prozent. Nehmen wir als Beispiel den Tertiärsektor (Dienstleistungen): Ein Herrenhaarschnitt hat vor hundert Jahren genauso lange gedauert wie heute und technischer Fortschritt ist hier praktisch nicht vorhanden. Trotzdem sind die Preise gestiegen: In den 1980ern hat ein flotter Schnitt 10 bis 12 D-Mark gekostet, jetzt zahlt man locker 25 bis 40 Euro.

Wir haben in den letzten Jahren mit sehr vielen Menschen gesprochen, die uns eben genau dies bestätigen. Also müssen wir uns die Frage stellen: **Wem geht es so gut wie nie zuvor, und wer ist so reich wie nie zuvor?**

Wo ist also all das viele Geld, wenn es nicht bei der Mittelschicht ist und schon gar nicht bei den vielen Arbeitnehmern im Niedriglohnsektor. Fast jeder dritte Privathaushalt in Deutschland verfügt einer Umfrage zufolge über keinerlei Ersparnisse.[29]

Eine Studie des Deutschen Instituts für Wirtschaftsforschung (DIW) bestätigt, dass längst nicht alle vom Wirtschaftsboom Deutschlands profitiert haben. Die Einkommen in den unterschiedlichen Einkommensgruppen wuchsen unterschiedlich stark, insbesondere getrieben von den Top-Verdienern. Die Schere zwischen Arm und Reich geht immer weiter auf. Die Einkommen der obersten 10 Prozent nahmen um 35 Prozent zu, die der untersten 10 Prozent sanken jedoch sogar. Die Gruppe zwischen den unteren 11 und 20 Prozent der Einkommen legte nur um knapp 2 Prozent zu. Niedrigverdiener profitierten somit kaum vom langjährigen Aufschwung in Deutschland.[30]

Während sich die Gewerkschaften jeden Prozentpunkt höherer Löhne hart erkämpfen müssen, steigen Vorstandsgehälter regelmäßig um ein Vielfaches. Im Jahr 1987 verdienten Vorstände der DAX-Konzerne circa 15-mal so viel wie ihre »normalen« Mitarbeiter, 30 Jahre später war es das 58-fache. 2018 erhielten die DAX-Vorstandschefs im Schnitt 7,5 Millionen Euro und damit 3,6 Prozent mehr als 2017. Spitzenverdiener war Stefan Heidenreich von Beiersdorf mit 23,45 Millionen Euro. In den USA verdienen die Top-Manager sogar mehr als drei Mal so viel. Übrigens müssen die 30 DAX-Chefs nicht selbst für ihre Altersvorsorge aufkommen und erhalten dafür im Schnitt immer mehr. 2013 waren es noch rund 590.000 Euro, 2018 bereits 824.000 Euro.

Auch die Politiker müssen sich um Inflation keine Sorgen machen. Die Diäten werden kontinuierlich erhöht. Die Anpassung erfolgt sogar automatisch.

Früher hieß es: Geht es den Reichen gut, dann geht es auch dem Rest der Gesellschaft gut. Dies ist in Zeiten des Turbokapitalismus jedoch nicht mehr der Fall. Einige wenige werden immer reicher, ja, unfassbar reich, die Mittelschicht schrumpft und die Unterschicht wächst. Niedrige Zinsen und gut laufende Aktienmärkte ließen die Vermögen der Superreichen 2017 im Vergleich zum Vorjahr um 19 Prozent auf die Rekordsumme von 8,9 Billionen Dollar ansteigen. Das entspricht in Euro umgerechnet etwa dem Doppelten der gesamten jährlichen Wirtschaftsleistung des Exportweltmeisters Deutschland. Die 2.158 Superreichen verfügen im Durchschnitt über 4,1 Milliarden Dollar. Das sind 4.100 Millionen Dollar! Allein in Deutschland ist die Zahl der Milliardäre mittlerweile auf 123 gewachsen. Lediglich in den USA und China leben mehr Milliardäre als in Deutschland.

Vermögensverteilung in Europa
Verteilung des gesamten Vermögens in der Bevölkerung (nach Haushalten)*

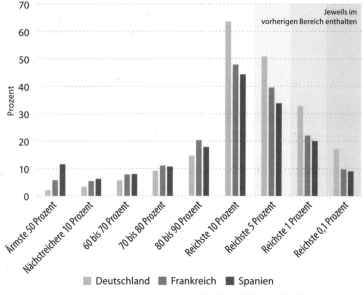

Abbildung 24

WELCHER CRASH? UNS GEHT ES SO GUT WIE NIE ZUVOR! 113

Steuerwahnsinn – wir zahlen die höchsten Abgaben weltweit!

> *»Erst beim Abfassen der Steuererklärung kommt man dahinter, wie viel Geld man sparen würde, wenn man gar keines hätte.«*
>
> Fernandel, eigentlich Joseph Désiré Contandin, französischer Filmkomiker (1903-1971)

Deutschland ist nicht nur Spitze im Fußball und momentan noch in der Wirtschaft. Auch bei der Steuerlast sind wir absolute Weltklasse.[31] Während die Steuereinnahmen sprudeln, lässt die Politik unsere Infrastruktur zerfallen. Trotzdem werden von unseren Politikern immer neue Abgaben und Steuern aus dem Hut gezaubert. **Immer deutlicher wird, dass der Staat strukturell gierig ist und mit Geld nicht umgehen kann.** Es scheint, als kenne der Steuerirrsinn keine Grenzen mehr. Die neue Grundsteuer für Immobilienbesitzer wird sicherlich nicht günstiger. Die Finanztransaktionssteuer hat den Namen nicht verdient, denn es ist nichts anderes als eine Aktiensteuer. Damit wird der sowieso schwachen Aktionärskultur in Deutschland weiter der Garaus gemacht. Die KFZ-Steuer steigt jährlich. Auch über eine Vermögensabgabe wird schon fabuliert. Und jetzt der Höhepunkt: Man hat es tatsächlich geschafft einen Teil der »Luft« zu besteuern – mehr geht nicht: Ab 2020 bekommen wir eine CO_2-Steuer verpasst. Diese fängt bei 40 Euro pro Tonne an und wird bis 2030 auf 180 Euro pro Tonne ansteigen.

Warum sollten hochqualifizierte Fachkräfte zu uns kommen?
Von der Politik wird immer großspurig verkündet, dass Fachkräfte und Experten nach Deutschland kommen sollen. Es stellt sich jedoch die Frage: Warum sollten sie das denn tun?

Ein junger IT-Experte beispielsweise, welcher überall arbeiten könnte, wird sich mit Sicherheit nicht Deutschland als Top-Destination aussuchen. Wenn junge hochqualifizierte Fachkräfte ihre Familie, ihre Freunde und Heimat verlassen, dann machen sie dies oftmals, weil sie sich ein besseres Leben wünschen und ja, um viel Geld zu verdienen. Und mit viel Geld meinen wir das Netto-Gehalt und nicht den Bruttobetrag. Das Bruttogehalt interessiert keinen, sondern spannend ist, was auf dem Konto ankommt. Und hier ist Deutschland eben keinesfalls interessant für High Potentials.

Einkommensbesteuerung in Deutschland

Die Arbeitnehmer sind in Deutschland die Melkkuh des Staates. Mit einem Einkommen von schon 55.961 Euro zahlt man in Deutschland den Spitzensteuersatz von 42 Prozent. Der Spitzensteuersatz trifft Steuerpflichtige, die das 1,9-fache des durchschnittlichen Bruttogehalts aller Arbeitnehmer in Deutschland erhalten. Im Jahr 1965 lag der Wert beim 15-fachen, 1980 beim 5-fachen, 1990 beim 3,2-fachen und 2000 beim 2,6-fachen.[32] So deklariert der Staat die Mittelschicht zur Oberschicht und rupft sie immer mehr. Es ist erstaunlich, dass sich die Menschen dies noch immer bieten lassen.

Abbildung 25

Land	= Ehepaar mit einem Verdiener/ zwei Kinder, %, 2017	= Alleinstehender, %, 2017
Belgien	20,7	40,5
Deutschland	21,7	39,9
Dänemark	25,3	35,8
Slowenien	12,3	33,7
Ungarn	14,5	33,5
Österreich	19,1	32,4
Italien	19,3	31,2
Niederlande	24,6	30,4
Finnland	24,7	30,2
Lettland	16,8	29,4
Frankreich	18,2	29,2
Luxemburg	5	29,1
Island	18,6	28,7
Türkei	25,9	27,9
Norwegen	22,5	27,6
Portugal	11,9	27,5
Griechenland	23,7	26
USA	14,2	26
OECD	14	25,5
Polen	-4,8	25,1
Schweden	18,8	25
Australien	16,1	24,4
Tschechien	0,7	24,1
Slowakei	7,8	23,5
Großbritannien	18,1	23,4
Kanada	1,2	22,8
Japan	16,2	22,3
Spanien	13,9	21,1
Irland	1,2	19,4
Estland	4,8	18,4
Neuseeland	6,4	18,1
Israel	15	17,7
Schweiz	3,5	16,9
Korea	12,2	14,9
Mexiko	11,2	11,2
Chile	7	7

Abbildung 26

Die Abbildung 26 zeigt deutlich, warum es für hochqualifizierte Experten wesentlich attraktiver ist, in die Schweiz, nach Neuseeland, Irland, Großbritannien, Australien oder in die USA zu gehen als nach Deutschland. Solange Deutschland die jetzige Steuerpolitik beibehält und die Fleißigen gnadenlos zur Kasse bittet, werden immer mehr helle Köpfe Deutschland verlassen und unser Land wird bestimmt nicht die Fachkräfte anziehen, die es benötigt. Bei IT-Experten haben wir das Rennen schon längst verloren.

Deutsche Experten für die Schweiz und die USA

Bekanntermaßen ist der Bildungsdurchschnitt der in den letzten Jahren nach Deutschland zugewanderten Menschen nicht sonderlich hoch. Andererseits verlassen hochqualifizierte Experten das

Land. Dies schlägt sich nicht in großen Zahlen nieder, jedoch ist der sogenannte »Brain drain« nicht zu leugnen. Nach Angaben der Industrieländerorganisation OECD leben rund 3,4 Millionen deutsche Auswanderer in aller Welt. Deutschland ist damit nach Mexiko und Großbritannien das Industrieland mit den drittmeisten Auswanderern. Lediglich die bevölkerungsstarken Länder China und Indien liegen unter den Entwicklungs- und Schwellenländern vor Deutschland. Einer OECD-Studie zufolge hat sich das traditionell hohe Bildungsniveau der deutschen Migranten seit der Jahrtausendwende abermals stark nach oben verschoben. Insbesondere die Schweiz und die USA stehen ganz oben auf der Liste für Hochqualifizierte. Laut Bundesärztekammer sind innerhalb der vergangenen zehn Jahre rund 30.000 Ärzte aus Deutschland abgewandert.

Während fähige Leute das Land verlassen, weil sie hier keine Zukunft sehen, nimmt Deutschland in großem Stil weniger Qualifizierte auf. **Wie soll das funktionieren und bezahlt werden?**

Allein 2017 gingen laut Bundesärztekammer 1.965 ursprünglich in Deutschland tätige Ärzte ins Ausland. Anfang 2017 hatten laut Schweizer Ärzteverband FMH 20 Prozent (6.500 Personen) der in dem Land arbeitenden Ärzte einen deutschen Pass. In der Schweiz wäre die medizinische Versorgung mittlerweile ohne deutsche Ärzte gefährdet. Etwa 250.000 Euro pro Person hat die Ausbildung dieser Ärzte den deutschen Steuerzahler gekostet. Die Schweiz hat damit insgesamt Humankapital im Wert von rund 1,9 Milliarden Franken importiert.

Derzeit fehlen in Praxen und Krankenhäusern bereits 10.000 Ärzte in Deutschland. Ein Drittel der deutschen Hausärzte ist bereits im rentenfähigen Alter. Sie werden voraussichtlich in den nächsten fünf Jahren in den Ruhestand gehen. Drei Jahre später sieht es bei den Fachärzten ähnlich aus.

Folglich braucht sich niemand über den Ärztemangel in ländlichen Regionen zu wundern. Der Ärztemangel, nicht nur auf dem Land, wird sich auch noch weiter verstärken, solange insbesondere junge Ärzte in deutschen Krankenhäusern teilweise auf das ekelhafteste ausgebeutet werden. Warum soll bitte ein deutscher Arzt in Deutschland bleiben, wenn seine Arbeits- und oftmals auch Lebensbedingungen woanders um ein Vielfaches besser sind?

In Deutschland verdienen angestellte Ärzte in leitender Funktion ein Drittel dessen, was für vergleichbare Positionen in Australien oder den USA gezahlt wird. In den USA reichen Jahresgehälter angestellter Ärzte bis zu 450.000 Euro. In Dänemark oder der Schweiz liegen die Gehälter immerhin doppelt so hoch wie in Deutschland.

Zweifellos ist Deutschland heute nicht nur ein Einwanderungsland, sondern wie einst im 19. Jahrhundert auch wieder ein Auswanderungsland. Jedoch wird dieses Phänomen in der deutschen Öffentlichkeit ignoriert. Heute sind es keine Erntehelfer, die ihrer Heimat den Rücken kehren, sondern hochqualifizierte Fachkräfte wie Ärzte, Ingenieure, IT-Spezialisten … Die Neue Zürcher Zeitung schreibt in einem treffenden Artikel: »Wenn Hochqualifizierte gehen und wenig Gebildete kommen – Deutschlands doppeltes Migrationsproblem.«

Wenn wir diese Bedingungen nicht verbessern, werden weiterhin beispielsweise deutsche Ärzte z.B. in die USA oder Schweiz gehen und Ärzte aus Griechenland und Osteuropa zu uns kommen.

Wenn Ihr Arzt, Ihre Ärztin Griechisch, Rumänisch, Bulgarisch oder Polnisch spricht, dann ist dies ein Indikator dafür, dass die Bedingungen in ihren Heimatländern noch schlechter sind als in Deutschland. Mittlerweile verlassen Tausende von Ärzten und Krankenschwestern die Balkanstaaten, Rumänien und Bulgarien. In Deutschlands Krankenhäusern und Arztpraxen geht ohne ausländische Mediziner nichts mehr. 2018 stieg ihre Zahl um 7,3 Prozent. Jeder achte der hierzulande Praktizierenden stammt inzwischen aus einem anderen Land. Insgesamt sind in Deutschland mittlerweile 48.672 ausländische Ärzte und Ärztinnen in der Patientenversorgung tätig. Das sind fast dreimal so viele wie 2009. Addiert man die in der Anerkennung befindlichen Mediziner dazu, sind es knapp 55.000.

Genauso wie für deutsche Ärzte trifft auch für diese zu, dass deren Länder sehr viel in die Ausbildung dieser Menschen investiert haben und diese jetzt in ihrer Heimat fehlen. Dass diese Wanderung

Konsequenzen für uns hat, weil viele Ärzte, aber auch Pflegekräfte überhaupt nicht unserer Sprache Herr sind, sei einmal dahingestellt. Wir können die Lücke jedoch mit Ärzten aus Niedriglohnländern füllen. Absolut verheerende Konsequenzen hat diese Wanderung für ärmere Länder, da kaum jemand beispielsweise in das bulgarische oder rumänische Gesundheitssystem einwandert. Die dortigen Gesundheitssysteme sind aufgrund von Abwanderung von Personal mehr und mehr vom Kollaps bedroht. Hält diese Entwicklung weiter an, wird dies bestimmt nicht für pro-europäische Stimmung in den Ländern sorgen und folglich werden EU- und europafeindliche Parteien in diesen Ländern stärker und stärker werden.

Wohnen wird zum Luxusgut

Das Recht auf Wohnen ist als Menschenrecht in der Charta der Vereinten Nationen festgeschrieben, dennoch gehören in unseren städtischen Regionen Schlangen vor zu vermietenden Wohnungen, zugekleisterte Laternenpfosten mit Immobiliengesuchen, Bewerbungsmappen von Mietern, verzweifelte Menschen auf der Suche nach einem bezahlbarem Dach über dem Kopf langst zum Alltag.

Die Zahlen sind fatal: Hunderttausende sind in der Bundesrepublik wohnungslos. Insbesondere in den Großstädten schlafen Zehntausende als Obdachlose unter freiem Himmel oder im Zelt. Und es werden tagtäglich mehr. 2008 lag die Zahl der Wohnungslosen in Deutschland noch bei rund 227.000. Im Jahr 2016 verfügten etwa 860.000 Menschen über keinen mietvertraglich abgesicherten Wohnraum. In einem der reichsten Länder der Welt schlafen 52.000 Menschen als Obdachlose auf der Straße.

Während sich der deutsche Immobilienmarkt im internationalen Vergleich sehr lange in einem Dornröschenschlaf befand, geht seit knapp zehn Jahren in Deutschlands Städten und deren Umland die Post ab – mit verheerenden Folgen für die meisten Bürger.

Bisher stand die Bundesbank mit ihren Warnungen vor einer Immobilienblase in Deutschland relativ allein da. Inzwischen hat sich dies geändert. Mittlerweile können auch viele Geldhäuser die hohen Preise nicht mehr nachvollziehen. Frank Lösche, Spezialist für Baufinanzierung bei Dr. Klein: »Banken melden uns immer häufiger zurück, dass sie die Höhe des Kaufpreises nicht nachvollziehen können.« Sie würden den nachhaltigen Wert der Immobilie immer häufiger unterhalb des verlangten Kaufpreises ansetzen.[33]

Abbildung 27

Die Gründe für die hohen Preise für Wohnraum sind äußerst vielschichtig:

1. Preistreiber EZB
2. Die Zuwanderung von Flüchtlingen und EU-Bürgern
3. Die Landflucht – der Zuzug in die großen Städte
4. Der Preistreiber Staat
5. Preistreiber Makler, Notare und Nebenkosten

Preistreiber EZB
Niedrige Zinsen und billiges Geld – so macht man Immobilienblasen. Etwas mehr als 10 Jahre nach dem letzten Crash ist es schon bald wieder so weit.

Das viele billige Geld vagabundiert um die Welt und möchte gewinnbringend angelegt werden. Vor allem fließt das Geld in die Aktien- und Immobilienmärkte und treibt damit die Vermögenspreisinflation (asset inflation) voran. Nicht nur die Aktienmärkte haben sich seitdem explosionsartig nach oben entwickelt, sondern auch die Immobilienpreise. Einerseits macht die Nullzinspolitik der EZB die Finanzierung von Immobilien immer günstiger. Andererseits werden viele Anlagemöglichkeiten durch die niedrigen Zinsen immer weniger attraktiv. Oder besser gesagt, die EZB hat den Anleihenmarkt zerstört. Momentan sind die Anleihen der Bundesrepublik Deutschland sogar negativ verzinst. Hinzu kommt noch die Inflation. Keiner, der bei Sinnen ist, wird der Bundesrepublik Deutschland noch Geld leihen, wenn er im Vorhinein weiß, dass er bei Auszahlung weniger hat als zuvor. Es sei denn, derjenige erwartet, dass es in Zukunft bei anderen Kapitalanlagen noch bitterer aussieht.

Die Folge des Notenbankexperiments ist also: Es wird mehr in Immobilien investiert. Manche Baukredite gibt es jetzt bereits für 0,5 Prozent im Jahr.[34] In Dänemark sogar schon mit Minuszinsen. Auch aus dem Ausland fließt immer mehr Geld in deutsche Immobilien; insbesondere in die großen Städte wie München, Berlin und Hamburg, da Deutschland im internationalen Vergleich (in Peking und Shanghai kosten Wohnungen im Zentrum mehr als 10.000 Euro je Quadratmeter, in der Spitze werden 15.000 bis 18.000 Euro fällig) immer noch als billig und sicher gilt. Alles, was mehr als 0 Prozent oder Negativzinsen auf dem Konto bringt, ist besser. Auch aus dem Süden flossen seit der Euro- und Griechenlandkrise Milliarden nach Deutschland. Insbesondere in die Immobilienmärkte der Großstädte. Aus Angst vor einem Euroaustritt ihrer Heimatländer präferieren es viele Italiener, Griechen und Spanier, ihr Geld im sicheren Deutschland in Betongold zu investieren beziehungsweise ihr Erspartes temporär in deutschen Immobilien zu parken.

Immobilien werden zum Spekulationsobjekt: Auch das Thema Gentrifizierung (die Aufwertung eines Stadtteils durch dessen Sanierung oder Umbau mit der Folge, dass die dort ansässige Bevölkerung durch wohlhabendere Bevölkerungsschichten verdrängt wird) wird oft in den Raum geworfen. Es werden nicht mehr nur drei kleine Wohnungen zu einer großen Wohnung zusammengelegt, damit sich dort ein Hipster auf 200 Quadratmetern lockermachen kann. Heute werden ultrateure, oftmals überdimensionierte Wohnungen gebaut und verkauft, in die kein reicher Hipster mehr einzieht – denn er hat ja schon mindestens eine Wohnung –, sie werden dafür gebaut, dass eben niemand einzieht. Der Käufer spekuliert lediglich darauf, dass die Wohnung in ein paar Jahren noch mehr wert ist und er sie geschmeidig mit einem satten Gewinn weiterverkaufen kann. Hierbei stört selbstredend ein lästiger Mieter, welcher schlimmstenfalls die schicke Wohnung abwohnt oder nicht mehr ausziehen möchte.

Immobilien werden heute ebenso wie Aktien, Anleihen und Optionen als Finanzanlagen betrachtet. Sie werden nicht mehr als Wohnraum gekauft, sondern als Spekulationsobjekt von In- und Ausländern. Laut einer Studie des Verbands deutscher Pfandbriefbanken stammte 2017 mehr als jeder zweite Euro bei Immobiliendeals jenseits der 10 Millionen Euro von ausländischen Kapitalgebern. Insgesamt flossen über 59 Milliarden Euro in Immobilien – fast drei Mal so viel wie 2010.

Längst drängen auch die Chinesen auf den Markt. Diese kaufen schon lange nicht nur Luxusobjekte, sondern auch am breiten Markt. Viel Interesse besteht an Ein- oder Zweizimmerwohnungen zwischen 250.000 und 400.000 Euro.[35] Kein Wunder, dass in unseren Ballungszentren auffällig viele kleine Wohnungen mit hohen Quadratmeterpreisen entstehen.

Ultraniedrige Zinsen lassen Träume wahr werden: Viele Menschen lassen sich von dem niedrigen Zins täuschen und finanzieren sich Immobilien, die sie sich eigentlich überhaupt nicht leisten können. Sobald man eine Bank betritt, wird man regelrecht dazu genötigt, diese einmalige Chance, die »unglaublich niedrigen Zinsen zu nutzen, bevor die Zinswende kommt«. Da können wir Sie beruhigen: Die markante Zinswende nach oben wird nicht kommen, so lange Deutschland in der Eurozone bleibt, sondern wir werden sogar Zinssenkungen in den Negativbereich sehen.

Das ist ein riskantes Spiel. Zwar werden die Zinsen innerhalb der Eurozone nie wieder markant steigen, jedoch ist es lediglich eine Frage der Zeit, bis die Immobilienblase platzen wird. **Bereits im November 2018 hielt die Bundesbank die Preise in vielen Städten für 15 bis 30 Prozent überbewertet.** »Bei hohem Wachstum und niedrigen Zinsen haben sich Verwundbarkeiten aufgebaut«, warnte Bundesbank-Vizepräsidentin Claudia Buch bei der Präsentation des Reports.[36]

Ferner steht eine gravierende Rezession bevor. Zahlreiche Bürger werden in Kurzarbeit gehen müssen beziehungsweise werden ihre Arbeit verlieren. Ganz zu schweigen von all denen, die wegen der Digitalisierung in den nächsten zehn Jahren ihren Arbeitsplatz verlieren werden.

Wenn die Rezession heftig wird und die Immobilienblase platzt, haben nicht nur die Schuldner ein Problem, sondern auch die Banken. Denn es wird der Tag kommen, an dem immer mehr Menschen ihre Kredite nicht mehr bedienen können. Dann werden die Immobilienpreise massiv sinken und die Bankentürme ins Wanken geraten. Offenkundig wurde dieser Sachverhalt innerhalb von etwas mehr als zehn Jahren – seit dem Platzen der letzten Immobilienblase – bereits wieder vergessen. Mit der nächsten Rezession werden die Immobilienpreise wieder sinken und viele Immobilienbesitzer in die Bredouille kommen. Dann ist der Kredit »unter Wasser«, das heißt, der Wert der Immobilie ist niedriger als der vergebene Kredit.

Dies hat in Irland, USA und anderen Ländern viele Träume platzen lassen.

Solange die Politiker gegen die Explosion am Immobilienmarkt wettern und trotzdem krampfhaft an dem zum Scheitern verurteilten Euro festhalten, dann ist die Debatte an Heuchelei durch nichts zu überbieten. Solange wir den Euro in Deutschland haben, so lange bleiben die Zinsen im Keller und so lange werden die Immobilienpreise und folglich auch die Mieten weiter steigen. Wir gehen davon aus, dass EZB-Präsidentin Christine Lagarde noch wesentlich heftiger an der Zinsschraube drehen wird als ihr Vorgänger Mario Draghi.

Die Zuwanderung von Flüchtlingen und EU-Bürgern

Ebenfalls sollte klar sein, dass, wenn immer mehr Menschen aus EU-Ländern und dem sonstigen Ausland nach Deutschland kommen, diese auch irgendwo wohnen müssen. Die Voraussetzung, dass Flüchtlinge das erforderliche Kapital für eine Wohnung haben, ist zumeist nicht gegeben. Folglich werden, vorausgesetzt die Migration in diesem Sektor hält weiter an, kontinuierlich immer mehr Sozialwohnungen benötigt werden. Fakt ist: Je mehr Menschen in Zukunft noch nach Deutschland kommen, desto krasser wird der Verteilungskampf um bezahlbaren Wohnungsraum in vielen städtischen Ballungszentren werden.

Landflucht – Zuzug in die großen Städte

Deutschland ist, mit 230 Menschen pro Quadratkilometer, ein dicht besiedeltes Land. Folglich ist die Abgrenzung zwischen Stadt und Land nicht einfach. 77 Prozent der Menschen leben in Städten oder Ballungsgebieten, und nur 15 Prozent in Dörfern mit weniger als 5.000 Einwohnern.[37] Während zahlreiche Städte wie beispielsweise Berlin, Hamburg, München, Stuttgart, Frankfurt und Düsseldorf boomen, veröden viele ländliche Regionen zusehends. Gründe hierfür sind eine schlechte Infrastruktur (Internet, Öffentlicher Nahverkehr, Einkaufsmöglichkeiten, ärztliche Versorgung) und eine daraus resultierende Perspektivlosigkeit. Meist gehen zuerst die jungen Frauen, dann folgen irgendwann die Männer.

Der Preistreiber Staat

Auch der Staat ist in Form der Grunderwerbssteuer mitverantwortlich für steigende Immobilienpreise. Die Besteuerung von Immobilien ist weltweit ein beliebtes Finanzierungsmittel der Staaten. Die Grunderwerbssteuer wurde in vielen Bundesländern schon drastisch erhöht – in Hessen und Baden-Württemberg beispielsweise von 3,5 auf 5 Prozent; ebenso viel bezahlt man in Bremen und Niedersachen. In Schleswig-Holstein, Nordrhein-Westfalen, Brandenburg, Thüringen und im Saarland darf man mit 6,5 Prozent den Höchstsatz berappen. In Berlin sind es schon 6 Prozent. Nur in Bayern und Sachsen kommt man mit 3,5 Prozent derzeit noch halbwegs preiswert davon.

Neubauten werden laufend teurer. Das liegt keinesfalls nur an den allgemeinen Material- und Arbeitskosten. Immer neue Vorschriften treiben die Preise in die Höhe. 2007 zahlten Bauherren etwa 1.250 Euro je Quadratmeter, ohne Grundstück. 2017 waren es rund 36 Prozent mehr, etwa 1.700 Euro je Quadratmeter. Insbesondere die Anforderungen an Neubauwohnungen steigen: Europäische, internationale und deutsche Vorgaben treiben die Preise nach oben. Rund 3.300 Normen müssen Bauherren in Deutschland beachten. Hinzu kommen Auflagen der Landesbauordnungen und der Kommunen. Laufend sind in den vergangenen Jahren immer neue Normen hinzugekommen.

Einerseits fordert die Politik günstigen Wohnraum, andererseits werden Bauherren mit immer neuen Vorschriften konfrontiert. Ein Niedrigenergiehaus für das eher kleine Budget ist uns bis dato nicht bekannt. In Kürze wird die Grundsteuerreform kommen, welche Wohnraum in den meisten Regionen voraussichtlich weiter verteuern wird. Derzeit spült die Grundsteuer 15 Milliarden Euro in die Staatskasse.[38]

Die Preistreiber Makler, Notare und Nebenkosten

Auch die immer weiter steigenden Maklerkosten belasten den Hausbesitzer schnell mit 20.000 bis 50.000 Euro pro Immobilie. Die anderen Nebenkosten liegen ebenso zwischen 5.000 und 10.000 Euro. Im europäischen Vergleich kassieren deutsche Immobilienmakler die dritthöchsten Gebühren für ihre Vermittlung. Wie viel Prozent Provision der Makler berechnen darf, ist bundesweit nicht einheitlich festgelegt. Laut einer Studie des Deutschen Bundestags berechnen Makler in der Bundesrepublik regelmäßig zwischen 5 und 6 Prozent, in manchen Ballungsregionen sogar bis zu 7,14 Prozent Vermittlungsgebühr vom Kaufpreis. In den Niederlanden und Großbritannien zahlen Käufer meist nur zwischen 1 und 2,5 Prozent Courtage.

Wohnraum enteignen?

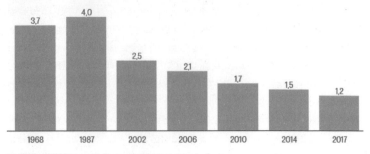

Immer weniger Sozialwohnungen

Anteil an Sozialwohnungen in Deutschland, in Prozent

Für 1968 und 1987 ist nur der Bestand in Westdeutschland erfasst.

Quelle: Institut für Wohnen & Umwelt (1968 - 1987), Bundesbau- bzw. Bundesinnenministerium (2002-2017)

Abbildung 28

Verstärkt wird gefordert, Wohnraum zu enteignen. Zuerst sollen die großen Wohnungsbaugesellschaften dran sein. Wer kommt dann als nächstes? Private Wohnungsbesitzer mit ganz vielen Wohnungen, dann mit vielen und dann mit ein paar?

Es ist nicht von der Hand zu weisen, dass die großen Investoren nicht von der Politik gezwungen wurden, staatseigene Immobilien – Volkseigentum – teilweise zu Spottpreisen zu erwerben, sondern dass die Politik diese verscherbelt hat. Kein Mensch fordert jedoch die Enteignung der dafür verantwortlichen Politiker. Jetzt muss viel Geld in die Hand genommen und massiv in den sozialen Wohnungsbau investiert werden. Geschieht dies nicht, dann steht unsere Gesellschaft vor der Implosion.

Niedriglöhne sorgen für Altersarmut

Deutschland hat dank der Agenda 2010 der rot-grünen Regierung einen gigantischen Niedriglohnsektor. Mittlerweile arbeiten knapp 9 Millionen Menschen im Niedriglohnsektor. Das sind 22,7 Prozent aller arbeitenden Menschen in Deutschland. Wenn die Rezession in Deutschland einschlägt, werden die Unternehmen zuerst die Leiharbeiter entlassen, welche zumeist im Niedriglohnsektor tätig sind. Bei diesen Menschen ist Altersarmut vorprogrammiert. Weder können sie etwas auf die Seite legen noch investieren oder sparen. Vor allem nicht in einer Nullzinsphase. Da kommt ein Altersarmutstsunami auf uns zu, den auch die bisherige Wirtschaftslokomotive Deutschland nicht stemmen kann. Spätestens das wird die Sozialsysteme sprengen.

All die Menschen im Niedriglohnsektor sowie immer mehr andere Arbeitnehmer schaffen es aufgrund explodierender Mieten und Energiepreise (Deutschland hat die zweithöchsten Strompreise von ganz Europa) nicht, Geld anzusparen oder in die private Altersvorsorge zu investieren, was aber notwendig wäre. Wir haben in Deutschland ein drastisches Ungleichgewicht zwischen Einkünften und Lebenshaltungskosten zu verzeichnen. Für Miete mussten die Deutschen früher 25 bis 30 Prozent ihres Einkommens ausgeben, was ein gesundes Verhältnis ist. Heute liegen wir teilweise bei knapp 50 Prozent und mehr. Berliner gaben 2018 knapp 46 Prozent ihres Einkommens fürs Wohnen aus (was einer Verdoppelung innerhalb von 10 Jahren entspricht), die Bewohner Münchens sogar 55 Prozent.

Das ist sozialer Sprengstoff!

Wenn es nach CDU/CSU und SPD ginge, sollen Betriebe künftig nur noch höchstens 2,5 Prozent ihrer Beschäftigten ohne guten Grund befristet anstellen dürfen. Warum gibt es dann fast 7.900 sachgrundlose Befristungen bei der Bundesregierung? Und warum sind gut 60 Prozent aller Neueinstellungen im öffentlichen Dienst befristet?[39]

Altersarmut

Altersarmut ist, wenn Rentner ihre Ausgaben nicht mehr durch ihr Einkommen decken können. Dies bedeutet, dass private und gesetzliche Vorsorgeaufwendungen nicht mehr ausreichen. Zahllose alte Menschen sind bereits heute auf soziale Einrichtungen wie die Tafel oder eine Kleiderkammer angewiesen.

Die Bevölkerungsgruppe derer, die von ihrer Rente allein nicht mehr leben können, wächst aufgrund des demographischen Wandels kontinuierlich. In Deutschland ist jeder fünfte Rentner von Altersarmut betroffen. Zwei Drittel der Betroffenen sind Frauen. Offenkundig war der rot-grünen Regierung damals nicht bekannt, dass Niedriglöhne, prekäre Beschäftigung oder Hartz IV nichts als Angst und eine gigantische Welle von Altersarmut produzieren. Zudem macht Hartz IV auch noch krank und belastet zusätzlich die Sozialsysteme.

Als arm gilt laut EU, wer maximal 40 Prozent des nationalen Medianeinkommens (des Durchschnittseinkommens) hat. Im Jahr 2017 waren das rund 560 Euro. Laut der Organisation für wirtschaftliche Zusammenarbeit und Entwicklung (OECD) sowie der Weltgesundheitsorganisation (WHO) sind das 50 Prozent. Armutsgefährdet ist jeder, der über maximal 60 Prozent des nationalen Medianeinkommens verfügt. 2017 lag dieses in Deutschland für einen Singlehaushalt bei 1.400 Euro pro Monat. Folglich liegt die Grenze für eine Armutsgefährdung bei 840 Euro. Auch Kinderarmut wird immer mehr zu einem Problem. 22,3 Prozent der Kinder und Jugendlichen unter 18 Jahren sind momentan arm.

Demografischer Wandel lässt unser Rentensystem implodieren

Deutschlands Bevölkerung wird durchschnittlich immer älter und es kommen immer weniger junge Menschen nach, die überdurchschnittlich gut verdienen. Zwar wächst die Bevölkerung unseres Landes wegen der Zuwanderung wieder, doch auch dies wird das Rentenproblem nicht lösen, da größtenteils keine hochqualifizierten Fachkräfte zuwandern. Ansonsten würden nicht zwei von drei Flüchtlingen Hartz IV beziehen.[40] Folglich wird die Zahl der armutsgefährdeten Senioren kontinuierlich zunehmen.

Die Zahl der älteren Menschen, die einen Anspruch auf Rente haben, nimmt täglich zu, doch auf der anderen Seite gibt es immer weniger Beitragszahler. Folglich ist zu wenig Kapital im Umlauf. Obendrein steigt die Lebenserwartung kontinuierlich an.

Wer aktuell in die Rentenversicherung einzahlt, investiert nicht in die eigene Zukunft, sondern er finanziert den Lebensabend der derzeitigen Senioren. Wer selbst das Rentenalter erreicht, wird logischerweise von den jüngeren Generationen finanziert. Aufgrund der demographischen Entwicklung in unserem Land kommen jedoch immer weniger Erwerbstätige, insbesondere überdurchschnittlich gutverdienende, auf einen Rentner. Das kann und das wird auf Dauer nicht gut gehen.

Außerdem kamen die Negativzinsen, welche die EZB der Eurozone aufgebürdet hat, um faktisch bankrotte Staaten wie beispielsweise Griechenland und Italien sowie zahllose Zombieunternehmen am Leben zu erhalten, der deutschen Rentenkasse 2018 teuer zu stehen. Knapp 54 Millionen Euro verlor die Rentenversicherung in diesem Jahr. In Zukunft werden die Verluste wegen voraussichtlich noch niedrigerer Zinsen wesentlich gravierender ausfallen.

Insbesondere Frauen sind aus folgenden Gründen extrem von Altersarmut gefährdet:

- Ein geringerer Verdienst bei oftmals gleicher Arbeit,
- Auszeiten wegen Schwangerschaft und Kindererziehung,
- Teilzeit-Jobs wegen Schwangerschaft und Kindererziehung.

Somit haben Frauen meist mehr Fehlzeiten und können dementsprechend auch weniger Entgeltpunkte bei der Rentenkasse erwerben. Daher erhalten etliche Frauen oftmals nur rund 60 Prozent der Rente der Männer. Um im Alter über die Runden kommen zu können, wird voraussichtlich jede vierte Frau im Ruhestand arbeiten müssen.

Des Weiteren sind Menschen von Altersarmut betroffen, die häufig arbeitslos sind oder Arbeiten mit niedrigem Einkommen ausüben, denn auch das reduziert die Rentenansprüche erheblich.

Das Armutsrisiko bei den 65-Jährigen und Älteren liegt bei 15,6 Prozent – das sind rund 2,6 Millionen Rentner.

Alt gegen jung – wer bekommt was?

In Zukunft wird es in Deutschland nicht nur heißen »arm gegen reich«, sondern auch »jung gegen alt«. Es ist fraglich, wie lange die Jungen noch hinnehmen, dass sie wesentlich mehr in das Rentensystem einzahlen, als sie jemals herausbekommen werden. Da die Wählerschaft der Alten jedoch immer größer und die der Jungen immer kleiner wird, kann sich ein jeder vorstellen, wohin die Reise geht.

Verständlicherweise möchte die überwältigende Mehrheit der älteren Arbeitnehmer nicht bis zum regulären Rentenalter arbeiten. Der »Kohortenstudie zu Arbeit, Alter, Gesundheit und Erwerbsteilhabe bei älteren Erwerbstätigen in Deutschland« vom Lehrstuhl für Arbeitswissenschaft der Universität Wuppertal zu Folge möchte nicht einmal jeder Zehnte von den geburtenstarken Jahrgängen der sogenannten Babyboomer-Generation bis zur regulären Altersgrenze arbeiten. 30 Prozent wollen schon mit 60 Jahren in Rente gehen. 26 Prozent bevorzugen einen Ausstieg aus dem Erwerbsleben mit 63 Jahren, 15 Prozent nennen als Wunschzeitpunkt 65 Jahre. Die reguläre Altersgrenze liegt gegenwärtig bei 65 Jahren und 8 Monaten. In den nächsten Jahren steigt sie schrittweise bis auf 67 Jahre an.

Folglich erfreut sich die Rente ab 63 trotz Fachkräftemangels einer hohen Beliebtheit. 2018 wurden rund 251.000 neue Anträge dazu gestellt. 2017 waren es knapp 254.000 Anträge. Die Wirtschaft kritisiert zwar, dass dem Arbeitsmarkt durch die Regelung dringend benötigte Facharbeiter entzogen werden, doch dies scheint die Politik offenkundig nicht zu interessieren. Von den Jüngeren wird jedoch verlangt, bis zu einem Alter von 70 Jahren oder länger zu arbeiten. Das ist weder gerecht noch zielführend.

Alle jungen Menschen sollten auf die Straße gehen

Die geburtenstarken Jahrgänge haben das Rentenalter noch nicht erreicht. Das bedeutet, dass die Belastung für unser Rentensystem noch weitaus größer wird, als sie gegenwärtig schon ist. Im Jahr 2018 waren in Deutschland 51,8 Millionen Menschen im erwerbsfähigen Alter zwischen 20 und 66 Jahren. Bis zum Jahr 2035 wird die erwerbsfähige Bevölkerung laut Schätzungen des Bundesamtes um rund 4 bis 6 Millionen schrumpfen. Ohne Nettozuwanderung würde sich die Bevölkerung im Erwerbsalter bereits bis 2035 um rund 9 Millionen Menschen verringern. Die ältere Bevölkerungsgruppe wächst unvermindert weiter. Die Zahl der Menschen im Alter ab 67 Jahren stieg zwischen 1990 und 2018 von 10,4 Millionen auf 15,9 Millionen. Bis 2039 wird sie auf mindestens 21 Millionen wachsen. Die Zahl der Menschen im Alter ab 80 Jahren wird bis 2022 von 5,4 Millionen auf 6,2 Millionen steigen. Dann wird sie bis Anfang der 2030er Jahre auf diesem Niveau bleiben. In den folgenden 20 Jahren wird sie aber kontinuierlich zunehmen. Sie könnte im Jahr 2050 auf bis zu 10,5 Millionen anwachsen.

Die Experten der Bertelsmann-Stiftung beauftragten Martin Werding und seinen wissenschaftlichen Mitarbeiter Benjamin Läpple von der Universität Bochum, eine Studie zur demografischen Entwicklung und den Auswirkungen auf die Sozialkosten zu erstellen. Die Ergebnisse der Studie sind schockierend. Laut den Experten vom Bochumer Lehrstuhl für Sozialpolitik und öffentliche Finanzen werden die Ausgaben für die soziale Sicherung von gegenwärtig 890 Milliarden Euro jährlich bis zum Jahr 2040 auf 1,6 Billionen Euro pro Jahr explodieren. Ausgeschrieben: 1.600.000.000.000 Euro. Das ist ein Plus von fast 80 Prozent im Vergleich zum heutigen Wert. Die Inflation ist dabei noch nicht einmal berücksichtigt.

Die Jungen werden die Dummen sein. »Für die im Jahr 2010

Geborenen steigen die durchschnittlichen Beitragssätze auf über 50 Prozent der beitragspflichtigen Einkommen«, schreiben die Studienautoren.

Momentan liegt die Belastung eines Arbeitnehmers laut Statistischem Bundesamt für einen alleinstehenden Durchschnittsverdiener mit 4.554 Euro monatlichem Brutto bei 920 Euro für Sozialabgaben – also 20,2 Prozent. Bei Doppelverdienern mit zwei Kindern wird das durchschnittliche Monatsbrutto in Höhe von 8.232 Euro mit Sozialabgaben von 914 Euro belastet – also mit 11,1 Prozent (wenn eine der beiden versicherungspflichtigen Personen über der Beitragsbemessungsgrenze der Rentenversicherung in Höhe von monatlich 6700 Euro liegt und die andere deutlich weniger verdient. Bei einer 50-zu-50-Verteilung liegt die Belastung höher.) Die immense Explosion der Sozialkosten bedeutet: Mehr als die Hälfte des Bruttoeinkommens der Arbeitnehmer gehen in Zukunft für Sozialabgaben drauf. Hinzu kommen dann noch Einkommen-, Mehrwert-, Mineralöl- und sonstige Steuern.[41] **Spätestens jetzt sollten alle jungen Menschen auf die Straße gehen.**

Statt 900 Euro im Monat lieber 3.100 Euro am Tag

Nicht jeder muss sich jedoch im Alter Sorgen machen. Ex-VW-Boss Martin Winterkorn, dem wegen des größten Skandals der VW-Geschichte Betrug vorgeworfen wird, erhält 3.100 Euro – pro Tag! Das macht rund 1,1 Millionen Euro Rente im Jahr. Dass wegen des Skandals 30.000 Stellen bei VW gestrichen wurden, ist ein ganz anderes Thema. Auch der wegen Börsenmanipulation zu einer Strafe in Höhe von 100.000 Euro verurteilte Skandal-Banker Stefan Ortseifen macht sich mit seiner Rente in Höhe von 31.500 Euro pro Monat wahrscheinlich keine Sorgen. Der Ex-BER-Chef Rainer Schwarz mit schätzungsweise 60.000 Euro Pension im Jahr muss da wesentlich kleinere Brötchen backen. Etwas entspannter ist das Rentendasein des verurteilten Steuerhinterziehers (betrog den Staat über eine Stiftung in Liechtenstein um mehr als 1 Million Euro an Steuern) und Ex-Post-Chefs Klaus Zumwinkel. Die Post zahlte ihm 20 Millionen Euro an Pensionsansprüchen aus. Bis heute ist Zumwinkel Chef der Post-Stiftung und zugleich Präsident des Forschungsinstituts zur Zukunft der Arbeit (IZA).[42]

Doch auch andere müssen sich um das leidige Thema Armut im Alter keine Sorgen machen. Auf DAX-Konzernen lasten 3 Milliarden Euro an Pensionsrückstellungen, denn DAX-Konzerne zahlen ihren Topmanagern nicht nur Millionengehälter, sondern kümmern sich auch noch um deren Rente. Warum ausgerechnet Wirtschaftsbosse mit Millionengehältern nicht selbst für das Alter vorsorgen können, ist uns nicht klar. Auf 2,98 Milliarden Euro summieren sich die Pensionsrückstellungen für ehemalige Vorstände. Dieser Betrag ist wohlgemerkt ausschließlich für knapp hundert Manager reserviert. Anstatt oftmals notwendige Investitionen im Rahmen der Digitalisierung und der Industrie 4.0 durchzuführen, muss die Hälfte aller DAX-Unternehmen finanzielle Vorsorge in dreistelliger Millionenhöhe treffen, um die vertraglichen Ansprüche ihrer Ex-Vorstände im Ruhestand abzusichern. Im Durchschnitt kassieren DAX-Vorstandsrentner 40.000 Euro monatlich.

Den Vogel schießt Daimler mit seinem Ex-Boss Dieter Zetsche ab. Er kann sich auf 42 Millionen Euro Vorsorgekapital ausruhen, die sein Arbeitgeber Daimler im Laufe der über 20-jährigen Vorstandstätigkeit aufgehäuft hat. Während die Arbeiter in den letzten Jahren darben mussten, hat sich unsere Wirtschaftselite die Taschen vollgemacht. Die Unternehmen wurden von den Managern ausgeplündert wie nie zuvor. Gerne wurden auch, anstatt die Mitarbeiter besser zu entlohnen, Aktienrückkaufprogramme durchgeführt, was natürlich den angenehmen Nebeneffekt hatte, dass die Aktien der Manager, die Aktienoptionen haben, massiv an Wert gewonnen haben.[43]

Unterschiedliches Rentenniveau innerhalb der EU

In anderen Ländern geht es Rentnern offenkundig besser. Warum ist das Rentenniveau überall innerhalb der EU unterschiedlich? Warum erhalten deutsche Rentner prozentual wesentlich weniger Rente als Rentner in Österreich? Warum fließen Gelder aus Deutschland an Länder, in denen Rentner prozentual wesentlich mehr Rente erhalten? Finanzieren auf diese Weise nicht auch deutsche Rentner indirekt die Rentner anderer Länder? Diese Ungerechtigkeit wird mit Sicherheit nicht für eine Pro-EU-Stimmung sorgen.

Politiker und Beamte – der Steuerzahler macht's

Allzu gerne fordert die Politik von uns Bürgern, den Gürtel enger zu schnallen. Diese Forderungen empfinden wir jedoch als äußerst scheinheilig in Anbetracht dessen, dass sich die Diäten der Politiker auf Bundes- sowie auf Landesebene kontinuierlich erhöhen. Die 709 Bundestagsabgeordneten – im zahlenmäßig größten frei gewählten nationalen Parlament der Welt – freuen sich seit Juli 2019 über eine Erhöhung ihrer Diäten um 3 Prozent. Seit 2016 stiegen die Diäten entsprechend der Lohn- und Gehaltsentwicklung ganz automatisch. Die Erhöhung erfolgt ohne Aussprache und Abstimmung.

Auch ums Alter müssen sich unsere Politiker wenig Sorgen machen. Bereits nach einem Jahr im Bundestag haben Abgeordnete Anspruch auf 233 Euro Pension pro Monat. Nach zehn Jahren im Parlament kassieren Ex-Politiker weit über 2.000 Euro im Monat. Normalbürger können von so einer Altersversorgung nur träumen. **Zum Vergleich: 2019 betrug die Durchschnittsrente 1.199 Euro.**[44]

2019 knackte der Politikerbetrieb die 10.000-Euro-Marke. Seit dem 1. Juli 2019 verdienen unsere Volksvertreter monatlich 10.083,47 Euro (Abgeordnetenentschädigung). Diese wird automatisch jährlich um die Lebenshaltungskosten (Inflation!) angepasst. Zusätzlich erhalten sie eine steuerfreie Aufwandspauschale von 4.339,97 Euro monatlich, die nicht nachgewiesen werden muss. Diese Pauschale wird jährlich zum 1. Januar an die Lebenshaltungskosten angepasst. Wird Ihr Gehalt ebenfalls jährlich angepasst? Haben wir nicht eine Demokratie? Sollte nicht für alle dasselbe gelten? Haben wir auch im Jahr die Möglichkeit 52.000 Euro steuerfrei und ohne Nachweis zu verwenden? Sollte nicht für alle dasselbe Recht gelten? Warum Löhne nicht automatisch steigen dürfen – aber Diäten schon?

Moment mal. Die offizielle Inflation 2018 lag bei 1,8 Prozent – die

Diäten und die Aufwandpauschale werden um 3 Prozent erhöht. **Ist dies die wahre Inflation?**

Dr. Markus Krall sieht eine Korrelation von Einkommen und Intelligenz: Menschen mit hoher Intelligenz verdienen mehr Geld, weil sie diese Intelligenz einsetzen um mehr Geld zu verdienen. Jeder der weniger als die 10.000 Euro der Berufspolitiker verdient, hat einen Anreiz in den Bundestag zu kommen. Die, die mehr verdienen nicht. Zusätzlich besteht das Problem des Listensystems. Um gewählt zu werden und Karriere zu machen, muss man auf den Listen der Parteien stehen und das geht nur, wenn man sich anpasst und der Parteiführung bedingungslos gehorcht und folgt. Dies alles führe dazu, dass es eine Abstinenz von Intelligenz in unserer Politik gibt: »Unsere Parteipolitik bringt rückgratlose Minderbemittelte an die Spitze.« Da mag wohl was dran sein, anders ist das Folgende nicht zu erklären:

Da fällt uns der Merksatz eines Professors ein der gesagt hat: *»Die, die was können gehen in die Wirtschaft oder machen sich selbständig, der Rest geht in die Politik.«*

Wir stellen uns folgende Fragen: Warum benötigen wir so ein gigantisch großes Parlament? Wäre es sinnvoll, die Größe des Parlaments zu halbieren und dafür den Abgeordneten das Doppelte zu bezahlen? Würden wir dann besseres Personal bekommen? Was wäre denn, wenn jeder Abgeordnete genauso viel als Parlamentarier verdienen würde, wie er in seinem letzten Job verdient hat? Ferner stellt sich die Frage, warum Parlamentarier nicht genauso viel in die Rentenversicherung einbezahlen müssen wie jeder Angestellte auch.

Dieselbe Frage stellt sich auch bei Beamten, denn auch hier werden uns in Zukunft die Kosten um die Ohren fliegen. Die Kosten für die Pensionen und die Gesundheitsversorgung der Beamten im Ruhestand sind 2019 im Vergleich zu 2018 um knapp 70 Milliarden Euro gestiegen. **Die langfristigen Kosten belaufen sich damit auf 757,76 Milliarden Euro.** Diese setzen sich zusammen aus: Kosten für Pensionen von Bundesbeamten und Soldaten in Höhe von

301,8 Milliarden Euro, von Postbeamten auf 190 Milliarden Euro und von Bahnbeamten auf 75,2 Milliarden Euro. Hinzu kommen noch 190,75 Milliarden für Beihilfen, die Gesundheitsversorgung der Pensionäre. Dem Finanzministerium zur Folge gibt es 592.000 Pensionäre – und nur 286.700 aktive Beamte und Soldaten. Für jeden Ruheständler müsse der Bund, also wir Steuerzahler, im Schnitt 861.500 Euro einplanen. Wie viele Selbstständige schaffen es im Laufe ihres Arbeitslebens so viel für das Alter anzusparen?

Der Durchschnittspension eines Beamten von 3.000 Euro steht heute in Deutschland eine Durchschnittsrente des normalen Arbeitnehmers von 1.314 Euro gegenüber. Der Beamte erreicht seine Höchstpension nach 40 Dienstjahren; der Standardrentner muss dafür 45 Jahre arbeiten. Obendrein werden dem Beamten auch noch seine Wehr- oder Zivildienstzeiten als Dienstzeiten angerechnet sowie bis zu zweieinhalb Jahre der Hochschulausbildung, gegebenenfalls auch mehr. Selbst wenn alle Stricke reißen, erhalten Beamte in jedem Falle eine Mindestpension von 1.573 Euro.

Infrastrukturdesaster Deutschland

Nicht nur Deutschlands ranghöchster Nato-Admiral, Manfred Nielson, nennt die deutsche Infrastruktur »miserabel.«[45] Früher waren gute Straßen, eine zuverlässige Eisenbahn und ein tadellos funktionierendes Telefonnetz ein deutscher Standortvorteil. Nach dem Zweiten Weltkrieg wurde alles neu aufgebaut. Vieles wurde seitdem aber nicht mehr erneuert. So manche Brücke, manch Bahnhof, Schule oder Behörde sind mittlerweile 50, 60 oder gar 70 Jahre alt, einiges wurde sogar noch von Kaiser Wilhelm feierlich eröffnet. Egal, ob Straße, Schiene oder Breitbandausbau – in Deutschland klafft eine enorme Sanierungslücke.

Die Gründe dafür liegen auf der Hand: zu viel Bürokratie, zu wenig Personal und ein Investitionsstau. Gerne wurde mit Steuermitteln schnöder Wahlkampf und Klientelpolitik betrieben – man denke nur an das Mautdesaster, die Herdprämie oder die letzte Rentenerhöhung. Zukunft sieht anders aus. Die Infrastruktur unseres Landes wird nach wie vor auf Verschleiß gefahren. Fördermilliarden werden nicht abgerufen. Länder und Kommunen wollen bauen, aber können nicht, da der Bauwirtschaft die Kapazitäten ausgehen und Handwerker fehlen. In Städten und Kommunen besteht ein Investitionsstau in Höhe von 159 Milliarden Euro. Brücken und Straßen bröckeln, Großprojekte verzögern sich, Kindergärten, Schulen, Turnhallen, Universitäten und Krankenhäuser sind oftmals in einem keinesfalls zeitgemäßen, teilweise erbärmlichen Zustand.

Bereits 2014 haben wir in unserem zweiten Buch *Der Crash ist die Lösung* vor dem gravierenden Infrastrukturdesaster in Deutschland gewarnt. Bis heute wurden keine wesentlichen Fortschritte erreicht. Während man in weiten Teilen Europas schnelles Internet und eine perfekte Mobilfunkverbindung hat, ist unser Land noch mit Funklöchern übersät und schnelles Internet mehr Wunsch als Wirklichkeit.

Laut einer Umfrage des Instituts der deutschen Wirtschaft (IW) sehen knapp 68 Prozent von 2.600 befragten Unternehmen ihre Geschäfte durch Mängel der Infrastruktur beeinträchtigt. Das sind zehn Prozentpunkte mehr als 2013. Die größten Probleme verursachen demnach die Straßen- und Kommunikationsnetze.[16]

Knapp die Hälfte aller Autobahnbrücken wurde zwischen 1965 und 1975 gebaut. Für die heutigen Verkehrsmengen waren diese Brücken nie ausgelegt.[47] Laut einem Bericht des Bundesverkehrsministeriums sind nur 13 Prozent der 39.619 Straßenbrücken beziehungsweise 51.608 Brücken-Teilbauwerke in gutem oder sehr gutem Zustand. 2005 fielen noch 18 Prozent der Bauwerke in diese beste Kategorie. In 12 Prozent der Fälle werden Tragelast und Belastbarkeit der Bauwerke als nicht ausreichend oder ungenügend bewertet. 2016 war der prozentuale Anteil von Brücken in besonders schlechtem Zustand noch geringer gewesen.

Vonseiten der Politik wird lautstark gefordert mehr Verkehr weg von der Straße auf die Schiene zu verlegen. Dennoch wächst der Sanierungsstau bei der Bahn auf 57 Milliarden Euro. Der Staatskonzern braucht viel mehr Geld für die Reparatur und die Modernisierung als gedacht. Bereits heute gibt es zu wenige Gleise und funktionsfähige Züge für viel zu viele Fahrgäste und Verbindungen. Heute sind gerade einmal 72 Prozent der ICEs und Intercitys pünktlich.

Der ehemalige Kanzleramtsminister Ronald Pofalla, der den langjährigen Abgeordneten Wolfgang Bosbach mit der Aussage: »Ich kann deine Fresse nicht mehr sehen. Ich kann deine Scheiße nicht mehr hören.«[48] beleidigt haben soll, ist mittlerweile zum Vorstand bei der Deutschen Bahn für die Infrastruktur aufgestiegen. Er soll sich Folgendes ausgedacht haben: Ein verspäteter ICE dreht früher um, damit er auf dem Rückweg wieder in den Fahrplan kommt.[49] Herrlich, wenn Komiker das Zepter übernehmen!

Das Verkehrsnetz ist gewissermaßen der Blutkreislauf unseres ökonomischen Erfolgsrezepts. Es ist das elementare Fundament für unser wirtschaftliches Überleben.

Einer Studie der Prüfungs- und Beratungsgesellschaft EY zufolge muss Deutschland bis 2025 rund 1,4 Billionen Euro investieren, um versäumte Ausgaben aufzuholen. Ohne zusätzliche Investitionen ist das Wirtschaftswachstum gefährdet. In den fünf untersuchten Wachstumskategorien – Forschung, Digitalisierung, Basis-Infrastruktur, Bildung und Gesundheit – gehörte Deutschland nur zum Mittelfeld, bei der digitalen Infrastruktur landete die Bundesrepublik nur auf Platz elf. Die Schweiz belegte in allen Kategorien den ersten Platz. Lediglich bei der Digitalisierung gibt es für die Schweiz keine Auswertung, da die zugrunde liegenden Quellen lediglich EU-Staaten erfassen.[50]

Stuttgart 21 und BER – Deutschland macht sich lächerlich

Der Einzige, der noch geschlossen hinter
Angela Merkel steht, ist der BER.

Früher war die deutsche Ingenieurskunst weltweit hoch angesehen. Heute gibt sich unser Land mit seinen Großprojekten weltweit der Lächerlichkeit preis.

Der Berliner Flughafen BER (über 2.500 Tage liegt der ursprünglich geplante Eröffnungstermin mittlerweile zurück, und fast 7 Jahre und 7 Milliarden Euro später gäbe es keine Aussicht auf einen verlässlichen Eröffnungstermin[51]) und der Bahnhof Stuttgart 21 sind nur zwei Beispiele für Großprojekte, die der Staat in den Sand gesetzt und dabei Milliarden Steuerbeträge vergeudet hat. 1994 lagen die geplanten Baukosten für Stuttgart 21 noch bei 4,8 Milliarden D-Mark, also 2,4 Milliarden Euro.[52] Im Januar 2018 genehmigte der DB-Aufsichtsrat die Erhöhung des Kostenrahmens für S 21 von 6,5 auf 8,2 Milliarden Euro. Die zugehörige 60 Kilometer lange ICE-Neubaustrecke Stuttgart – Ulm soll weitere 3,7 Milliarden Euro kosten. Ferner wurde die Inbetriebnahme von Ende 2021 auf mittlerweile Dezember 2025 verschoben. Experten befürchten, dass die Gesamtkosten für S 21 und die ICE-Strecke am Ende von derzeit fast 12 auf mindestens 15 Milliarden Euro steigen werden.[53]

Unsere Schweizer Nachbarn haben den Gotthard-Basistunnel, mit 57 Kilometern der längste Eisenbahntunnel der Welt, hingegen vollkommen skandalfrei und ohne das Budget um das x-fache zu überschreiten, in der geplanten Bauzeit von 17 Jahren fertiggebaut.[54]

Abgesehen davon, dass keiner der Verantwortlichen für die immense Steuergeldverschwendung verantwortlich gemacht wird und mit Haus und Hof haften muss, ziehen Länder wie China mit atemberaubender Geschwindigkeit an uns vorbei. In der Zeit, in der Deutschland an dem Flughafen BER herumbastelt, hat China fünf Flughäfen gebaut.

Etwas Positives hat der BER jedoch. Er ist wahrscheinlich dank des nicht vorhandenen Flugverkehrs einer der umweltfreundlichsten Flughäfen aller Hauptstädte weltweit. Wenigstens hier kann die rot-rot-grüne Regierung einen ganz klaren Erfolg verzeichnen.

Deutschland diskutiert – China baut

Deutschland hat 2018 gerade mal 28 Milliarden Euro in die Infrastruktur investiert. China dagegen stolze 12.000 Milliarden Euro.

In nur vier Jahren hat China das weltgrößte Netz für Hochgeschwindigkeitszüge aus dem Boden gestampft. Knapp 30.000 Kilometer an Hochgeschwindigkeitsverbindungen befinden sich heute bereits in China. Dabei begann das kommunistische Riesenreich erst 2007 mit dem Bau von Hochgeschwindigkeitszügen. Dennoch entstand binnen weniger Jahre das weltweit größte Hochgeschwindigkeitsnetz. Bis 2025 beabsichtigt China, sein Hochgeschwindigkeitsnetz auf 38.000 Kilometer und bis 2030 auf 45.000 Kilometer Länge auszubauen.

Im Bereich der Luftfahrt zeigt China mittlerweile, wo es langgeht. Binnen kürzester Zeit hat das Land den zweitgrößten Flughafenterminal der Welt gebaut. Bis 2035 sollen in China sage und schreibe 216 neue Flughäfen erbaut werden. Damit würde sich die Anzahl der Airports in China auf 450 erhöhen und damit fast verdoppeln.

2018 wurde die mit rund 30 Kilometern längste Überwasserbrücke der Welt – sie verbindet die Sonderverwaltungszonen Hongkong und Macau – im Perlflussdelta eröffnet. Ferner befinden sich heute in China das größte Wasserumleitungsprojekt aller Zeiten, das Wasserkraftwerk mit der größten Generatorenleistung (Drei-Schluchten-Talsperre), der größte Windpark weltweit (Gansu) sowie zwei der drei größten Kohlebergwerke der Welt. Unterdessen führt das Land auch bei der Produktion von Wind- und Solarenergie.[55]

Spätestens diese Zahlen sollten jedem klarmachen, wer den Kurs im 21. Jahrhundert bestimmt und wer den Anschluss verpasst hat.

Wo sind die ganzen Steuerüberschüsse hin?

Nach zehn Jahren Wirtschaftsboom mit Rekordsteuerüberschüssen muss Finanzminister Olaf Scholz eingestehen: Wir haben bis 2023 eine Haushaltslücke von 70 bis 120 Milliarden Euro zu erwarten. Wo um alles in der Welt ist das ganze Geld hin? Was wurde damit gemacht? Die Steuereinnahmen sind seit 2008 aufgrund der brummenden Konjunktur sowie den extrem niedrigen Zinsen der EZB und damit den günstigen Verschuldungsmöglichkeiten des Staates, zuletzt sogar mit Negativzinsen (das heißt der Staat muss weniger zurückzahlen, als er an Schulden aufgenommen hat), extrem gestiegen. Im Jahr 2008 lagen die Steuereinnahmen schon bei beachtlichen 561,8 Milliarden Euro, 2018 sind sie auf 776 Milliarden Euro gestiegen!

Der Staat als Profiteur der Finanzkrise

Der Steuerturbo wurde auf dem Zenit der Finanzkrise angeworfen. Die EZB hat die Zinsen immer weiter gesenkt und Nutznießer waren unter anderem die Staaten. Der Leitzins ging von 4 Prozent auf 1 Prozent zurück und parallel stiegen die Steuereinnahmen und Einsparungen dank fallender Zinsen für die Staatsanleihen.

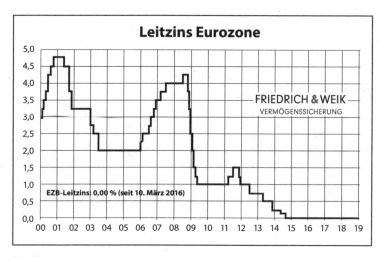

Abbildung 29

2014 wurde in Deutschland erstmalig ein Steuerüberschuss von 9,5 Milliarden Euro verbucht. Steuerüberschuss bedeutet, dass der Staat mehr Einnahmen als Ausgaben hatte.

Steuerüberschüsse ab 2014

2014: 9,5 Milliarden Euro
2015: 19,4 Milliarden Euro
2016: 25,7 Milliarden Euro (ab hier 0 Prozent Leitzins)
2017: 38 Milliarden Euro
2018: 11,2 Milliarden Euro
Gesamt: 103,8 Milliarden Euro

Gigantische 103,8 Milliarden Euro hat der Staat von 2014 bis 2018 an Überschüssen zu verzeichnen. Das ist historisch einmalig. Zusätzlich wurden 368 Milliarden Euro durch die Neuverschuldung eingespart – dank der niedrigen Zinsen, die der Staat bezahlen musste. Zuletzt bekam Deutschland für alle Schuldscheine, egal, ob mit einer Laufzeit von 2 oder 30 Jahren, sogar noch Geld fürs Schuldenmachen. Was für eine absurde Welt.

Abbildung 30

Doch wo ist das ganze Geld hin? In die Infrastruktur wurde es jedenfalls nicht gesteckt. **Wir leben hier von der Substanz und damit auf Verschleiß.** Digitalisierung, Breitbandausbau, Kindergärten und Schulen – in all diesen Bereichen haben wir die letzten Jahre geschlafen. **Dabei sind Kinder und Bildung unsere Zukunft.** Wir ruhen uns auf hohem Niveau aus und sehen den aktuellen Wohlstand als Selbstverständlichkeit an. Dies wird sich jedoch ändern.

Bereits heute ist die Finanzierungslücke durch den Stillstand der Politik auf mehrere Billionen Euro angeschwollen. **Die Staatsschulden betragen 1,9 Billionen Euro, die implizite Staatsverschuldung (Pensionsversprechen, Renten und so weiter) liegt bei über 7 Billionen Euro.** Schon jetzt wird ein Großteil des Bundeshaushalts für Sozialleistungen verwendet – Tendenz steigend (140 Milliarden Euro). In Deutschland leben 21 Millionen Rentner sowie 8 Millionen Menschen, die von Sozialleistungen abhängig sind. **Wie soll das gestemmt und bezahlt werden, vor allem, wenn die Steuereinnahmen sinken?**

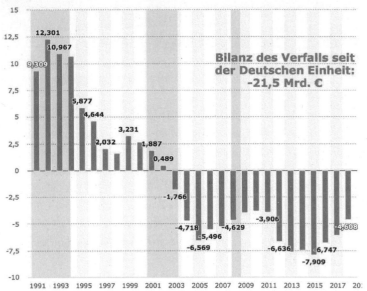

Wertverlust der Infrastruktur: 87 Mrd. €

Nettoanlageinvestitionen der öffentlichen Hand in Deutschland, Nichtwohnbauten, jew. Preise (Mrd. €)

Graue Bereiche: Rezessionen in Deutschland nach Definition des ECRI
Quelle: Destatis | @KeineWunder | www.weitwinkelsubjektiv.com | Stand: 27.02.2019

Abbildung 31

Politik in Deutschland

Eliteproblem und Negativauslese

> »Die Großen hören auf zu herrschen, wenn die Kleinen aufhören zu kriechen.«
> Johann Friedrich von Schiller

Helmut Kohl, Karl-Theodor zu Guttenberg, Wolfgang Schäuble, Annette Schavan, Lothar Späth, Roland Koch – sie alle gehörten oder gehören zu unseren Eliten. Was fällt Ihnen bei all diesen Namen zuerst ein? Genau. Alle waren in Skandale verwickelt, viele waren korrumpiert. Nichtsdestoweniger musste keiner von ihnen dafür haften. Warum? Weil wir ein Problem haben: Seit Jahrzehnten ist der Souverän machtlos. Und dies ist nicht nur in Deutschland so, sondern weltweit. Denken Sie nur an Nikolas Sarkozy, Silvio Berlusconi, Antônio da Silva und Dilma Rousseff.

Wir wissen, dass der Mensch nicht perfekt ist. Schon in der Bibel steht geschrieben: »Der Geist ist willig, aber das Fleisch ist schwach.« (MK 14, 37-38)

Die Selbstzerstörung der Volksparteien – den Parteien läuft das Volk davon!

Wie sehr sich die Politik von der Realität entfernt hat, zeigen nicht nur die letzten Wahlergebnisse sondern unter anderem auch folgender Sachverhalt: Nach den Wahlen im September 2017 hatte Deutschland monatelang keine neue Regierung. Vermisst hat sie niemand, denn das Land hat trotzdem funktioniert. Sehr wahrscheinlich sogar besser als mit der Großen Koalition (GroKo).

Nach den Wahlen dauerte es fünf Monate, bis wir wieder eine funktionierende Regierung hatten. CDU, FDP und Grüne versuchten in dieser Zeit, eine Koalition zu schmieden. Wie wir alle wissen: ohne Erfolg. Dann nahm man den Notnagel und CDU und SPD rauften sich nochmals zusammen, um die ungeliebte GroKo fortzusetzen. Nach Monaten des Ringens, nach Monaten ohne Regierung einigte man sich wieder auf den kleinsten Nenner und kreierte eine Regierung zwischen CDU/CSU und SPD. Die SPD hatte übrigens vor der Wahl gesagt, dass sie niemals wieder in eine große Koalition einsteigen werde. Aber was interessiert mich mein Geschwätz von gestern ...

Wieder kam zusammen, was nicht zusammenpasst, nicht zusammen sein will und vor allem nicht zusammengehört. Schon die erste ungeliebte GroKo ist vor allem für Stillstand und interne Grabenkämpfe bekannt. Man hat nichts Wichtiges initiiert und sich vor allem intensiv mit Nebenbaustellen beschäftigt, um Punkte beim Wahlvolk zu sammeln. Auf der Strecke blieben das Land, wir Bürger und unser aller Zukunft. Vor allem bei essenziellen Themen wie der

Infrastruktur und der Digitalisierung (wo wir im internationalen Vergleich auf dem absteigenden Ast sind) war man halbherzig bis inaktiv.

Was versprach man sich von einer Fortsetzung der GroKo? Wenn zum Beispiel ein Film floppt, wird doch auch keine Fortsetzung gedreht. Denn jeder weiß: Besser wird es nicht.

Ganz nach dem Merkel-Motto: »Wir schaffen das« hat man den Wählerwillen gekonnt ausgeblendet und gezeigt, was man vom Wahlergebnis und der Meinung der Bürger insgeheim hält. Die bitterere Erkenntnis ist jetzt schon: Es geht nicht um das Wohl der Menschen oder des Landes, sondern es geht vor allem um Macht, um Posten, um die Versorgung von altgedienten Parteifunktionären, um Pensionen und Opportunismus.

Der Koalitionsvertrag und die Ministerienvergabe ist eine Bankrotterklärung unserer Politik und vor allem von Angela Merkel und der schwachen Führungsriege der CDU. Inhaltlich ist die CDU nicht definierbar – genauso wenig wie die SPD. Beide ehemaligen Volksparteien sind inhaltsleer und bereit, für die Macht alle Prinzipien und Ideale über Bord zu werfen. Dies wird sich in Zukunft bitter rächen, **denn den beiden »Volksparteien« läuft das Volk davon.**

Im Oktober 2017 sagte Angela Merkel noch: »Es ist offenkundig, dass die SPD auf Bundesebene auf absehbare Zeit nicht regierungsfähig ist« und ging kurze Zeit später eine Koalition mit ihr ein, um eine Regierung zu bilden.

Negativauslese in Politik und Wirtschaft

Andrea Nahles, Andreas Scheuer, Horst Seehofer, Claudia Roth, Hans-Peter Friedrich – woran denken Sie, wenn Sie diese Namen lesen? Kompetenz? Sympathie? Wie konnten sie aufsteigen und Ministerämter und hohe politische Ämter erreichen?

Es ist beachtlich, welche Kompetenzträger es in den bundesdeutschen Parteien ganz nach oben schaffen und dort in wichtigen Positionen sitzen und über unser Land bestimmen. Dies gilt jedoch nicht nur für Deutschland. Weltweit haben wir Leuchttürme der Inkompetenz erleben dürfen wie zum Beispiel Bunga Bunga Silvio

Berlusconi, der halbseidene Nicholas Sarkozy, der brasilianische Staatspräsident Jair Messias Bolsonaro, auch »Tropen Trump« genannt, der vor allem mit dumpfen Aussprüchen bekannt wurde und gegen alle gestänkert hat von Homosexuellen bis Indios. Die buntesten aller neuen Politiker sind der Extrem-Hardliner Rodrigo Duterte auf den Philippinen und natürlich der Liebling der Medien, der Immobilien-Tycoon Donald Trump.

Aber nicht nur in der Politik, auch im Management haben wir manche Blender und Trickser in der Vergangenheit erleben dürfen. Vornweg der allseits geschätzte und beliebte Josef Ackermann von der Deutschen Bank, der maßgeblich am Niedergang der Traditionsbank eine Mitschuld trägt. Hierzu haben wir schon viel in unseren ersten beiden Büchern geschrieben. Im Gegensatz zu seinen ehemaligen Angestellten, die um ihren Job bangen müssen, lebt der Josef von seinem Angesparten in Saus und Braus und muss sich keine Gedanken über Altersarmut machen.

Oder denken wir an den Tausendsassa Hartmut Mehdorn, der wirklich alle Dinge verschlimmbessert hat, bei denen er involviert war: Air Berlin, BER, die Bahn. Sein Ding war wohl alles mit dem Buchstaben B – B wie bankrott. Jetzt kann man nur hoffen, dass er nicht den Bundestag für sich entdeckt. Der Börsengang der Bahn, der nie kam, hat das Unternehmen auf Jahrzehnte zurückgeworfen und beschädigt. Sein Sparkurs hat bis heute Auswirkungen auf den deutschen Zugverkehr. Privat läuft es besser: Er gilt als Liebhaber der französischen Kultur und Lebensart, besitzt einen eigenen Weinberg, sammelt Briefmarken, geht gerne Segeln oder Golf spielen und auch das Schmieden von Metall liegt ihm.

Wie kann das sein, dass oftmals völlig überforderte und inkompetente Leute an die Spitze gespült werden? Erklärungen bieten das Peter-Prinzip und der Dunning-Kruger-Effekt.

Peter-Prinzip

Das Peter-Prinzip ist nicht benannt nach dem politischen Schwergewicht und Wirtschaftsminister Peter Altmaier (CDU), auch nicht nach dem ehemaligen Minister Hans-Peter Friedrich (CSU) oder nach der ehemaligen Grünen-Chefin Simone Peter. Aber auf alle drei trifft es mehr oder weniger zu.

Das Peter-Prinzip ist eine These vom kanadischen Soziologen Dr. Laurence J. Peter und wurde erstmalig 1969 beschrieben. Er ging davon aus, dass jeder Beschäftigte dazu neigt, bis zu seiner Stufe der Unfähigkeit aufzusteigen. Das heißt, wer sich beruflich bewährt, wird solange befördert, bis er eine Stelle erreicht, für die er absolut ungeeignet ist. Das ist dann die persönliche Inkompetenz-Endstufe und damit, laut Peter, der stabilste Zustand, den eine moderne Volkswirtschaft erreichen kann.

Andere Soziologen haben ebenfalls festgestellt, dass besonders unfähige Mitarbeiter sehr begehrt sind – und jetzt halten Sie sich fest – vor allem im Management. Thomsen und Thiesen behaupten, dass der faulste Mitarbeiter die besten Ideen für schwierige Aufgaben hat und dadurch eben absolut rationell arbeitet, um sich die Arbeit vom Leib zu halten. Das ist die sogenannte Vermeidungsstrategie.

Sobald die nach dem Peter-Prinzip aufgestiegenen Personen selbst Personal einstellen können, betreiben sie natürlich, um ihren Posten zu schützen, die Negativauslese, die wir auch in der Politik sehen. Zusammenfassend muss man wohl leider feststellen: Wer nur faul, boshaft und unfähig genug ist, kann es weit bringen!

Dunning-Kruger-Effekt

Der Dunning-Kruger-Effekt beschreibt, dass relativ inkompetente Menschen dazu neigen, das eigene Wissen und Können zu überschätzen und die Kompetenz anderer zu unterschätzen sowie das Ausmaß ihrer eigenen Inkompetenz nicht zu erkennen. Das Motto lautet: Absolut souveränes und selbstsicheres Auftreten bei absoluter Ahnungslosigkeit. Wir nennen es das Luftpumpenprinzip. Das konnte man in den letzten Jahren leider vermehrt bei Auftritten unserer politischen Elite live erleben.

Zusätzlich springen die Berufspolitiker von einem Posten zum nächsten – gestern Gesundheitsminister, heute Verteidigungsminister und morgen Kanzler. Wenn Sie sich morgen einen weißen Kittel anziehen und sagen, Sie seien Arzt, dann ist das Amtsanmaßung und Sie werden völlig zurecht bestraft. Aber im heutigen Politiker-betrieb ist das kein Problem. Da gibt es nur lauter Experten und Tausendsassas.

Komiker sind an der Macht

>*Die Eliten sind gar nicht das Problem. Die Bevölkerungen sind im Moment das Problem.*«
Ex-Bundespräsident Joachim Gauck

Dieses Zitat zeigt auf, wie weit sich die politischen Eliten von der Bevölkerung entfernt haben. Wenn die Bevölkerung das Problem für die Eliten ist, dann müssen sich die Eliten ein neues Volk oder das Volk neue Eliten suchen. Es wird wohl in Zukunft auf Zweiteres hinauslaufen. Wir sind der festen Überzeugung, dass Joachim Gauck das in seiner Rolle als Komiker beziehungsweise Gaukler von sich gegeben hat und nicht in seiner Rolle als Bundespräsident unseres Landes.

Seit geraumer Zeit können wir leider den Politikzirkus in Ber-lin, Brüssel, London, Paris, Washington und so weiter nicht mehr ernst nehmen. Wir sind zu der traurigen Erkenntnis gelangt, dass offenkundig Komiker die Macht übernommen haben. Anders ist das lächerliche und absolut weltfremde Theater nicht mehr zu erklären. Beängstigend finden wir die Tatsache, dass einerseits die Parteien und deren Politiker von den Bürgern erwarten, dass sich diese an Recht und Gesetz halten, während andererseits der Bundesrech-nungshof den Parteien Zweckentfremdung von Steuergeldern vor-wirft. Laut der *WELT* haben alle Fraktionen, die 2013 im Bundestag vertreten waren, öffentliche Mittel für PR-Zwecke missbraucht. Das Parteiengesetz in Deutschland verbietet dies explizit.[56]

Um eines vorwegzunehmen: Wir sind weder Mitglied in einer Partei, noch fühlen wir uns von irgendeiner der in Deutschland bestehenden Parteien vertreten. Auch das empfinden wir als traurig und armselig. Es ist Zeit für eine Bewegung der Bürger, denn die jetzigen Parteien – egal welche – werden nicht für den erforderlichen

Wandel sorgen. **Das jetzige Parteienspektrum, vor allem die »Volks-parteien«, befindet sich im Niedergang.**

Der typische Politiker ist ebenso nicht mehr zeitgemäß. So wie sich im Laufe der Zeit alles verändert, ist auch die Politik diesen natürlichen Zyklen unterworfen. Weltweit sehen wir diese Entwick-lung. Neue Parteien und eine neue Art von Politikern sind weltweit zu beobachten. Nicht nur bei uns sind (ungewollte) Komiker an der Macht, sondern auch in der Ukraine haben wir einen tatsächlichen Comedian an oberster Stelle. In Italien ist die Partei von Oberwitz-bold Beppo Grillo, der übrigens mal auf geniale Art und Weise unser kaputtes Geldsystem erklärt hat, mit in der Regierung. In den USA haben wir Donald Trump einen Immobilien-Tycoon und Reality-TV-Star, wir haben schillernde Charaktere wie Rodrigo Duerte auf den Philippinen, Jair Bolsanaro in Brasilien und den verstrubbelten Boris Johnson in Großbritannien.

Was haben diese Herren alle gemeinsam? Sie reden Tacheles und sie reden den Leuten nach dem Mund. Das ist man nicht gewöhnt. Also sind es böse Populisten. Aber sie sind erfolgreich. Das verunsi-chert die alte Politikerkaste, aber auch viele Medienvertreter. Wenn man ein Interview mit AKK, Wolfgang Schäuble oder Olaf Scholz hört, wissen selbst die Reporter nach endlos langen Monologen nicht mehr, was die eigentliche Frage war. Diese perfekt geschulten Poli-tiker sind Meister der verschachtelten Sätze, der Phrasendrescherei und der Produktion von heißer Luft.

Doch was heißt Populist eigentlich? Der Begriff entstammt dem Lateinischen *populus*, was »Volk« bedeutet. Also eigentlich nichts Negatives. Ein Populist ist jemand, der wie das Volk redet mit po-pulären, aber sinnlosen oder sogar schädlichen Forderungen. Leider wird das Wort oft vorschnell verwendet, um unpopuläre Ansichten oder Andersdenkende zu diffamieren und abzustempeln. Das ist eine gefährliche Entwicklung für unsere Demokratie. Wir sollten die Gräben zuschütten oder Brücken bauen und uns nicht in Lager aufspalten lassen.

Fakt ist aber: **Es ist an der Zeit! Wir brauchen eine neue, politische Bewegung, bei der die Menschen und das Land im Mittelpunkt ste-**

hen und keine Karrieren, Klientelpolitik oder Lobbyverbände. Eine Bewegung mit Menschen, die praktische oder berufliche Erfahrung haben in dem Metier, in dem sie dann in der Politik arbeiten und agieren. Eine Bewegung ohne Berufspolitiker, gescheiterte Existenzen und lebensfremde Dauerstudenten, die auf ein bedingungsloses Grundeinkommen schielen. Nicht links, rechts, grün oder rot, sondern real, offen, bodenständig, zielorientiert mit Klartext! Keine Politiker auf Lebenszeit, sondern für maximal zwei Amtszeiten.

— ◉◉◉ —

CumEx-Mafia – Organisierte Kriminalität made in Germany

von Dr. Gerhard Schick, Finanzwende.de

Korrupte Staatsdiener, dreiste Raubüberfälle und ein Staat, der kriminellen Machenschaften hilflos hinterherrennt. Wer erinnert sich nicht an die heftigen Auseinandersetzungen Italiens mit der dortigen Mafia in den 1980ern und 1990ern? **Der größte Steuerraub der Geschichte der Bundesrepublik** weist erstaunliche Parallelen auf. Eine deutsche Mafia-Geschichte:

Der Traum eines jeden Mafioso ist das »perfekte Verbrechen«. **Das perfekte Verbrechen heißt CumEx.** Es ist eine Gewinnmaschine, deren Ziel es ist, sich an den Steuergeldern eines Staates zu bereichern. Dabei wurden bis Ende 2011 über komplizierte Finanztransaktionen um den Dividendenstichtag Unternehmensaktien so hin und her geschoben, dass eine Aktie zeitweise mehrere Besitzer hatte. Diese konnten sich dann Steuern erstatten lassen, die sie vorher nicht gezahlt hatten.

Und was wäre die Mafia ohne einen Paten? Als ein »Pate« von CumEx gilt Hanno Berger. Ein hochintelligenter ehemaliger Steuer-Bankprüfer, der Mitte der 1990er die Seiten wechselte. Anstatt nun Banken zu prüfen und ihre Schlupflöcher zu schließen, half er als

Berater bei der Konstruktion von CumEx. Gemeinsam mit viel Geld, und Know-how von Investmentbankern, Wirtschaftsprüfern, Professoren, Pensionsfonds und reichen Privatpersonen entstand eine regelrechte CumEx-Maschine.

Auch windige Anwälte spielen eine Rolle. **Die Kanzlei Freshfields etwa verfasste zahlreiche zweifelhafte Rechtsgutachten, die CumEx als legal darstellten.** So entstand eine Scheinlegalität, auf die sich viele Bankvorstände und Investoren später beriefen. Ob Rechtsanwälte als – eigentlich – »unabhängiges Organ der Rechtspflege« an solchen Geschäften mitwirken sollten, überlasse ich Ihrem Urteil. Die Kanzlei gilt übrigens bis heute als eine der renommiertesten internationalen Großkanzleien, auch in Deutschland.

Und als Opfer der Staat? Landesbanken betrieben unter den Augen der Landesfinanzminister diese krummen Geschäfte zulasten ihrer Eigentümer (nämlich uns Steuerzahlern), während dieselben Landesfinanzminister an der Gesetzgebung gegen CumEx mitwirkten. Noch krasser: Die Landesbank HSHNordbank machte diese Geschäfte zulasten des Steuerzahlers zu einer Zeit, als sie vom Steuerzahler in der Finanzkrise gerettet wurde.

Ein weiterer zentraler Akteur auf staatlicher Seite war ein ehemaliger Finanzrichter, der als eine Art »Maulwurf« zeitweise ehrenamtlich für das Bundesfinanzministerium über seinen privaten Mailaccount arbeitete, aber von den Bankenverbänden bezahlt wurde. Er erreichte, dass ein Gesetzesvorschlag der Bankenlobby 2007 Gesetz wurde. Mit der Folge, dass danach CumEx erst richtig boomte.

Das Gesetz der Omertà findet ebenfalls Anwendung. Es bezeichnet die Schweigepflicht innerhalb der Mafia gegenüber Außenstehenden der Organisation. Bei der Aufarbeitung des CumEx-Skandals im Untersuchungsausschuss stieß ich auf eine Wand des Schweigens. Natürlich haben alle Beschuldigten das Recht, eine Aussage zu verweigern. Aber wusste Finanzprofi Carsten Maschmeyer wirklich nicht, in welche Art Aktienfonds er investierte, als er Millionen seines Privatvermögens über die Bank Sarasin abgab?

Der Staat ignorierte Hinweise von Informanten aus der Branche, die die Finanzaufsicht 2007 beziehungsweise das Bundesfinanzministerium und das hessische Finanzministerium 2010 erreichten, und mit deren Hilfe schon viel früher die Verfolgung der Betrüger möglich gewesen wäre. Dadurch verging viel wertvolle Zeit, so dass zahlreiche Fälle wegen Verjährung wohl nie aufgedeckt werden können und viel Geld für immer verloren sein wird.

Insbesondere bei den zuständigen Aufsichtsbehörden, welche spätestens 2002 Hinweise erhielten, ist bis heute keine angemessene Aufarbeitung der politischen Verantwortung geschehen. Selbst nachdem CumEx durch den Gesetzgeber gestoppt wurden, ging das Staatsversagen weiter: Bundesfinanzminister Wolfgang Schäuble war persönlich 2010 mit CumEx befasst, nachdem erste Maßnahmen des Bundes gegen diese Deals gescheitert waren. Doch warum wies Schäuble nicht die Steuerverwaltung an, weitere Auszahlungen an die CumEx-Akteure zu stoppen? Das machte dann erst aus eigenem Antrieb eine engagierte Mitarbeiterin des Bundeszentralamts für Steuern, der diese hohen Steuerrückerstattungen merkwürdig vorkamen. Zwischenzeitlich war viel Geld abgeflossen, das der Staat erst mühsam wieder zurückfordern musste.

Warum schaltete Schäuble angesichts der kriminellen Geschäfte, die sein Steuerabteilungsleiter später als »organisierte Kriminalität« bezeichnen sollte, nicht die Staatsanwaltschaft ein? Diese wurde erst 2013 tätig, nachdem der Stuttgarter Anwalt Eckart Seith Informationen aus einem Zivilstreit an die deutschen Behörden weiterleitete, wofür ihn die Schweizer Justiz heute wegen angeblicher Wirtschaftsspionage verfolgt. Warum schickte Schäuble nicht die Finanzaufsicht BaFin los, damit diese systematisch untersucht, welche Banken, Fonds und Versicherungen mitgemacht hatten, und so mithilft, unser Steuergeld zurückzuholen? Erst als die erste Bank wegen CumEx Insolvenz anmelden musste und wir den Untersuchungsausschuss starteten, nahm sich die BaFin nach und nach des Themas an.

Größter Steuerskandal der Geschichte

Mindestens 31,8 Milliarden Euro an Steuergeld wurden in Deutschland erbeutet, wahrscheinlich sogar mehr als 55 Milliarden Euro, weitere 10 Milliarden in Europa, bevor der Staat Ende 2011 das betrügerische Modell endlich stoppen konnte – Geld, welches für Schulen, Krankenhäuser oder den Breitbandausbau fehlt. Die Mitwirkenden wussten genau, dass das ein Griff in unser aller Taschen war. Doch lange hielt das Schweigen, weil – typisch für mafiöse Strukturen – jeder wusste, dass diejenigen, die aussagen, in dieser Branche keinen Job mehr bekommen.

Das ist ein Weckruf: Die Finanzbehörden müssen viel besser aufgestellt werden im Kampf gegen Finanzkriminalität, denn diese kann uns sehr teuer zu stehen kommen. **Wir brauchen Schutz für Hinweisgeber (Whistleblower)**, sonst bekommt der Staat zu spät mit, welche neuen Tricks verwendet werden. Es braucht ein starkes Gegengewicht gegen die Finanzlobby, damit diese nicht Gesetze durchsetzen kann, die uns allen schaden. Und wir müssen öffentliche Finanzinstitute viel besser beaufsichtigen, damit sie gemeinwohlorientierte Geschäfte machen und nicht zum Schaden von uns Steuerzahlern arbeiten. Das alles wird es nur geben, wenn viele Bürger mithelfen, öffentlichen Druck aufzubauen.

Deswegen haben wir die Bürgerbewegung Finanzwende gegründet. Denn so eine Kette von Staatsversagen wie bei CumEx darf sich nicht wiederholen.

— ⊛⊛⊛ —

7. Gesellschaft in Deutschland

Wem gehören die Medien?

Wem gehören die Medien? Wer macht Meinung? Bestimmen wenige Reiche tatsächlich die Meinung in Deutschland? Ist ein großer Anteil der Medien tatsächlich in den Händen von ein paar unfassbar reichen und mächtigen Menschen?

Die wichtigsten Player:

Springer: Ganz vorne in Sachen Medienmacht ist zweifellos Friede Springer mit ihrer Axel Springer SE. Hierzu gehören *BILD*, *Auto BILD*, *BILD am Sonntag*, *N24*, *WELT am SONNTAG*, *WELT* und viele mehr. Der Konzern ist in über 40 Ländern aufgestellt, beschäftigt 16.350 Mitarbeiter und hat einen Umsatz von 3,18 Milliarden Euro.

Bertelsmann: Familie Mohn aus Gütersloh, stolze Besitzerin der Bertelsmann SE, hat mit Penguin Random House und 600.000 Millionen verkauften Publikationen nicht nur den größten Verlag der Welt, sondern zusätzlich noch die RTL Gruppe, Arvato sowie Gruner & Jahr. Gruner & Jahr wiederum ist an über 60 in- und ausländischen Gesellschaften beteiligt. Dazu gehören die Manager Magazin Verlagsgesellschaft und der Spiegel Verlag. Vielleicht erklärt dies auch, warum der ehemalige stellvertretende Chefredakteur der *BILD* dann stellvertretender Chefredakteur des *SPIEGEL* und mittlerweile wieder stellvertretender Chefredakteur der *BILD* werden konnte.

Obendrein mischt Bertelsmann auch noch kraft seiner Bertelsmann Stiftung in der Politik mit. So hat sie und das von ihr dominierte Centrum für Hochschulentwicklung seit Mitte der 1990er-Jahre den Weg für Studiengebühren bereitet. Die *ZEIT* schrieb am 11. November 2007: »Auch an sozialpolitischen Reformen wie Hartz IV und dem Umbau der Bundesagentur für Arbeit hat man mitgewirkt. Entscheidend sei damals gewesen, sagt die frühere Bundestagspräsidentin Rita Süssmuth, ›dass die Stiftung ein Ort war, an dem Politiker frei diskutieren konnten‹. Dazu lieferte man in Gütersloh die passenden Informationen, und so nahm die Stiftung immensen Einfluss. Lange war das auch unumstritten.«[57]

Burda: Die dritte mächtige Medienfamilie ist die Burda-Familie aus Offenburg mit rund 600 Medienprodukten wie *Bunte*, *FOCUS*, *freundin*, *InStyle*, *Playboy*, *CHIP* und dem Netzwerkportal *Xing*. Hiermit haben sie eine gigantische Datenbank mit unfassbar vielen Adressen und oftmals Lebensläufen. Da Daten ja bekanntlich Gold wert sind, kann man hier von einem beachtlichen »Goldschatz« sprechen. Der Medienkonzern hat seine Finger in 29 Ländern im Spiel.

SPD: Sie fragen sich jetzt bestimmt: Welche SPD? Ja, genau, die Sozialdemokratische Partei Deutschlands. Die Deutsche Druck- und Verlagsgesellschaft mbH (ddvg) ist eine Medienbeteiligungsgesellschaft der SPD. Sie ist die Beteiligungsgesellschaft des SPD-Unternehmensbesitzes und zu 100 Prozent im Eigentum der SPD. Die ddvg kommt als Verlagsgruppe mit den ihr zuzurechnenden Tageszeitungen wie beispielsweise der *Leipziger Volkszeitung* und *Dresdner Neueste Nachrichten* auf eine Gesamtauflage von (noch) ca. 480.000 Exemplaren und belegt bundesweit damit Platz 8.

Außerdem hält die ddvg Anteile an über 40 Zeitungen mit einer Gesamtauflage von circa 2,2 Millionen verkauften Exemplaren. Mit rund 67,99 Prozent ist sie an der ÖKO-TEST AG (*ÖKO-TEST* Magazin) beteiligt. Auch im Hörfunk mischt man mit und ist an den privaten Radiosendern FFN, Hit-Radio Antenne und Radio 21 (indirekt über FFN und Hit-Radio Antenne) sowie dem Rheinland-Pfälzischen Rundfunk (RPR1) beteiligt.[58]

Bertelsmann media worldwide	Random House Bertelsmann	Heyne, GOLDMANN, FALKEN, C. Bertelsmann, MANHATTAN (100 %)
	G+J (75 %)	DER SPIEGEL (26 %)
		FINANCIAL TIMES, GEO, NEON, GALA, SCHÖNER WOHNEN, STERN, BRIGITTE, auto motor sport (100 %)
	RTL Group (75 %)	RTL, n-tv, VOX, universum film, Grundy
Axel Springer	▛ (12 %)	Pro7, SAT.1, kabeleins, Live (100 %)
	Bild, Die Welt, tv-DIGITAL, Rolling Stone, HÖR ZU, Sport Bild, Berliner Morgenpost	
Verlags-gruppe Georg von Holzbrinck	StudiVZ, buecher.de, golem.de (100 %)	
	Der Tagesspiegel, DIE ZEIT, Handels-blatt, Spektrum der Wissenschaft	
	rowohlt, Fischer, Droemer Knaur	
Hubert Burda Media	XING (25 %)	
	Tomorrow Focus AG (60 %)	Playboy, Holiday Check, Elite Partner.de (60–100 %)
	Focus, TV-Spielfilm, CHIP, BUNTE, Max, freundin (100 %)	

Abbildung 32

»Transatlantische Swingerclubs« – Gehirnwäsche pur

Diese Bezeichnung ist nicht von uns, sondern aus der Satiresendung »Die Anstalt«.

Wir sehen in Abbildung 33 engste Verflechtungen unserer Medienschaffenden mit Lobbyvereinen. Wie ist eine seriöse, kritische und unabhängige Berichterstattung in Anbetracht dieses Sachverhalts möglich? Beispielsweise hat Jochen Bittner von der *ZEIT* eine Rede für den transatlantischen Think Tank GMF (The German Marshall Fund of the United States) geschrieben, in der vehement mehr Bundeswehreinsätze im Ausland gefordert werden. Diese Rede hat der damalige Bundespräsident Joachim Gauck auf der Münchner Sicherheitskonferenz gehalten. Bittner selbst hat danach in einem Kommentar in seiner Wochenzeitung die Rede von Gauck in höchsten Tönen gelobt. **Das kann man durchaus als Propaganda bezeichnen!** Wer jetzt sein *ZEIT*-Abo kündigt, hat unser vollstes Verständnis.

Stefan Kornelius, Redakteur *Süddeutsche Zeitung* ■	The Aspen Institute ■ ◆ ▲ ▼	Munich Security Conference MSC
Dr. Josef Joffe, Mitherausgeber *Die Zeit* ◆	American Institute for Contemporary German Studies AICGS ■ ◆	The American Council on Germany acg
Dr. Jochen Bittner, Politischer Redakteur *Die Zeit* ▲	Deutsche Atlantische Gesellschaft e. V. ■ ◆	The American Academy in Berlin, Hans Arnhold Center
Michael Stürmer, Redakteur *Die Welt* ▼	Atlantik-Brücke ■ ◆ ▲ ▼ I	⊛
Dieter-Klaus Frankenberger, Auslandschef *FAZ* ●	Bundesakademie für Sicherheitspolitik ■ ◆ ▲ ▼ ● I	The German Marshall Fund of the United States
Günther Nonnenmacher, bis 2014 Mitherausgeber FAZ I	Atlantische Initiative ◆ ● I	Deutsche Gesellschaft für Auswärtige Politik e. V.

Abbildung 33

Ebenso ist eine objektive, journalistische Arbeit schwierig, wenn man beim Springer Verlag anheuert. Dort verpflichtet sich jeder Journalist, das transatlantische Bündnis zu unterstützen.

Eine kritische Auseinandersetzung mit unserem Bündnispartner auf der anderen Seite des Atlantiks ist nicht zu erwarten. Unter Pressefreiheit und Meinungsfreiheit verstehen wir etwas grundlegend anderes.

Beendet wird die besagte Sendung »Die Anstalt« im Übrigen mit folgendem Satz, den man so unterschreiben kann: **»Dann sind ja alle diese Zeitungen nichts Weiteres als die Lokalausgaben der Nato-Pressestelle«.**

Rundfunkbeitrag: Kultur- oder Zwangsabgabe?

Ein Mann geht ins Bürgerbüro.

*Mann: »Guten Tag, ich möchte mich von der
Entrichtung der GEZ-Gebühr befreien lassen,
da ich kein öffentlich-rechtliches Fernsehen schaue.«*

*Sachbearbeiter: »Aber Sie haben doch ein Gerät dafür;
deshalb müssen Sie auch bezahlen.«*

*Mann: »Okay, dann möchte ich gern
Kindergeld beantragen.«*

Sachbearbeiter: »Aber Sie haben doch gar keine Kinder.«

Mann: »Stimmt, ich habe aber das Gerät dafür.«

Kaum eine Institution ist in Deutschland so unbeliebt wie die Eintreiber des Rundfunkbeitrags, der »ARD ZDF Deutschlandradio Beitragsservice«. Seit 2013 muss jeder Haushalt 17,50 Euro pro Monat für die »Möglichkeit der Inanspruchnahme« berappen. 39,5 Millionen Haushalte und 3,98 Millionen Unternehmen zahlen so circa 8 Milliarden Euro ein.

Sind die öffentlich-rechtlichen Medien tatsächlich frei und unabhängig? Ausgerechnet Mister TV Günter Jauch sieht dies offenbar etwas anders. Laut Jauch seien die öffentlich-rechtlichen Rundfunkanstalten »oft in sich selbst gefangen. Sie schauen zuweilen ängstlich nach links und rechts, sie haben Rundfunkräte, Verwaltungsräte, politische Parteien, manchmal eine Schere, die sie sich selbst im Kopf zusammengebastelt haben.« Obendrein seien in den Sendern Karrieristen beschäftigt, die sich gezielt so verhalten, dass sie »in zwei Jahren diesen oder jenen Job bekommen«. Jauchs Fazit fällt knallhart aus: »Sie sind nicht so frei und unabhängig, wie man sie sich von der Konstruktion her vorstellen könnte.« Jauch begründete das Ende seiner Zusammenarbeit mit der ARD folgendermaßen: »Es haben am Ende ganz einfach zu viele dareingeredet.« Er arbeite gerne unabhängig, wenn er journalistisch tätig sei. »Mit der Unabhängigkeit war es irgendwann schwierig.«[59]

Wer sagt und zeigt die Wahrheit?

Was kann man noch glauben? Und insbesondere wem? Liefern uns Medien Informationen oder machen sie gnadenlos Meinung und Propaganda? Oder noch schlimmer, versuchen sie uns sogar massiv zu beeinflussen? Glauben Sie noch bedingungslos all das, was in den Nachrichten im Fernsehen und im Radio gesagt wird und was in der Zeitung steht? Falls nicht, dann gehören Sie offensichtlich zu einer immer stärker wachsenden Gruppe an Menschen, denen es ähnlich geht. Seit der Finanzkrise ist der Trend unverkennbar und seit der Flüchtlingskrise nicht mehr wegzudiskutieren.

Immer mehr Menschen verlieren, berechtigter- oder unberechtigterweise, den Glauben in die Medien. Weder das noch immer stoische und bedingungslose Festhalten am Euro, die Verbreitung des Unfugs, dass Deutschland der große Eurogewinner sei, die Verbreitung der sinnfreien Aussage »Scheitert der Euro, dann scheitert Europa«, noch die Berichterstattung zur Flüchtlingskrise wirkt auf den interessierten Zuschauer beziehungsweise Zuhörer vertrauensbildend.

Framing

Mit dem Framing Manual[60] machte die ARD all ihren Kritikern sowie Anhängern von Verschwörungstheorien das wohl größtmögliche Geschenk. Die ARD hat tatsächlich bei der Sprachwissenschaftlerin Elisabeth Wehling ein Gutachten und damit verbundene Workshops für 120.000 Euro zum Thema Framing in Auftrag gegeben.

Framing

Allgemein bedeutet »Framing«, dass unterschiedliche Formulierungen desselben Inhalts das Verhalten des Empfängers unterschiedlich beeinflussen. Ein »Frame« strukturiert die Wahrnehmung der Realität also auf eine bestimmte Weise und beeinflusst, welche Informationen bei der adressierten Person hängenbleiben. Dies ist auch als »Framing-Effekt« bekannt.

Klassisches Beispiel ist das halb volle Glas. Je nachdem, ob es als »halb voll« oder »halb leer« präsentiert wird, wird es als Gewinn oder Verlust bewertet. In der Linguistik spricht man immer dann von Framing, wenn durch eine gezielte Wortwahl ein bestimmter Deutungsrahmen gesetzt wird mit dem Ziel, die Adressaten zu einer gewünschten Interpretation von Sachverhalten zu lenken.[61]

Wehling lässt sich als Direktorin des »Berkeley International Framing Institute« bezeichnen. Mit der weltweit renommierten Universität Berkeley hat ihr Institut jedoch rein gar nichts zu tun. Dies war der ARD wohl nicht bekannt. Denn beim MDR, unter dessen ARD-Vorsitz das »Gutachten« beauftragt wurde, geht man bis heute davon aus, es mit einer kalifornischen Wissenschaftseinrichtung zu tun zu haben. MDR-Sprecher Walter Kehr: »Zu Beginn des Jahres 2017 wurde der MDR auf die Arbeit der Kognitionswissenschaftlerin Dr. Elisabeth Wehling aufmerksam, die sich mit der Sprache, der Sprachwirkung und der zugehörigen Deutungsrahmen an ihrem Institut in Kalifornien beschäftigte«.[62] Seltsamerweise funktioniert die Webseite von Wehlings Institut mittlerweile nicht mehr und auf ihrer Webseite ist nichts über das Berkeley International Framing Institute zu finden.

Moralische Argumente statt Fakten

Wehling empfiehlt in ihrem Manual »Unser gemeinsamer, freier Rundfunk ARD« beispielsweise, dass die ARD nicht nur Fakten nennen, sondern immer in Form von moralischen Argumenten kommunizieren solle, wenn sie möglichst viele dazu bringen wolle, sich hinter die Idee des öffentlich-rechtlichen Rundfunks zu stellen. Zudem rät sie darin auch, bestimmte Formulierungen aus dem Sprachgebrauch der ARD zu streichen.[63] Als alternative Bezeichnungen für Privatsender werden etwa »profitorientierte/maximierende Sender« und »medienkapitalistische Heuschrecken« genannt.[64]

Jan Schnellenbach, Professor für Volkswirtschaftslehre an der Universität Cottbus, schreibt: »Das von Elisabeth Wehling für die ARD verfasste Handbuch will zeigen, wie man solche sprachlichen Werkzeuge nutzen kann, um die von der ARD bevorzugte Sichtweise auf öffentlich-rechtliche Medien in den Köpfen der Bürger zu verankern. Anders gesagt: Die ARD hat eine Anleitung angefordert, die bei der Manipulation des Publikums durch die Wahl bestimmter Sprachbilder helfen soll. Wie in George Orwells Dystopie werden die Dinge nicht als das angesprochen, was sie sind, sondern so, wie sie erscheinen sollen. So wird aus dem mit Zwangsabgaben finanzierten Rundfunk, der in internen Strukturen so viel Wert auf Parteienproporz legt, ein ›gemeinsamer, freier Rundfunk‹ der ›das Rundfunkkapital der Bürger‹ verwaltet. Beides ist ökonomischer Unsinn, klingt aber so, als würde es das aktuelle Finanzierungsmodell der ARD legitimieren.«[65]

Wasser auf den Mühlen der Kritiker der Öffentlich-Rechtlichen sind die äußerst bedenklichen Aussagen zum Framing von ARD-Chefredakteur Rainald Becker: »Ich kann da keinen Skandal entdecken, wie einige das getan haben. Wir haben niemanden unter Mindestlohn bezahlt, wir haben niemanden unterdrückt. Ich finde das eine künstlich aufgeblasene Diskussion.« Nach Beckers Ansicht sei es gut, wenn sich die ARD mit Sprache und Begrifflichkeiten auseinandersetze.[66] Auch die Generalsekretärin der ARD, Susanne Pfab, hat kein Verständnis für die Aufregung über das »Framing-Manual«.

Greta-Framing

Das Greta-Framing vom Weltwirtschaftsforum in Davos (»Ich will, dass ihr in Panik geratet«) funktioniert. Jetzt müssen »wir« nur noch zum Guten gezwungen werden. Wie heißt es im Framing-Manual der ARD? »Wir sind ihr.« Diese Aussage kommt nicht von uns, sondern von Michael Hanfeld, dem Stellvertreter des Feuilleton-Chefs der renommierten *Frankfurter Allgemeinen Zeitung*.[67] Wie kommt er zu dieser Aussage?

Es war der *Tagesthemen*-Kommentar der Korrespondentin im ARD-Hauptstadtstudio, Kristin Joachim, RBB, zum Thema Flugkosten am 18.07.2019. Offenbar hat sich Frau Joachim das Manual von Frau Wehling gründlich durchgelesen und sehr gut verstanden, wie man den eigenen Standpunkt moralisch überhöht und den von Andersdenkenden moralisch abwertet. »Fliegen muss teurer werden, damit das Ganze auch einen Effekt hat«.[68] Zwei Effekte wird das erhebliche Verteuern von Flügen zweifellos haben. Erstens werden sich ärmere Menschen keinen Urlaub mit dem Flugzeug mehr leisten können und die Mittelschicht bestimmt keine Fernreisen mehr. Zweitens können sich die Reichen und Superreichen endlich wieder über leere Strände und nicht allzu überlaufene UrlaUBSorte freuen. Ob sich jedoch die Anzahl der Privatjets und Yachten an der Côte d'Azur, auf den Balearen, in der Karibik oder sonst wo, »wo man es gern hat«, erheblich verringern wird, wagen wir zu bezweifeln. Joachim sagt tatsächlich zur besten Sendezeit: »Der Mensch funktioniert eben nicht über Freiwilligkeit. Er will gezwungen werden. Oder sagen wir so: Er braucht in diesem Fall einen finanziellen Anreiz.« Hanfeld bringt es knallhart auf den Punkt: Diesen Ausdruck totalitären Denkens, dessen Rhetorik vom »Aufstand« und Zwang von derjenigen des rechten, antidemokratischen Randes nicht weit entfernt ist, muss man erst mal sacken lassen: »**Der Mensch will gezwungen werden**«, heißt es im Ersten Deutschen Fernsehen.[69]

Einseitige Berichterstattung

Publizistik-Forscher der Universität Mainz haben die Berichterstattung führender Medien, darunter ARD und ZDF, zur Flüchtlingskrise 2015 und 2016 untersucht. Sie kamen dabei zu dem Ergebnis, dass die *Tagesschau* »tatsächlich überwiegend den Eindruck vermittelt habe, dass es sich bei den Zuwanderern vor allem um Frauen und Kinder handele«, was ganz klar nicht der Fall war und es auch heute nicht ist. Laut Statistik waren etwas mehr als die Hälfte der Asylbewerber erwachsene Männer, 20 Prozent Frauen und rund 30 Prozent Minderjährige.[70]

Allen untersuchten Medien mit Ausnahme von *BILD* bescheinigen die Forscher, dass die nach Deutschland eingereisten Flüchtlinge im Jahr 2015 zunächst fast ausschließlich positiv dargestellt wurden. Besonders stark sei diese Tendenz in der Berichterstattung von ARD, ZDF und RTL zu sehen. Die öffentlich-rechtlichen Nachrichten stellten die Flüchtlingsthematik mit jeweils über 70 Prozent fast ausschließlich positiv dar.

Jedoch surften längst nicht alle Bürger unseres Landes auf der »Refugees-Welcome-Welle«, wie uns die Medien krampfhaft versuchten einzubläuen. Wer sich kritisch äußerte und auf die Problematik dieser gigantischen Einwanderung (es sind eben größtenteils keine Fachkräfte, sondern Einwanderer in unsere Sozialsysteme) hinwies, wurde knallhart in eine politische Ecke gestellt und diffamiert. Eine kritische und faktenbasierte Auseinandersetzung mit dem sensiblen Thema wurde so im Keim erstickt. Auch das ständige Wiederholen von Bundeskanzlerin Merkels sinnfreier Parole »Wir schaffen das« hat nicht nur zu Verzückung unter zahlreichen Bürgern dieses Landes geführt.

Die Politik backt mit

Fragwürdig ist auch die Finanzierung von ARD und ZDF (Rundfunkbeitragsstaatsvertrag und Rundfunkfinanzierungsstaatsvertrag) sowie die Einflussnahme der Politik. Immerhin sitzen im Fernsehrat des ZDF Politiker aller großen Parteien. Auch in den Rundfunkräten bei den Landesanstalten der ARD tummeln sich zahlreiche Politiker. Zudem sind die beiden großen TV-Anstalten, ARD und ZDF, von der Politik gegründet worden (Rundfunkstaatsvertrag) und von ihr abhängig – über die Höhe ihrer Finanzierung bestimmt die Ministerpräsidentenkonferenz und die Landesparlamente müssen zustimmen. Man könnte also von einem gewissen Interessenkonflikt sprechen. Deshalb wird die Unabhängigkeit der Öffentlich-Rechtlichen von immer mehr Bürgern infrage gestellt und von manch einem tatsächlich als ein Propagandainstrument der regierenden Volksparteien gesehen.

Das liebe Geld

Beim Eintreiben des Rundfunkbeitrages versteht der Beitragsservice keinen Spaß und es kann ihm auch keiner entgehen. Die Daten der Beitragszahler erhält er sogar von den Einwohnermeldeämtern und gleicht sie dann mit seinen eigenen Datensätzen ab.[71] Das bedeutet, wenn Sie umziehen, bekommen Sie, noch bevor Sie alle Umzugskartons ausgeräumt haben, Willkommenspost vom Beitragsservice mit der ersten Rechnung. Datenschutz wird hier offensichtlich vollkommen überbewertet. Wenn Sie nicht zahlen, kommt nach zahlreichen Mahnungen und Drohungen der Gerichtsvollzieher, und schlussendlich findet man sich im Gefängnis wieder.[72] Es gibt wohl keine Institution, die mehr Zwangsvollstreckungen in Auftrag gibt und damit den Justizapparat auf Trab hält als der Beitragsservice. Getreu seinem Motto »Guter Service für die Beitragszahler/-innen« hat der Beitragsservice in den letzten 5 Jahren 6,33 Millionen Zwangsvollstreckungen in Auftrag gegeben. Seit 2015 waren es jedes Jahr mehr als eine Million Zwangsvollstreckungen gegen unwillige Beitragszahler. 2018 wurden 1,21 Millionen Zwangsvollstreckungen – das sind 3.600 pro Tag – durchgeführt!

Was die Wenigsten wissen: Das Landesgericht in Tübingen hat 2016 entschieden, dass der Beitragsservice keine Zwangsvollstreckungen, wie etwa der Staat, durchführen darf, denn die Rundfunkanstalten sind Unternehmen und keine Staatsbehörden. In der Tat wirkt es für den Laien merkwürdig, dass die Öffentlich-Rechtlichen einerseits Staatsferne und Unabhängigkeit propagieren, wenn es dann aber ums liebe Geld geht, die Vorteile einer Staatsbehörde für sich beanspruchen. Trotzdem gibt es enge Bande zwischen den Unternehmen der Fernsehanbieter und dem Staat. **Wer sonst bekommt noch praktisch in Echtzeit die Adressen von Neumietern zugesandt?**

Acht Milliarden sind nicht genug

Obwohl die Einnahmen des öffentlich-rechtlichen Rundfunks seit 1995 förmlich explodiert sind, reicht das viele Geld der freiwilligen und unfreiwilligen Beitragszahler vorne und hinten nicht. Während die allgemeinen Verbraucherpreise von 1995 bis Ende 2018 um knapp 36 Prozent zugelegt haben, kletterten die Einnahmen aus dem Rundfunkbeitrag um gut 70 Prozent. Gegenwärtig betragen die jährlichen Einnahmen aus dem Rundfunkbeitrag rund 8 Milliarden Euro. Aber schon wird wieder aus den Rundfunkanstalten geschrien, dass das Geld nicht ausreiche. Die ARD will 1,84 Milliarden Euro mehr, das ZDF fordert 1,06 Milliarden Euro und Deutschlandradio 104 Millionen Euro mehr. Das wären jährlich 750 Millionen Euro mehr, was einem Aufschlag von über 9 Prozent entspricht. Der Rundfunkbeitrag müsste von jetzt 17,50 Euro auf 19,20 Euro monatlich steigen.

Demokratie-Abgabe

Laut dem Bericht der Kommission zur Ermittlung des Finanzbedarfs der Rundfunkanstalten fehlt das Geld für die Pensionen Tausender Mitarbeiter. Es klafft ein Loch von 2,9 Milliarden Euro in der Bilanz der öffentlich-rechtlichen Pensionskassen. Der Grund dafür liegt insbesondere darin, dass die Erträge der Vorsorgefonds wegen der anhaltenden Niedrigzinsphase kontinuierlich weiter absinken.

In Anbetracht dessen finden wir es doch reichlich seltsam, dass viele Medienvertreter der Öffentlich-Rechtlichen nach wie vor krampfhaft am Euro festhalten, wo doch eben dieser ihre Altersvorsorge pulverisiert.

Ferner sollte man überdenken, ob es sinnvoll ist, dass es bei den Rundfunkanstalten Mitarbeiter gibt, die bereits nach wenigen Jahren lebenslange Pensionsansprüche von mehr als 100 Prozent des letzten Gehalts erwerben.[73]

Auch dass Intendanten wie beispielsweise Tom Buhrow (WDR) mit einem Gehalt von 399.000 Euro im Jahr oder Ulrich Wilhelm (BR) mit 367.000 Euro im Jahr mehr verdienen als die Bundeskanzlerin Angela Merkel (350.000 Euro Bruttojahresgehalt) könnte für einige Beitragszahler irritierend sein. Offensichtlich ist jedoch deren Verantwortungsbereich wesentlich größer als der von Bundeskanzlerin Merkel und folglich wirkt sich eben dies konsequenterweise auf ihr Salär aus.

Fakt ist jedoch: Der Rundfunkbeitrag – der Fernsehdirektor des WDR, Jörg Schönenborn, bezeichnete die Rundfunkgebühr schneidig als »Demokratie-Abgabe«[74] – ist laut Europäischem Gerichtshof rechtens und keine unerlaubte staatliche Beihilfe.[75] Der amtierende ARD-Chef Ulrich Wilhelm, Intendant des Bayerischen Rundfunks, fordert bereits eine Anhebung des Rundfunkbeitrags. Andere Medienpolitiker sind da wesentlich cleverer. Sie wollen still und heimlich eine automatische Beitragserhöhung anstreben, ähnlich wie bei den Politikerdiäten im Bundestag. Der Rundfunkbeitrag soll an einen Index wie beispielsweise die Inflationsrate gekoppelt werden. Markus Söder (CSU), Daniel Günther (CDU) sowie die SPD sprachen sich für den Vorschlag aus, und die Sender sind sowieso dafür.[76] Folglich lässt sich an der Zwangsabgabe, die auch in Zukunft weiter steigen wird, nicht rütteln, solange sich die politischen Verhältnisse in Deutschland nicht grundlegend verändern.

Den Öffentlich-Rechtlichen sterben die Zuschauer weg
Betrachtet man die Altersstruktur von ARD- und ZDF-Zuschauern, sieht man, wohin die Reise geht. Immer weniger junge Menschen schalten den Fernseher ein. Sie finden ihre Nachrichten sowie ihre mediale Unterhaltung im Internet und zwar wann immer sie wollen. Folglich wird in Zukunft der Zuschaueranteil bei den öffentlich-rechtlichen, aber auch bei den privaten Sendern immer weiter sinken.

Fake News – wie man das Vertrauen der Bürger verspielt

>*»Man kann einen Teil des Volkes die ganze Zeit täuschen und das ganze Volk einen Teil der Zeit. Aber man kann nicht das gesamte Volk die ganze Zeit täuschen.«*
>Milwaukee Daily Journal, 29. Oktober 1886

Wem kann man noch glauben?

Spätestens seit dem twitternden US-Präsidenten Donald Trump, der offenbar lügt wie gedruckt, ist der Begriff »Fake News« in aller Munde. Die 20 erfolgreichsten Falschmeldungen wurden in der Endphase des US-Wahlkampfes 2016 öfter geteilt, gelikt und kommentiert als die 20 erfolgreichsten Berichte seriöser Medien.[77] Wem kann man noch glauben? Berichten uns Nachrichtensendungen, Zeitungen und Magazine die ganze Wahrheit oder werden bewusst sogenannte Fake News gestreut, um uns Bürger zu beeinflussen und in eine gewünschte Meinungsrichtung zu steuern? Werden unbequeme Wahrheiten gar totgeschwiegen, ignoriert, verheimlicht oder verharmlost? Wird uns tatsächlich alles berichtet und gezeigt?

Ausgerechnet 2014, als »Lügenpresse« das Unwort des Jahres war, wurde der *SPIEGEL*-Journalist Claas Relotius von CNN International zum Journalisten des Jahres gekürt. Mittlerweile ist er als Fake-News-Verbreiter und Blender überführt. Die Affäre Relotius war und ist für das Magazin *SPIEGEL* der absolute Super-GAU. Denn Relotius war kein kleiner Schreiberling, sondern ein Superstar der schreibenden Zunft, der mit etlichen Preisen nur so überhäuft wurde. Doch Relotius war nicht der einzige, der uns Bürger sogenannte Fake News (immer politisch korrekt) serviert hat. Das *SZ*-Magazin hat sich im Februar 2019 von einem ebenfalls mehrfach preisgekrönten und ausgezeichneten freien Journalisten getrennt, weil dieser eine Protagonistin erfunden hatte. Der Betrug flog vor der Veröffentlichung des Textes auf. Der Mann hat auch für den *SPIEGEL*, SPIEGEL Online sowie für die *ZEIT* geschrieben.[78]

Verbreiter von Fake News erhält Carl-Zuckmayer-Medaille

Der österreichische Schriftsteller Robert Menasse zitierte den Europa-Politiker Walter Hallstein bewusst falsch. Über Jahre erfand er Zitate und Sachzusammenhänge, um für mehr Europa zu werben. Laut Menasse soll Hallstein, erster Präsident der Europäischen Wirtschaftsgemeinschaft (EWG), gesagt haben: »Die Abschaffung der Nation ist die europäische Idee.« Des Weiteren behauptete Menasse in Reden im Jahr 2017, dass Hallstein gesagt habe: »Das

Ziel des europäischen Einigungsprozesses ist die Überwindung der Nationalstaaten.« Und: »Ziel ist und bleibt die Überwindung der Nation und die Organisation eines nachnationalen Europa.« Obendrein behauptete Menasse im Dezember 2017, Hallstein habe seine Antrittsrede als EWG-Präsident 1958 in Auschwitz gehalten.[79] Dennoch wurde ihm im Januar 2019 die Carl-Zuckmayer-Medaille von der rheinland-pfälzischen Landesregierung für »Verdienste um die deutsche Sprache und um das künstlerische Wort« verliehen.

Fake News in der Politik

> »Wenn es ernst wird, muss man lügen.«
>
> Jean-Claude Juncker, ehemaliger EU-Kommissionschef im Jahr 2011 im Zusammenhang mit der Schuldenkrise.

Vollkommen zurecht versucht man dem Verbreiten von Fake News Einhalt zu gebieten. Schwierig wird es, wenn Politiker Fake News, also Falsch- und Fehlinformationen, über die Medien verbreiten. Noch schwieriger wird es jedoch, wenn all dies ohne Konsequenzen bleibt. Dies ist dem Bürger immer schwieriger zu vermitteln.

Donald Trump – König der Fake News

Donald Trump ist zweifellos momentan der absolute König der Fake News. Allein in seinen ersten 869 Tagen im Amt hat Trump laut dem Washington Post Fact Checker 10.796 Mal irreführende oder falsche Dinge gesagt.[80] Mehr Fake News geht nicht. Dennoch ist er noch immer Präsident der USA und wir gehen auch davon aus, dass er wiedergewählt wird. (Warum, lesen Sie in dem Abschnitt »USA«).

Deutscher Rechtsstaat im Niedergang

Seit Jahren haben viele Menschen das Gefühl, dass jeder Strafzettelsünder und Rundfunkbeitragsverweigerer härter und konsequenter angegangen und verfolgt wird als Drogendealer, Messerstecher,

Vergewaltiger und Einbrecher. Man liest von regelrechten Räuberbanden, die aus anderen Ländern anreisen, hier auf Diebestour gehen und dann durch die Polizei dingfest gemacht werden, um dann doch von der »laschen« Justiz auf freien Fuß gesetzt zu werden. Dasselbe liest man von Drogendealern, jugendlichen Schlägern und Messerstechern und weiteren Delinquenten.

Im Görlitzer Park in Berlin hat man anscheinend schon komplett kapituliert und macht sich nicht mal mehr die Mühe, die Drogendealer anzugehen. Hier hat man die glorreiche Idee entwickelt, spezielle Farbmarkierungen auf dem Boden anzubringen, damit jeweils zwei Dealer Platz haben. Durch die zugewiesenen Plätze sollen Parkbesucher nicht gestört werden und soll es zu keinen Streitigkeiten unter den Dealern kommen. Im Ausland wird dies als typisch deutsch angesehen, aber auch als Alarmzeichen, dass hier im Land etwas gewaltig schiefläuft. Sollte dies tatsächlich umgesetzt werden, dann wäre dies die Bankrotterklärung des Rechtstaates.

Aber leider gibt es weitere schlechte Nachrichten, die zeigen, dass der Rechtsstaat auf dem Rückzug und teilweise einfach überfordert ist: Wenn Polizisten sich nicht mehr in bestimmte Gebiete und Stadtteile trauen, wenn ganze Clans in Anarchie über Viertel herrschen und sich einen Feuchten um die geltenden Gesetze scheren, dann kann man nachvollziehen, dass immer mehr Menschen verunsichert sind. Ein Gefühl von Sicherheit wird so nicht generiert.

Auch dass 2015 auf dem Höhepunkt der Flüchtlingskrise geltendes Recht von der Politik einfach ausgesetzt wurde und die Einreise ohne Kontrollen stattgefunden hat, stößt bis heute auf Unverständnis bei Bürgern, die nicht mal ohne Ausweis ein Paket bei der Post abholen können oder in ein Flugzeug steigen dürfen.

Vielleicht doch wieder Grenzen kontrollieren?
So schön es ist, offene Grenzen zu haben, werden diese aber auch von Kriminellen fleißig (aus)genutzt.

2017 wurden im Vorfeld des G20-Gipfels in Hamburg die Grenzen von der Bundespolizei kontrolliert, um Randalierer abzufangen. Das Ergebnis war für den Schengenraum und die Idee von offenen Grenzen ein Schlag ins Gesicht und setzte den damaligen Innenminister und die Politik unter immensen Druck. Es gab in vier Wochen fast eine Million Kontrollen, davon hatten aber nur 765 einen Bezug zum Gipfel, lediglich 62 potenzielle Randalierer konnten abgewiesen werden. Spannender sind die anderen Aufgriffe: Hier verbuchte man 4564 illegale Einreisen, 6125 Verstöße gegen das Aufenthaltsrecht, 812 Drogendelikte und 782 Haftbefehle. Nicht nur wurde ein wegen Totschlags gesuchter Mann aufgegriffen, sondern es wurden auch etliche Waffen (Revolver, Maschinengewehr, Gewehre usw.), Munition und 26 kg Drogen (von Haschisch, Kokain bis Crystal Meth) gefunden. Die Bundespolizei bewertet die Kontrollen als großen Erfolg: Die hohe Zahl an festgestellten Haftbefehlen »verdeutlicht den Bedarf an nationalen Fahndungs- und Kontrollmaßnahmen«, sie stellten »einen erheblichen Sicherheitsgewinn für die Bundesrepublik Deutschland« dar, heißt es im Abschlussbericht der Bundespolizei. Die Politik hat diesen Bericht wohl bis heute nicht gelesen …

Auch 2019 gab es eine groß angelegte Grenzkontrolle zu Polen und siehe da: Nicht nur unbescholtene Bürger und ehrliche Menschen kreuzen die Grenzen unseres Landes. Es gab nicht nur spektakuläre und hollywoodreife Verfolgungsszenen, als Autos aus der Kontrolle ausbrechen wollten, um schnell über die Grenze zu kommen, sondern es wurden auch 164 Straftaten festgestellt, zehn Personen wurden festgenommen. Außerdem seien zahlreiche Verstöße gegen das Betäubungsmittelgesetz und weitere Diebstähle festgestellt worden. Bei einer repräsentativen Umfrage stimmten 89 Prozent der Teilnehmer für Grenzkontrollen.

Der vielbeachtete Auftritt des Berliner Oberstaatsanwalts Ralph Knispel bei Markus Lanz im ZDF gibt leider ein desaströses Bild der deutschen Justiz ab und bescheinigt der Politik Versagen. Der Staat spart an einem seiner wichtigsten Standbeine: der Gerechtigkeit und der Justiz. Knispel spricht im erfrischenden Klartext an: »In weiten Teilen ist der Rechtsstaat nicht mehr funktionsfähig.« Gelähmt durch Gesetze, durch fehlende Investitionen, mangels Personals und durch listige Anwälte. Für viele Bürger sicherlich irritierend, dass es im März 2018 alleine in Berlin mehr als 8500 nicht vollstreckte Haftbefehle gegeben hat! Besonders prekär sei die Lage bei Wohnungseinbrüchen oder Fahrraddiebstählen – »da passiert letztlich nichts«, erklärte der Oberstaatsanwalt. Vernichtend auch die Aussage, dass es in Berlin teils zwei bis drei Jahre dauere, um DNA-Spuren bei Einbrüchen auszuwerten. Bis dahin sind viele Kriminelle schon über alle Berge. »Die Kollegen haben ein Wasserglas, um einen Wasserfall aufzufangen«, sagt Knispel bei Lanz. Selbst im Land gibt es Unterschiede. So gebe es ein deutliches »Nord-Süd-Gefälle«. In den südlichen Bundesländern sei die Situation tendenziell besser. Nicht besser sei die Lage bei der Polizei. Knispel: »Es gibt auch Straftäter der mittleren Kriminalität, die einfach ob der Personalstärke bei der Polizei nicht verhaftet werden können, weil die Polizei nicht die Kräfte hat, regelmäßig und flächendeckend zu kontrollieren«. In der Justiz und bei der Polizei gebe es Kollegen, die »aufgeben«, solche, die in die »innere Kündigung« gehen, aber auch viele Zyniker.

»Wir hatten einen von der Großen Koalition veranlassten Justizgipfel, da sollen dann für ganz Deutschland 2.000 Staatsanwälte und Richter eingestellt werden« – selbst bei solchen großen Versprechen handele es sich aber um einen »Tropfen auf den heißen Stein«. Bis 2030 würden 40 Prozent der Beschäftigten im richterlichen und staatsanwaltlichen Dienst in Ruhestand gehen. Die Nachrücker könnten nun nicht schnell genug Erfahrung sammeln, um die Ausscheidenden zu ersetzen.

Der deutsche Rechtsapparat benötigt dringend mehr Geld, mehr kompetentes Personal, mehr Ressourcen. Aber wer will schon als Jurist zum Staat, wenn er in der freien Wirtschaft das Zigfache verdienen kann? Was ist uns Sicherheit und ein essenzielles, funktionierendes Rechtswesen wert? Wir sagen, hier macht jeder Euro Sinn! Macht es nicht auch Sinn, die von uns geforderte Lösung einzubringen und den Menschen zu unterstützen durch die künstliche Intelligenz? Wofür Staatsanwälte viele Stunden benötigen, kann die KI dies in wenigen Minuten akribisch und gesetzestreu auswerten. Ein schönes Beispiel gibt es aus den USA. Dort hat IBMs künstliche

Intelligenz »Watson« die Arbeit von einer ganzen Kanzlei in einem Bruchteil der Zeit gemacht (über 90 Prozent Zeitersparnis).

Zum Thema Justiz und Rechtswesen haben wir uns die kompetente Meinung von einem Insider und einem anderen Schwaben eingeholt: **Erich Künzler, Präsident des Sächsischen Oberverwaltungsgerichtes,** hat uns dankenswerterweise folgenden lesenswerten Gastbeitrag geschrieben.

— ☺☺☺ —

Justiz in Deutschland – die Gewaltenteilungssäule wackelt

Von Erich Künzler

Wer nicht im juristischen Orbit gefangen ist, wer nicht blind und taub ist, dem kann der wachsende Vertrauensverlust in die Justiz nicht verborgen bleiben. Die Umfrageergebnisse, wonach inzwischen teilweise 50 Prozent der Befragten angeben, dass sie kein Vertrauen mehr in die Justiz haben, sind alarmierend. Denn es bedeutet nichts anderes als wachsende Zweifel am Rechtsstaat in großen Teilen der Bevölkerung. Es wundert, dass darüber eher achselzuckend hinweggegangen oder es sogar ignoriert wird.

Beschwichtigungen in der Art, dass das alles nicht so schlimm sei und bei allen Problemen die Justiz in Deutschland »an sich« im Großen und Ganzen »recht ordentlich funktioniere«, ähneln dem Pfeifen im dunklen Wald. Wenn es dunkel und bedrohlich wird, sollte man nicht so tun, als sei es hell und gemütlich. Dass manches noch einigermaßen funktioniert, ist denjenigen in der Justiz geschuldet, die ungeachtet aller Probleme versuchen, durch großes Engagement die Schieflage so gut wie möglich zu meistern. Das sind die, die die richterliche Unabhängigkeit nicht als Standesprivileg betrachten, die die Freiheiten der richterlichen Unabhängigkeit nicht als Freibrief für die Gestaltung eines komfortablen Lebens oder als nahezu unantastbaren Raum der eigenen Freiheit missbrauchen und die den Rechtsstaat nicht als abstraktes Gebilde für Sonntagsreden verstehen, sondern ihn verwirklichen möchten. Aber es wird ihnen schwer gemacht, durch die Richterinnen und Richter, die das nicht so sehen und danach handeln. Auch bei der Justiz muss an erster Stelle die selbstkritische Sicht stehen, dass die Probleme auch durch Richterinnen und Richter verursacht werden, die die richterliche Unabhängigkeit als persönliches Standesprivileg missbrauchen.

Zu wenig Personal

Ein weiterer Problembereich ist die Personalausstattung. Ohne aufgabenangemessene Ausstattung steht die Justiz von vornherein auf verlorenem Posten. Und hier stellt sich zunächst ein erhebliches Problem: Wie wird eigentlich berechnet, wie viele Richterinnen, Richter und sonstiges Personal an einem Gericht notwendig sind? Es ist ein ewiges Streitthema zwischen Richterverbänden (»viel zu wenig Personal«) und Justizpolitikern (»im Großen und Ganzen ausreichend«). Beide Seiten arbeiten mit Werten des Personalbedarfs (»der Personalbedarf beträgt 100 Richter, 90 sind da, ist also zu 90 Prozent erfüllt – alles nicht so schlimm«). Was bedeutet dieser errechnete »Personalbedarf der Justiz«, mit dem in allen Diskussionen aufgewartet wird?

Seit einigen Jahren wird die Anzahl des Personals in allen Gerichten und Staatsanwaltschaften nach einem – natürlich von einer Unternehmensberatungsgesellschaft entwickelten – komplexen Personalbedarfsberechnungssystem festgelegt. Ähnlich einer Getränkemarke heißt das System Pebb§y (sprich: Pepsi). Kurz gesagt funktioniert das System wie folgt: Jeder zu bearbeitende Fall bekommt eine aus Erfahrungswerten hergeleitete Minutenzahl. Werden etwa für ein Asylklageverfahren 511 Minuten angesetzt, dann geht man davon aus, dass im Schnitt jedes Asylklageverfahren diese Bearbeitungszeit benötigt.

Nun werden jedes Jahr die Arbeitsminuten des Personals errechnet – sie liegen etwa um die 100.000 Minuten – und dann weiß man oder glaubt zu wissen, wie viel Personal benötigt wird, um die Anzahl der eingehenden Verfahren zu bearbeiten. Dabei hat man allerdings das Problem, dass man ja nicht weiß, wie viele Verfahren im Lauf eines Jahres kommen – 1.000, 10.000 oder noch mehr?

Dass Hartz IV nicht nur in erheblichem Umfang Arbeitsplätze im Niedriglohnbereich, sondern auch gut bezahlte Vollzeitarbeitsplätze in der Sozialgerichtsbarkeit geschaffen hat, hängt ja damit zusammen, dass über Jahre hinweg die Eingangszahlen an den Sozialgerichten wegen Hartz IV regelrecht explodierten – was man Monat für Monat feststellte, nachdem es eingetroffen war, aber vorher eben nicht gewusst hat. Dass bei den Verwaltungsgerichten in den letzten Jahren eine solche Verfahrensexplosion auch im Asylrecht stattfand, ahnte im Jahr 2014 niemand. Und dass die Verwaltungsgerichte in Deutschland zum Halbjahr 2019 auf einem Berg von etwa 200.000 unerledigten Asylverfahren sitzen, war auch nicht abschätzbar.

Es wird noch sehr lange Zeit benötigen, bis die Verwaltungsgerichtsbarkeit diese Verfahren bearbeitet haben wird – zumal die Anzahl der im ersten Halbjahr 2019 gestellten Asylanträge im langjährigen Vergleich mit etwa 85.000 nach wie vor äußerst hoch ist und beim Bundesamt für Migration und Flüchtlinge noch rund 52.000 unerledigte Anträge anhängig sind. Das Asylsystem ist längst aus dem Ruder gelaufen. Das hatte man nicht vorhergesehen und es ist ja in der Tat schwer, in die Zukunft sehen – und den Personalbedarf für das jeweilig kommende Jahr zu berechnen.

Man hilft sich damit, indem man monatlich die Eingangszahlen der letzten zwölf Monate nimmt. Die Justizverwaltungen und die Gerichtsverwaltungen investieren erhebliche Mühen in diese monatlichen Berechnungen – immerhin müssen für alle Bereiche und Sachgebiete gesondert die jeweiligen Zahlen ausgewiesen werden. Dazu kommen etliche Arbeitskreise und Kommissionen, die bewerten und überprüfen, ob und was für einzelne Verfahrensgeschäfte geändert werden muss. Kommen etwa Gesetzänderungen in bestimmten Sachgebieten, die zu einer weiteren Komplexität führen, dann muss – irgendwann – die anzusetzende Minutenzahl geändert werden.

Will man etwa wissen, wie viel Personal im April 2019 erforderlich ist, nimmt man die Anzahl der Fälle aus dem Zeitraum der letzten zwölf Monate: April 2018 bis März 2019. Der Personalbedarf, der für April 2019 angegeben wird, ist also derjenige, der sich in der Vergangenheit – im Zeitraum April 2018 bis März 2019 – ergeben hat. Der nachträglich errechnete Personalbedarf für diesen alten Zeitraum wird nun der neue für die Zukunft, in der stillschweigenden Erwartung, es werde schon alles mit den Verfahrenseingängen so laufen wie bislang, und wenn in öffentlichen Diskussionen mit dem aktuellen Personalbedarf argumentiert wird, ist das tatsächlich der Bedarf der Vergangenheit – der letzten 12 Monate. Nun ja, bei Hartz IV und Asyl hat das offenbar nicht funktioniert.

Was passiert nun, wenn die Zukunft anders ist als die Vergangenheit – weil aktuell mehr Verfahren eingehen? Nehmen wir folgendes Beispiel: Von April 2018 bis Januar 2019 gehen an einem Gericht 100 Verfahren aus dem Umweltrecht ein (vorgesehen sind 1.383 Minuten je Umweltverfahren) – im Schnitt also 10 Verfahren im Monat. Ab Februar 2019 ändert sich das: Es kommen von Februar bis März 2019 insgesamt 40 Umweltverfahren bei Gericht an – also 20 im Monat, somit das Doppelte. Der Personalbestand errechnet sich aus den letzten 12 Monaten, somit in unserem Beispiel auf der Grundlage von 140 Verfahren, also 11,66 Verfahren im Monat. Nun setzt man diese Zahl mit der für Umweltverfahren errechneten Minutenzahl in Beziehung und erhält einen Personalbedarf für April 2019 – und hat einen Personalbedarf ermittelt, der für 11,66 Verfahren ausreichend sein sollte. Ist er aber nicht, weil tatsächlich schon seit zwei Monaten jeweils 20 Verfahren eingehen. Was passiert spätestens dann, wenn das auch in anderen Bereichen geschieht – etwa Asyl, Hartz IV, Kommunalrecht, Polizeirecht und vielen mehr?

Es entsteht ein wachsender Berg von Verfahren, der mit dem »alten Personalbedarf« nicht bewältigt werden kann. Und dieser Berg an nicht entschiedenen Verfahren – die Bestände an unerledigten Verfahren bei den Gerichten – ist »personalneutral«. Er wird regelmäßig nicht beim Personalbedarf berücksichtigt, der ja nur danach berechnet wird, was in den letzten 12 Monaten an neuen Verfahren eingegangen ist. Nur die neu eingegangenen Verfahren sind die Grundlage der Personalbedarfsberechnung – nicht die Verfahren, die schon da, aber nicht erledigt sind.

Die Konsequenz für denjenigen, der sein Recht bei den Gerichten sucht, ist – quasi im System angelegt –, dass er warten muss, weil die Verfahrensdauer ansteigt. Oder man greift – sofern man eine solche Möglichkeit hat – zu einer anderen Lösung: Man stellt Verfahren einfach ein oder eröffnet manche erst gar nicht. Die Staatsanwaltschaften in Deutschland hatten etwa ab 2015 im hohen sechsstelligen Bereich Ermittlungsverfahren wegen illegalen Grenzübertritts eingeleitet. Jeder erfasste Grenzübertritt eines Flüchtlings oder Migranten löste sozusagen ein neues Verfahren aus – das aber kurz nach Einleitung wieder eingestellt wurde. Das Ganze geschah meist, ohne dass ein Staatsanwalt das Verfahren je zu Gesicht bekam: Die Einleitung und die Einstellung erfolgten mittels EDV-Vordrucks (»ohne Unterschrift gültig«). Eine solch hohe Zahl neuer Verfahren erhöhte natürlich den Personalbedarf – auch wenn die tatsächliche staatsanwaltschaftliche Arbeit denkbar gering war.

Dagegen findet man sehr wenige Verfahren zu den massenhaften Passfälschungen oder Passvernichtungen, die im Zuge der Einwanderung seit insbesondere 2015 zweifellos vorgekommen sind. Solche Verfahren sind aufwendig zu bearbeiten – sie verursachen ganz anders als die illegalen Grenzübertritte, die schon ohne weitere Ermittlung mit ihrer Erfassung aufgeklärt sind, Zeit und Ermittlungsaufwand.

Oder als weitere Möglichkeit: Man greift auf die etwa im Zivilrecht beliebte Methode des Vergleichs – den Beteiligten wird »nahegelegt«, einen Vergleich abzuschließen, weil sonst erst einmal etwa ein teures und vorzufinanzierendes Gutachten erforderlich sei, der nächste Gerichtstermin ohnehin nicht vor Herbst nächsten Jahres stattfinden könne und so weiter, worauf nicht wenige Beteiligte eines Verfahrens resigniert dem vorgeschlagenen Vergleich zustimmen.

Oder, als letzten Ausweg: Man sucht nach einfachen, schnellen Lösungen – Qualität ist nicht unbedingt vordringlich, sondern die statistische Erledigung. So versucht eben jeder aus der Not das zu machen, was am besten dazu dient, irgendwie durchzukommen. Am

Ende aber bleibt festzustellen: All das ist zutiefst unbefriedigend und vor allem für den Bürger nachteilig. Unnütze Justizverfahren einerseits, andererseits werden manche strafrechtlichen Ermittlungen gar nicht erst eingeleitet, wegen langer Verfahrensdauern in den Justizbereichen, die keine Möglichkeit haben, Verfahren schnell »totzumachen« und »Schnellentscheidungen«, bei denen der Wert nicht so sehr auf der Wahrung der Qualität liegt. Das darauf aufgebaute Justizsystem ist schon deshalb »systemisch« gefährdet.

Im Gewirr der Regelungen

Mehr und mehr wird das Justizsystem und der Rechtsstaat darüber hinaus durch ein weiteres »systemisches Problem« belastet: Wir haben inzwischen in viel zu vielen Bereichen ein Regelungsgeflecht, das kaum noch jemand versteht und das Ergebnisse bringt, die in breiten Teilen der Bevölkerung nicht mehr nachvollzogen werden können. Die Folge ist eine zunehmende Entfremdung des Systems von der Bevölkerung. Ein Rechtsstaat, den breite Teile der Bevölkerung als entfremdet betrachten – welche Gefahr für ein rechtsstaatliches und demokratisches Gemeinwesen könnte größer sein? Wer versteht heute etwa noch die Sozialgesetzgebung – 12 umfangreiche und höchst komplexe Sozialgesetzbücher, noch deutlich mehr Rechtsverordnungen und Verwaltungsvorschriften, die inhaltliche Regelungen enthalten, die dem vollends unverständlichen Steuerrecht doch sehr nahekommen. Wer schon einmal einen Wohngeldbescheid gesehen hat, weiß, was Unverständlichkeit bedeutet.

Wir leisten uns in einem Bereich, der für Millionen von Menschen existenziell ist, ein kaum noch verständliches Regelungsgeflecht unterschiedlichster Leistungsarten, gesetzlicher Regelungen zur Berechnung und zu den sonstigen Voraussetzungen, das die Betroffenen meist hilflos, ratlos, mitunter zornig oder deprimiert zurücklässt.

Wir haben – um ein weiteres Beispiel zu nennen – inzwischen ein nahezu unverständliches Regelungsgewirr im Umweltrecht. Wer es nicht glaubt, sollte ein paar verwaltungsgerichtliche Entscheidungen lesen – er wird mit Sicherheit in völliger Verwirrung vor den äußerst komplexen und kaum noch zu verstehenden Entscheidungen sitzen, die schier endlos auflisten, welche Prüfungen und wie sie vorgenommen werden müssen, welcher Wahrscheinlichkeitsgrad gilt, um von dem Vorhandensein von Kleinstnagern und anderem Getier auszugehen, welche komplexen Messmethoden für das Vorkommen von Schadstoffen und Gerüchen anzuwenden sind und vieles mehr.

Wer versteht noch, dass eine Kerze in einem Raum, die etwa eine Stunde brennt, einen Stickstoffdioxidwert verursacht, der im öffentlichen Straßenraum zum Dieselfahrverbot führt? Man fragt sich schon, wieso man auf der einen Seite die – europarechtlichen und damit national überhaupt nicht mehr zu ändernden – Schadstoffgrenzwerte über viele Jahre hinweg immer weiter nach unten gesenkt hat und dann scheinbar verblüfft feststellt, dass diese Grenzwerte nicht mehr einzuhalten sind. Und wer versteht, dass der Dieselbesitzer (und bald auch der Besitzer eines »Benziners«?) das Fahrverbot und den rapiden Wertverlust seines Autos hinnehmen muss, weil der juristische Orbit einhellig sagt, dass das keine Enteignung sei, sondern etwas mit der Sozialpflichtigkeit seines »belasteten Autos«, das er im guten Glauben und auf Anraten der Politik und der Autoindustrie erworben hat, zu tun habe? Man kann sich auch die Frage stellen, ob die Politik wirklich weiß, was sie da in die Gesetze und Verordnungen schreibt.

Ein bekannter Justizpolitiker fragte mich einmal, warum die Verwaltungsgerichte eigentlich immer dieses Theater mit den Fledermäusen und Blumen machen würden. Könne man bei einem Straßenbauvorhaben nicht einfach mal auf solch spitzfindige Prüfungen verzichten? Ich reagierte zunächst mit der Gegenfrage, ob er meine, dass die Gerichte sich das selbst ausgedacht hätten, was er mit der Bemerkung bejahte, dass das so sein müsse, weil die Gerichte sich einfach immer weitere Dinge einfallen lassen würden, um alles noch komplexer zu machen. Als ich ihm sagte, dass es eine europäische Flora-Fauna-Habitat-Richtlinie und eine Vogelschutzrichtlinie gäbe, die genau solche Prüfungen vorschreiben würden, reagierte er sichtlich überrascht und bemerkte, das sei ja wieder einmal typisch

Europa – unverständliche und unsinnige Regelungen. Ich sagte ihm daraufhin, dass die Richtlinien solche des Rats der Europäischen Gemeinschaft seien – und der Rat bestehe aus den nationalen Regierungen. Deutschland habe all das mitbeschlossen, so wie die anderen nationalen Regierungen auch.

Allerdings muss man auch feststellen, dass nicht nur die rechtlichen Regelungen der EU zu einer unverständlichen Komplexität führen, sondern auch der Perfektionismus, mit dem Deutschland – im Unterschied zu anderen EU-Ländern – die Vorgaben der EU umsetzt oder sogar überbietet. Die Beispiele von Regelungen, die zur Entfremdung des Rechts von der Bevölkerung führen, sind inzwischen unzählig und aus nahezu allen Bereichen des juristischen Orbits. Wer verlangt von den Betroffenen, dies zu verstehen und hinzunehmen, was mit normalem Menschenverstand nicht mehr zu verstehen ist und hingenommen werden kann? Unser Rechtssystem überfordert in immer größerem Ausmaß den normalen Menschenverstand – im Asylrecht, im Sozialrecht, Strafrecht, Zivilrecht und in nahezu allen anderen Rechtsbereichen.

Hinzufügen muss man allerdings, dass bei aller Komplexität des nationalen und des EU-Rechts Richter zumindest gelegentlich auch Wertungs- und Entscheidungsspielräume haben. Manchen gelingt es, mit Erfahrung und normalem Menschenverstand zu praxisgerechten und für den Bürger nachvollziehbaren Entscheidungen zu kommen. Andere jedoch verheddern sich in vermeintlich juristischem Perfektionismus – manchmal auch aus sozialpädagogischer Neigung – in den Zwirnfäden des Rechts. Sie vermitteln mit höchst komplizierten und kaum noch nachvollziehbaren Gedankengängen den Eindruck von richterlicher Weltferne. Auch das ist Ursache des schwindenden Vertrauens in die Justiz.

Zunehmend miteinander verwoben: Justiz und Politik

Die Justiz und der Rechtsstaat sind darauf angewiesen, dass man den damit betrauten Personen vertraut. Ist das Vertrauen in die unparteiische Wahrnehmung durch diese Personen nicht mehr da, stirbt der Rechtsstaat. Die Gewaltenteilung zwischen Gesetzgebung, Verwaltung und Justiz geht von einem System der »checks and balances« aus: Die Staatsgewalt ist nicht einem, sondern verschiedenen Staatssystemen übertragen, die sich gegenseitig kontrollieren. Sind die Systeme ineinander »verwoben«, dann funktioniert das System nicht mehr. Es ist vor diesem Hintergrund nicht nur bedenklich, sondern skandalös, dass die politischen Parteien in immer unverhohlenerer Weise versuchen, auch Justizstellen mit Parteileuten zu besetzen.

Beginnen wir mit den juristischen Arbeitskreisen der Parteien. Die Arbeitsgemeinschaft Sozialdemokratischer Juristinnen und Juristen der SPD (ASJ), der entsprechende Bundesarbeitskreis der Christlich Demokratischen Juristen der CDU (BACDJ) mit den jeweiligen Arbeitskreisen in den Ländern und all die anderen Arbeitskreise und -gemeinschaften der anderen Parteien – sie beraten alle ihre jeweilige Partei und ihr Zweck besteht darin, deren Parteiziele juristisch zu begleiten und zu ihrer Durchsetzung zu verhelfen. Zur Mitwirkung eingeladen werden zwar auch Juristen, die nicht Parteimitglied sind. Aber all das ändert nichts daran, dass die Aufgabe darin besteht, die Partei juristisch zu beraten und die Parteiziele durchzusetzen.

Der BACDJ arbeitet – wie er auf seiner Homepage schreibt – »eng mit der CDU/CSU Bundestagsfraktion zusammen«. Unverhohlen wird mitgeteilt, dass »wir das Recht als Instrument der Durchsetzung unserer Politik« ansehen. Die ASJ bezeichnet sich als »rechtspolitisches Gewissen der SPD«. Aktive Mitglieder all dieser Parteigremien sind auch (hochrangige)Richter und Staatsanwälte – sehr häufig mit dem entsprechenden Parteibuch.

Viele der Parteimitglieder sind zugleich auch in den Richterverbänden tätig – dem Deutschen Richterbund, dem Verband Deutscher Verwaltungsrichter und in den anderen Richterverbänden. Es wirkt keineswegs vertrauensfördernd für Prozessbeteiligte, wenn sie wissen, dass sie einem Parteimitglied irgendeiner Partei gegenübersitzen, das sich in der Partei aktiv für die Durchsetzung der Parteiziele engagiert. Man kann nicht ernsthaft davon ausgehen, dass dieses Parteiengagement die Neutralität der Justiz unberührt lässt.

JUSTIZ IN DEUTSCHLAND – DIE GEWALTENTEILUNGSSÄULE WACKELT   181

Und machen wir uns nichts vor – nicht wenige der in den Parteigremien aktiv tätigen Parteimitglieder versprechen sich von ihrer Tätigkeit auch etwas für sich selbst. Den Altruismus trifft man hin und wieder – verbreiteter ist aber der Wunsch, die eigene Karriere zu befördern. Und die Hoffnung, dass das alles der Karriere nützt, ist ja nicht grundlos. Die vielen öffentlich zugänglichen Berichte über – um es vorsichtig auszudrücken – eigentümliche Stellenbesetzungen geben darüber ein eindrucksvolles Bild – und das Bild ist umso bedrückender, weil es tatsächlich noch viel mehr solcher »eigentümlichen Stellenbesetzungen« gibt, über die nicht berichtet wird.

Eines dieser eigentümlichen Stellenbesetzungsverfahren – um nur ein Beispiel unter vielen anzusprechen – war die Berufung der früheren Staatssekretärin im niedersächsischen Justizministerium zur Präsidentin des Oberlandesgerichts Celle – ebenso wie die damalige Justizministerin ein Mitglied der Partei der »Grünen«. Nachdem nach den Wahlen in Niedersachsen die bis dahin regierende rot-grüne Landesregierung nicht mehr weiter im Amt sein konnte, sollte die noch bis zum 22.11.2017 amtierende Staatssekretärin am 21.11.2017 zur Präsidentin des Oberlandesgerichts Celle durch die ebenfalls noch einen Tag im Amt befindliche Justizministerin ernannt werden. Am 22.11.2017 wurde die Staatssekretärin in den einstweiligen Ruhestand versetzt und zugleich sollte sie Richterin am Oberlandesgericht Celle werden. Aber einen Tag zuvor erteilte die noch kurz im Amt befindliche Landesregierung ihre Zustimmung zur Ernennung als Präsidentin des Oberlandesgerichts.

Ohne zu sehr in die Feinheiten des Beförderungsrechts einzutauchen, muss man eines wissen: Bei Beförderungsentscheidungen spielt es eine große Rolle, in welchem Amt die Bewerber sind. Sind zwei Bewerber vorhanden, etwa der eine in der Besoldungsgruppe B5 und der andere in B9, und werden beide Bewerber sehr gut beurteilt, dann sticht derjenige im höheren Amt den anderen regelmäßig aus. Die Rechtsprechung geht nämlich davon aus, dass die Anforderungen in einem höheren Amt höher als in einem niedrigeren Amt sind. Und sind die Anforderungen in dem höheren Amt »höher«, dann ist ein dort erzieltes »sehr gut« wegen des höheren Maßstabes besser als das »sehr gut« in dem niedrigeren Amt, weil dort wegen der »niedrigeren« Anforderungen der Maßstab für das »sehr gut« niedriger ist.

Mitkonkurrent war der Präsident des Landgerichts Hannover. Sein Pech war, dass er niedriger eingestuft war als die bis dahin noch amtierende Staatssekretärin – sie war als Staatsekretärin in B9 eingestuft. Sein juristischer Kampf endete schließlich erfolglos beim Bundesverfassungsgericht. Übrigens wurde der Vorgänger im Amt der Staatssekretärin, nachdem er sein Amt aufgeben musste, ebenfalls Präsident – beim Oberlandesgericht Braunschweig. Das ist nur ein Beispiel, das deutlich macht, in welchem Ausmaß politische Parteien Einfluss auf Stellenbesetzungen in der Justiz nehmen.

Es gibt noch einzelne Justizpolitiker, die den Schaden solcher Stellenbesetzungen erkennen und anders handeln. Aber das inzwischen erreichte Ausmaß an solch eigentümlichen Stellenbesetzungen ist erschreckend. Dass die Verfassungsgerichte des Bundes und der Länder zu einem erheblichen Teil mit Parteimitgliedern besetzt werden, wird offenbar als mehr oder weniger normal angesehen – was es aber tatsächlich nicht ist. Inzwischen finden solche Besetzungen aber in allen anderen Gerichtszweigen in allen Instanzen der Zivil- und Strafgerichte, Verwaltungsgerichte, Arbeitsgerichte, Sozialgerichte, Finanzgerichte und bei den Staatsanwaltschaften statt.

Die Justiz ist in Schieflage – es hilft nicht, die Augen davor zu verschließen. Es ist höchste Zeit, dass die beschriebenen Missstände schnellstmöglich beseitigt werden. Lassen wir es weiter so laufen, wird der Schaden unermesslich sein: die Beschädigung des Rechtsstaates mit all den fatalen Folgen für ein demokratisches Gemeinwesen.

— ❀ —

Kinder sind ein Luxusgut

»Ein Land ohne Jugend ist ein Land ohne Zukunft.«
Marc Friedrich

Viele von Altersarmut bedrohte und betroffene Frauen haben einen törichten Fehler begangen. Wir als Gesellschaft haben Sie dafür deutlich abgestraft. Diese Frauen haben Kinder bekommen! Ja, Sie lesen richtig. Sie haben sich tatsächlich bewusst dafür entschieden, auf eine berufliche Karriere zu verzichten, um Kinder zu bekommen. Dafür, dass Sie sich dann 5, 10 oder mehr Jahre um die Zukunft unseres Landes gekümmert haben, ist der Dank eine mickrige Rente. **Unser System ist nicht nur ungerecht und sexistisch, nein es ist hochgradig unsozial!**

Keine Partei hat diese Ungerechtigkeit jemals geändert!

Dies dürfte auch ein Grund sein, warum sich immer mehr Menschen gegen Kinder entscheiden – aus Kostengründen, aus Angst vor Altersarmut, weil sie sich die größere Wohnung nicht leisten können und so weiter. Die Deutschen bekommen statistisch viel zu wenige Kinder. Insbesondere junge Menschen aus der Mittelschicht fragen sich, ob sie sich überhaupt Kinder leisten können. Dies ist die Konsequenz einer jahrzehntelangen kinder- und familienfeindlichen Politik gegenüber dieser Bevölkerungsgruppe. Dabei brauchen wir dringend einen demografischen Wandel. Unsere Gesellschaft wird nämlich immer älter, was langfristig zur Folge hat, dass das Rentensystem unbezahlbar wird und die Deutschen irgendwann aussterben. Das Problem ist seit Jahrzehnten bekannt und bezahlbare Lösungen sind vorhanden, aber die Politik unternimmt nichts.

Unserer Ansicht nach lässt sich dieses Problem äußerst einfach verringern:

Familien mit einem Kind bezahlen 10 Prozent weniger Steuern, mit zwei Kindern 20 Prozent weniger und mit drei Kindern 30 Prozent. Wer vier Kinder oder mehr hat, der muss überhaupt keine Steuern mehr bezahlen.

- Familien mit Kindern sind beim Erwerb eines Eigenheims von der Grundsteuer befreit und werden generell bevorzugt.

- Auch ein Rabatt oder sogar der komplette Wegfall bei Makler- und Notargebühren wäre sinnvoll.

- Der Beruf Mutter muss selbstverständlich endlich als Beruf anerkannt und folglich auch bei der Rente mit dementsprechenden Rentenpunkten berücksichtigt werden.

Auch eine Erhöhung des Kindergelds wäre ratsam. Dem Aufschrei der Politiker, dass dies nicht finanzierbar sei, wollen wir die zahlreichen unsinnigen Projekte entgegenhalten, die man sich einfach sparen könnte (etwa die Pkw-Maut, Brücken ins Nichts und die Herdprämie sowie Zahlungen an Menschen, die noch nie etwas einbezahlt haben). Ansonsten wird Deutschland in ein bis zwei Generationen wesentlich weniger Steuereinnahmen haben, weil immer weniger Steuerzahler in Deutschland leben werden.

Ferner müssen wir endlich anfangen, Kindergärtner und Kindergärtnerinnen genauso fair zu bezahlen wie Lehrer und Lehrerinnen, damit dieser Beruf endlich attraktiver wird. Für die meisten Kindertageseinrichtungen ist Personalmangel Alltag. VBE-Chef Udo Beckmann kritisiert, die einst weltweit vorbildlichen deutschen Kindergärten würden »zunehmend bessere Verwahranstalten, die ihrem Bildungsauftrag trotz aller Anstrengungen nicht gerecht werden können«. Der wissenschaftliche Standard empfiehlt mindestens eine Fachkraft für drei unter dreijährige Kinder. Bei über Dreijährigen liegt der statistische Betreuungsschlüssel bei 1:7,5. In der Praxis ist dies die absolute Ausnahme. Ralf Haderlein von der Hochschule Koblenz beziffert den Mangel an Erzieherinnen und Erziehern in Deutschland – über 90 Prozent sind Frauen – auf bis zu 300.000 Fachkräfte bis 2025.[81] Ohne bessere Bezahlung wird sich an dieser Situation nichts ändern. **Wenn wir nicht anfangen, die Menschen, die sich um unsere Kinder kümmern, angemessen zu bezahlen, dann wird unsere Gesellschaft auf ein Desaster zusteuern.**
Ein Blick nach Frankreich zeigt auf, wie man es auch anders machen kann.

Warum ist Kinderkriegen in Frankreich so attraktiv?

In Frankreich kommen im europäischen Vergleich seit Jahren die meisten Kinder zur Welt.

Das Kinderkriegen wird in Frankreich – im Gegensatz zu Deutschland – nicht nur als Privatangelegenheit betrachtet, sondern auch als gesellschaftliche Aufgabe. Frankreich wendet knapp 4 Prozent seines Bruttoinlandsprodukts für familienspezifische Ausgaben auf. Dies ist einer der höchsten Prozentsätze global. In Frankreich können auch Mütter mit vielen Kindern Karriere machen. Französische Eltern erhalten über zwanzig Familienleistungen, die je nach Konstellation und Einkommen gewährt werden. Alle Eltern mit mindestens zwei Kindern bekommen Kindergeld, dessen Höhe einkommensabhängig ist. Daneben gibt es weitere Unterhaltsleistungen sowie Zulagen für die Versorgung von Kindern. Ferner gibt es das geteilte Erziehungsgeld, das einem oder beiden Elternteilen ermöglicht, die Erwerbstätigkeit zu unterbrechen oder zu reduzieren.

Damit die Eltern ihrer Ausbildung oder Arbeit nachgehen können, gibt es selbstverständlich zahlreiche Betreuungseinrichtungen für Kinder aller Altersstufen. Vom Kleinkindalter bis zur Volljährigkeit können Kinder ganztags betreut werden. Obendrein kümmern sich Hunderttausende staatlich anerkannte und fair bezahlte Tagesmütter ganztags um die Kinder. Die Eltern erhalten dafür einen Betreuungszuschuss. Ein großer Teil der Betreuungskosten kann zudem steuerlich geltend gemacht werden.

Nicht zu verkennen sind außerdem die geschlechtsspezifischen Lohnunterschiede. Sie sind bei unserem französischen Nachbarn mit 15,2 Prozent wesentlich geringer als beispielsweise in Deutschland mit 21,5 Prozent. Auch sind Frauen in Frankreich stärker in Führungspositionen vertreten. Der Anteil in Frankreich beträgt 43 Prozent, im europäischen Durchschnitt lediglich 25 Prozent.[82]

8. »Die Königin besitzt kein Bargeld« – schöne Grüße aus dem Elfenbeinturm

Die Chance ist äußerst gering, Englands Königin beim Essen in einem Restaurant anzutreffen. Noch unwahrscheinlicher ist es, sie dabei zu ertappen, wie sie ihre Geldbörse zückt, um die Rechnung mit Scheinen zu begleichen, die ihr Konterfei zieren. Unvorstellbar ist es, die Queen im Lebensmitteldiscounter zu treffen. Und ihr Sohn Prinz Charles? Der soll sogar einen Butler haben, der ihm die Zahnpasta auf die Borsten drückt.[83] Warum begegnen wir ihnen nicht? Ganz einfach: weil die Queen, ihr Sohn und alle anderen, die es sich leisten können, für all die lästigen Dinge des Alltags jemanden haben, der das für sie erledigt. So erklärt sich auch, warum ›die da oben‹ zumeist keinen Kontakt zum Volk haben.

Natürlich können Sie uns jetzt entgegensetzen, dass die Queen eine echte Königin ist – und ihr Sohn ein richtiger Prinz, die durch die Gnade der Geburt in diese Positionen gekommen sind. Doch auch in der Welt der Wirtschaft und der Politik haben wir es mit jeder Menge kleiner absolutistischer Königinnen und Königen zu tun – zumindest halten sich viele für solche. Nehmen wir beispielsweise Clemens Börsig, ehemals Aufsichtsratschef der Deutschen Bank, Ex-Vorstandsvorsitzender der Deutschen Bank Stiftung und Aufsichtsratsvorsitzender der ESMT European School of Management and Technology. Er konnte vor Gericht nicht einmal seine Wohnadresse angeben, weil ihm dieses Detail nach Jahrzehnten des »Chauffiertwerdens« entfallen war.[84] Wie kann es sein, dass der CDU-Bundestagsabgeordnete Dr. Joachim Pfeiffer bei einer Podiumsdiskussion mit uns in Waiblingen am 10. März 2015 einem besorgten jungen Familienvater auf die Frage, wie er in einer Niedrigzinsphase für das Alter vorsorgen solle, die Antwort gab, »er solle

Immobilien und Aktien kaufen«? Als das Publikum seine Aussage mit einem lauten Lachen quittierte, schaute er verwundert in die Runde.

Wir könnten ein ganzes Buch mit Beispielen füllen, wie abgehoben unsere sogenannte Elite im Elfenbeinturm sitzt. Es ist nicht zu verkennen: **Wir haben ein enormes Eliteproblem!** Und zwar aus vielerlei Gründen.

Ja-Sager prägen den Tag

Manch einer hat das schon erlebt: Wenn ein Spitzenpolitiker in die Stadt zu Besuch kommt (dies geschieht zumeist kurz vor einer wichtigen Wahl) oder der Vorstandsvorsitzende eines Konzerns eine Außenstelle seines Imperiums besucht. Dann wird geputzt und gebohnert und ein Jeder macht sich hübsch zurecht, um dem König zu huldigen. Im Tross des »Topmanns/der Topfrau« ein Heer von Zuarbeitern. Produziert wird dann oftmals eine Schleimspur, die jede rechtschaffene schwäbische Hausfrau zum Anlass nehmen würde, sofort feucht durchzuwischen. Ja, es kann einem durchaus zu Kopfe steigen, wenn man tagtäglich, egal ob Toppolitiker oder Topmanager, von zumeist aalglatten Ja-Sagern umgeben ist.

Dass man schneller Karriere macht, wenn man »ja« statt »nein« zum Chef sagt, ist hinlänglich bekannt. Ebenso wenig ist es ein Geheimnis, dass die Fraktion der Ja-Sager insbesondere in der Politik schneller aufsteigen als jene, die einen eigenen Standpunkt vertreten. Ein leuchtendes Beispiel hierfür ist unsere Bundeskanzlerin Merkel. Widerworte schätzt sie überhaupt nicht. Folglich wurden bisher all jene, die eine eigene Meinung haben, weggelobt, wegbefördert oder abgesägt – wie etwa Friedrich Merz, Roland Koch, Laurenz Meyer, Günther Oettinger, Christian Wulff oder Norbert Röttgen, um nur einige zu nennen. Lieber lässt sich Angelika Merkel von ihren Vasallen feiern. Beim CDU-Parteitag im Dezember 2018 haben die Anwesenden sage und schreibe zehn Minuten[85] und 13 Minuten im Jahr 2005 geklatscht – für eine Rede wohlgemerkt.[86] Für bodenständige Menschen ist das eine wohl eher hochnotpeinliche Situation; für solche, die den Boden unter den Füßen verloren haben, vermutlich der Olymp.

Macht und Reichtum haben einen hohen Suchtfaktor. Süchtige machen bekanntlich alles, um ihre Sucht zu befriedigen. Dies erklärt auch, warum solche Leute wie die Kletten an ihren Posten kleben, egal ob Politiker, Topmanager, FIFA-, UEFA- oder DFB-Vorturner. Je länger und je tiefer sie in ihrem komfortablen System leben, desto härter wird natürlich der Aufprall, sollte man – aus welchem Grund auch immer – nicht mehr in der Champions League spielen. Wenn plötzlich kein Chauffeur mehr da ist, der die Adresse der eigenen Wohnung kennt; keiner mehr, der lukrative Pöstchen zuschanzt; keine Interviewanfragen mehr kommen und niemand mehr um Rat oder Tat bittet, weil die ›Anhimmler‹ zum nächsten Vorturner weitergezogen sind. Spätestens dann wäre das Erlernen von Bodenständigkeit und Demut wieder angesagt. Doch dies fällt meist schwerer als das fatale Verdrängen eben dieser Bodenständigkeit. Es wird oft von Parallelgesellschaften gesprochen – ein nicht unerheblicher Teil unserer Elite ist gewiss eine.

Man bleibt unter sich

Viele Spitzenpolitiker oder Topmanager haben so volle Kalender mit so unvorstellbar vielen unterschiedlichen Terminen, dass es eigentlich unmöglich ist, alles zu erledigen – auch nicht bei 24-Stunden-Tagen von Montag bis Sonntag. Obendrein werden sie permanent mit Informationen versorgt, auf deren Basis Entscheidungen getroffen werden müssen. Das gesamte Leben der Topleute spielt sich zwischen Sitzungen, Meetings, Hotels, Büffets, Empfängen, Podiumsdiskussionen, Präsentationen, Verhandlungen, TV-Auftritten oder sonstigen Schulterklopf-Events ab. Sie hetzen von einem Termin zum anderen und haben niemals richtig Zeit. Oftmals haben sie nicht einmal eine Ahnung, wo und wann der nächste Termin stattfindet, geschweige denn, um was es bei dem Meeting überhaupt geht. Deshalb haben sie einen Stab von Adjutanten, Piloten, Fahrern, Bodyguards, Kofferträgern, Redenschreibern, Medientrainern und Mentalcoachs um sich herum, die alles für sie erledigen.

Abgesehen von einigen Wahlveranstaltungen, wo man sich gerne volksnah gibt und sogar Zoten reißt, um beim Wähler anzukommen, haben weder Spitzenpolitiker geschweige denn Topmanager Kontakt zur Basis. (Auch hier gilt: Ausnahmen bestätigen die Regel.) Man wohnt abgeschieden, oftmals hinter hohen Hecken oder Mauern in noblen Vierteln. Da spritsparende Kleinwagen in der Welt der großen Politik und Wirtschaft generell verpönt sind – auch bei den Politikern, die uns das immer wieder predigen – lässt man sich in einer komfortablen Limousine chauffieren, fliegt auch gerne kurze Strecken im Helikopter (der grüne Ministerpräsident Winfried Kretschmann ist im Juni 2018 mal eben 167 Kilometer mit einem HUBSchrauber zu einer Wanderung in das Naturschutzgebiet Wurzacher Ried geflogen)[87], ansonsten standesgemäß in der Business Class oder noch lieber im Jet der Flugbereitschaft beziehungsweise im Firmenjet. Man nächtigt in 5-Sterne-Luxushotels, speist in Gourmetrestaurants oder bestenfalls gratis auf den massenhaft zur Wahl stehenden Veranstaltungen, Kongressen, Businessdinners, Lobby-, Verbands-, Wohltätigkeitsveranstaltungen und sonstigen Happenings.

Das Angebot, sich gratis durchzuessen und gegebenenfalls ordentlich zu betrinken, ist – egal ob in Berlin, Brüssel, Paris, London, Madrid oder Washington – grenzenlos. Und die Physiognomie so mancher Politiker scheint zu bestätigen, dass die Offerten gerne angenommen werden. Prof. Dr. Alfred Rütten, Leiter des Institutes für Sportwissenschaften an der Universität Erlangen-Nürnberg, empfiehlt, dass Erwachsene wöchentlich mindestens an zwei Tagen muskelstärkende Aktivitäten betreiben sollten. Tatsächlich bewegt sich hierzulande jedoch nur die Hälfte aller Erwachsenen ausreichend.[88] Vielleicht sollte sich der eine oder andere Politiker diesen Rat zu Herzen nehmen, der übrigens auch auf der Webseite des Deutschen Bundestages zu finden ist, und sich bei der Sportgemeinschaft Deutscher Bundestag e. V. anmelden? Die Kosten für die Sportgemeinschaft sind im Übrigen überschaubar; die Aufnahmegebühr beträgt 6,00 Euro, der Jahresbetrag 60,00 Euro.[89] Schlussendlich wirkte der übergewichtige ehemalige Gesundheitsminister Hermann Gröhe wenig glaubwürdig, wenn er über Vorsorge und körperliche Fitness sprach, auf dem Weg zum Rednerpult aber bereits außer Atem geriet. Heute mit Jens Spahn kann es in dieser Causa ja nur besser werden.

In der knapp bemessenen Freizeit lässt man sich gerne auf dem Golfplatz, beim Pferderennen oder beim Poloturnier sehen. Man bereist sündhaft teure Ferienorte oder exklusive Resorts, fährt auf schicken Kreuzfahrschiffen oder bestenfalls auf der eigenen Yacht fernab des Massentourismus. Freikarten sind natürlich auch inklusive. Für Premieren, Galaveranstaltungen oder Pressebälle. Man tummelt sich auf diversen Sportveranstaltungen, selbstredend in VIP-Bereichen, die für das ›normale‹ Volk tabu sind. Inbegriffen reichlich Speis und Trank. Die Kinder besuchen private Kindergärten, Privatschulen und Privatuniversitäten bestenfalls in England oder den USA, wo der Grundstein für das globale Netzwerk gelegt wird, von dem man lebenslang profitieren wird. Man ist und bleibt unter sich. Und zwar in einer Welt – weit weg von der Realität. Hier ist die Altersvorsorge auf Grund fetter Pensionen und/oder exorbitant hoher Vermögen kein Thema und die Preise für einen Liter Milch oder Benzin sind hier ebenso unbekannte Größen wie die knappe Beinfreiheit in der Economy Class.

Apropos Fliegen: Zur UN-Klimakonferenz in Paris im Dezember 2015 sind aus aller Herren Länder Tausende Menschen aus den entlegensten Zipfeln der Welt in die französische Metropole angeflogen. Obwohl es zweifelhaft ist, ob die vereinbarten Maßnahmen tatsächlich umgesetzt werden, wurde die Zielvereinbarung von allen Beteiligten wie ein historisches Ereignis gefeiert. Wie absurd und heuchlerisch das ist, zeigt die Statistik – und das gilt leider für sämtliche Gipfel auf dieser Welt. Zu den circa 40.000 Teilnehmern und 15.000 Sicherheitskräften in Paris kamen noch Tausende Journalisten, Lobbyisten, Beobachter und Gewerkschafter.[90] Ebenfalls eingeflogen wurden die gepanzerten, tonnenschweren Luxuslimousinen einiger besonders ›wichtiger‹ VIPs.[91] Für das knapp zweiwöchige Mega-

Event wurden mehrere tausend Menschen beschäftigt und mehrere Tonnen an Leckereien aus der ganzen Welt organisiert. Oder glauben Sie etwa, Präsident Hollande und Jean-Claude Juncker begnügen sich mit Kohlgemüse, Croissants und billigem Fusel von Aldi? Der ökologische Fußabdruck, die Belastung für die Ökosysteme, allein dieser Veranstaltung dürfte wohl größer als der Grand Canyon sein. Dasselbe lässt sich auch über den G7-Gipfel in Deutschland im Sommer 2015 sagen. Hier sind die sieben wichtigsten Politiker der Welt mit einer riesigen Entourage zum Plaudern zusammengekommen. Geschützt (und abgeschottet vom eigenen Volk) wurden sie durch mehr als 20.000 Polizisten aus dem gesamten Bundesgebiet.[92] Die Ergebnisse des circa 300 Millionen Euro teuren Treffens halten wir für ebenso fragwürdig wie den Aufwand, der dafür betrieben wurde. Vollkommen eskaliert ist dann der G20-Gipfel 2017 in Hamburg. Mehr als 31.000 Polizisten sollten beim Treffen der 24 einflussreichsten Staats- und Regierungschefs im Juli 2017 in Hamburg für die angemessene Sicherheit der Teilnehmer sorgen. Dies ist ihnen auch gelungen. Für das Eigentum der Bürger konnten sie jedoch nicht sorgen. Die Bilder von der Gewalt hilflos zuschauenden, überforderten Polizisten sind ebenso bekannt wie die von auf Protestierer einprügelnden Polizisten. Während die Herrschenden der Welt sich in der Elbphilharmonie amüsierten, eskalierte auf den Straßen Hamburgs die sinnlose, aber leider vorhersehbare Gewalt. Ein Mitverantwortlicher für das Desaster, der damalige SPD-Oberbürgermeister Olaf Scholz, wurde für sein fatales Missmanagement drastisch bestraft – er wurde zum Bundesfinanzminister befördert. Ist es nicht bedenklich, dass Zehntausende Polizisten und sonstige Sicherheitskräfte erforderlich sind, wenn die führenden Politiker der Welt sich treffen?

Kleiner Vorschlag von unserer Seite: Last das nächste G7-, G8- oder G20-Treffen doch einfach auf einem der zahlreichen umherschippernden Flugzeugträger stattfinden. Baut ein paar große Zirkuszelte und ein paar Wohncontainer drauf, lasst lecker Catering kommen und tagt ganz in Ruhe. Das ist wesentlich billiger für uns Steuerzahler und obendrein muss kein einziger Polizist und keine einzige Polizistin den Kopf hinhalten.

9. Deutschland verpasst den Anschluss an das 21. Jahrhundert

Deutschland war einst das Land der Dichter, Denker und Tüftler und Erfinder. Der Reichtum unseres Landes basierte niemals auf Bodenschätzen, sondern dem Hirnschmalz und den Erfindungen seiner Bewohner.

Egal ob Buchdruck, Papierrohstoff, Glühbirne, Telefon, Bakteriologie, Straßenbahn, Sozialgesetze, Verbrennungsmotor, Auto, Motorrad, Plattenspieler, Röntgenapparat, Zündkerze, Thermosflasche, Zahnpasta, Kaffeefilter, Kleinbildkamera, Tonband, Fernsehen, Dynamo, Elektromotor, Magnetschwebebahn, Düsenflugzeug, HUBSchrauber, Kernspaltung, Computer, Raketentechnik, Aspirin, Scanner, Dübel, Antibabypille, Airbag, Funkarmbanduhr ... Alles wurde von Deutschen erfunden. Aber auch die Chipkarte und selbst das MP3-Format wurde in Deutschland erfunden.

Heute, im Zeitalter der Digitalisierung, ist der Sachverhalt ein grundlegend anderer. In Deutschland bezweifeln 59 Prozent der Unternehmen und 67 Prozent der Hochschulen, dass die Hochschulen in Deutschland in der KI-Forschung mit den USA und China mithalten können. Es fehlt an Budget und an Experten.

Längst haben andere Länder in puncto Erfindungen im digitalen Bereich die Vorherrschaft übernommen. In den USA denkt Facebook über die Einführung einer eigenen Kryptowährung für seine Plattformen nach, während man sich in Deutschland noch wundert, warum Facebook, WhatsApp, Instagram, Google, Alibaba, Amazon, Ebay, Apple, Microsoft, TikTok ... nicht aus good old Germany, sondern aus den USA und China kommen. Deutschland geht es momentan, dank seiner teilweise immer noch führenden Technologien, gut. Im zukunftsträchtigen digitalen Bereich sieht es jedoch zappenduster aus.

»Deutschland gehört für Auswanderer zu den schlechtesten Ländern in Europa, wenn es um das digitale Leben geht, zeigt eine neue Studie. Ob freies WLAN, bargeldloses Bezahlen oder digitale Behördengänge.«[93] Deutschland ist im internationalen Vergleich ein digitales Entwicklungsland. Deutschland hat mit das langsamste und teuerste Internet Europas. Während die Finnen pro Gigabyte 30 Cent bezahlen, sind es in Deutschland stolze 5 Euro.

Der Grund dafür, dass sich Deutschland im digitalen Mittelalter befindet, liegt nicht daran, dass die anderen so gut sind, sondern daran, dass wir so schlecht sind. Angela Merkel warnte bereits 2017 davor, dass Deutschland zum digitalen Entwicklungsland wird.[94] Gemacht dagegen hat sie nichts.

Energiewende und Klimawandel

Nicht nur unsere Finanzbranche und die Politik sind aus den Fugen geraten, sondern auch unser Klima.

Leider ist der Übereifer unserer Regierung und der EU bei der hastigen Energiewende geprägt von Versagen und Aktionismus. Hier werden Hunderte Milliarden Euro verschwendet und unser gesamter Wohlstand sogar aufs Spiel gesetzt; ohne wahre Alternativen und einen tatsächlichen Plan. Unternehmen, die das Fundament dieses Landes sind, werden geschädigt und die Bevölkerung gefährlich desinformiert.

Wenn Deutschland sich zu 100 Prozent klimaneutral aufstellen würde, würde dies die Industrie zwischen 1,5 und 2 Billionen Euro kosten und hätte nur geringe Auswirkungen auf die CO_2-Bilanz. Dies würde den Niedergang Deutschlands einläuten und wir könnten sagen: Ciao Wohlstand und Sozialstaat. Es wäre de facto die Deindustrialisierung. All das, was uns die letzten Jahrzehnte unseren Wohlstand beschert hat, würden wir abwickeln. Verbote von Autos, Inlandsflügen (Inlands-Flugverbot würde den Welt-CO_2-Ausstoß um 0,08 Prozent senken!) und Kohle sowie die Schaffung neuer Steuern sowie Angst und Panik werden nicht zum Ziel führen.

Die Brandrodungen in Brasilien schädigen das Klima weit mehr (6 Prozent), als Deutschland mit einem kompletten CO_2-Stopp nützen könnte (2 Prozent).

Wir sollten stattdessen an die Innovationen des konstruktiven Kapitalismus glauben. Wir sind davon überzeugt, dass die menschliche Intelligenz clevere Lösungen erfinden wird. Bis dahin gibt es aber vieles, was wir sofort umsetzen können. Statt auf die Straße zu gehen, sollten die Tausende von Schüler und auch gerne jeder andere jeden Freitag einfach Bäume pflanzen.

Lösung:

Die Lösung ist simpel und preiswert.

Die effizienteste und günstigste Art, den Klimawandel zu stoppen, ist die Aufforstung. Diese würde zwischen 300 und 500 Milliarden Dollar weltweit kosten und wäre gegenüber Verboten und Deindustrialisierung spottbillig. China will 60 Milliarden Bäume und Irland 440 Millionen Bäume gegen den Klimawandel pflanzen.

Die globale Aufforstung würde den CO_2-Anstieg vollständig stoppen, ohne dass wir morgen im Dunkeln auf den Bäumen sitzen müssten!

— ⊚⊚⊚ —

Deutschland vor dem Wirtschaftssturm

Von Dr. Daniel Stelter, https://think-beyondtheobvious.com

Der Weltwirtschaft droht eine schwere Krise, die deutlich problematischer sein wird als jene des Jahres 2009, und der Eurozone droht der ungeordnete Zerfall. Deutschland sonnt sich derweil im Glück vergangener Erfolge, ist aber denkbar schlecht aufgestellt für den Sturm, der sich zusammenbraut. Die Kombination von fehlendem Verständnis von Bürgern und Politikern für die Weltwirtschaftsordnung und schlechter Politik hierzulande wird uns teuer zu stehen kommen.

Der Euro als Krisenbeschleuniger

Im Kontext der global steigenden Verschuldung erweist sich der Euro als Krisenkatalysator. Zum einen hat die Einführung des Euro zu einer deutlichen Zinssenkung in den heutigen Krisenländern geführt, mit der Folge drastisch steigender privater Verschuldung – vor allem zu Spekulations- und Konsumzwecken – in Spanien, Portugal, Frankreich und Irland und unterlassener Sanierung der Staatsfinanzen in Italien. Zum anderen hat er statt zur erhofften Konvergenz der Wirtschaften der Mitgliedsländer zu einer weiteren Divergenz geführt. Die Euroländer haben heute wirtschaftlich weniger miteinander gemein als im Jahre 2000, rechnet der Internationale Währungsfonds vor. Die US-Bank JP Morgan kam in einer Untersuchung gar zu der Feststellung, dass die Eurozone die denkbar schlechteste Währungsunion sei, noch schlechter als eine hypothetische Union aller Staaten der Welt, die mit einem »M« beginnen.

Die Eurokrise ist eine um Strukturprobleme verschärfte Überschuldungskrise und damit ist offensichtlich, was zu tun wäre:

1. Die **Überschuldung** ist durch Schuldenschnitte zu bereinigen.
2. Das **insolvente Bankensystem** ist durch Schuldenschnitte und Rekapitalisierung zu sanieren.
3. Die **divergierende Wettbewerbsfähigkeit** muss durch Neuordnung der Mitglieder der Eurozone wiederhergestellt werden.

Aus Sicht der Politik sind das alles sehr unangenehme Schritte, müsste man doch eingestehen, dass der Euro – aus politischen Gründen gegen den Rat führender Ökonomen durchgedrückt – gescheitert ist und zu einer erheblichen Vernichtung von Wohlstand geführt hat.

Stattdessen wird – wider besseres Wissen – die Rettung in mehr Umverteilung zwischen den Ländern gesehen. So rechnet der IWF vor, dass 80 Prozent eines Schocks selbst in Ländern wie den USA und Deutschland über private und nicht über öffentliche Mittel aufgefangen werden. Unbeachtet bleibt außerdem, dass die deutlich ärmeren deutschen Privathaushalte dann für die reicheren Italiener, Spanier und Franzosen bezahlen würden.

Überlebt hat der Euro nur, weil die EZB ihn zu einer frei verfügbaren, faktisch kostenfreien Ware gemacht hat und weil sie mit Negativzins und Wertpapierkäufen überschuldete Staaten und Privatsektoren am Leben erhält. Ganz nebenbei finanziert die EZB so die Kapitalflucht aus den Krisenländern. Das schlägt sich in immer größeren, faktisch wertlosen (da zins- und tilgungsfrei ohne Sicherheit) TARGET2-Forderungen der Bundesbank und damit der hiesigen Bevölkerung nieder: gegenwärtig immerhin schon mehr als 12.000 Euro pro Kopf.

Doch das dürfte nicht genügen, um dem Euro weitere zwanzig Jahre Existenz zu ermöglichen. Immer offensichtlicher wird, dass der Euro sein Wohlstandsversprechen nicht erfüllt. Spätestens in der nächsten Rezession wird in einigen Ländern der politische Druck zunehmen, was Austritte immer wahrscheinlicher macht. Erster Kandidat für einen solchen Schritt bleibt Italien, das bereits mit den Planungen für die Einführung einer Parallelwährung begonnen hat.

Unstrittig ist, dass ein chaotischer Zerfall des Euro eine tiefe weltweite Rezession und Finanzkrise auslösen wird. Obwohl dies dafür spräche, den Euro lieber in einem geregelten Verfahren neu zu ordnen, macht die bisherige »Euro-Rettungspolitik« dafür wenig Hoffnung.

Deutschland – ein Euro-Gewinner?

Die deutsche Politik hält weiter an der Vorstellung fest, Deutschland sei der große Gewinner des Euro und sollte deshalb einen erheblichen finanziellen Beitrag zu seinem Erhalt leisten. Das ist eine Haltung, die in den kommenden Jahren in eine europäische Transferunion führen wird, von der vor allem Italien, Spanien und Frankreich profitieren werden. Dabei sind durchaus Zweifel an der These angebracht, dass Deutschland wirklich der Profiteur des Euros ist:

1. Zu Zeiten der D-Mark stand die deutsche Wirtschaft unter konstantem Aufwertungsdruck. Die Währung der Haupthandelspartner, der französische Franc, die italienische Lira oder auch der US-Dollar werteten in schöner Regelmäßigkeit gegenüber der D-Mark ab. In der Folge war die deutsche Wirtschaft zu anhaltenden Produktivitätszuwächsen gezwungen. So wuchs die Produktivität in den Jahren vor der Euroeinführung deutlich schneller als in der Zeit danach.

2. In der Folge wuchs das BIP pro Kopf – der entscheidende Indikator für die Entwicklung des Wohlstands – ebenfalls langsamer als vor der Einführung des Euro. Lief die Entwicklung bis zum Jahr 2000 noch halbwegs parallel zur Schweiz – wenn auch auf tieferem Niveau –, so ist Deutschland in den vergangenen Jahren deutlich zurückgefallen.

3. Die deutschen Konsumenten haben bis zur Einführung des Euro von den Abwertungen der anderen Länder profitiert. Importierte Waren und Urlaube wurden billiger. Seit dem Jahr 2000 hat sich dies geändert. Die Importe wurden teurer, und Gleiches gilt für den Urlaub. Damit sank die Kaufkraft des Durchschnittsdeutschen.

4. In den ersten Jahren nach der Einführung des Euro waren die Zinsen für die heutigen Krisenländer zu niedrig und für Deutschland zu hoch. Die Rezession in Deutschland war deshalb tiefer und länger, als sie ohne den Euro gewesen wäre. Die Regierung war gezwungen, Ausgaben zu kürzen und die Arbeitsmarktreformen durchzuführen, die zu geringeren Löhnen in Deutschland führten. In Summe stagnierten die Einkommen der Durchschnittsbürger mehr als zehn Jahre lang.

5. Die stagnierenden Löhne führten zu geringeren Steuereinnahmen, während die Exporte zulegten. Somit hat der Euro es Deutschland nicht »erlaubt«, Handelsüberschüsse zu erzielen. Der Euro hat diese erzwungen. Die geringe Binnennachfrage ist der Hauptgrund dafür, dass die Wirtschaft sich auf den Export konzentrierte.

6. Die Eigentümer der exportorientierten Unternehmen profitierten von der Euroeinführung. Bei den börsennotierten Unternehmen sind dies überwiegend ausländische Investoren. Profiteure sind auch die Beschäftigten der Exportunternehmen, die zwar geringe Lohnzuwächse hatten, dafür aber einen Arbeitsplatz. Aber zugleich gingen auf den Binnenmarkt ausgerichtete Arbeitsplätze verloren und das Lohnniveau stagnierte insgesamt.

7. Aufgrund der schwachen wirtschaftlichen Entwicklung nach der Einführung des Euro, den gedämpften Steuereinnahmen und anhaltend hohen Kosten für Sozialleistungen und den Aufbau Ost ging die Politik dazu über, die Ausgaben für Investitionen zu kürzen. Die Folge ist ein erheblicher Instandhaltungsstau bei der hiesigen Infrastruktur von mindestens 120 Milliarden Euro.

8. Ein Handelsüberschuss geht immer mit einem Ersparnisüberschuss einher. Dies führte zu einem enormen Kapitalexport in das Ausland: teilweise als Direktinvestitionen, überwiegend jedoch als Kredit zur Finanzierung des Schuldenbooms in anderen Ländern. Dabei gibt es nichts Dümmeres, als in einer überschuldeten Welt Gläubiger zu sein.

9. Als die Krise in Europa offensichtlich wurde, haben private Banken ihr Geld aus den Krisenländern abgezogen. Dabei wurden sie entweder von öffentlichen Geldgebern abgelöst – Modell Griechenland –, oder aber die Bundesbank musste den Geldabfluss durch die Gewährung von TARGET2-Krediten ausgleichen. Insgesamt wurden so die von privaten Banken gegebenen Kredite – unsere Ersparnisse – durch direkte und indirekte Kredite des deutschen Staates ersetzt. Später kam die Kapitalflucht aus den Krisenländern hinzu. So finanziert die Bundesbank indirekt den Kauf von Immobilien in Deutschland durch Italiener und Griechen. Angesichts von mindestens 3 Billionen Euro fauler Schulden in Europa ist sicher, dass Deutschland als Hauptgläubiger einen großen Teil der Verluste tragen wird.

10. Alle Bemühungen, den Euro durch noch tiefere Zinsen über die Runden zu bringen, führen – bereits für jeden offensichtlich – zu einer Enteignung der Sparer.

Ohne den Euro hätte es die Schuldenparty im Süden nicht gegeben, aber auch nicht die großen deutschen Exportüberschüsse – dafür einen höheren Lebensstandard und eine bessere Infrastruktur in Deutschland.

Das monetäre Endspiel steht bevor

Die EZB hat sich noch mehr als die anderen Notenbanken der westlichen Welt in eine Ecke manövriert. Das führt zu Fragen: Ist die nächste Krise schon der Beginn vom Endspiel oder gelingt es den Notenbanken, das System eine Runde weiter zu bekommen und noch ein paar Jahre steigende Vermögenspreise, stabile Konjunktur und Wohlstandsillusion auf Pump zu ermöglichen?

Dass Notenbanker und Politiker über dieses Thema intensiv nachdenken, zeigt die Flut an Testballons, die in den letzten Jahren aus der akademischen Welt lanciert wurden.

Es geht darum, den Notenbanken den Weg zu noch negativeren Zinsen und weiteren umfangreichen Liquiditätsspritzen zu ermöglichen und zugleich die Fluchtmöglichkeiten aus dem System zu begrenzen:

- **Kampf gegen das Bargeld:** Ökonomen wie der ehemalige Chefvolkswirt des IWF, Kenneth Rogoff, plädieren, Bargeld möglichst weitgehend abzuschaffen; vordergründig, um Schattenwirtschaft und Kriminalität zu bekämpfen, in Wahrheit, um eine Flucht aus dem Bankensystem zu verhindern.
- **Kampf gegen das Gold:** Passend dazu erklärt der IWF in einem weiteren Arbeitspapier, dass Gold ein destabilisierender Faktor für die Wirtschaft ist. Wer denkt, ein Verbot privaten Goldbesitzes sei undenkbar, der sei an die deutsche, aber auch US-amerikanische Geschichte erinnert!
- **Kapitalverkehrsbeschränkungen:** Passend dazu werden Beschränkungen des freien Kapitalverkehrs als geeignetes Instrument gesehen, um Krisen vorzubeugen und Finanzmärkte zu

stabilisieren. Fallen Bargeld und Gold als Ausweichmöglichkeiten weg, muss nur noch die Flucht in ausländische Währungen abgewendet werden, um die Sparer unter Kontrolle zu bekommen.

- **Monetarisierung der Schulden:** Sind Ausweichreaktionen unter Kontrolle gebracht, kann man sich auf die »Lösung« des Schuldenproblems konzentrieren. Da ist zunächst die schon länger diskutierte »Monetarisierung« der Schulden. Gemeint ist, dass die Notenbanken die aufgekauften Schulden von Staaten und Privaten einfach annullieren.

- **Helikopter-Geld:** Eine weitere Idee sind staatliche Konjunkturprogramme, direkt von den Notenbanken finanziert. In Anlehnung an Milton Friedman spricht man von »Helikopter-Geld«. Auch hier mehren sich die Stimmen in der Wissenschaft, die in diesem Vorgehen das Normalste aller Dinge sehen.

- **Modern Monetary Theory (MMT):** Wäre es nicht ohnehin besser, wenn man den Staat dauerhaft und großzügig direkt von der Notenbank finanzierte, anstatt wie heute den Umweg über die Geschäftsbanken zu gehen? Vorreiter dieser Überlegungen bezeichnen dies als »Modern Monetary Theory«. Danach können Staaten, die die Kontrolle über die eigene Notenbank haben (also z. B. die USA, aber eben nicht Italien) so viel neu geschaffenes Geld ausgeben, wie sie wollen, solange die Wirtschaft unausgelastete Kapazitäten hat sowie innovativ und produktiv genug ist, um alle Wünsche zu erfüllen! Diese Idee zeigt ganz klar, in welche Richtung es geht.

Nachdem sie sich selbst in die Ecke manövriert haben, werden die Notenbanken in der nächsten Krise – die nicht eine Frage des »Ob«, sondern nur des »Wann« ist – alles auf eine Karte setzen. Das Endspiel der bestehenden Geldordnung steht bevor. Schwer vorstellbar, dass sie das übersteht.

Das Märchen vom reichen Land

Und wie ist Deutschland mit Blick auf die sich abzeichnenden Turbulenzen aufgestellt? Denkbar schlecht! Billiges Geld, zunehmende Verschuldung und schwacher Euro trieben die Nachfrage nach deutschen Waren an. Damit wuchs die doppelte Abhängigkeit vom Ausland: als Markt für unsere Waren und als Schuldner für unsere Forderungen. Nun droht ein Einbruch der Nachfrage und erhebliche Verluste bei den Forderungen, wobei noch offen ist, wie diese realisiert werden, durch Konkurse und Zahlungseinstellungen oder doch durch hohe Inflation. Genauso gut hätten wir unsere Autos und Maschinen auch ins Ausland verschenken können.

Die deutsche Politik hat es versäumt, vorzusorgen. Wohin man blickt, hat Deutschland den Anschluss verloren: Das Bildungssystem ist im internationalen Vergleich nur noch unteres Mittelfeld, die Infrastruktur hat einen Sanierungsrückstand in dreistelliger Milliardenhöhe. Weitere 30 Milliarden mehr müssten jährlich dauerhaft zum Erhalt aufgewendet werden. Bei der Digitalisierung belegt Deutschland Platz 28 in Europa, so eine Studie der EU. In der Bundeswehr schwimmt, fliegt und fährt fast nichts mehr.

Selbst die »schwarze Null« entpuppt sich bei genauerem Hinsehen als Mogelpackung. Die Politik hat immer von »Sparen« gesprochen, aber das Gegenteil gemacht. Die Bundesregierungen der letzten zehn Jahre haben mehr als 280 Milliarden Euro *zusätzlich* ausgegeben. Gleichzeitig sanken dank der Nullzinspolitik der EZB die Zinsausgaben um mindestens 136 Milliarden Euro, und die gute Konjunktur reduzierte die Aufwendungen für den Arbeitsmarkt um 46 Milliarden. Von 2008 bis Ende 2018 standen der Politik so 460 Milliarden Euro für Ausgaben aller Art zur Verfügung, die überwiegend in den Konsum geflossen sind:

- Am stärksten wuchsen die Ausgaben für Soziales. Nimmt man 2008 als Basisjahr, betragen die kumulierten Ausgabenzuwächse in diesem Resort 167 Milliarden Euro, also rund 40 Prozent der zusätzlichen Ausgaben. Das ist ein beeindruckender Zuwachs angesichts eines Rückgangs der Arbeitslosenquote von 7,8 auf 5,2 Prozent im selben Zeitraum.

- Den größten Zuwachs an Ausgaben innerhalb des Sozialbereichs auf Bundesebene weisen die Zuschüsse für die Rentenkasse auf. Immerhin rund 100 Milliarden wurden zusätzlich an die Rentenkasse überwiesen und eine weitere Steigerung der Zuschüsse ist angesichts der jüngsten Rentenbeschlüsse der Großen Koalition unvermeidbar. Schon bald dürfte fast ein Drittel des Bundeshaushalts für die Rente verwendet werden.

- Wenig thematisiert werden die deutlich anwachsenden Zuschüsse zur gesetzlichen Krankenversicherung. In Summe wurden hier ebenfalls rund 100 Milliarden Euro zusätzlich aufgewendet, vor allem, um sogenannte »versicherungsfremde« Leistungen zu finanzieren.

- Den größten Zuwachs weisen mit über 117 Milliarden die »restlichen Ausgaben« auf. Dahinter verstecken sich Zuweisungen und Zuschüsse an Sondervermögen, die künftige Ausgaben beispielsweise im Bereich des Klimaschutzes, der Kinderbetreuung und der Integration von Migranten decken sollen. Allein 2017 wurden für die »Aufnahme und Integration von Asylsuchenden und Flüchtlingen einschließlich der Fluchtursachenbekämpfung« 20,8 Milliarden Euro ausgegeben.

Die Situation entspricht jener des Gewinners einer Lotterie. Wenn man 1.000 Euro gewinnt, gönnt man sich etwas, spart einen Teil und zahlt womöglich Schulden zurück. Was man aber auf keinen Fall macht, ist, in eine neue Wohnung zu ziehen, die 1.000 Euro pro Monat mehr kostet. Weil man weiß, dass man sich die nur leisten kann, wenn man weiterhin jeden Monat 1.000 Euro im Lotto gewinnt. Und das ist eben ziemlich unwahrscheinlich.

Unsere Politiker scheinen hingegen zu denken, sie könnten weiterhin im Lotto gewinnen. Und zwar noch jahrzehntelang! Die dargelegten Ausgabesteigerungen sind nämlich überwiegend keine Einmalzahlungen, sondern in Gesetz gegossene nachhaltige Verpflichtungen. Während die Grundlagen für unseren künftigen

Wohlstand erodieren – Infrastruktur, Digitalisierung, Bildung –, berauschen sich Politiker und die Öffentlichkeit am Märchen vom reichen Land, das sich alles leisten kann. Dass diese Illusion weiter anhält, erkennt man auch an der Tatsache, dass zusätzliche Kosten von 40 bis 80 Milliarden Euro für den Kohleausstieg schulterzuckend zur Kenntnis genommen werden.

Im Sommer 2019 mehren sich die Anzeichen für ein baldiges, bitteres Ende des Märchens vom reichen Land. Die Probleme der Automobilindustrie, das sich weltweit abschwächende Wirtschaftswachstum und die zunehmenden Handelskonflikte sind deutliche Anzeichen dafür, dass unser Boom endet. Dann wird offen zutagetreten, wie wenig wir die guten Jahre genutzt haben, um vorzusorgen. Höchste Zeit für eine andere Politik.

— ❁❁❁ —

10. Die EU ist nicht Europa – The Final Countdown

Die schwedische Hardrock-Band *Europe* hatte mit *The Final Countdown* in den 1980ern einen großen Nummer-1-Hit. Einen besseren Soundtrack könnte sich die Eurozone und die EU nicht wünschen. Wir sind im Finale und die Uhr läuft: 10, 9, 8 …

Wir sind überzeugte Europäer. Seit vielen Jahren verbringen wir mehrere Monate pro Jahr im europäischen Ausland. Wir haben viele Freunde unterschiedlichster Nationalität, Hautfarbe und Religion rund um den Globus. Wir haben gemerkt, dass es gute und schlechte Menschen gibt – in jedem Land! Wir haben in mehreren Ländern gelebt, ich (M.W.) darunter fünf Jahre in Australien. Aber eines ist für uns klar: **Die Europäische Union ist nicht Europa!** Europa ist für uns wesentlich mehr als die EU. Unser Kontinent zeichnet sich durch all seine Vielfalt an Sprachen, Sitten und Bräuchen aus – und nicht durch Gleichmacherei. Und das ist auch gut so!

Warum die EU scheitern wird

Die Bankrotterklärung der EU war für uns die Flüchtlingskrise. Einige Länder haben dabei wenig gemacht, manche überhaupt nichts und wenige viel (Deutschland). In der Zwischenzeit hat sich der Wind in den meisten Ländern gedreht – selbst in Schweden und Dänemark. Aber nicht in Deutschland. Dass man Menschen in Not hilft steht außer Frage, aber das Wie war falsch und wird unser Land auf Generationen hin verändern. Wir sind uns sicher: Hätte Angela Merkel einmal öffentlich gesagt, dass es ein Fehler war, unkontrolliert Menschen ins Land zu lassen, dann hätte man der AfD den Boden entzogen und der Brexit hätte nicht stattgefunden. Stattdessen versucht die deutsche Politik immer noch ihre Flüchtlingspolitik den anderen Staaten und deren Bürgern regelrecht aufzuzwingen. Dies wird ihr jedoch nicht gelingen, sondern lediglich die Ressentiments gegenüber unserem Land weiter erhöhen. Die renommierte Schweizer *Neue Zürcher Zeitung* schreibt knallhart: »Der hässliche Deutsche trägt keinen Stahlhelm mehr – er belehrt die Welt moralisch.«[95]

Die Aussage von Bundeskanzlerin Merkel »scheitert der Euro, dann scheitert Europa« ist vollkommener Unfug. Europa ist für uns der beste Kontinent der Welt, die EU aber ist ein politisches Kunstprodukt, das in seiner jetzigen Form zum Scheitern verurteilt ist. Abgesehen davon gehören zu Europa auch Länder wie beispielsweise die Schweiz und Norwegen, welche übrigens einen wesentlich höheren Lebensstandard haben als die meisten EU- und Euroländer.

Alles gleich – außer den Steuern

In der EU gibt es die gleiche Gurkenlänge, die gleichen Glühlampen, das gleiche Geld – zumindest in der Eurozone –, aber nicht dieselben Steuersätze! Warum musste 2017 eine deutsche Familie mit zwei Kindern und einem Verdiener im Schnitt 21,7 Prozent Steuern bezahlen, eine irische Familie nur 1,2 Prozent und eine polnische sogar -4,8 Prozent? Wie viel würde Deutschland eigentlich als größter Nettozahler an die EU nach Brüssel überweisen, wenn wir in Deutschland irische Steuersätze hätten? Warum fließt deutsches Steuerzahlergeld nach Polen, Griechenland, Portugal, Italien und so weiter, wo die Bürger prozentual viel weniger Steuern bezahlen müssen? Warum fließt das Geld nicht erst, wenn jeder EU-Bürger den gleichen Steuersatz bezahlt? Und da wir gerade dabei sind, haben wir noch eine Frage: Wieso zahlen wir immer noch Entwicklungshilfe an China? 2018 waren es 630 Millionen Euro. Das ist völlig absurd!

Wieso haben wir immer noch mit die größten Steueroasen der Welt im Herzen der EU? Luxemburg, Niederlande, Irland, Italien, Malta – die Liste ist lang und verdeutlicht, warum die EU niemals langfristig funktionieren wird.

Unsere Politiker fordern von uns Bürgern immer Solidarität für

Europa. Solange aber keine einheitlichen Steuersätze in ganz Europa herrschen und manche Bürger Europas viel weniger Steuern bezahlen und trotzdem alle Vorzüge der EU genießen, ist diese Forderung äußerst heuchlerisch.

Warum fordert kein Politiker in Deutschland irische Steuersätze? Warum will Emmanuel Macron in Frankreich die Einkommensteuer deutlich senken und Angela Merkel in Deutschland nicht? **Schon jetzt haben wir in Deutschland mit Belgien zusammen die höchste Abgaben- und Steuerlast weltweit!** Dennoch wird bereits über weitere Abgaben diskutiert. Wie lange werden wir Bürger uns das noch bieten lassen? Wann werden sich auch in Deutschland die Bürger die Gelben Westen anziehen? Wann ist es genug?

Juncker: Ein Mann sieht blau

Mit Verwunderung haben wir das oftmals peinliche Verhalten von dem mittlerweile ehemaligen EU-Kommissionspräsidenten Jean-Claude Juncker zur Kenntnis genommen. Entweder wuschelte er weiblichen Kolleginnen wild durch die Haare, ohrfeigte freundschaftlich Staatsoberhäupter oder musste beinahe von Kollegen getragen werden, um nicht hinzufallen. Letzteres wurde mit einem »Ischiasproblem« begründet. Jetzt, wo Junckers politisches Ende absehbar ist, kommt die hochprozentige Wahrheit ans Licht der Öffentlichkeit. Juncker hat doch kein Problem mit dem Ischias, sondern – wie uns Insider aus Brüssel bereits seit langer Zeit berichten und die englische Presse seit geraumer Zeit schreibt – ein gravierendes Alkoholproblem.

Laut Rolf Dieter Krause (15 Jahre ARD-Hauptstadtstudioleiter in Brüssel) wurde die EU die letzten Jahre von einem Alkoholkranken angeführt. Krause sagte in der Sendung von Gabor Steingart *Morning Briefing* am 5. Juli 2019: **»Wir haben über die letzten fünf Jahre einen Kommissionspräsidenten gehabt, der über weite Teile des Tages unter beträchtlichem Alkoholeinfluss stand.«**[96]

Wenn jemand Alkoholiker ist, dann ist dieser Mensch krank und gehört in eine Klinik, aber gewiss nicht an die Spitze der EU! Wenn dieser Mensch aber dann auch noch auf dieser Position über Jahre gehalten und gedeckt wird und das Volk für dumm verkauft wird, dann spricht das Bände und bestätigt uns in dem Punkt, dass die EU grandios scheitern wird, wenn sie nicht radikal verändert wird. Davon gehen wir jedoch keinesfalls aus.

Steueroasen mitten in der EU

Während Großkonzerne in Steueroasen mitten in der EU – etwa Irland, Holland und Luxemburg – kaum Steuern bezahlen, wird der Mittelstand gnadenlos abkassiert. Etliche EU-Staaten hatten schon vor 2013 – also in Junckers Zeit als Premier- und Finanzminister in Luxemburg – Schritte gegen die Steuervermeidung vorgeschlagen. Diese wurden von Luxemburg natürlich kategorisch abgelehnt und damit blockiert.

In der EU herrscht bei Sozial- und Steuerpolitik das Einstimmigkeitsprinzip. Das heißt, alle müssen zustimmen. Wenn auch nur ein Land, egal wie klein es ist, gegen einen Vorschlag stimmt, kommt das Gesetz nicht zustande. **Kein Staatenbund der Welt hat das Einstimmigkeitsprinzip, denn es lähmt ein jedes System.** Selbst um das deutsche Grundgesetz zu ändern, benötigt es nur eine Zwei-Drittel-Mehrheit. Das gilt auch in den USA.

Fakt ist: Luxemburg hat während der Amtszeit des EU-Kommissionspräsidenten den Kampf der EU-Staaten gegen Steuervermeidung und -hinterziehung gebremst. Christ- und Sozialdemokraten haben einen echten Untersuchungsausschuss zu LuxLeaks verhindert, was ein unglaublicher Skandal ist. Insbesondere SPD-Mann Martin Schulz hat offensichtlich alle Hebel in Bewegung gesetzt, um größeres Unheil von Juncker abzuhalten. Böse Zungen sagten daraufhin »Trunkenbolde helfen sich immer gegenseitig«, wobei Martin Schulz ja sein Alkoholproblem zum Glück erfolgreich bekämpft hat. Anstatt Juncker vom Hof zu jagen und gegen Steueroasen vorzugehen, hielt man diesen Mann an der Macht, und Luxemburg ist noch immer in der EU.

Wundern sich CDU/CSU und SPD tatsächlich, wenn wir Bürger und ehrlichen Steuerzahler die Nase gestrichen voll haben? Warum liegt der gesetzliche Steuersatz für Unternehmen in Deutschland bei knapp 30 Prozent? In Bulgarien liegt er bei nur 10 Prozent. Aber noch billiger geht es in Luxemburg: Hier zahlen Unternehmen nur 2 statt 29 Prozent![97]

Die politische Geschäftsführerin von Lobbycontrol Imke Dierßen stellt fest, dass Europa zulasse, dass Unternehmen massiv Steuern sparen, wodurch den EU-Ländern »jedes Jahr 50 bis 70 Milliarden Euro an Steuereinnahmen« entgingen – das ist das Fünf- bis Sechsfache dessen, was die EU insgesamt pro Jahr für Forschung und Bildung ausgibt«.[98] Laut einer Studie des Ökonomen Gabriel Zucman von der US-Universität Berkley wurden 2015 enorme 55 Milliarden US-Dollar der in Deutschland erwirtschafteten Gewinne in Steueroasen verschoben. Dadurch verlor der Fiskus 28 Prozent der ohne solche Rechentricks anfallenden Unternehmenssteuereinnahmen. Übrigens verzeichnete EU-Mitglied Irland den größten Zufluss durch Buchungstricks von Apple, Facebook & Co. Doch auch in den EU-Ländern Malta, Niederlande, Belgien und Luxemburg verbuchen ausländische Unternehmen weit größere Gewinne, als durch ihre wirtschaftliche Tätigkeit vor Ort zu erklären ist.[99]

Jetzt wissen Sie, warum die Rechnung für Ihre Amazon-Bestellung aus Luxemburg und nicht aus Deutschland kommt. Zweifellos ist die EU für Konzerne und gegen kleine Unternehmen. Überlegen Sie sich gut, ob Sie weiterhin dieses System unterstützen oder doch aus der bequemen Zone schreiten und bei kleinen Läden ihre Produkte kaufen oder sogar online bestellen.

Steueroasen für Konzerne und der Mittelstand wird abkassiert

Sie wundern sich, warum unsere Innenstädte durch Filialisten geprägt sind, die alle gleich aussehen? Wir reisen viel durch die Bundesrepublik und oftmals wissen wir nicht mehr, in welcher Stadt wir sind, weil alle gleich aussehen. Es gibt nur noch große Handelsketten und Filialen – egal ob Optiker, Fast Food, Bekleidung oder Technik.

Sie wundern sich, warum immer mehr kleine Betriebe und Einzelhändler schließen und aus dem Stadtbild verschwinden? Einer der Gründe ist das Thema Steuern. Im Gegensatz zu Amazon, Starbucks, Ikea und so weiter kann der kleine Betrieb von nebenan eben nicht sein Hauptquartier in eine Steueroase in einem anderen EU-Land verlegen, um sich dank wesentlich niedriger Steuern einen gigantischen Wettbewerbsvorteil zu verschaffen. Folglich werden in nicht allzu ferner Zukunft immer mehr kleine und mittelständische Unternehmen verschwinden, und es werden nur noch ein paar große Konzerne übrigbleiben. Unsere Innenstädte werden weiter veröden, und die Monopolisierung wird weiter zunehmen.

Heuchler sind an der Macht

Spätestens nach den LuxLeaks-Enthüllungen und den Panama-Papers wäre es an der Zeit gewesen, mit den Steueroasen in der EU aufzuräumen. Zwar wurde der automatische Informationsaustausch der Steuerbehörden auf den Weg gebracht, doch die Steueroasen sind immer noch da. Und sie werden es auch immer bleiben. Wir erklären Ihnen gleich, warum.

Wirtschafts- und Finanzkommissar Pierre Moscovici hat folgende Steueroasen auf die Schwarze Liste gesetzt: Bahrain, Barbados, Grenada, Guam, Macau, die Marshall-Inseln, die Mongolei, Namibia, Palau, Panama, Samoa, Amerikanisch-Samoa, St. Lucia, Südkorea, Trinidad und Tobago, Tunesien und die Vereinigten Arabischen Emirate.[100] Weder Luxemburg noch die Niederlande oder Malta, welche dank Paradise Papers erneut in den Fokus der Öffentlichkeit rückten, sind dort zu finden. Wie schon erwähnt, herrscht bei dem sensiblen Thema Steuern das Einstimmigkeitsprinzip in der EU. Alle Staaten müssen sich also einig sein. Dies wird in diesem Fall niemals geschehen. Die Steueroasen innerhalb der EU werden ihren Status niemals freiwillig aufgeben, und Banken- und Finanzlobbyisten werden sich weiterhin mit aller Kraft gegen strengere Regulierungen stemmen. Folglich wird es auch in Zukunft Steueroasen innerhalb der EU geben.

Schuld daran sind nicht nur die »bösen« internationalen Konzerne. Sie nutzen lediglich Schlupflöcher, die ihnen die Politik bietet. Der öffentlich-rechtliche Deutschlandfunk bringt es knallhart auf den

Punkt: »EU-Kommissionspräsident Jean-Claude Juncker zählt dazu, der ehemalige deutsche Finanzminister Wolfgang Schäuble und Eurogruppenchef Jeroen Dijsselbloem. All jene, die von Transparenz und Steuergerechtigkeit sprechen, hinter den Kulissen dann aber immer auf der Bremse stehen.«

Schmierige Hinterzimmer-Politik – die Causa Selmayr

Schädlich für die Reputation der EU ist die elendige Postenvergabe und Vetternwirtschaft. EU-Kommissionspräsident Jean-Claude Juncker mit seinem Hang zum exklusiven Reisen und offensichtlich geringer Begeisterung für den Umweltschutz (für 21 seiner 43 offiziellen Reisen zwischen Januar und November 2018 charterte Juncker einen Privatflieger, wobei Flüge mit dem Privatjet nach den EU-Regeln eigentlich nur erlaubt sind, wenn keine günstigeren Linienflüge zur Verfügung stehen[101]) hatte Medienberichten zurfolge sein politisches Schicksal an das des Deutschen Martin Selmayr, einst Bertelsmann-Lobbyist in der EU-Hauptstadt, geknüpft.

Juncker hat Selmayr persönlich für den Spitzenposten des Generalsekretärs der Kommission vorgeschlagen. Wenn Selmayr gehe, gehe er auch, soll Juncker gesagt haben. Selmayr wurde am 1. März 2018 Nachfolger von Alexander Italianer als Generalsekretär der Europäischen Kommission. Am 21. Februar 2018 erfolgte die Ernennung Selmayrs. Er wurde zunächst zum stellvertretenden Generalsekretär der Kommission ernannt und noch am selben Tag zum Generalsekretär, nachdem am Morgen Amtsinhaber Italianer seine Frühpensionierung beantragt hatte. Das Europaparlament hat die umstrittene Doppelbeförderung von Selmayr zum höchsten Beamten der EU-Kommission gerügt und eine neue Bewerbungsrunde für den Posten gefordert. Die Art von Selmayrs Ernennung »könnte als putschartige Aktion gesehen werden, die die Grenzen des Rechts dehnt oder sogar überdehnt« heißt es in einer in Straßburg verabschiedeten Resolution.[102]

Selmayr behielt seinen Posten. Mittlerweile wurde er als Chef der dortigen EU-Vertretung nach Wien abgeschoben. Wenn er bis dato kein attraktiveres Pöstchen findet, dann wird er dort wohl ab November anzutreffen sein. Angeblich erhält er weiterhin 17.000 Euro im Monat.

Brüssel – Abstellgleis für abgehalfterte Politiker

Egal ob beispielsweise Edmund Stoiber oder Günther Oettinger – Politiker wurden nach Brüssel abgeschoben, auch wenn die Beherrschung der englischen Sprache nicht zu ihren Stärken zählte. Wenn dann auch noch Menschen mit einem gewissen Hang zur Comedy wie Martin Schulz oder Jean-Claude Juncker Top-Positionen besetzen, dann darf sich die Politikerkaste nicht wundern, dass immer mehr Menschen sich von der EU abwenden.

Auch die SPD-Ministerin Katarina Barley ist nach Brüssel gegangen – wohlwissend, dass die SPD in Deutschland in Zukunft auf keinen grünen Zweig mehr kommen wird. In Brüssel hat sie sich das Pöstchen der Vizepräsidentin des Europäischen Parlaments gesichert. Für Politikernachschub in Brüssel soll anscheinend auch weiterhin gesorgt werden. EU-Kommissionschef Juncker hält es für denkbar, dass Angela Merkel nach ihrer Zeit als Kanzlerin eine Rolle auf europäischer Ebene übernimmt.

Ursula von der Leyen – Wer benötigt schon Spitzenkandidaten?

Wie kann jemand befördert werden, der in seinem Job komplett versagt? Ursula von der Leyen ist das gelungen. Das Satiremagazin *Der Postillon* bringt es in dem Artikel »Frau baut im Job nur noch Mist, weil sie hofft, dass sie dann auch einen EU-Posten bekommt« herrlich auf den Punkt.

Alle unsere Befürchtungen haben sich bestätigt. Die Europäische Union ist ein undurchsichtiges Bürokratie-Monster. Spätestens seit der Europawahl 2019 sollte dies auch dem Letzten klar sein. Die Wähler wurden von den Brüsseler Politikern vollkommen getäuscht. Unsere Stimme zählt, wie die schwäbische Hausfrau zu sagen pflegt, einen »feuchten Kehricht«.

Wozu sind die sogenannten Spitzenkandidaten, der konservative Manfred Weber, der sozialdemokratische Frans Timmermans und die liberale Margarethe Vestager durch Europa getingelt (CO_2-Bilanz!), wenn sie bei dem entscheidenden Amt übergangen worden sind und mit Trost-Jobs abgespeist wurden? In der Retrospektive kann man all dies lediglich als Kasperletheater betrachten. Wozu hat man sich die Diskussionen der Kandidaten angeschaut, und warum wurden Millionen an Steuergeldern für Plakate und sonstige Werbekampagnen verbraten? Denn ernannt – wohlgemerkt nicht von uns Bürgern gewählt – wurde Ursula von der Leyen, die nie im Wahlkampf auftrat, die auf keinem Wahlzettel stand und von der keiner weiß, was ihr Plan ist und was sie eigentlich mit Europa vorhat. Mit Demokratie und Wahlen hat das ganze Theater rein gar nichts zu tun. Es spiegelt lediglich die abgrundtiefe Verachtung von völlig abgehobenen und realitätsfernen Politikern dem Wähler gegenüber wider.

Die Europa-Parlamentarier haben tatsächlich den Beschluss abgesegnet und von der Leyen zur EU-Kommissionspräsidentin gewählt. Mit dieser Wahl haben sie endgültig ihren Job verfehlt. Wurden sie nicht nach Brüssel geschickt, um unseren Willen zu vertreten? Die EU-Abgeordneten sind zu Clowns verkommen, welche das abnicken, was die Staatschefs ihnen vorsetzen. Eine bessere Munition für EU-Gegner ist kaum lieferbar und lässt einen nur mit Fragezeichen in den Augen zurück.

Zeitumstellung und Upload-Filter – die Meinung der Jugend interessiert nicht

>*Lasst euch das Internet erklären, bevor ihr es kaputt macht!*[103]

Die EU-Kommission hat mit viel Tamtam eine Umfrage zur Sommerzeit durchgeführt – von den 4,6 Millionen Teilnehmenden waren mehr als 3 Millionen Menschen aus Deutschland. Doch jetzt können sich die zuständigen Minister nicht auf ein Ergebnis einigen. Warum führen sie keine Umfrage zu tatsächlich relevanten Themen wie

Migration, die Eurorettungspakete, der Erhalt oder die Abschaffung des Euros durch?

In Eigeninitiative haben insbesondere viele junge Bürger europaweit über 5 Millionen Unterschriften gegen sogenannte Upload-Filter gesammelt. Dies hat in Brüssel offenbar niemanden interessiert. Schlimmer noch, die Europäische Kommission veröffentlichte einen Blogpost, in dem sie die Kritiker der Reform als »Mob« bezeichnete.[104] Und der CDU-Abgeordnete Sven Schulz nannte die Menschen, die zu Hunderttausenden in vielen europäischen Städten gegen Upload-Filter demonstrierten, Bots. (Ein Bot beziehungsweise Social Bot ist ein Softwareroboter, der in sozialen Medien auftritt. Bots können verschiedene Funktionen haben wie zum Beispiel das Liken von Posts oder das Teilen von Beiträgen.) Das zeigt die Verachtung, die viele Politiker gegenüber dem eigenen Volk haben.

Trotz der massiven Proteste wurde im EU-Parlament selbstredend für Upload-Filter gestimmt. Im Mai 2019 wurde dann auch noch der CDU-Politiker Axel Voss, der federführend bei der Copyright-Reform war, die sein Parteifreund und »IT-Experte« Günther Oettinger vorgeschlagen hatte – damals noch EU-Digitalkommissar – zum Europaabgeordneten des Jahres von *The Parliament Magazine* gekürt.[105] Anstatt für schnelles Internet zu sorgen, schränkt die EU offensichtlich die Freiheitsrechte im Netz ein. Mit einer solchen Arroganz verliert die EU auch Unterstützer bei den jungen Menschen.

Lobbyisten an der Macht – Was kostet die Welt?

25.000 Lobbyisten mit einem Budget von 1,5 Milliarden Euro arbeiten aktuell in Brüssel, »zwei Drittel davon vertreten Unternehmensinteressen« laut Lobbycontrol. Den 454 Nichtregierungsorganisationen stehen 948 Unternehmens- und Branchenverbände, 645 Unternehmen und Unternehmensgruppen sowie 444 Lobbyagenturen und Lobbykanzleien gegenüber.

Lobbycontrol hat bei der Auswertung von 22 der 28 EU-Kommissare festgestellt, dass jeder Dritte sich mit Wirtschaftsvertretern getroffen habe. Das Klima- und Energieressort treffe acht Mal Konzernvertreter, bevor es eine Umweltorganisation treffe. Völlig überraschend hat der EU-Kommissar für Klimaschutz und Energie, Miguel Arias Cañete, während seiner Amtszeit vor allem Gas-Infrastrukturprojekte gefördert.[106]

Deutsche Grenzen kann man nicht schützen – EU-Außengrenzen schon?

Angela Merkel hat gesagt, 3.000 Kilometer deutscher Grenzen könne man nicht schützen. Dennoch will sie Europas Außengrenzen schützen. Wenn man die deutsche Grenze anscheinend nicht schützen kann, wie soll man dann allein die griechische Grenze mit ihren 3.054 Inseln sichern? Diese Logik ist durchaus erklärungsbedürftig. Wenn Regierungspolitiker weiterhin solchen Unfug verbreiten, dann werden sie zunehmend an Glaubwürdigkeit verlieren und den Aufstieg von Kräften am linken und rechten Rand befeuern.

Bei der Aussage von Annegret Kramp-Karrenbauer, der Bundesministerin für Verteidigung: »Die einzigen, die Schengen derzeit perfekt nutzen, sind kriminelle Elemente und nicht die Sicherheitsbehörden« erübrigt sich jegliche Kommentierung. Prof. Dr. Peter M. Huber, Richter des Bundesverfassungsgerichtes, bringt es offenkundig auf den Punkt: »Freier Grenzverkehr ist prima. Aber wenn man die Außengrenzen nicht schützen kann, dann führt letztlich kein Weg daran vorbei, auch an den Binnengrenzen Kontrollen vorzunehmen. Alles andere ist Wirklichkeitsverweigerung.«[107] Wir sagen ganz klar: **Ein Land ohne Grenzen ist wie ein Haus ohne Türen.**

EU-Pässe noch immer zum Verkauf

Reiche Menschen können sich durch Investitionen in europäischen Ländern eine EU-Staatsbürgerschaft einfach erkaufen. Der Handel mit Pässen boomt in Zeiten globaler Migration. Ein jeder, der genügend Geld hat, kann ganz leicht in die EU kommen. Er kann sich einen entsprechenden Pass kaufen und sich, dank der Personenfreizügigkeit, in jedem EU-Land niederlassen.

Für einige EU-Staaten ist das Verkaufen von Pässen offenkundig eine gängige Methode der Devisenbeschaffung. Egal ob Malta, Zypern, Bulgarien oder Portugal – überall gibt es für jeden mit einem dicken Geldbeutel einen Pass. Einfach einen Haufen Geld in Immobilien, Firmen oder Staatsanleihen buttern und dann gibt es dafür nach einer gewissen Zeit den Pass des Landes. Auf Zypern sind 2 Millionen Euro nötig, auf Malta 1,15 Millionen, in Bulgarien 1 Million, in Portugal, dem Pass-Discounter, reichen schon 500.000 Euro.

Wer sich nicht selbst darum kümmern möchte, ruft einfach Armand Arton vom Global Citizen Forum an. Der organisiert laut *Tagesschau* dann alles. Gegen eine entsprechende Vergütung, versteht sich.[108]

»Der Besitz einer Immobilie in Griechenland wird Ihnen die Tür in den Schengen-Raum öffnen.« So wird das Visumprogramm auf einer griechischen Website beworben. Um die klamme Staatskasse aufzufüllen, hat die griechische Regierung neue Investitionsmöglichkeiten geschaffen, die Nicht-EU-Bürgern Folgendes gewähren: eine Aufenthaltserlaubnis, freie Reiserechte im Schengen-Raum und schlussendlich die Aussicht auf einen EU-Pass. Jeder Nicht-EU-Bürger, der mindestens 250.000 Euro hat und in griechische Immobilien investiert, erhält das Recht, sich für einen Zeitraum von zunächst fünf Jahren legal in dem Land aufzuhalten. Eine Option auf Verlängerung ist inbegriffen. Reiche Russen, Chinesen, aber auch Syrer und Iraker kaufen offensichtlich gerne das »goldene Visum«. Bereits 1 Milliarde Euro wurden auf diese Weise bis Ende des Sommers 2018 in die griechische Staatskasse gespült. Wer sieben Jahre einen Wohnsitz in Griechenland hat, kann einen Antrag stellen, um die Staatsbürgerschaft und damit einen EU-Pass zu erlangen.

Einfacher geht es auf Zypern. Dort gibt es den EU-Pass ausnahmslos für alle, die ein »goldenes Visum« haben – ohne Einschränkungen, ohne Mindestanforderungen. Voraussetzung: eine Investitionssumme von 2 Millionen Euro.[109]

Fakt ist: Wer Geld hat, kommt ganz entspannt ohne gefährliche Überfahrt, illegale Grenzübertritte und vollkommen legal in die EU.

Die EU ist nicht gerecht

Die Welt schrieb am 14. Juni 2019: »EU heißt: Am Ende zahlt immer Deutschland«. Ist dies tatsächlich der Fall? Wir sagen ganz klar ja, und in Zukunft wird die EU richtig teuer für den deutschen Steuerzahler. Ferner ist Deutschland im EU-Parlament in Relation zu seiner Einwohnerzahl unterrepräsentiert. Dies zeigt ganz klar Tabelle 2. Außer bei Frankreich, Großbritannien und Spanien zählt keine Stimme so wenig.

Noch größer ist das Missverhältnis bei der EZB. Deutschland haftet mit über 25 Prozent, hat aber genauso viele Stimmen wie das kleine Malta oder das bankrotte Griechenland. Wenn ein Land bankrottgeht, dann erhöht sich der Anteil der übrigen Länder. Folglich wird auch Deutschlands Anteil in Zukunft steigen, da ein Staatsbankrott von Griechenland und auch von Italien auf Dauer nicht einmal mehr mit der Notenbankpresse der EZB zu verhindern sind. Ein Austritt aus der Eurozone würde für Deutschland zweifellos hart und sehr teuer werden. Langfristig gesehen wird Deutschland ein Verbleib in der Eurozone jedoch noch wesentlich teurer zu stehen kommen. **Deshalb lieber ein Dexit früher als später!**

Kaum mehr Wille zur Integration

Integration ist das Codewort für die Bereitschaft, sein politisches Schicksal mit dem der anderen zu verknüpfen – zum gemeinsamen Nutzen. Das European Council on Foreign Relations hat diese Bereitschaft bei allen Mitgliedsstaaten 2018 gemessen. Das Ergebnis: Der Wille zu mehr Europa, also zur stärkeren Integration, ist nur in Frankreich, Deutschland, Belgien und Luxemburg festzustellen (in dieser Reihenfolge).[110] Ungarn, Italien und Polen gehen immer mehr auf Konfrontationskurs zur EU. Kurzum: Viele Bürger der EU wollen nicht den Superstaat EU, welcher einigen Politikern in der Filterblase Brüssel, Berlin und Paris vorschwebt.

In der Rezession ist Schluss mit Harmonie

Kommt es zu einer wesentlich heftigeren Rezession in der Eurozone als 2008/2009, dann ist es vorbei mit der Harmonie und dem

Land	Abgeordnete	Einwohner (Mio)	Bürger pro Abgeordnete	Gewicht einer Stimme D = 100%	EZB Haftung	in %	Direktoren	Bürger pro Direktor	Gewicht einer Stimme D = 100%
EU Gesamt	751	501,1	667.193						
Belgien	22	10,8	492.136	173%	268	3,5%	1	10,8	757%
Bulgarien	18	7,5	420.222	203%					
Deutschland	96	81,8	852.083	100%	1948	25,6%	1	81,8	100%
Dänemark	13	5,5	425.769	200%					
Estland	6	1,3	223.333	382%	20	0,3%	1	1,3	6292%
Finnland	13	5,4	411.615	207%	136	1,8%	1	5,4	1515%
Frankreich	74	64,7	874.514	97%	1534	20,2%	1	64,7	126%
Griechenland	22	11,3	513.409	166%	220	2,9%	1	11,3	724%
Irland	12	4,5	371.333	229%	125	1,6%	1	4,5	1818%
Italien	73	60,3	826.575	103%	1332	17,5%	1	60,3	136%
Lettland	9	2,2	249.777	341%	30	0,4%	1	2,2	3718%
Litauen	12	3,3	277.417	307%	44	0,6%	1	3,3	2479%
Luxemburg	6	0,5	83.666	1018%	21	0,3%	1	0,5	16360%
Malta	6	0,4	68.833	1238%	7	0,1%	1	0,4	20450%
Niederlande	26	16,6	637.615	134%	433	5,7%	1	16,6	493%
Österreich	19	8,4	440.789	193%	212	2,8%	1	8,4	974%
Polen	51	38,2	748.373	114%					
Portugal	22	10,6	483.545	176%	188	2,5%	1	10,6	772%
Rumänien	33	21,5	650.363	131%					
Schwede	20	9,3	467.050	182%					
Slowakei	13	5,4	417.308	204%	83	1,1%	1	5,4	1515%
Slowenien	8	2	255.875	333%	37	0,5%	1	2	4090%
Spanien	54	46	854.648	100%	957	12,6%	1	46	178%
Tschechien	22	10,5	477.591	178%					
Ungarn	22	10	455.136	187%					
Großbritannien	73	62	849.425	100%					
Zypern	6	0,8	13.300	6407%	16	0,2%	1	0,8	10225%

Tabelle 2

politischen Zusammenhalt. Das Wohlstandsversprechen der EU zählt für Südeuropa bereits seit 2008 nicht mehr. Bis dato hat der vom Euro ausgelöste Verschuldungsboom den Südeuropäern eine Wohlstandsillusion vorgegaukelt, die wir momentan in Deutschland erleben. Um zu erfahren, wie das enden wird, hilft eine kurze Reise nach Italien oder Griechenland.

Hört das Geld auch beim Exportweltmeister Deutschland auf zu sprudeln, dann werden nicht nur die Verteilungskämpfe innerhalb unseres Landes, sondern auch innerhalb der EU beginnen. Wenn dem größten Nettozahler der EU, Deutschland, das Geld knapp wird, dann werden die Politiker erkennen, dass wir doch nicht so reich sind. Denn Handelsüberschüsse sind eben nicht dasselbe wie Reichtum. In den meisten EU-Ländern liegt das Privatvermögen pro Kopf deutlich höher als in Deutschland.

Ist die EU Europas Untergang?

Zusammenfassend kann man leider nur sagen: **Die EU wird genauso scheitern wie andere zu groß geratene Reiche und Imperien.** Statt sich zu konsolidieren, klare Regeln zu schaffen und diese auch einzuhalten, will man immer weiter wachsen. Wenn das Fundament aber schon fragil ist, wieso sollte man dann noch mehr Gewicht und Verantwortung draufpacken?

Brexit – ein Alptraum für Nordeuropa und der Anfang vom Ende der EU

Der Austritt Großbritanniens aus der Europäischen Union ist ein Misstrauensvotum gegen die EU. Er bringt das Gleichgewicht innerhalb der Gemeinschaft massiv durcheinander und für uns stellt er den Anfang vom Ende der EU dar. Warum? Weil der Warnschuss von der EU und ihren Eliten leider überhört wurde. Die teilweise berechtigte Kritik wurde nicht zum Anlass genommen, endlich notwendige und längst überfällige Reformen in der EU einzuleiten. Stattdessen zeigte man sich beleidigt und trotzig.

Einerseits ist Großbritannien das fünftreichste Land der Welt. Andererseits gelten 14 Millionen Arbeiter, Arbeitslose, Kinder dort als arm. Seit 2008 ist die Zahl der Essenstafeln von 29 auf 2.000 gestiegen.[111]

Wir haben mit vielen Bewohnern Großbritanniens gesprochen und nach den Gründen für den Brexit gefragt. Die Antworten waren äußerst vielschichtig. Viele Befürworter des Brexits hatten schlicht und einfach die Bevormundung einer von Deutschland dominierten EU satt. Ein anderer oftmals aufgeführter Grund war, dass zu viele Menschen aus Osteuropa in Großbritannien leben würden. Die Flüchtlingswelle, die 2015 nach Europa und insbesondere Deutschland schwappte, war dann »the icing on the cake« (das Sahnehäubchen). Viele Bewohner der Insel haben in dieser Sache eine grundsätzlich andere Meinung als die GroKo-Regierung unter Merkel in Deutschland. Wegen der Massenzuwanderung ehemaliger Commonwealth-Bürger nach dem Zweiten Weltkrieg steckt in vielen Briten immer noch die Erkenntnis, dass das Land damit überfordert war. Eine Wiederholung will man jedenfalls vermeiden.

Egal ob Befürworter oder Gegner, beide Seiten haben uns bestätigt, dass letztendlich ohne die Flüchtlingskrise und die damit verbundene vollkommen unkontrollierte Einwanderung nach Europa der Brexit niemals eine Mehrheit in der Bevölkerung gefunden hätte. Auch der renommierte Politik-Journalisten und Pulitzer-Preisträger Bret Stephens, der für die linksliberale *New York Times* zweimal in der Woche eine Kolumne schreibt, kommt zu dem Schluss: Merkels Entscheidung, so viele Flüchtlinge aufzunehmen und dann von anderen europäischen Ländern die gerechte Verteilung zu erwarten, habe etwa den Brexit-Befürwortern eine Steilvorlage geboten.[112] *Die Welt* schreibt:» Die vom Migrationsthema verursachte Populistenwelle hat ja auch ihren Preis, siehe Brexit.«[113]

Die meisten Brexiteers, mit denen wir gesprochen haben, sagten, dass sie die EU, jedoch nicht Europa abgewählt haben. Generell sollte man die EU nicht mit dem wundervollen Kontinent Europa gleichsetzen. Auch wurden immer wieder die Hybris und die Arroganz von Brüssel als Grund für den Brexit aufgeführt. Außerdem ärgert es viele, dass die EU das SUBSidiaritätsprinzip oftmals mit Füßen tritt. Und letztlich stören sich die meisten an der Tatsache, dass die EU ein Bürokratiemonster ist, das alles mit ihren Ministerratsbeschlüssen und Verordnungen regeln will: die Krümmung der Gurken, die Länge von Bananen, den Feinstaub in den Städten, die Saugkraft der StaUBSauger, die Länge und Beschaffenheit von Schnullerketten und so weiter. Oftmals bemängelt wurde auch das Unverständnis, dass kleine Länder wie Zypern, Malta oder Portugal dieselben Stimmrechte haben wie die großen Länder, die unverhältnismäßig mehr an die EU überweisen.

Die Parlamentarier des tief gespaltenen Großbritanniens haben den Deal mit der Europäischen Union, der vor allem von der ehemaligen Premierministerin Theresa May ausgehandelt wurde, mit großer Mehrheit abgeschmettert. Wie von uns erwartet, steigt damit die Wahrscheinlichkeit für einen harten und schmutzigen Brexit mit drastischen Konsequenzen für Großbritannien, die EU, aber auch für Deutschland. Bei den EU-Parlamentswahlen ist ebenfalls, wie von uns prognostiziert, die sogenannte Brexit-Partei von Nigel Farage mit Abstand als stärkste Kraft hervorgegangen, nachdem sich die Labour Party und Conservative Party seit geraumer Zeit der Lächerlichkeit preisgeben und für viele Briten schlicht und einfach nicht mehr ernst zu nehmen sind. Mit Mays Nachfolger Boris Johnson ist jetzt ein Brexit-Hardliner am Ruder.

Die Folgen eines harten Brexits für die Wirtschaft Großbritanniens

Großbritannien (GB) ist nicht mehr Mitglied des Europäischen Binnenmarkts und das Ende des freien Warenverkehrs zwischen GB und dem europäischen Festland ist besiegelt. Viele tausend Regelungen für Handel und Verkehr zwischen GB und der EU sind ungültig und werden durch die Regeln der Welthandelsorganisation (WTO) abgelöst.

Die Wirtschaft des Landes wird erstmal in eine Rezession rutschen. Insbesondere eine der britischen Schlüsselindustrien, die

Finanzindustrie, wird sich warm anziehen müssen. Arbeitsplätze im Finanzzentrum London werden verloren gehen. Britische Banken benötigen zukünftig für ihre Dienstleistungen, wie beispielsweise das Einlagen- und Kreditgeschäft, rechtlich selbstständige Einheiten in einem EU-Staat. Ob und wenn ja wie leicht jedoch Banker aus London die notwendige Arbeitserlaubnis innerhalb der EU-Länder erhalten, ist noch vollkommen offen.

Der IWF geht von Wachstumsverlusten für die britische Wirtschaft von vier Prozentpunkten in fünf Jahren aus. Kurzfristig wird der Außenhandel in die Bredouille kommen. Das Pfund wird abermals deutlich abwerten und die Inflation steigen. Die Renditen britischer Staatsanleihen werden ebenfalls steigen, mit Konsequenzen für den Staatshaushalt. Die Aktienmärkte werden deutlich nach unten korrigieren. Inwieweit das auf die Märkte innerhalb der EU überschwappt, ist nicht klar zu prognostizieren. Wir gehen jedoch von erheblichen Folgen aus. Von einem deutlichen Anstieg der Arbeitslosigkeit auf der Insel ist auszugehen. Diese wird weitreichende Folgen auf den Immobilienmarkt, insbesondere im unteren und mittleren Preissegment, haben. Langfristig erwarten wir jedoch aufgrund der starken Abwertung der Währung und neu geschlossener Handelsdeals mit verschiedenen Ländern eine Erholung der Konjunktur. Ferner gehen wir im Falle eines harten Brexits davon aus, dass wir bald die größte Steueroase mitten in Europa haben werden – Großbritannien. Mit einem der größten Finanzmärkte der Welt sind bereits alle Infrastrukturen vorhanden. Man sollte in Brüssel nicht davon ausgehen, dass die Briten sich die Butter vom Brot nehmen lassen.

EU verliert ihre zweitgrößte Volkswirtschaft

Zumeist wird in den Medien nur über die gravierenden Folgen für Großbritannien gesprochen, aber nicht über die Auswirkungen für Europa, insbesondere für Deutschland. **Die EU verliert mit Großbritannien seine zweitgrößte Volkswirtschaft und den zweitgrößten Nettozahler.** Deutschland verliert einen wichtigen Handelspartner. **Gemessen an der Wirtschaftskraft entspricht der Brexit dem gleichzeitigen Austritt von 20 der 28 kleinsten EU-Länder!**

Folglich verliert die EU zahlenmäßig nur ein Land, vom wirtschaftlichen Aspekt gesehen jedoch 20. Rein wirtschaftlich gesehen wäre es folglich weniger schlimm für die EU gewesen, wenn die 19 kleinsten Länder aus der EU ausgetreten wären statt Großbritannien. Dieser Fakt wird von vielen Politikern anscheinend gern ausgeblendet. Abgesehen davon verliert die EU eine von zwei Nuklearmächten und mit den British Armed Forces eine der stärksten Armeen Europas.

Der Brexit wird teuer für die deutsche Wirtschaft

Mit einem bilateralen Außenhandelsvolumen von rund 122 Milliarden Euro pro Jahr (Exporte plus Importe) rangieren die Briten auf Platz fünf der wichtigsten Partnerländer. Der Handelsüberschuss Deutschland gegenüber GB betrug 2017 knapp 47 Milliarden Euro.

Allein in Deutschland hängen 750.000 Arbeitsplätze vom Handel mit Großbritannien, einem der wichtigsten Handelspartner Deutschlands, ab. GB ist ein extrem wichtiger Exportmarkt für Autos aus Deutschland. Ferner produzieren deutsche Automobilhersteller, wie beispielsweise BMW (Mini und Rolls-Royce) in GB. Großbritannien ist ebenfalls ein wichtiger Exportmarkt und Produktionsstandort für die Chemie- und Pharmaindustrie. Knapp 17.000 Mitarbeiter deutscher Firmen stellen in GB laut dem Branchenverband der Chemischen Industrie VCI Vorprodukte her. Diese werden überwiegend in Deutschland weiterverarbeitet. Die Branche geht von Problemen bei Zulieferungen aus GB aufgrund fehlender relevanter Zulassungen aus.

Wegen der immensen Komplexität bei einem Brexit ohne Vertrag kann heute niemand die enorm hohen volkswirtschaftlichen Kosten und Schäden seriös berechnen. Im Falle eines schmutzigen Brexits werden insbesondere die intensiven Lieferketten zwischen Industrieunternehmen in Deutschland und GB unterbrochen. Endlose Lastwagenkolonnen an den Grenzen zu GB werden zum Alltag gehören. Produktionsausfälle aufgrund nicht rechtzeitig gelieferter Teile werden die Folge sein. Von der Problematik von aufkommenden Zöllen und den damit verbundenen Kosten ganz zu schweigen. Laut Berechnungen des Industrie- und Handelskammertags

(DIHK) müssten deutsche Unternehmen jährlich allein 3 Milliarden Euro für den Zoll zahlen. Hinzu kommen knapp 200 Millionen Euro für Zollformalitäten. Folglich wird es in Zukunft bestimmt nicht billiger.

EU – wer bezahlt nun für Großbritannien?

Großbritannien ist nach Deutschland der größte Nettozahler in der EU. 16,5 Milliarden Euro fehlen im EU-Haushalt allein von April 2019 bis Ende 2020 bei einem britischen EU-Austritt ohne Abkommen. Je länger die Briten in der EU bleiben, desto besser ist das für den EU-Haushalt.

Die Gelder, welche durch den Brexit entfallen, müssen selbstredend auf die übrigen Mitgliedsstaaten verteilt werden. Demgemäß werden Mehrbelastungen auf den größten Nettozahler Deutschland zukommen. Die Rede ist von bis zu 4,2 Milliarden Euro zusätzlich bis Ende 2020.

Sperrminoritätsregel – der Super-GAU für Deutschland

Wesentlich teurer zu stehen kommen wird Deutschland die »**Sperrminoritätsregel**« im Ministerrat. Mit dem Austritt Großbritanniens ist das Gleichgewicht innerhalb der EU unwiederbringlich gestört und die Länder Südeuropas haben ab diesem Zeitpunkt die Mehrheit im Europäischen Rat und können folglich die Länder Nordeuropas überstimmen.

Um einen Beschluss zu verhindern, sind mindestens 4 Mitgliedstaaten erforderlich, die mindestens 35 Prozent der EU-Gesamtbevölkerung stellen (»Sperrminorität«).

Die Stimmanteile der Länder Nordeuropas fallen wegen des Brexits auf 30 Prozent, während die der Länder Südeuropas auf 43 Prozent ansteigen. Damit können die Länder Südeuropas uns Nordeuropäer problemlos überstimmen und ihre eigenen, für die Länder Nordeuropas kostspieligen Interessen, durchsetzen.

Professor Doktor Hans-Werner Sinn bringt es auf den Punkt: »Deutschland wird künftig bei vielen EU-Beschlüssen, die man mit einer Sperrminorität von 35 Prozent im Ministerrat hätte verhindern können, überstimmt werden.«[114] Ein jeder kann sich ausmalen, was da auf uns zukommen wird und wer die Rechnung begleichen darf. Wir gehen von erheblichen Mehrkosten für Deutschland in Zukunft aus. Seltsamerweise wird exakt dieser Sachverhalt weder von der Politik noch von den Medien großartig thematisiert. Stattdessen wird vorwiegend über den drohenden Untergang Großbritanniens fabuliert.

Die Welt wird auch nach dem Brexit nicht untergehen, und Deutschland und die restlichen EU-Länder werden auch in Zukunft mit den Briten Geschäfte machen. Fakt ist: Weder Deutschlands wichtigster Handelspartner USA noch unser drittwichtigster Handelspartner China sowie die meisten Länder der Erde sind nicht Mitglied der EU und dennoch treiben wir als Exportweltmeister offensichtlich äußerst fleißig und erfolgreich Handel mit ihnen. Selbst im Herzen der EU befinden sich Länder, mit denen wir regen Handel betreiben – die Schweiz, Island, Norwegen. Um ein wenig Hysterie aus der Debatte zu nehmen: **166 Länder der Welt sind nicht Mitglied der EU, und wir betreiben trotzdem Handel mit ihnen und werden dies auch weiter tun.** Keiner kann aus dogmatischen Gründen ein Interesse daran haben, das zu unterbinden.

Brexit eine kluge oder historisch dumme Entscheidung?
Diese Frage wurde ergiebig ausdiskutiert und zumeist als die dümmste Entscheidung aller Zeiten angesehen. Wir sehen das anders. Man darf nicht vergessen: Die Briten haben schon einmal eine im Nachhinein sehr kluge Entscheidung getroffen, nämlich: **Dem Euro nicht beizutreten und ihre eigene Währung zu behalten.**

*»Wenn ich Deutsche wäre, würde ich die Bundesbank
und die D-Mark auf alle Fälle behalten wollen«*
Margaret Thatcher

Heute kann niemand sagen, ob der Brexit eine kluge oder unkluge
Entscheidung war. Dies wird die Zukunft zeigen. Setzen sich tatsächlich die Kräfte in Europa durch, welche den zum Scheitern verurteilten Staat Europa (mit Bankenunion, Vergemeinschaftung von
Schulden, europäischer Arbeitslosenversicherung...) zu realisieren
beabsichtigen, dann werden die Briten die Entscheidung mit Sicherheit nicht bereuen. Dann werden Sie sich entspannt zurücklehnen
und die gravierende Umverteilung von Nord- in Richtung Südeuropa
genüsslich bei einem eiskalten Glas Gin Tonic von ihrer Insel aus betrachten. Sollte die nächste Flüchtlingskrise ausbrechen, dann wird
Großbritannien als Nicht-EU-Mitglied vermutlich seine Grenzen
schließen. Diese wird sie mit seiner immer noch äußerst starken Marine problemlos sichern können. Während das europäische Festland
mit gigantischen Flüchtlingsproblemen konfrontiert sein wird, wird
Großbritannien das Ganze aus der Entfernung beobachten.

11. USA – bald nur noch Nummer 2

Noch bevor Barack Obama, der große Hoffnungsträger, ins Amt kam, wurde ihm – im Zuge der weltweiten Euphorie (auch wir hatten große Hoffnungen in ihn) über den ersten farbigen US-Präsidenten – der Friedensnobelpreis verliehen. Der gefeierte Messias war aber dann doch eher ein Reinfall. Er war der erste »Friedensnobelpreisträger«, der Afghanistan, Syrien, Jemen, Pakistan, Somalia und den Irak bombardieren ließ und allein laut Council on Foreign Relations (CFR) 26.000 US-Bomben (im Schnitt täglich 72 Bomben oder drei pro Stunde)[115] im Jahr 2016 abwerfen ließ. Die Verleihung des Friedensnobelpreises an Barack Obama ist eine schallende Ohrfeige für alle Menschen, die sich für Frieden, Freiheit und ihre Mitmenschen eingesetzt haben. Wir können diesen Preis nach der Verleihung an Obama jedenfalls nicht mehr ernst nehmen.

Trump – Brillant oder Blender?

Jetzt ist Donald Trump am Drücker. Als wir vorhergesagt haben, dass er die US-Präsidentschaftswahl gewinnen würde, erhielten wir nur Gelächter und Kopfschütteln. Der laute Immobilienmilliardär, der *You are fired*-TV-Star als Präsident des mächtigsten Landes der Welt? Niemals! Das war die einhellige Meinung von Politik und Medien. Auch bei den Umfragen lag Hilary Clinton weit vorne. Für die meisten war diese Vorstellung eben vollkommen abstrus, da sie nicht ihr Amerikabild widerspiegelt. Jedoch besteht die USA nicht nur aus der Ost- und Westküste und Florida. Zwischen Ost- und Westküste ist bekanntlich jede Menge Platz für jede Menge Bewohner, die zumeist nicht zu den wirtschaftlichen Gewinnern des mächtigsten Staates der Erde gehören. Trump hat dies alles sehr geschickt ausgenutzt.

Auch auf die Gefahr hin, dass wir unpopulär werden: Wir geben hier und jetzt wieder eine Prognose ab: **Donald Trump wird wiedergewählt!** Verstehen Sie uns nicht falsch, wir sind keine Fans oder Anhänger von Trump, aber die Fakten und die Stimmung haben uns zu dieser Prognose, genauso wie 2016, bewogen. Wir glauben, Trump wird massiv unterschätzt. Zu gerne wird er von den Medien, auch in Deutschland, als polternder, unsensibler, populistischer, twitternder Tölpel dargestellt. Die Frage ist aber: Ist Donald Trump clever oder wirklich ein Vollpfosten, wie viele deutsche Politiker ihn sehen? Spielt er die Rolle des »mad man«, des verrückten, unberechenbaren Businessman einfach nur oscarreif, um seine Agenda durchzuboxen, oder hat er doch keine Ahnung, was er da macht? **Will er vielleicht gar unterschätzt werden?**

Die Bilanz von Trump spricht jedenfalls Bände: Er ist konsequent, kein Wendehals, bleibt bei seiner Meinung und redet Klartext. Das gefällt dem Wahlvolk.

Unsere Politiker sind vor allem irritiert, weil er die Interessen der USA, seines Landes, seiner Bürger und seiner Agenda konsequent vertritt und sich sogar nach seiner Wahl an seine Wahlversprechen erinnern kann und diese auch Schritt für Schritt umsetzt. In Deutschland und in anderen Ländern ist man es einfach nicht gewohnt, dass Politiker das machen, was sie versprochen haben. Auch Trumps Sprache und Ausdrucksweise wird bemängelt. Er redet so, dass die Menschen ihn verstehen. Unserer Ansicht nach ist das sehr klug! Er ist nah am Volk und spricht dessen Sprache. So gewinnt man Wähler. Unsere Politiker versteht kein Mensch! Da wird ewig lange verschwurbelt um den heißen Brei herumgeredet, um sich möglichst nicht festzulegen und den Bürger zu verwirren. Ganz nach dem Motto: Viel geredet, aber wenig Inhalt. Daran krankt unser politisches System mit den Berufspolitikern. Viele haben lediglich ein Ziel: wiedergewählt zu werden und ihren Job als Berufspolitiker zu behalten – und zwar um jeden Preis. Dies führt dazu, dass sich die Menschen immer weiter von der Politik distanzieren. Es ist auch ein

Zeichen dafür, dass unsere Politik sich von der Realität verabschiedet hat.

Trump hat da einen Riesenvorteil: Er ist kein Vollblut-Berufspolitiker, finanziell unabhängig und kein Wendehals! Selbstverständlich will er wiedergewählt werden. Die einzige Hoffnung der Demokraten ist die US-Notenbank FED bzw. eine Rezession. Deswegen übt Trump auch solchen Druck auf die politisch unabhängige Notenbank FED aus, die Zinsen massiv zu senken. Dafür nimmt er sogar einen Handels- und Währungskrieg mit China in Kauf sowie sinkende Aktienbörsen. Denn er weiß ganz genau: Wenn die Zinsen sinken, werden die Kurse an den Börsen steigen, die Unternehmen investieren, Kredite werden vergeben, die Wirtschaft brummt, die Arbeitslosenzahlen bleiben im Keller und er hat die Wiederwahl eingetütet. Punkt!

Sollte es im Finanzgebälk aber kräftig krachen, könnte dies seine Wiederwahl gefährden. Allerdings könnte er sich dann als erfahrener und schnell durchgreifender Krisenmanager beweisen. Also eigentlich eine Win-win-Situation für Trump.

Seine Bilanz: Unter seiner Regentschaft sind knapp vier Millionen neue Jobs entstanden. Dies ist vor allem der Steuersenkung für Unternehmen und der massiven Deregulierung zu verdanken. Mit 3,6 Prozent war die Erwerbslosenquote zuletzt so niedrig wie seit 50 Jahren nicht mehr, und die Löhne sind um bis zu 3 Prozent gestiegen. Parallel melden Banken und Konzerne Rekordgewinne. Der Binnenkonsum ist robust, und die Börsen steigen auf Rekordniveaus. Selbstverständlich ist er hier Nutznießer der Notenbankpolitik der letzten Jahre.

Außenpolitisch hat er auch einige Erfolge zu vermelden. Die Mauer zu Mexiko wird doch gebaut, die Sanktionen gegen den Iran hat er umgesetzt und den Nuklear-Deal mit dem Iran wie angekündigt ausgesetzt. Sein Versprechen, die Justiz mit konservativeren Richtern auszustatten, hat er ebenfalls flink umgesetzt. Seine Wahlversprechen hat er damit zum Großteil eingelöst.

Warum die Welt so überrascht auf die Politik Trumps reagiert, sorgt bei uns doch für Verwunderung. Trump macht in großen

Teilen genau das, was er zuvor angekündigt hat. Mit Entsetzen twittern deutsche Politiker gegen den Twitter-König Trump. Diesen lässt das unverkennbar kalt, da er der unsrigen Sprache bekanntlich nicht mächtig ist und die USA immer noch das mächtigste Land ist, sowohl wirtschaftlich als auch militärisch. Was wäre denn, wenn die USA die Nato verlassen würden und seine Soldaten aus Europa abziehen würden? Die USA brauchen die Nato nicht, für Deutschland sieht das etwas anders aus.

Fake News starten Kriege – Krieg gegen den Iran?

Viele der letzten US-Militäreinsätze wurden mit falschen Tatsachen begründet. Der Zweite Golfkrieg wurde durch die sogenannte Brutkasten-Lüge begonnen.

Die Brutkasten-Lüge

Die Tochter des kuwaitischen Botschafters in den USA, Saud Nasir as-Sabah, erzählte vor dem US-Kongress, dass irakische Soldaten Säuglinge aus den Brutkästen genommen und sie auf den kalten Boden gelegt hätten, wo sie starben. Das war frei erfunden. Die kuwaitische Regierung hatte aus dem Exil heraus die US-amerikanische PR-Agentur Hill & Knowlton für 10 Millionen US-Dollar damit beauftragt, in der amerikanischen Öffentlichkeit für ein militärisches Eingreifen der USA zugunsten Kuwaits zu werben. Den Auftrag erhielt H+K von der Scheinorganisation Citizens for a Free Kuwait, die wiederum von der kuwaitischen Regierung gegründet und finanziert worden war. Die Agentur startete eine Reihe von PR-Aktivitäten, wozu unter anderem die erfundene Brutkastengeschichte gehörte.

Auch der Dritte Golfkrieg entstand aufgrund einer Lüge, die sich um die angeblichen Massenvernichtungswaffen von Saddam Hussein rankte.

Lüge um Saddam Husseins Massenvernichtungswaffen

In einem dramatischen Auftritt vor den Vereinten Nationen warnte der damalige US-Außenminister Colin Powell eindringlich davor, dass der Irak an Massenvernichtungswaffen arbeite und auch schon welche besitze und diese gedenke bald einzusetzen. Als Beweis führte Powell Geheimdienstberichte an. Wie wir heute wissen, hat er gelogen und bereut dies zutiefst. Er bezeichnet diesen Auftritt als die Schande seines Lebens. Die Geheimdienstinformationen waren größtenteils manipuliert und falsch. Weder gab es atomare noch biologische oder chemische Waffen im Arsenal von Saddam Hussein. Auch hatte der Irak keine Kontakte zu Terrorgruppe Al-Qaida.

Die wahren Gründe für den Dritten Golfkrieg waren Öl, Macht, die Vormachtstellung des US-Dollar sowie ökonomische Gesichtspunkte. Immerhin hat der amerikanische Konzern Halliburton ohne Ausschreibung den Milliardenschweren Auftrag erhalten, das irakische Öl zu sichern, und zuvor gab es den Auftrag für militärische Hilfsdienste in Höhe von 48 Milliarden Dollar. Interessanterweise war der US-Vizepräsident Dick Cheney, der Präsidentenflüsterer, vor seinem Amt CEO von Halliburton. Reiner Zufall natürlich.

An dieser Stelle muss die Aussage von Wesley Clark Beachtung finden. Er schrieb in seinem Buch *Winning Modern Wars*, dass man im Pentagon schon im November 2001, kurz nach den Anschlägen auf das World Trade Center, darüber informiert wurde, dass die USA **7 Länder in 5 Jahren** angreifen wolle – und zwar beginnend mit dem Irak (abgehakt), Syrien (dabei), Libanon (offen), Libyen (erledigt),

Somalia (mittendrin), Sudan (offen) und zum Schluss Iran (offen). Clark ist niemand anderes als ein US-General a. D., ehemaliger Oberbefehlshaber der Nato-Streitkräfte im Kosovo-Krieg und demokratischer Präsidentschaftskandidat 2004.

Nachdem die USA den Irak trotz nicht vorhandener Massenvernichtungswaffen besetzt und eine ganze Region destabilisiert haben, steht jetzt offenbar der Iran als Zentrum des Bösen auf der Agenda. US-Präsident George W. Bush hatte ja bereits 2001 von einer »Achse des Bösen« – Irak, Iran und Nordkorea – gesprochen. Der Iran hat seit über 200 Jahren kein einziges Land angegriffen. Bei den USA ist der Sachverhalt etwas anders. Die USA haben zahlreiche Länder destabilisiert, bombardiert oder besetzt – etwa Vietnam, Nicaragua, El Salvador, Guatemala, Honduras, Grenada, Panama, Irak, Jugoslawien, Afghanistan, Libyen und Syrien. Betrachtet man die Anzahl der US-Militärbasen rund um den Iran, dann erscheint ein Krieg gegen eben diesen nicht sonderlich abwegig (siehe Abbildung 34). Wären die USA von so vielen feindlichen Militärbasen umzingelt, dann hätte es vermutlich längst geknallt. Doch das ist ein anderes Thema.

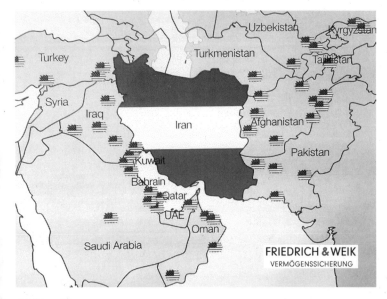

Abbildung 34

In Artikel 2 Nr. 4 der Charta der Vereinten Nationen (UN) steht: Alle Mitglieder unterlassen in ihren internationalen Beziehungen jede gegen die territoriale Unversehrtheit oder die politische Unabhängigkeit eines Staates gerichtete oder sonst mit den Zielen der Vereinten Nationen unvereinbare Androhung oder Anwendung von Gewalt. Sollten also die USA den Iran angreifen, dann würden sie ganz klar gegen die Charta der Vereinten Nationen verstoßen. Die Folgen dieses Verstoßes wären jedoch ebenso gering wie die Konsequenzen für den Angriffskrieg gegen den Irak. Nämlich Null.

Falls die Situation im Iran eskalieren sollte, wären die Auswirkungen verheerend. Neben dem Leid würde eine ganze Region brennen und Flüchtlingsströme auslösen, die die Situation 2015 unbedeutend aussehen lassen würden.

Kritik unerwünscht

Der Internationale Gerichtshof untersucht seit 2002 mögliche Kriegsverbrechen und Verbrechen gegen die Menschlichkeit. Im März 2019 haben die USA Sanktionen gegen Mitarbeiter des Internationalen Strafgerichtshofs (IStGH) in Den Haag erlassen. Der Grund hierfür sind Ermittlungen zu möglichen Kriegsverbrechen des US-Militärs in Afghanistan. Der Gründungsvertrag, das Römische Statut, ermächtigt das Gericht, Verbrechen in den derzeit mehr als 120 Mitgliedsstaaten zu verfolgen. Die USA sind zwar kein Vertragsstaat und damit nicht weisungsgebunden, jedoch ist Afghanistan dem Vertrag beigetreten. Somit kann das Gericht alle Verbrechen auf afghanischem Staatsgebiet verfolgen. Auch die Verbrechen, die von US-Bürgern begangen wurden.

US-Außenminister Mike Pompeo hat daran jedoch keinerlei Interesse. Also kündigte er als ersten Schritt an, dass allen mit diesen Untersuchungen befassten Mitarbeitern des Strafgerichtshofs das Visum entzogen werden solle, um in die Vereinigten Staaten einzureisen. Erste Einreiseverbote seien bereits erlassen worden. Obendrein appellierte er an den IStGH, seinen »Kurs zu wechseln« und von Ermittlungen gegen die USA abzusehen. Andernfalls drohten weitere Strafmaßnahmen – bei jeglichen Untersuchungen gegen US-Bürger sowie gegen Verbündete der USA, etwa gegen Israel.[116]

Der Stärkste im Sandkasten bestimmt bekanntlich das Spiel. Oder wie man im Englischen sagt: *one law for them and another law for us* (Ein Gesetz für sie und ein anderes für uns.).

Das Leben auf Pump geht weiter

Sonderlich viel scheinen die USA nicht aus der letzten Krise gelernt zu haben. Die US-Amerikaner leben nach wie vor massiv auf Pump, was die Abbildung 35 verdeutlicht.

Egal ob Kreditkarten-, Auto- oder Studentenkredite – nichts ist besser geworden. Ganz im Gegenteil, die Studentenkredite belaufen sich derzeit auf über 1,6 Billionen US-Dollar, die Autokredite auf knapp 1,2 Billionen Dollar. Die private Verschuldung wächst kontinuierlich und unaufhaltsam in immer neue Rekordhöhen. Viele Studienabgänger werden niemals in ihrem Leben ihren Kredit abbezahlen können.

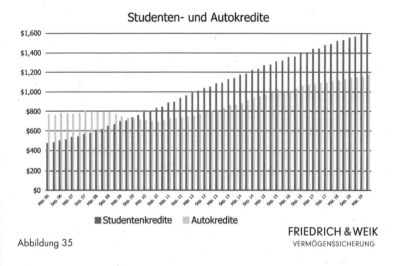

Abbildung 35

Die Sause geht weiter! Immer mehr schlechte Schulden!

In den USA werden immer noch Kredite an Unternehmen mit schwacher Bonität vergeben. Über 1,3 Billionen Dollar (der Markt ist größer als für hoch riskante Ramsch-Anleihen) stecken in sogenannten *Leveraged Loans*. Das sind Darlehen mit lockeren Finanzierungsbedingungen, die stark verschuldeten Kreditnehmern gewährt werden. Was passiert, wenn die Firmen die Kredite nicht mehr bedienen können?

US-Unternehmen haben erstmalig 47 Prozent Schulden zum US-BIP aufgenommen (siehe Abbildung 36). Das ist ein neuer Rekord.

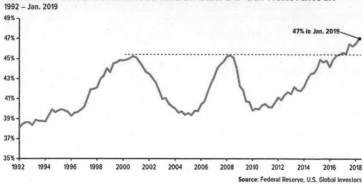

Abbildung 36

Vor allem bei den gerade noch »guten« BBB-Anleihen saugen sich die Unternehmen mit billigem Geld voll. Diese Investment-Grade-Unternehmensanleihen (IG) mit einem Rating von BBB (niedrigstes Credit-Rating, das noch als IG angesehen wird) sind von rund 25 Prozent in den 1990er Jahren auf 50 Prozent gestiegen. Das Volumen der US-Papiere mit BBB beläuft sich auf über 3 Billionen Dollar. Weltweit sind es 7 Billionen Dollar. Damit stehen US-Unternehmen beinahe für die Hälfte aller BBB-Anleihen.

US-Staatsverschuldung geht durch die Decke

Auch der Staat lebt weit über seine Verhältnisse, das Handelsdefizit ist 1 Billion Dollar und die Schuldenobergrenze muss in immer kürzeren Abständen nach oben gehievt werden. Es dauert nicht mehr allzu lange, dann sprechen wir von 23 Billionen Dollar.

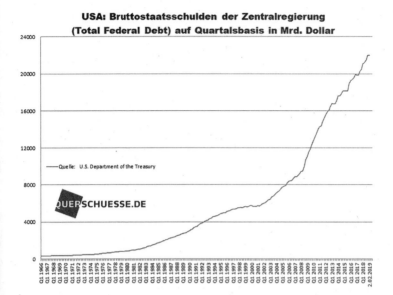

Abbildung 37

Dennoch verbraten die USA 716 Milliarden Dollar (rund 635 Milliarden Euro) für das Militär. Mehr als Russland, China und Indien zusammen. Würde das Geld in den US-Bildungs- und den Gesundheitssektor fließen, dann wäre dem Land bestimmt mehr geholfen. Die Entscheidung, ob man einen solch exorbitanten Wehretat für eine Verteidigungs- oder eine Angriffsarmee benötigt, überlassen wir Ihnen. Traurig ist nur, dass immer noch 40,3 Millionen Menschen, das sind 12,25 Prozent aller Bürger der USA, Foodstamps beziehen müssen, das sind vom Staat bezahlte Essensmarken, weil es oftmals trotz Arbeit nicht für das Nötigste reicht. Zehntausende Menschen leben in ihren Autos und auch die Zeltstädte in Los Angeles und Seattle werden immer größer!

Immobilienblase

Mehr als eine Dekade nach dem Platzen der US-Immobilienblase notieren die Immobilienpreise in den USA über ihrem damaligen Blasen-Hochpunkt. Es ist lediglich eine Frage der Zeit bis zum nächsten Crash. Man hat anscheinend aus dem letzten nichts gelernt. War der Knall damals nicht laut genug?

12. China – die neue Nummer 1

>*Wenn China erwacht, wird die Welt erzittern.*«
Napoleon

China hat einen gigantischen Aufstieg hinter sich. Innerhalb von 30 Jahren ist das Land der Mitte durch eine konsequente Wirtschafts- und Geopolitik zur Nummer 2 der Welt aufgestiegen. Der Kapitalismus hat sich selbst im kommunistischen China entfaltet und seine positive Wirkung gezeigt: Die Armutsrate ist von 88 Prozent auf unter 1 Prozent gefallen und der Anteil am weltweiten BIP von 2 Prozent auf 22 Prozent gestiegen. Dies ist vor allem der Globalisierung zu verdanken, die zu einer Umschichtung geführt hat. Millionen Arbeitsplätze sind nach China abgewandert, und China wurde zur billigen Werkbank der Welt. Die 750 Millionen Chinesen, die in die Mittelschicht aufgestiegen sind, haben in der westlichen Welt für stagnierende Löhne und Arbeitsplatzverluste gesorgt. Dies hat unter anderem auch zum Aufstieg des Populismus geführt sowie zum Brexit und zur Wahl von Donald Trump.

Mit dem ehrgeizigen Plan »China 2025« und dem größten geopolitischen Projekt aller Zeiten, der neuen Seidenstraße – Belt and Road Initiative (BRI) – will man die USA überholen und die neue Nummer 1 werden. Und da die Welt sich von China hat kaufen lassen, wird es China wohl auch gelingen. Und ob Sie es glauben oder nicht, der Einzige, der dies verhindern könnte (und das will er auch), ist niemand anderes als Donald Trump. Aller Voraussicht nach wird dieser Wettkampf um den Spitzenplatz einen globalen Konflikt auslösen, und die Beteiligten werden es wohl nicht nur bei Säbelrasseln belassen.

Der enorme Aufstieg des Landes hat einen sehr hohen Preis. China hat riesige Probleme angehäuft und ist dazu verdammt zu wachsen, um die Bevölkerung mit Arbeit auszustatten, um sie satt und ruhig zu halten. Ansonsten hat China schneller eine Revolution, als der Staatschef auf Lebenszeit Xi es sich vorstellen kann.

Außerdem droht dem Land in Hongkong eine Zerreißprobe, und die Überwachung wird immer drastischer.

Um das riesige Land mit seinen 1,4 Milliarden Menschen unter Kontrolle zu halten, hat die Kommunistische Partei aus dem Land einen ausgeklügelten Überwachungsstaat gemacht. Was der *1984*-Autor George Orwell bereits in den 1970er-Jahren vorhersah, ist in China wahr geworden. Die Kommunistische Partei (KP) hat ein Punktesystem eingeführt, dass die Bürger mittels Totalüberwachung zu besseren Menschen erziehen soll, um die Macht der Partei und der Elite zu sichern. Die KP zeigt uns, was in einer digitalisierten Welt alles möglich ist und was Digitalisierung bedeuten kann, wenn sie von den Falschen missbraucht wird. Derzeit baut die chinesische Regierung ein System auf, das das Verhalten seiner Bewohner in allen Lebensbereichen bewertet. Egal, ob bei Rot über die Ampel gehen, lästern über die Partei in den sozialen Netzwerken, Müll auf die Straße werfen oder Zähneputzen vergessen – das sogenannte »Sozialkreditsystem« soll möglichst alles erfassen: Zahlungsmoral, Strafregister, Einkaufsgewohnheiten, Parteitreue und soziales Verhalten.

Die Konsequenzen für Personen mit einer schlechten Bewertung sind vielfältig. Wer sich nicht benimmt, muss mit Einschränkungen rechnen: langsames bis kein Internet, höhere Steuern, die Verweigerung von Lizenzen und Genehmigungen, ein erschwerter Zugang zu sozialen und öffentlichen Dienstleistungen, keine Kredite, Pranger im TV oder Internet, Karrieren bei staatlichen und staatsnahen Organisationen werden verhindert, Reisebeschränkungen, der Ausschluss von öffentlichen Ausschreibungen und so weiter. Das System hat noch Schwächen: So wurden einer bekannten chinesischen Schauspielerin unverschuldet Punkte abgezogen, weil sie bei Rot über die Straße gegangen sein soll. Das Problem war, dass sie zum Zeitpunkt des Vergehens Tausende von Kilometern entfernt war. Erst auf ihren Protest hin wurden die Aufnahmen geprüft und siehe da: Auf einem Bus war ihr Gesicht für eine Werbung abgebildet und die Überwachungskameras konnten nicht zwischen Bild und echtem Gesicht unterscheiden.

Der Boom ist vorbei

In der zweitgrößten Volkswirtschaft der Welt läuft es längst nicht mehr so rund. Wie in Deutschland schwächeln die Automobilabsätze ebenfalls. Auch im Reich der Mitte ist die Party des billigen Geldes offenkundig vorbei, das Wachstum erlahmt, die Finanzmärkte wackeln spürbar, Rezession und neue Finanzkrisen zeichnen sich am Horizont ab. Die Wirtschaft wächst so langsam wie seit 30 Jahren nicht.

Das gigantische Schattenbankensystem der Volksrepublik China und seine auf Kredit betriebene Investitionswut war neben dem billigen Geld der Notenbanken für den globalen Aufschwung mit verantwortlich, der nun im neunten Jahr erlahmt. Jetzt beginnt China die Folgen von Trumps Politik (Handelskrieg) merklich zu spüren, dem roten Riesen geht langsam die Puste aus, und eine immense Immobilienblase (in der Innenstadt von Peking kosten 60 Quadratmeter Plattenbau inzwischen mehr als 1 Million Euro) droht zu platzen.

Wenn China die Puste ausgeht, dann knallt es in Deutschland

Wenn die Wirtschaft in China nicht mehr gut läuft, dann hat das auch drastische Folgen für den Exportweltmeister Deutschland. Volkswagen, Europas größter Autobauer, verkauft rund 40 Prozent seiner Fahrzeuge in China. Allein Deutschlands größer Automobilkonzern VW erwirtschaftet rund ein Drittel des operativen Gewinns in China. Mehr als jedes dritte Auto, das Volkswagen, BMW und Daimler 2018 verkauften, ging an die Chinesen.

Wenn Chinas Konjunktur sich abkühlt, dann verkünden VW, Daimler, BMW keine Rekordergebnisse mehr, sondern dann geht es ans Eingemachte. Würde Trump auch noch deutsche Autos mit nicht unerheblichen Zöllen belegen, ständen den deutschen Autobauern eisenharte Zeiten mit kräftigen Sparmaßnahmen, Kurzarbeit und Massenentlassungen bevor. Doch auch im Maschinenbau würde es krachen. China ist für deutsche Maschinen der weltweit wichtigste Absatzmarkt.

Deutschlands wichtigste Handelspartner

Das meiste Geld verdienen deutsche Firmen – nach dem Inlandgeschäft – in den USA. Im Jahr 2018 gingen laut Statistischem Bundesamt Waren im Gesamtwert von 113,5 Milliarden Euro in die USA. Deutschland erzielte in den USA mit 48,9 Milliarden Euro auch den höchsten Exportüberschuss, gefolgt von Großbritannien mit 45 Milliarden Euro und Frankreich mit knapp 40 Milliarden Euro. Rechnet man Ein- und Ausfuhren zusammen, ist China Deutschlands wichtigster Handelspartner. 2018 wurden Waren im Wert von 199,3 Milliarden Euro zwischen Deutschland und China gehandelt. Die USA landen in dieser Statistik mit einem Warenverkehr in Höhe von 178 Milliarden Euro nur auf Rang drei hinter den Niederlanden mit 189,4 Milliarden Euro. China ist mit 93,1 Milliarden Euro hinter Frankreich mit 105,3 Milliarden Euro drittwichtigster deutscher Ausfuhrmarkt. Deutsche Unternehmen haben 2018 insgesamt Waren im Wert von knapp 1,3 Billionen Euro ausgeführt. Die Außenhandelsbilanz schloss mit einem Überschuss von 227,8 Milliarden Euro ab.[117]

Trumps Handelskrieg – verheerend für China und Deutschland

US-Präsident Donald Trumps Handelskrieg ist aus amerikanischer Sicht gar nicht so dämlich, wie er bei uns in Deutschland immer dargestellt wird. Trump will mit dem Handelskrieg nur eines erreichen: den Aufstieg der Chinesen zur Weltmacht Nummer eins stoppen. Er will, dass die USA auch in Zukunft die uneingeschränkte Weltmacht bleiben. Er will folglich den Handelskrieg keinesfalls verhindern, sondern ihn gewinnen und Amerikas Vormachtstellung in der Welt erhalten.

Die Kommunistische Partei Chinas stemmt sich mit aller Macht gegen die Wachstumsverlangsamung. Li Keqiang, Ministerpräsident der Volksrepublik China, verkündete im März 2019 Maßnahmen, mit denen die chinesische Wirtschaft angekurbelt werden soll, zum Beispiel Steuererleichterungen oder die Senkung von Sozialabgaben für Unternehmen.[118] Ob diese Maßnahmen helfen werden, ist nicht garantiert. Seit 2008 haben sich die Schulden beinahe verdoppelt. Chinas Schuldenberg wird immer höher. Die Verbindlichkeiten von Staat, Unternehmen und privaten Haushalten summierten sich 2019 auf zusammen 303 Prozent des BIP. Die Schulden wachsen damit schneller als die Wirtschaftsleistung. Dies kann auf Dauer nicht gut gehen. Sollten Trumps Sanktionen fruchten, wird dies drastische Auswirkungen auf das Land haben. Tagtäglich steigt das Risiko einer chinesischen Kredit- und Bankenkrise. Der Anteil fauler Kredite in den Bilanzen der chinesischen Banken hat sich seit 2012 fast verdoppelt. Wobei man laut der Denkfabrik Brookings Institution davon ausgehen sollte, dass die Bilanzen politisch frisiert sind. Das bedeutet, dass die Lage womöglich weit dramatischer ist.

Gelingt es Trump das chinesische, auf Schulden gebaute Kartenhaus komplett zum Einsturz zu bringen, dann würde die Welt in eine entsetzliche Weltwirtschaftskrise geraten, und in China wäre der Boom für lange Zeiten vorbei. Die USA würden jedoch ihre Stellung als uneingeschränkte Weltmacht für ein paar weitere Dekaden verteidigen.

13. Lösungen

Wie entsteht Geld?

> »Würden die Menschen das Geldsystem verstehen, hätten
> wir eine Revolution noch vor morgen früh.«
>
> Henry Ford

Wenn wir an Schulen oder Universitäten fragen, wie Geld entsteht, bekommen wir die interessantesten Antworten: es komme aus dem Automaten, aus dem Keller der Bank, aus der Druckerpresse. Es ist essenziell wichtig zu verstehen, wie Geld entsteht. Dieses Wissen möchten wir Ihnen nun näherbringen, damit Sie morgen, im Sinne von Henry Ford, die Revolution starten – in Bezug auf Ihr Geld natürlich.

Wie das Geld in die Welt kommt

Nur ein Bruchteil unseres Geldes kommt aus der Druckerpresse der EZB und der Bundesbank. Der Großteil unseres Geldes entsteht aus dem Nichts! Ja, Sie haben richtig gelesen. Geschäftsbanken (also Sparkassen, Volksbanken und Privatbanken) können durch die sogenannte **Giralgeldschöpfung** ebenfalls Geld erzeugen, indem Sie Kredite vergeben. Jedes Mal, wenn ein Kredit vergeben wird, entsteht neues Geld. Dieses Geld wird Fiat-Geld genannt.

Sie denken jetzt vielleicht: »Was hat denn der italienische Autobauer Fiat mit unserem Geld zu tun?«. Keine Sorge. Nichts. *Fiat* kommt aus dem lateinischen und bedeutet: es werde, es entstehe. Sie kennen womöglich aus der Bibel den Ausspruch »*fiat lux* – es werde Licht«. Und nun sprechen wir über **fiat Geld – es werde Geld!**

Alles, was die Banken für Erschaffung von Geld aus dem Nichts

LÖSUNGEN 245

benötigen, ist ein Mindestreservesatz von 1 Prozent des Kredits in Zentralbankgeld. Beispielsweise muss die Bank bei 100.000 Euro Kredit 1.000 Euro in Notenbankgeld in Form von Scheinen und Münzen bei der EZB oder in notenbankfähigen Sicherheiten (Staats- und Unternehmensanliehen, Aktien, Immobilien) bei der EZB hinterlegen. Zusätzlich gibt es bestimmte Eigenkapitalvorgaben abhängig von der Risikoeinstufung durch die Ratingagenturen. Banken mit einem Toprating (AAA bis AA-) benötigen überhaupt kein Eigenkapital, um Geld zu schöpfen, Banken mit einem Rating von A+ bis A- benötigen 1,6 Prozent Eigenkapital und Banken mit einem Rating ab B 4 Prozent, ab BB+ 8 Prozent und danach ab einem Rating C 12 Prozent.

Das heißt, Banken können für jeden Euro das 12,5- bis 100-fache an Giralgeld erzeugen.

Interessant zu wissen: Kauft eine Bank Staatspapiere, ist dafür kein Eigenkapital notwendig.

Die größte Luftnummer der Welt

Lassen Sie es uns an einem Beispiel verdeutlichen: Sie nehmen einen Kredit von 500.000 Euro auf. Die Bank muss lediglich 5.000 Euro bei der EZB hinterlegen und schafft per Knopfdruck 495.000 Euro aus dem Nichts wie der Magier David Copperfield. Sie aber müssen für die kompletten 500.000 Euro, auch für die Luftnummer, Zinsen zahlen. Aus diesem Grund werden die Banken alles unternehmen, um dieses lukrative Monopol zu behalten. Sie werden die Geldschöpfung durch Kreditvergabe mit allen erdenklichen Mitteln verteidigen. Deshalb gab es 2008 nach der Finanzkrise auch keinerlei nennenswerten Wandel in unserem nachweislich kranken Geldsystem. Fakt ist: **Unser jetziges Geldsystem ist das Grundübel für immer wiederkehrende Krisen.**

Bei der letzten großen Finanzkrise im Jahr 2008 konnten die Staaten das sterbenskranke Geldsystem noch mal retten, indem sie die Probleme mit Billionen an Notenbankgeldern, Verstaatlichungen und Staatsgarantien überdeckt und in die Zukunft verschoben haben. Obendrein hat das boomende kommunistische China ebenfalls unverhofft Schützenhilfe geleistet. Ein zweites Mal wird die Rettung des globalen Finanzsystems nicht gelingen. Mit der kommenden großen Krise werden die Protagonisten in der Politik und Finanzwirtschaft gezwungen sein, ein neues Geldsystem einzuführen. Wir Bürger müssen einfordern, dass dies ein gerechtes und nachhaltiges Geld- und Finanzsystem wird. Eines, das nicht auf Schulden basiert, sondern mit einem Gegenwert gedeckt ist, wie zum Beispiel Rohstoffen oder Gold. Idealerweise muss das System transparent auf der Blockchain basieren.

Den Banken muss auf jeden Fall das Recht entzogen werden, Geld aus dem Nichts zu schöpfen.

Wem gehört das Geld auf Ihrem Konto?

Was denken Sie? Ihnen?

Nein, es gehört der Bank! Geld auf dem Konto gehört immer der Bank! Das ist essenziell zu wissen. Erst wenn Sie es physisch abheben und in der Hand halten, unters berühmte Kissen stopfen oder ins Schließfach legen, ist das Geld Ihr Eigentum!

Ja, Sie lesen richtig. Sobald Sie Geld auf Ihr Konto einzahlen, geben Sie Ihrer Bank einen unverschämt günstigen Kredit (0 Prozent), und die Bank ist Eigentümerin Ihres Geldes. Sie haben lediglich eine Forderung an sie. Wenn es gut läuft, dann bekommen Sie Ihr Geld wieder, wenn nicht, ist es weg – so wie in Zypern und Griechenland bereits geschehen. Wer heute größere Beträge abheben möchte, wird schnell erkennen, wem das Geld auf dem eigenen Konto tatsächlich gehört. Sie müssen den Betrag anmelden, dann dauert es gerne ein paar Tage und Sie werden gefragt, wofür Sie das Geld benötigen (Sie müssen hierzu keinerlei Auskunft geben oder Sie machen sich einen Spaß und sagen beispielsweise: »Für etwas furchtbar Erotisches.« oder »Ich möchte auf das Bankensterben wetten.«).

Durch die Einlagensicherung tendieren viele Sparer dazu, ihr Geld unverzinst auf dem Konto liegen zu lassen beziehungsweise sogar mehrere Konten zu haben. **Geld gehört überallhin, aber nicht aufs Konto!** Wenn die Bank hopsgeht, ist die Kohle futsch.

Warum Geld auf dem Konto unsinnig ist:

- Es gehört nicht Ihnen.
- Es gibt keine Zinsen.
- Es ist kein Sondervermögen wie zum Beispiel Schließfächer oder Depots.
- Sie können es im Krisenfall nicht mehr schnell abziehen.
- Sie sind abhängig von einer dritten Partei (Bank) sowie deren Öffnungszeiten und der Stromversorgung.

Empfehlung

Lassen Sie keine zu großen Beträge auf Ihrem Konto. Eingezahlt ist Geld schnell, aber das Abheben kann dauern und wird bald immer schwieriger werden. In Zukunft wird es generell um Zugriffsrechte gehen. Werden Sie Ihre eigene Bank – unabhängig von dritten Parteien, Öffnungszeiten und nervenden Fragen.

Ist die Einlagensicherung sicher?

An einem Sonntag 2008 haben uns Angela Merkel und Peer Steinbrück öffentlich versichert, dass der Staat für unsere Bankguthaben garantieren würde. Zuvor war es dank AIG, Lehman Brothers, Hypo Real Estate und der Commerzbank zu einem regelrechten Banken-Run gekommen, bei dem Milliarden Euro von den Bürgern abgezogen wurden, was die Krise zu verschlimmern drohte. Die Merkel-Garantie wurde schließlich in ein Gesetz gegossen. Nun sind 100.000 Euro pro Konto (Sparbücher, Tages- und Festgeldkonten) und pro Kopf staatlich garantiert. Wird die Summe von 200.000 Euro gleichmäßig auf zwei Institute verteilt, genießt sie

248   LÖSUNGEN

den gesetzlichen Schutz. Ehepaare mit gemeinsamem Konto sind ebenfalls mit 100.000 Euro pro Kopf abgesichert.

Was ist davon zu halten? Ist das Geld auf dem Konto tatsächlich sicher?

Seit 2014 müssen Europas Banken alle Spareinlagen ihrer Kunden bis 100.000 Euro zu 0,8 Prozent durch eigene Mittel absichern. Das bedeutet, dass jede Bank pro Kunde maximal 800 Euro vorhalten muss. Wo kommt im Notfall der Rest her? Da man allgemein nicht von einem großen Bankensterben ausgeht – so wie wir –, denken viele: »Das reicht, wenn eine kleine Bank umkippt.« Das mag sein. Was aber, wenn eine größere Bank umkippen sollte, wie beispielsweise unsere Topfavoriten Deutsche Bank und Commerzbank?

Hier empfehlen wird das sehr lesenswerte Buch von Dr. Markus Krall *Wenn schwarze Schwäne Junge kriegen.*

Aktuell sind die nationalen Sicherungsfonds in den allermeisten Ländern nicht ausreichend gefüllt – auch nicht bei uns in Deutschland. Die Sicherungstöpfe der Banken haben momentan 6,9 Milliarden Euro, das sind nur 0,4 Prozent der geforderten Einlage.[119] Damit rangiert Deutschland auf Platz 11 der 19 Eurostaaten. Zwar bleibt den EU-Staaten noch bis Mitte 2024 Zeit, die Fonds wie vorgeschrieben aufzufüllen, kommt es bis dahin aber zu Bankenpleiten, wovon wir ausgehen, mitsamt einem Schaltersturm der Kunden, ist fraglich, ob die gesetzlich garantierten 100.000 Euro pro Kunde ausgezahlt werden. Es ist also eine heiße Wette, die man mit größeren Beträgen auf dem Konto eingeht. Selbst wenn die 0,8 Prozent erreicht werden, dann sprechen wir gerade mal von 14 Milliarden Euro. Dem gegenüber stehen 2.170 Milliarden Kontoguthaben der Deutschen. Die Einlagensicherung ist also ein Tropfen auf den heißen Stein. Das reicht vorne und hinten nicht. Sollte nur die Sparkasse Niederrhein oder die Volksbank Stuttgart umkippen, werden die paar Milliarden nicht reichen. Das ist nur Kosmetik, um uns in Sicherheit zu wiegen. Uns wird eine Scheinsicherheit suggeriert. Im Endeffekt droht der Bürger doppelt zahlen zu müssen: als Sparer mit seinen Einlagen und als Steuerzahler.

Alle Beträge über 100.000 Euro sollen im Notfall von den bankeigenen Sicherungssystemen der privaten Banken, der Sparkassen und der Volksbanken geschützt werden. Aber auch hier gibt es Unterschiede: Sparkassen und Volks- und Raiffeisenbanken garantieren den vollen Schutz. Jede Mitgliedsbank, die in eine Schieflage gerät, wird von den anderen Mitgliedern aufgefangen. Auch hier gilt: Bis zu welcher Größe ist das machbar? Spannender ist es bei den privaten Banken. Hier beträgt der Schutz für Kunden derzeit noch 20 Prozent des Eigenkapitals einer Bank. Vom Jahr 2020 an werden es 15 Prozent und von Januar 2025 an nur noch 8,75 Prozent sein.

Empfehlung

Verlassen Sie sich nicht auf die Einlagensicherung, sonst sind Sie im Notfall verlassen. Gehen Sie auf Nummer sicher. Größere Beträge sollten nicht auf dem Konto vor sich hinschimmeln und dank Inflation und Negativzinsen kontinuierlich an Kaufkraft verlieren. Wir würden nicht mehr Geld als für zwei bis drei Monate Fixkosten auf dem Konto lassen. Der Rest sollte lieber ins Schließfach oder in einen Wertspeicher wandern. Aber auch hier keine zu großen Beträge, denn wenn der Euro scheitert, ist es egal, ob er auf dem Konto liegt, im Schließfach oder unter der Matratze.

Noch ein wichtiger Hinweis: Oftmals besteht der Irrglaube, dass für Unternehmen ein höherer Betrag der Einlagensicherung gilt. Dies ist nicht der Fall!

Machen Sie keine Schulden!

Eine der häufigsten Fragen, die wir erhalten ist: Soll man jetzt Schulden machen? Es ist doch so günstig!
Wir sagen: Nein!
Warum?
Wettet man darauf, dass die Schulden weginflationiert werden, ist das eine verdammt heiße und riskante Wette. Bleibt das System stabil, dann funktioniert diese Wette. Falls aber nicht, dann kann es einem das finanzielle Genick brechen. In der Vergangenheit war es zumeist so, dass bei Währungsschnitten, Währungsreformen und Staatsbankrotten Guthaben und Verbindlichkeiten (Schulden) unterschiedlich behandelt wurden – **und zwar immer zum Nachteil für den Schuldner.**

Ein Beispiel: Nehmen wir an, Sie haben 100 Euro Guthaben und 100 Euro Schulden, und dann scheitert der Euro. Aus Ihren 100 Euro Guthaben werden nun 10 neue Geldeinheiten, aber aus Ihren 100 Euro Schulden werden 20 neue Geldeinheiten Schulden. **Dann haben Sie mehr Schulden als zuvor!**

Guthaben und Verbindlichkeiten gleich

Abbildung 38

FRIEDRICH & WEIK
VERMÖGENSSICHERUNG

Abbildung 39

Währungsreform von 1948 in Deutschland

Die Währungsreform 1948 fand vom 20. auf den 21. Juni statt, von Pfingstsonntag auf Pfingstmontag. Die Bevölkerung wurde am Freitagabend, den 18. Juni, darüber informiert. Damit konnte die breite Masse sich nicht vorbereiten und die »wertlosen« Reichsmarkscheine in Sachwerte umtauschen. Dies ist im Übrigen eine beliebte Methode! Währungsschnitte und -reformen werden kurzfristig entweder abends nach Börsenschluss oder am Wochenende kommuniziert und finden zumeist an einem Wochenende oder im Schutz von Feiertagen statt.

Alle Privatpersonen und Unternehmen (außer Banken) mussten bis zum 26. Juni ihr Bargeld in Reichsmark (RM) bei der Abwicklungsbank abliefern oder anmelden, sonst verfiel es. Nach der Genehmigung durch das Finanzamt wurde das Guthaben über ein »Reichsbank-Abwicklungskonto« umgestellt.

Jeder Bürger bekam den Kopfbetrag von 40 D-Mark gegen Zahlung von 400 Reichsmark und einen Monat später nochmals 20 D-Mark für 200 Reichsmark. Unternehmer erhielten 60 D-Mark. Diese Beträge wurden später an die Reichsmarkguthaben angerechnet.

Bei Privatpersonen wurde vom Guthaben zunächst der neunfache Kopfbetrag abgezogen, bei Unternehmen der zehnfache Geschäftsbetrag. Die Umstellung danach wurde bei Unternehmen wie bei den natürlichen Personen vorgenommen.

Bankguthaben wurden am 27. Juni 1948 per Umstellungsgesetz

10:1 umgetauscht. Der Rest wurde zu je 50 Prozent auf einem Frei-konto und einem Festkonto eingefroren und somit blockiert.

Im Oktober 1948 folgte dann die zweite Rasur in Folge mit dem Festkontengesetz: 70 Prozent des Guthabens wurden vernichtet, 20 Prozent kamen auf ein Freikonto und 10 Prozent auf ein Anla-gekonto (gesperrt bis 1954). **Letztlich ergab sich so ein faktisches Umstellungsverhältnis von 10:0,65.**

Verbindlichkeiten (Schulden, Hypotheken, Schuldverschreibun-gen und sonstige Forderungen) wurden aber mit 10:1 umgetauscht. Guthaben aus Bausparverträgen wurden ebenfalls 10:1 umgetauscht, während die Zahlungen aber 1:1 bestehen blieben!

Laufende Verbindlichkeiten wie Mieten, Löhne und Darlehensra-ten wurden 1:1 umgestellt. Die Schulden des Staates erloschen. Die Auslandsschulden wurden bei der Londoner Schuldenkonferenz 1953 zu 50 Prozent erlassen und der Rest 1:1 umgestellt.

Somit hat sich der Staat auf Kosten der Bürger entschuldet, und das Finanzwesen (Banken, Bausparkassen und Versicherungen) wurde geschont und mit frischem Eigenkapital ausgestattet, wel-ches aus dem Vermögen der Bürger entnommen wurde. Bargeld und letztlich auch Sparguthaben wurden zum Kurs 100 Reichsmark zu 6,50 D-Mark umgetauscht.

Ergebnis der Währungsreform 1948

Guthaben: 100 Reichsmark = 6,50 D-Mark
Schulden: 100 Reichsmark = 10 D-Mark
Das heißt, man hatte im Endeffekt 53,85 Prozent mehr Schul-den als zuvor.

Jetzt verstehen Sie, warum wir Schulden in der aktuellen Situation ablehnen. Und Sie wollen doch sicherlich nachts gut und ruhig schla-fen.

Sollten Sie zum Beispiel eine Immobilie auf Kredit kaufen,

dann gehört die Immobilie nicht Ihnen, sondern der Bank, und zwar so lange, bis Sie den Kredit vollständig zurückbezahlt haben. Obendrein empfehlen wir, den Grundbucheintrag löschen zu lassen. Sollten Sie aktuell einen Kredit haben und diesen nicht komplett zurückbezahlen können, bauen Sie am besten ein Gegengewicht auf, beispielsweise in Form von Edelmetallen oder anderen Sachwerten.

Die Währungsreform kommt!
Währungsreformen sind gar nicht so selten, wie die Abbildung 40 deutlich macht. Allein in Deutschland hatten wir seit 1800 bereits sieben Währungsreformen – also im Schnitt alle 31 Jahre. Wir sind also überfällig und der Euro ist ein Garant dafür, dass die nächste Währungsreform kommt! Bereiten Sie sich vor!

Abbildung 40

Aber Schulden sind doch gut in einer Inflation!
Mit Immobilienkäufen oder Spekulationen auf Kredit wollen sich manche Anleger vor dem Horrorszenario schützen. Die Idee: Mit der

Inflation werde nicht nur das Geld entwertet, sondern auch sämtliche Schulden. Ja, das stimmt grundsätzlich. Allerdings erwarten wir eine Hyperinflation, und da wird der Staat intervenieren, damit Schuldner nicht belohnt werden.

Während der Hyperinflation 1923 in Deutschland wurden zahlreiche Schuldner quasi über Nacht komplett entschuldet. Das Grundeigentum der schuldenfreien Besitzer von Immobilien und Grundstücken wurde jedoch mit einer Zwangsabgabe, der Hauszinssteuer 1924, belastet.

Manch einer hoffte auf dem Hoch der Hyperinflation, mit wertlosen Geldscheinen seinen Kredit zu bezahlen. Das Reichsgericht entschied, dass Schulden nicht mit der wertlosen Papiermark, sondern nur mit der von der Inflation nicht betroffenen Goldmark beglichen werden müssen. Die aber hatten die meisten Hausbesitzer nicht und mussten deshalb ihre Immobilien zwangsversteigern lassen.

1952 gab es ein ähnliches Vorgehen: Der Staat führte eine Vermögensabgabe (Lastenausgleich LAG) ein, die insbesondere Immobilienbesitzer traf. Jeder musste die Hälfte seines Vermögens abgeben (Freibetrag: 5.000 D-Mark). Die Vermögensabgabe wurde über 30 Jahre gestreckt. Dadurch belief sich die Belastung auf 1,67 Prozent des Vermögens pro Jahr. Ähnliches erwarten wir in Zukunft.

Das Ende des US-Dollar – was kommt danach?

Momentan ist der US-Dollar die Weltreservewährung. Das ist nicht für alle Ewigkeiten in Stein gemeißelt. Im Schnitt gab es alle 94 Jahre eine neue Leitwährung. Der Dollar ist, wie man in der Abbildung 41 erkennen kann, mit seinen 99 Jahren bereits überfällig. Übrigens könnte man einen Balken von 1400 bis heute durchziehen: Gold und Silber sind seit Tausenden von Jahren Geld.

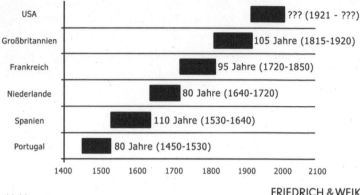

Abbildung 41

FRIEDRICH & WEIK
VERMÖGENSSICHERUNG

Die USA werden alles unternehmen, um die Position des Dollars als Weltwährung zu halten. Kein Land möchte dieses lukrative und mächtige Privileg verlieren. Die Vorteile liegen auf der Hand: Mit der Weltreservewährung im Rücken kann sich ein Land endlos verschulden und andere Länder mit Embargos und dem Ausschluss von den Finanzmärkten und Zahlungsströmen drangsalieren oder unterdrücken (Russland, Iran, Venezuela, Nordkorea, Kuba und so weiter).

Der US-Senator Brad Sherman hat es gut auf den Punkt gebracht: »Ein Großteil unserer außerordentlichen internationalen Macht begründet sich auf der Tatsache, dass der Dollar die Standardwährung der internationalen Finanzwirtschaft und der Börsentransaktionen ist, beglaubigt durch die FED, entscheidend für große Ölgeschäfte und andere Transaktionen. Und es ist das erklärte Ziel der Befürworter der Kryptowährungen, uns diese Macht zu nehmen, wodurch wir nicht mehr in der Lage wären, unsere bedeutendsten Sanktionen, die wir gegen den Iran haben beispielsweise, durchzusetzen. Ob es nun darum geht, unsere Außenpolitik zu entmachten, unsere Steuerbehörden oder unsere gängige Strafverfolgung, der Zweck der Kryptowährung, der Vorteil, den sie gegenüber der Staatswährung hat, zielt ausschließlich auf die Entmachtung der Vereinigten Staaten in ihrer Rechtsstaatlichkeit. Zusammenfassend kann man sagen: Die heutigen Kriege finden zumeist auf finanzieller Ebene statt.«[120]

Es gibt weltweit Bestrebungen, den Dollar vom Thron zu stoßen. So kündigte der russische Energiekonzern Rosneft an, Öl und Gas nur noch in Rubel oder Euro zu verkaufen. Russland, die Türkei, aber vor allem China kaufen seit Jahren massiv Gold auf. Selbst der Chef der Bank of England hat sich gegen den Dollar ausgesprochen und mahnt, dass man nach Alternativen suchen müsse. Auch ihm schwebt ebenfalls ein digitales Geldsystem vor.

Wir sehen seit Jahren, dass sich Geld immer mehr digitalisiert. Ein Großteil ist jetzt schon rein virtuell, und nur zwei Prozent des Euros sind in Form von Scheinen und Münzen erhältlich. Wir sehen Entwicklungen wie PayPal, WeChat, ApplePay, GooglePay und als Letztes den Vorstoß von Facebook mit der Kryptowährung Libra. Immer mehr Unternehmen möchten auch etwas vom Kuchen »Geld« abhaben – und dieser Kuchen ist gigantisch und weckt Begehrlichkeiten. Fortschritt lässt sich weder stoppen noch aufhalten. Fortschritt kommt, und was der Mensch machen kann, macht er! So war es immer und so wird es auch bleiben. Bereiten Sie sich daher jetzt schon darauf vor.

Handelskrieg, Währungskrieg, Krieg?

Immer wenn es eine neue aufsteigende Wirtschaftsmacht gibt, entsteht ein Konflikt mit der bestehenden Nummer-1-Wirtschaftsmacht. Zurzeit besteht dieser Konflikt zwischen den USA und China.

Wie liefen derartige Machtkämpfe in der Vergangenheit ab? In den letzten 500 Jahren gab es den Stabwechsel sechzehnmal, zwölfmal war er mit einem Krieg verbunden (siehe Tabelle 3).

Jahr	Existierende Macht	aufsteigende Macht	Konflikt
Frühes 16. Jahrhundert	Frankreich	Habsburger	Krieg
16./17. Jahrhundert	Habsburger	Osmanische Reich	Krieg
17. Jahrhundert	Habsburger	Schweden	Krieg
17. Jahrhundert	Niederlande	England	Krieg
17/18. Jahrhundert	Frankreich	Großbritannien	Krieg
17/18. Jahrhundert	Vereinigtes Königreich (UK)	Frankreich	Krieg
Mitte 19. Jahrhundert	UK & Frankreich	Russland	Krieg
1870 - 1871	Frankreich	Deutschland	Krieg
1894 - 1905	Russland & China	Japan	Krieg
Frühes 20. Jahrhundert	Vereinigtes Königreich	USA	kein Krieg
1914 - 1918	Russland, UK, Frankreich	Deutschland	Krieg
1939 - 1945	Sowjetunion, UK, Frankreich	Deutschland	Krieg
1940 - 1945	USA	Japan	Krieg
1970 - 1980	Sowjetunion	Japan	kein Krieg
1940 - 1980	USA	Sowjetunion	kein Krieg
1990 - jetzt	UK & Frankreich	Germany	kein Krieg
Jetzt - ?	USA	China	?

Tabelle 3

Das nächste Geldsystem wird digital

Alle großen Notenbanken arbeiten an einem digitalen Geldsystem –
die FED in den USA, die EZB bis hin zur chinesischen Notenbank.

Wir erwarten, dass die nächste Weltwährung aus China kommen
wird. Hierbei wird es sich um eine gedeckte digitale Währung handeln. Es wird ein gold- oder rohstoffgedeckter Yuan sein. Vielleicht
schließt sich China sogar mit Russland zusammen. China entwickelt
seit 2014 eine staatlich gestützte Kryptowährung und wird diese bereits bald veröffentlichen.

Aufgrund des weltweiten Scheiterns des jetzigen Geldsystems
(Fiat Geld) wird das Vertrauen in staatliche, ungedeckte Papierwährungen erodieren. Folglich benötigen die Länder neue vertrauensbil-
dende Maßnahmen. Hier kommt sowohl die Blockchain ins Spiel als
auch wieder der Goldstandard.

Eine digitale Währung hat viele charmante Vorteile für den Staat China und einige Nachteile für die Bevölkerung. In China wird Überwachung großgeschrieben, und das bargeldlose Bezahlen via WeChat ist allgegenwärtig. Aber Obacht: Wenn alles digitalisiert wird, ist jede Transaktion transparent und der Bürger damit gläsern. Verhält er sich dann nicht wie von der Regierung erwartet, können ganz schnell alle digitalen Konten eingefroren oder sogar enteignet werden. Die Einführung von Minuszinsen ist so ein Kinderspiel, da die Bürger ihr digitales Geld weder abheben noch verstecken können. Für die Allgemeinheit positiv wäre, dass Steuerhinterziehung, Diebstähle und Banküberfälle der Vergangenheit angehören würden.

Fakt ist: Das nächste Geldsystem wird digital sein. Allerdings sollten wir zur Kenntnis nehmen, dass es Alternativen zu den zentralen, digitalen Staatswährungen gibt. So wie Gold. Eine digitale Alternative könnte Bitcoin sein.

Schweiz und Franken – ein sicherer Hafen für Ihr Geld?

Viele unserer Kunden in der Honorarberatung erkundigen sich, ob es nicht besser sei, ihr Geld in die Schweiz zu bringen oder in den Schweizer Franken (CHF) umzutauschen, um es vor Inflation, Eurocrash und Enteignung zu schützen. Dies verneinen wir. Warum?

Lange Zeit galt die Schweiz, völlig zu Recht, als sicherer Hafen für Vermögen. Doch die Zeiten haben sich drastisch geändert. Die Schweiz hat den Status des Welt-Safes längst verloren. Anfang 2017 hat sich die Schweiz sogar dem automatischen Informationsaustausch über Finanzkonten angeschlossen. Seither muss jeder, der etwas zu verbergen hat, woanders hingehen. Verstehen Sie uns nicht falsch, wir mögen die Schweiz und die Schweizer, aber die Situation dort hat sich grundlegend gewandelt. Zu viele Eingeständnisse mussten die Eidgenossen auf Druck der USA und anderer Länder machen. Das Schweizer Bankgeheimnis ist löchrig wie der berühmte Emmentaler Käse. Der Negativzins kommt zusätzlich erschwerend hinzu.

Das »große Geld« ist schon lange weitergezogen nach Singapur, in die Karibik, die USA und andere Steueroasen. Daher ist es auch nicht verwunderlich, dass die neue Nummer 1 beim Thema Vermögensverwaltung die USA sind. Das meiste Geld wird tatsächlich in den USA veranlagt und verwaltet (allein das Investmentunternehmen Black Rock verwaltet circa 6 Billionen Dollar und Vanguard knappe 4 Billionen Dollar, mehr als doppelt so viel wie die ganze Schweiz).

Es gab in den letzten Jahren enorme Kapitalabflüsse aus der Schweiz. Nach der Finanzkrise 2008, der Lockerung des berühmten Schweizer Bankgeheimnisses und dem Doppelbesteuerungsabkommen wurde viel Kapital abgezogen. Laut IWF war die Schweiz 2017 einer der Top-Exporteure, was Geld betrifft: 67 Milliarden Dollar sind abgeflossen. Der mit Abstand größte Gewinner waren – wen wundert es – natürlich die USA. Sie beabsichtigen, auch weiterhin die Steueroase Nummer 1 zu bleiben. Auch 2018 ging der Ablass weiter. Natürlich ist die Schweiz immer noch ein beachtlicher Safe – aber er hat gelitten und wird auch weiter leiden.

Zuerst hatten sich die großen Schweizer Banken erheblich verzockt, und die ehrwürdige UBS musste sogar mit Milliarden Franken durch den Schweizer Staat vor dem Bankrott gerettet werden. Auch die als stabil geltenden Kantonalbanken gerieten ins Wanken. 21 der 24 Kantonalbanken profitierten von Staatsgarantien – das wird gerne verschwiegen. Nach wie vor sind die Probleme, vor allem bei der UBS und Credit Suisse, groß. Anscheinend ist das Vertrauen in die beiden Schweizer Großbanken nicht mehr allzu groß. Dies zeigt ein Blick auf den Aktienkurs der beiden Bankhäuser. Unserer Ansicht nach werden die beiden Aktien auch zukünftig underperformen, und es ist nur eine Frage der Zeit, bis die Kurse einstellig werden.

Die UBS hat trotz eines historisch langen Bullenmarkts 50 Prozent und die Credit Suisse über 80 Prozent von ihren Hochs verloren. Die Abbildungen 42 und 43 sprechen eine deutliche Sprache.

UBS:

Abbildung 42

Credit Suisse:

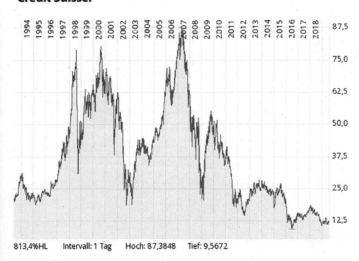

Abbildung 43

SCHWEIZ UND FRANKEN – EIN SICHERER HAFEN FÜR IHR GELD? 261

Das Bankgeheimnis ist, vor allem auf massiven Druck der USA, die alle Mitbewerber im Steuervermeidungswettbewerb ausmerzen wollen, *peu à peu* abgeschafft worden.

Zusätzlich hatte die Schweizer Nationalbank (SNB) sich eine tickende Zeitbombe ins nationale Depot gepackt und zeitweise den Franken an den Euro gebunden, um eine weitere Aufwertung des Franken zu verhindern. Diese Maßnahme war notwendig, weil es nach der Finanzkrise 2008 eine extreme Flucht in den vermeintlich sicheren Franken gab, dieser dadurch massiv aufgewertet wurde, und die Schweizer Exportwirtschaft extrem darunter litt. Folglich wurden von der SNB Berge an Euros angehäuft – in Summe wurden über 450 Milliarden Franken in den Euro investiert. Parallel wurde ein Negativzins von –0,75 Prozent installiert.

Ein weiterer Beweis dafür, wie schlecht es um die Schweiz steht, folgt mit dieser schlechten Nachricht für alle Schweizer und Investoren in der Schweiz: Der Zins wird auch zukünftig nicht steigen, sondern im Keller bleiben und unserer Meinung nach sogar noch weiter sinken. **Die SNB und damit die Schweiz sind auf Gedeih und Verderb mit dem Euro und der EZB verbunden.**

Nicht nur die EZB druckt also Geld wie verrückt und drückt den Zins ins Absurde, um das Geldkarussell am Laufen zu halten, sondern auch unsere Schweizer Nachbarn sind beim irrsinnigen Notenbankexperiment ganz vorn mit dabei, was Abbildung 44 deutlich zeigt.

Die Devisenanlagen der Schweizerischen Nationalbank (SNB) waren bis zur Finanzkrise 2008 immer stabil um die 50 Milliarden Franken. Dann aber ging es los mit der munteren Gelddruckerei und Bilanzausweitung. Aktuell hat man atemberaubende 90,65 Prozent der Gesamtaktiva, das sind 793 Milliarden Franken, in Devisenanlagen investiert! Devisenanlagen sind Fremdwährungen, Anleihen und Aktien. Dies ist ein ungesundes Klumpenrisiko und wird den Schweizern unserer Ansicht nach auf die Füße fallen.

Die Bilanzsumme der SNB ist aufgrund dieser Investitionen auf enorme 840 Milliarden Franken angeschwollen. Sie liegt mittlerweile bei absurden 122,6 Prozent des nominalen Schweizer Brutto-

Abbildung 44

inlandprodukts (BIP). Dies ist mehr, als die Schweizer Wirtschaft in einem Jahr leistet! Damit ist die SNB Weltmarktführer, denn dies ist so hoch wie bei keiner anderen Notenbank. Selbst die seit Jahren im Krisenmodus laufende japanische Notenbank (BoJ) hat nur 93 Prozent des BIP investiert. Um es plastisch auszudrücken: Für jeden Schweizer hat die SNB 100.000 Stutz (Franken) gedruckt. Die beiden Zahlen machen ganz klar deutlich, was für ein riskantes Spiel in Bern gespielt wird und wie verzweifelt die SNB ist. Anscheinend gibt es keine andere Lösung.

Genie oder Wahnsinn? Hat die SNB das Perpetuum mobile der Finanzwelt erfunden?

Jetzt wird es bizarr: Die SNB schöpft aus dem Nichts mithilfe des Giralgeldsystems Geld, um den Franken künstlich zu schwächen. Mit dem frisch geschaffenen Geld kauft man Unmengen an Euro und US-Dollar, um damit Anleihen und Aktien zu kaufen. **Die SNB ist damit federführend bei der Manipulation von Wechselkursen,**

Anleihen, Zinsen und Aktienbewertungen. Entweder ist Thomas Jordan, der Präsident der SNB, ein Genie und ihm werden Denkmäler gebaut oder er spielt das neue Spiel: Schweizer Roulette.

Warum der Absturz der FANG-Aktien der Schweiz besonders wehtut

Das Aktienportfolio der SNB umfasst über 6.600 Titel. Die SNB ist einer der größten Investoren von Apple (19 Millionen Aktien), Microsoft, Amazon, Alphabet und Starbucks. Sie besitzt mehr Facebook-gelistete Aktien als deren Gründer Mark Zuckerberg! Das Portfolio der SNB sehen Sie in Abbildung 45.

Abbildung 45

2017 ging diese waghalsige Strategie gut, und man hat damit einen gigantischen Gewinn von 54 Milliarden Franken eingefahren. Dieser kam zustande durch eine Aufwertung des Euro und durch Aktiengewinne. 2018 hatte die SNB einen Verlust von 15 Milliarden Franken zu verbuchen. Sollte sie am Euro weiter festhalten beziehungsweise wenn eine Rezession kommt und die Aktienmärkte weiter korrigieren, dann wird es brenzlig für die Schweizer. Insbesondere der deutliche Absturz der FANG-Aktien (Facebook, Apple, Netflix, Google) schmerzt die Zentralbanker in Bern. Zwar hat die SNB auch US-Dollar im Depot, der weiter steigen wird, aber er wird die Verluste nur abfedern.

Eines muss klar sein: **Die SNB ist im Schwitzkasten der EZB, des Euro und der Aktienmärkte.** Solange die EZB keine Zinsen erhöht, wovon wir nicht ausgehen, kann auch die SNB die Zinsen nicht erhöhen. Wenn der Euro scheitert, haben die SNB und der Franken ein Problem. Wenn die Börsenkurse purzeln, so wie seit Wochen, wird die SNB ebenfalls Probleme bekommen. Und wenn der Euro umkippt, gleich zweimal. Eine vertrauenswürdige und seriöse Notenbankpolitik sieht anders aus. Die SNB ist zu einem Hedgefonds mutiert. Und genau hier liegt die Gefahr: Was, wenn das Vertrauen doch erodiert?

Der EZB trauen wir selbstverständlich nicht. Bei der EZB erleben wir eine gigantische Insolvenzverschleppung. Wir möchten wiederholen: **Die SNB ist auf Gedeih und Verderb an den Euro und die EZB gebunden.** Es wird keine Zinserhöhungen geben. Wenn der Euro umkippt, wird das direkt und brutal die Schweiz treffen. Sinnvoll wäre ein Plan B.

Wir wissen, dass wir an den Grundfesten rütteln und dass die Überbringer schlechter Nachrichten selten gefeiert werden. Damit können wir leben. Wir sehen es als unsere Bürgerpflicht an aufzuklären. Vielleicht liegen wir falsch, hoffentlich. Was, wenn wir doch zwei der Wenigen sind, die erkennen, dass der Kaiser SNB keine Kleider anhat, sondern splitterfasernackt ist?

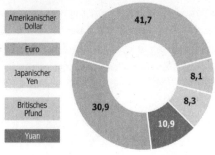

Abbildung 46

Der Franken: eine völlig unwichtige und überbewertete Währung

Anscheinend hält auch der IWF nicht sonderlich viel vom Franken, denn er ist nicht im Währungskorb vertreten. Hier finden wir lediglich US-Dollar, Euro, Yen, Pfund und seit 2016 den Yuan.

Das Schweizer Heer bereitet sich offensichtlich ebenfalls auf den Zerfall Europas und den Eurokollaps vor, und zwar mit der Operation »Stabilo Due« im Jahr 2012 und mit der Übung »Conex« im Jahr 2015. Hierbei sollen die Grenzen geschlossen und die Geldströme gestoppt werden. Dann kommt keiner mehr an seinen Safe und an sein Geld ran. Vor allem nicht ohne Schweizer Pass. Dies war in der Vergangenheit auch schon der Fall. Man denke nur an die jüdischen Vermögen oder vergessene Konten und Schließfächer. Nach unserer Recherche ist dieses Notfallszenario nach wie vor gültig. Übrigens haben auch die Militärplaner der deutschen Bundeswehr den EU- und Eurokollaps als Szenario in der Schublade.[121]

Die SNB befindet sich in einer Zwickmühle; ein Ausstieg aus der Notenbankpolitik ist unmöglich, da sonst der Franken wieder steigt und die heimische Wirtschaft schädigt. Der Frankenschock 2015, die Loslösung der Bindung des Frankens an den Euro, soll 100.000 Arbeitsplätze gekostet haben. Der Minuszins bleibt also noch lange der Status quo.

Wer tatsächlich davon überzeugt ist, dass die Schweiz und der Franken nach wie vor Sicherheit garantieren, der sollte sich die Fakten und das Portfolio der SNB genau anschauen und nochmals darüber nachdenken. Sollte die Notenbankpolitik der SNB schiefgehen – wovon wir ausgehen –, so wie bei der damaligen Bindung des Franken an den Euro, dann ist die **Schweiz de facto von heute auf morgen pleite.**

SNB BILANZ:

Devisenreserven			Frankenwertschriften	
Währungsallokation, inkl. Derivatpositionen				
Schweizer Franken	-	-	100 Prozent	(100 Prozent)
US-Dollar	35 Prozent	(35 Prozent)	-	-
Euro	39 Prozent	(40 Prozent)	-	-
Britisches Pfund	7 Prozent	(7 Prozent)	-	-
Yen	8 Prozent	(8 Prozent)	-	-
Kanadischer Dollar	3 Prozent	(3 Prozent)	-	-
Übrige (1)	8 Prozent	(7 Prozent)	-	-
Anlagekategorien				
Bankanlagen	0 Prozent	(0 Prozent)	-	-
Staatsanleihen (2)	68 Prozent	(68 Prozent)	42 Prozent	(42 Prozent)
Andere Anleihen (3)	12 Prozent	(11 Prozent)	58 Prozent	(58 Prozent)
Aktien	20 Prozent	(21 Prozent)	-	-
Struktur der zinstragenden Anlagen (4)				
Anlagen mit AAA Rating	57 Prozent	(59 Prozent)	77 Prozent	(77 Prozent)
Anlagen mit AA Rating	24 Prozent	(24 Prozent)	23 Prozent	(22 Prozent)
Anlagen mit A Rating	13 Prozent	(12 Prozent)	0 Prozent	(1 Prozent)
Übrige Anlagen	6 Prozent	(5 Prozent)	0 Prozent	(0 Prozent)
Duration der Anlagen (Jahre)	4,7	(4,7)	8,3	(8,5)

Tabelle 4

Die Finanzbranche der Schweiz hat jahrzehntelang das schmutzige Geld aus der ganzen Welt wie ein Magnet angezogen und gut davon gelebt. Die Schweiz ist dadurch zu einem der reichsten Länder der Welt geworden. Egal ob Diktatoren, Kriminelle, Oligarchen, Steuerhinterzieher aus Deutschland, Europa und dem Rest der Welt, selbst Warlords – alle brachten ihre Geldbündel und Köfferchen zu den Banken in der Schweiz und konnten sich auf das sichere und berühmte Schweizer Bankgeheimnis verlassen. Die Eidgenossen waren so erfolgreich, dass man neben unbescholtenen Kunden auch Kapitalverbrecher de facto in Kauf nahm und schützte.

Folgendes Zitat ist nicht von uns, sondern von niemand anderem als dem UBS-Chef Sergio Ermotti: »**Die Schweiz ist reich geworden durch Schwarzgeld.**«

Vielleicht ist genau das das Problem. Vielleicht gibt es so was wie ein finanzielles Karma und das kommt jetzt auf die Schweiz zu. Alles kommt zurück. Es geht immer um Zyklen, und auch die Alpenfestung Schweiz hat den Wohlstand nicht auf Ewigkeit gepachtet. Man darf nicht vergessen: Vor über 100 Jahren war die Schweiz bettelarm. Wieso sollte sich das nicht wiederholen?

Vermögenssicherung – das Zeitalter der Sachwerte beginnt

> *»Wer versagt sich vorzubereiten, bereitet sein Versagen vor.«*
> Benjamin Franklin

Was sind Sachwerte?

Der Schwabe sagt seit jeher: »**Sach bleibt Sach.**« Damit meint er Grund und Boden. Da wird kein Acker, keine Wiese, kein Wald verkauft, weil sie krisenresistent sind. Aber auch sein Häusle, sein Auto und andere Sachwerte sind gemeint. Früher auch noch der Bausparvertrag, aber das ist vorbei.

Das Handelsgesetzbuch verwendet an knapp 200 Stellen den Begriff des Vermögensgegenstandes. Definiert wird er ulkigerweise nirgendwo. Nach herkömmlicher Rechtsauffassung jedoch sind Vermögensgegenstände

- materielle Güter, also bewegliche und unbewegliche Sachen;
- immaterielle Güter, hier vor allem Schuldforderungen aller Art und Rechtsgüter wie etwa Patente, Lizenzen, Warenzeichen oder Urheberrechte.

Entscheidend ist: Vermögensgegenstände müssen selbstständig, das heißt einzeln und unabhängig voneinander *bewertbar* und einzeln *veräußerbar* sein. Am besten geht beides bei Sachen. Für deren wirtschaftliche Bewertung gibt es nämlich Gesetze und Verordnungen wie das Bewertungsgesetz (BewG) oder die Immobilienwertermittlungsverordnung (ImmoWertV). Es gibt das Bilanzrecht. Unterschiedlichste Bilanzierungsregeln. Oder es gibt Gutachter, Sachverständige und Zertifikate. Kurz gesagt: Sachwerte sind in der Regel recht objektiv ermittelbare Werte.

Sachen können gemäß § 90 BGB »nur körperliche Gegenstände« sein – also entweder eine Immobilie, also eine unbewegliche Sache (ein Grundstück oder ein grundstücksgleiches Recht), oder eine bewegliche Sache. Letzteres wiederum kann alles sein: von der kompletten Fabrik über eine Maschine, ein Fahrzeug oder ein Schmuckstück – bis hin zu Kartoffeln. **Einfach gesagt: Wenn Sie es nicht anfassen oder wenigstens ansehen können, ist es keine Sache.** Nach unserem Verständnis ist es dann – wohlgemerkt: im Sinne einer Geldanlage – auch nichts wert.

Kurze Bemerkung über Kartoffeln

Wenn Sie pingelig sind, kaufen Sie beim Gemüsehändler Ihres Vertrauens immer nur Kartoffeln, die Sie sich vorher einzeln genau angeschaut haben. Wenn Sie es nicht ganz so genau nehmen, dann kaufen Sie ein Pfund Kartoffeln. Darum zählen Kartoffeln zu den so genannten »vertretbaren Sachen«. Laut § 91 BGB sind das jene beweglichen Sachen, »die im Verkehr nach Zahl, Maß oder Gewicht bestimmt zu werden pflegen«.

Auf der Basis dieser Definition leuchtet es ein, warum nicht nur Kartoffeln, sondern auch Geld, Aktien oder Anleihen »vertretbare Sachen« sind. Warum Sie also jeden beliebigen Zehner als Wechselgeld akzeptieren. Oder warum Sie zwanzig Daimler-Aktien kaufen – die Sie zudem niemals in den Händen halten werden.

Der schwäbischen Hausfrau leuchtet eher folgende Regel ein: Augen auf beim Kartoffelkauf! Sie kauft Kartoffeln nicht im Sack, sondern durchwühlt mit kritischem Blick die Kiste. Wir sind bekennende Fans der schwäbischen Hausfrau. Wie sie haben wir daher ein eher gespanntes Verhältnis zu »vertretbaren Sachen«. Erst recht zu Optionen auf die Kartoffelernte 2020.

Sachwerte schützen Ihr Vermögen

Sachwerte haben sich seit Jahrhunderten bewährt. In Zeiten von Finanz- und Wirtschaftskrisen bieten sie den bestmöglichen Schutz für Vermögen jeder Größenordnung. Die Geschichte beweist: **Sachwerte sind die einzig verlässlichen Wertspeicher.** Nach jeder Manie kehrt der Mensch immer wieder zu ihnen zurück. Ihr Geldwert – oder ihr Buchwert – mag schwanken. Aber völlig wertlos können Sachwerte niemals werden!

Kurze Werbeeinblendung: Darum empfehlen wir auch in unserer Honorarberatung Sachwerte und haben Deutschlands ersten offenen, physisch hinterlegten und täglich handelbaren Sachwertfonds, den Friedrich & Weik Wertefonds, initiiert.

Empfehlung

Raus aus Papierwerten und rein in die Sachwerte! So lautet schon lange unser Schlachtruf. Investieren Sie in Sachen, die Sie verstehen und bestenfalls sogar anfassen können. Sie würden sich doch auch kein Smartphone oder Auto kaufen, das Sie nicht bedienen können. Oftmals ist aber genau das der Fall. Da kommen Kunden zu uns in die Honorarberatung und besitzen zumeist Papierwerte, von denen sie weder erklären können, worum es sich genau handelt, noch können sie deren Namen aussprechen. Das ist suboptimal! Wir empfehlen, in durch die Natur oder durch die Mathematik limitierte Sachwerte zu investieren.

Vermögenssicherung mit der Wurzelstrategie und dem Eichhörnchenprinzip

»I am prepared for the worst, but hope for the best.«
Benjamin Disraeli

Nie war es wichtiger, sich aktiv um sein Vermögen und seine Altersvorsorge zu kümmern. Durch die Notenbanken werden wir seit Jahren schleichend enteignet, durch die Anleihen-Aufkaufprogramme sind gigantische tickende Zeitbomben entstanden, für die wir ebenfalls haften. Der Nullzins zerstört nicht nur unsere Altersvorsorge, sondern auch die Geschäftsgrundlage von Banken und Versicherungen. Als Folge müssen die Banken und Versicherungen entweder Arbeitsplätze abbauen oder eventuell sogar für immer die Türen schließen.

Wir erleben ein global einmaliges Notenbankexperiment *par excellence*. Wie wir aufgezeigt haben, werden die Zinsen nie wieder steigen, und sogar Minuszinsen werden kommen. Keine Notenbank kann aus dieser Zinsfalle wieder herauskommen.

Viele Staaten sind in der Zwischenzeit höchst abhängig von dem billigen Geld der Notenbanken, und nur eine leichte Erhöhung der Zinsen würde das ganze Kartenhaus zusammenbrechen lassen.

Was also tun in diesen extremen und unsicheren Zeiten mit dem eigenen Geld? Viele Spar- und Investmentmöglichkeiten haben ausgedient. Aufgrund von Nullzinsphase und Negativzinsen sind Lebensversicherungen und Bausparverträge nicht mehr sinnvoll. Die Aktien- und Immobilienmärkte sind durch das billige Geld stark angeschwollen und teilweise schon in einer Blase.

Das Zeitalter der Sachwerte beginnt! Denn, wie schon gesagt, Wertpapiere von heute können schnell das Altpapier von morgen werden. Nie war es wichtiger, in durch die Natur oder durch die Mathematik begrenzte Sachwerte zu investieren. Wie meine Großmutter immer zu sagen pflegte: »Der Daimler kann 1.000 Autos bauen, aber kein Gramm Gold und kein Hektar Land. Sach bleibt Sach!«

Wir möchten Sie in diesem Kapitel durch das Thema Vermögenssicherung navigieren, so wie wir es mit unseren Kunden in der Honorarberatung machen. Wir möchten Ihr Vermögen in einen sicheren Hafen bringen, Ihnen die Vor- und Nachteile verschiedener Anlagegüter sowie Lösungsmöglichkeiten aufzeigen.

Selbstverständlich ist eine Ferndiagnose immer schwierig, aber wir werden hier nach bestem Wissen und Gewissen unsere Erkenntnisse, unser Know-how kommunizieren.

Es geht allerdings nicht nur um das Was, sondern auch um das Wie, Wann und Wo. Das kann nur in einer persönlichen und langfristigen Beratung stattfinden. **Selbstverständlich geht nichts über eine maßgeschneiderte, individuelle Strategie in der Honorarberatung. Gerne helfen wir Ihnen dabei.**

Im Rahmen der Honorarberatung zeigen wir unseren Kunden auf, dass es insbesondere um Autarkie geht, also um Unabhängigkeit und um Vorsprung. Wenn wir das gemeinsam erreichen, wenn Sie es schaffen, zwei, drei Schritte weiter zu sein als die breite Masse, dann kann das nicht nur Ihr Vermögen sichern, sondern eventuell sogar auch Ihr Leben. Das klingt drastisch, hat sich aber wirtschaftshistorisch als richtig erwiesen.

So, wie wirtschaftshistorisch ganz klar zu belegen ist, dass künstlich erschaffene Währungsunionen zwischen souveränen Staaten ausnahmslos gescheitert sind und auch der Euro scheitern wird. Wirtschaftliche Verwerfungen, Währungsreformen und Staatsbankrotte haben immer 95 bis 99 Prozent der Bevölkerung betroffen. Exorbitante Verluste waren keine Seltenheit.

Bei der kommenden Krise gehen wir von einem Wertverlust von mindestens 95 Prozent bis zum Totalverlust aus – da noch nie mehr Geld und Schulden im System waren, die globalen Zahlungsströme noch nie enger miteinander verbunden waren sowie bedingt durch die Globalisierung und die Digitalisierung.

Es besteht noch die Möglichkeit, sein Erspartes zu schützen, zu diversifizieren und zu streuen – nach dem Motto: Wer streut, rutscht nicht aus! Bereiten Sie sich auf das schlimmstmögliche Szenario vor, in der Hoffnung, dass es nicht eintritt.

Lassen Sie uns in den Wald gehen. In den Wald? Ja. Nichts ist mächtiger als die Natur, und wenn man sich an ihr orientiert, kann man erfolgreiche Konzepte entdecken, die den Unterschied zwischen Leben und Tod und Erfolg und Versagen machen. Auch beim Investieren. **Wir haben daher die Wurzelstrategie und das Eichhörnchenprinzip entwickelt.**

Sie sollten verschiedene Vermögensstandbeine implementieren und besitzen. Wie ein starker alter Baum sollte Ihr Vermögen stark verwurzelt sein, um nicht beim ersten Sturm umzuknicken. Wie bei jedem Finanzsturm werden einzelne Standbeine an Wert verlieren, besteuert werden, enteignet werden oder gar ganz wegfallen. Darum sind Diversifikation und mehrere Standbeine so extrem wichtig. Machen Sie es wie die Eichhörnchen. Die vergraben Hunderte von Nüssen, und selbst wenn 98 Prozent verloren gehen oder gefressen werden, sichern ihnen die verbleibenden 2 Prozent das Überleben.

Im ersten Schritt zur Vermögenssicherung machen wir erst eine

Status-quo-Analyse Ihrer bestehenden Vermögensstandbeine. Wie ist Ihr Gesamtvermögen verteilt? Was ist sinnvoll?

Lebensversicherungen, die eine Garantieverzinsung von 0,9 Prozent haben, sind definitiv unsinnig. Sollten Sie eine Lebensversicherung haben, die über der Inflationsrate liegt – diese ist momentan offiziell bei knapp 1,4 Prozent, die wahre Inflation ist um einiges höher –, dann ist die Laufzeit entscheidend. Orientieren Sie sich hier entweder an den Diätenerhöhungen des Bundestages oder an unserer Tabelle:

Wahre Inflation der Euro-Zone

Jahr	Wachstum M3	Wirtschaftswachstum	wahre Inflation	offizielle Inflation
2019	3,1%	0,3%	2,8%	1,4%
2018	4,2%	1,8%	2,4%	1,7%
2017	4,5%	2,4%	2,1%	1,5%
2016	5,0%	1,7%	3,3%	0,2%
2015	5,1%	1,6%	3,5%	0,0%
2014	4,8%	0,9%	3,9%	0,4%
2013	2,4%	-0,5%	2,9%	1,3%
2012	2,9%	-0,7%	3,6%	2,5%
2011	2,2%	1,5%	0,7%	2,7%
2010	0,5%	2,0%	-1,5%	1,6%
2009	3,3%	-4,4%	7,7%	0,3%
2008	9,7%	0,7%	9,0%	3,3%
2007	11,2%	2,6%	8,6%	2,1%
2006	9,6%	2,7%	6,9%	2,2%

Abbildung 47

FRIEDRICH & WEIK
VERMÖGENSSICHERUNG

Wenn diese Lebensversicherung noch 30 Jahre läuft, ist eine Kündigung sinnvoll. Sollte sie noch ein, zwei Jahre laufen, ist es eine heiße Wette auf die Zeit.

Generell sind Lebensversicherungen aber auch Riesterverträge oder Rentenversicherungen immer eine Wette auf die Zeit. Sie wetten, dass diese Versicherung bis zu Ihrer Rente, bis zum Ende der Laufzeit, bis zur Fälligkeit in 10, 12, 15 oder 30 Jahren bestehen bleibt, dass es den Euro noch gibt, dass die Firma noch besteht und die Kaufkraft des Geldes, das Sie dann ausbezahlt bekommen, die gleiche bleibt.

STOPP!

Hier müssen wir Sie auf jeden Fall bereits enttäuschen. Niemals wird die Kaufkraft des Geldes, das Sie jetzt einzahlen, in 10, 20 oder 30 Jahren die gleiche sein. Der Euro hat seit seiner Einführung im Jahr 2001 innerhalb von 18 Jahren 30 Prozent an Kaufkraft verloren. Das heißt, sollte die Inflation ansteigen, könnten es in den nächsten 10, 12 Jahren ganz schnell 15 Prozent werden oder auch wesentlich mehr.

Gehen Sie, wie wir, von einem Kollaps des Eurosystems aus, dann sind eine Lebensversicherung, ein Bausparvertrag oder die ganzen Papiere nicht sinnvoll. Selbst wenn Sie davon überzeugt sind, dass der Euro bestehen bleibt, wird die Inflation Ihnen zu schaffen machen und die Profite dahinschmelzen lassen. Alles, was anfällig oder von dritten Parteien abhängig ist, sollte man ausmisten. Hören Sie bei allen Entscheidungen auch auf Ihr Bauchgefühl.

Die perfekte Vermögenssicherung:

- bis zu 30 Prozent Edelmetalle,
- bis zu 10 Prozent Diamanten,
- bis zu 30 Prozent schuldenfreie Immobilien ohne Grundbucheintrag,
- bis zu 15 Prozent in Wald, Land, Acker, Wiesen,
- bis zu 15 Prozent Aktien (Minen, Rohstoffe, Wasser, Digitalisierung, KI),
- bis zu 15 Prozent Exoten (Whisky, Kunst, Oldtimer, Uhren),
- bis zu 5 Prozent Bitcoin,
- bis zu 20 Prozent Bargeld (für die Deflation), danach dann am besten 0 Prozent in der Hyperinflation
- bis zu 2 Prozent Fremdwährungen,
- bis zu 3 Prozent kurzläufige Staatsanleihen (spekulativ).

Zudem empfehlen wir, in Lebensmittel und Tauschartikel zu investieren. Wir sind keine »Prepper«, die auf den Weltuntergang wetten, aber es ist weitaus wichtiger, im Notfall genügend zu essen und trinken zu haben als Sachwerte. Denn nach zwei bis drei Tagen sind bei den meisten Mitmenschen die Vorräte aufgebraucht und die Supermärkte leer. Es muss nicht mal der Eurokollaps sein. Bereits bei einem Stromausfall (sehr wahrscheinlich dank der chaotischen Energiewende), einer Naturkatastrophe, einem Terroranschlag oder einem heftigen Unwetter werden wir schnell bemerken, wie fragil unser stark abhängiges System ist. Wir sind so abhängig wie noch nie. Und hier sollten Sie sich unabhängig und damit frei machen. **Seien Sie Ihre eigene Bank, Ihr eigener Supermarkt, Ihre eigene Apotheke.** Mit einem überschaubaren Betrag kann man sich hier unglaublich viel Vorsprung und Freiheit erkaufen.

Aktien

> *»Das Geheimnis des Börsengeschäfts liegt darin,*
> *zu erkennen, was der Durchschnittsbürger glaubt,*
> *dass der Durchschnittsbürger tut.«*
> John Maynard Keynes

Entgegen einer häufig vorgetragenen Ansicht halten wir Aktien nicht in jedem Fall für solide Sachwerte. Vielmehr muss der Anleger stets sehr genau auf die Substanz eines Unternehmens schauen.

Keine Frage: Aktien sind verbriefte Anteile an Unternehmen. Und Unternehmen besitzen meist reale Sachwerte in Form von Immobilien, Gebäuden, Anlagen, Maschinen, Fahrzeugen oder Lagerbeständen. Hinzu kommen oft noch vermögensgleiche Rechte wie Patente oder Markenrechte. All dies lässt sich bilanziell halbwegs transparent bewerten, kann aber auch durch kreative Buchführung manipuliert werden (siehe Enron).

Es gibt auch Unternehmen, die eher wenige reale Sachwerte besitzen – zum Beispiel Handelsunternehmen, die ihre Läden mieten und ihre Warenbestände meist zwischenfinanzieren. Und es gibt Unternehmen wie Energieversorger, deren Anteile früher als »Oma-Aktien« galten und deren Anlagen heute eher wie Schrott bewertet werden. Außerdem gibt es Unternehmen wie Google und Facebook, die aus patentrechtlich geschützten Algorithmen derzeit zwar gigantische Monopolprofite generieren, die aber außer diesen Nullen und Einsen (sowie poppigen Firmenzentralen im Silicon Valley) wenig bis nichts besitzen.

Sind die Aktienbörsen nicht längst Zockerbuden?

Jein. Richtig ist: Bei Aktien ist heutzutage Vorsicht geboten, da sich der Markt, auf dem sie gehandelt werden, in den letzten 30 Jahren vollkommen verändert hat. Früher wurden an den Börsen fast ausschließlich Unternehmensanteile gehandelt. Und deren Kurse wurden aus Erwartungen über reale unternehmerische Potenziale einer Firma und den daraus ableitbaren Gewinnchancen gebildet. Kurz: Früher beobachtete die Börse in erster Linie die Realwirtschaft.

Heute gehen über 90 Prozent des globalen Wertpapierhandels auf das Konto von Optionsscheinen, Futures, Zertifikaten und anderen Derivaten – auf das Konto von *Wetten* auf Kursverläufe, Preisentwicklungen oder Währungsdifferenzen. Und das heißt: Immer weniger hängen Aktienkurse von der SUBStanz und den tatsächlichen Geschäftsaussichten des jeweiligen Unternehmens ab; dafür immer stärker von mehr oder minder fantasievollen Einschätzungen, wie sich »die Anleger« demnächst verhalten werden. Das heißt: Heute beobachtet die Börse in erster Linie sich selbst. Das ist so ähnlich wie bei professionellen Pokerspielern: Leichtes Zucken der Mundwinkel eines Mitspielers ist da oft wichtiger als das eigene Blatt.

Warum gute Aktien immer noch Sachwerte sind

Gleichwohl haben Aktien in einem klug diversifizierten und ausgewogenen Sachwerte-Portfolio ihre Berechtigung – sofern einige qualitative Kriterien erfüllt sind. Aktien sind, wie gesagt, Beteiligungen an Unternehmen. Ohne deren produktive und innovative Tätigkeit wäre wirtschaftlicher Fortschritt unmöglich. Und die so genannte

»Realwirtschaft« erzeugt eben dies: reale Werte. Waren und Dienstleistungen, die wir alle mittelbar oder unmittelbar benötigen.

Kriterien für die Aktienauswahl

Erwerben Sie:

- ausschließlich Anteile an solchen Unternehmen, die über ein solides und zukunftsweisendes Geschäftsmodell verfügen.

- Anteile an Unternehmen mit einer niedrigen Verschuldung, einer attraktiven Dividende und – vor allem – einer deutlich erkennbaren aktuellen Unterbewertung.

- nur Aktien von Unternehmen, die Sie kennen und deren Geschäftsmodell Sie wirklich verstehen.

Denken Sie an Nokia. Das war zur Jahrtausendwende das wertvollste Unternehmen der Welt und *der* »Blue Chip«. Eine verpasste Innovation später war Nokia weg vom Fenster und der Kurs um über 90 Prozent vom Hoch eingebrochen. Auch in der Börsenwelt beherrschen Zyklen das Geschehen. Es gibt keinerlei Garantie, dass die hippe Aktie von Apple, Google oder Twitter auch morgen noch angesagt ist. Apple war in seiner Geschichte schon mehrfach vom Bankrott bedroht und hat sich dank Innovation und Mut immer wieder aus den Krisen befreien können. Was aber, wenn »the next big thing« in Zukunft ausbleibt oder ein chinesisches Start-up ein Smartphone erfindet, das mit Gedanken bedient werden kann oder den Gesprächspartner als Hologramm in den Raum zaubert? Dann war es das mit iPhone und Galaxy. Denken Sie an Blackberry. Das war eine ganz kurze Episode.

Was für Aktien spricht

- Aktien ermöglichen die Teilhabe an produktiven und innovativen Unternehmen.
- Aktien eröffnen Chancen auf Wert- und Kurssteigerungen.
- Ausgewählte Aktien werfen nach wie vor attraktive Dividenden ab.
- Aktien bieten besondere Chancen bei Unterbewertung und möglicher Übernahme von Unternehmen.
- Anteil an Produktivkapital.

Warum Aktien gleichwohl nicht ohne sind

> »Für Börsenspekulationen ist der Februar einer der gefährlichsten Monate. Die anderen sind Juli, Januar, September, April, November, Mai, März, Juni, Dezember, August und Oktober.«
> Mark Twain

Aktieninvestments sind allgemein konjunkturabhängig, und das Timing, also der richtige Zeitpunkt zu kaufen oder zu verkaufen, ist essenziell. Die Frage ist also, an welcher Stelle des Zyklus sind wir?

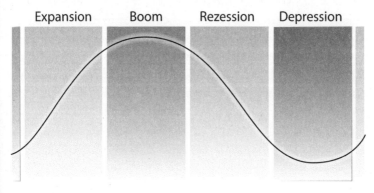

Abbildung 48

Wir gehen davon aus, dass wir in der letzten Phase des späten Boom-zyklus und in die Rezession eingetreten sind. Von jetzt an gehts lang-fristig bergab. Lassen Sie sich durch Zwischenerholungen oder durch Geldflutungen der Notenbanken, die den Markt wieder nach oben peitschen, nicht irritieren. Merken Sie sich: Umso länger die Mani-pulation und die Aufblähung der Märkte andauert, desto größer der Fall. Hier ist es dann wichtig, die Zeichen der Zeit zu erkennen und vorab auszusteigen. Man wird nie 100 Prozent das Hoch oder das Tief erwischen – es geht darum, ungefähr richtig zu liegen.

Aktienkurse unterliegen – bisweilen auch heftigen – Schwankungen.
    Im Falle der Insolvenz eines Unternehmens sind sogar Totalver-luste möglich. Die Umsetzung einer wertorientierten Anlagestrategie bei Aktien bedarf großer Expertise. Die fortlaufende Beobachtung der ausgewählten Unternehmen (»Monitoring«) erfordert viel Zeit und gute Kontakte ins jeweilige Unternehmen. Mehrere Parameter zeigen, dass die Märkte aktuell überbewertet sind. Die Marktkapi-talisierung der US-Aktienmärkte ist so hoch wie vor den großen Crashs. Eine Marktkapitalisierung von über 100 Prozent des BIP gilt als teuer. Momentan stehen wir bei 139 Prozent. Im Schnitt lagen wir in der Vergangenheit bei 82 Prozent. Die Aufblähung entstand durch die Notenbanken, die Rückkaufprogramme und den Anlagenotstand.

Weitere Warnsignale sind folgende Sachverhalte: Warren Buffet, der erfolgreiche Geldmanager, hat zuletzt mit seiner Investment-Firma Berkshire Hathaway einen Höchststand an Barmitteln in Höhe von 122 Milliarden US-Dollar vorgehalten. Hier wartet man wohl auf günstigere Einstiegskurse.

Anteil Finanzsektor am US-BIP

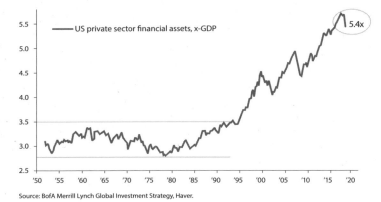

Source: BofA Merrill Lynch Global Investment Strategy, Haver.

Abbildung 49

Michael Burry, der Hedgefonds-Manager, der die Subprime-Krise in den USA vorzeitig erkannt und sehr erfolgreich dagegen gewettet hat (»The Big Short« – ein sehenswerter Film), sieht aktuell eine noch größere Blase am Aktienmarkt: Die neue Billionenbombe heißt Passive Index Funds – das sind vor allem die allseits beliebten ETFs (Exchange Traded Funds)! Er sagt, es seien die gleichen Mechanismen, die zum Crash 2008 geführt haben – jedoch aktuell nur mit noch mehr Geld! Wann diese Blase platzt, wisse auch er nicht, aber sie werde platzen. Je länger sie gefüttert wird, desto mächtiger wird der Knall. Mit dieser Meinung steht er nicht alleine da.

> **Empfehlung**
>
> Bis zu 15 Prozent des Vermögens können in solide und nachhaltige Unternehmen investiert werden. Nichtsdestoweniger sollte man nicht vergessen, dass wir seit 2009 in einem künstlich erzeugten und nicht nachhaltigen Bullenmarkt sind, der ausgelöst wurde durch das billige Geld und die niedrigen Zinsen der Notenbanken. Ein Großteil der steigenden Preise ist den

Aktienrückkäufen der Unternehmen geschuldet. Gesund ist das alles nicht. Wenn die Anleihen- oder Schuldenblase platzt, wird dies enorme Auswirkungen auf die Aktienbewertungen haben. Aus diesem Grund sind wir defensiv eingestellt. Das Timing ist extrem wichtig!

Wir sehen Zukunft in Rohstoff- und Minenaktien, Wasser, Digitalisierung, Künstlicher Intelligenz, Biotech und erneuerbaren Energien. Potenzial sehen wir vor allem in den Schwellenländern (Emerging Markets). Die werden die westliche Welt in Bezug auf Bevölkerungs- und Wirtschaftswachstum überholen. Hier sollte man dabei sein. Dies kann in Form von direkten Investments in Aktien sein oder besser gestreut über sichere, nicht-synthetische ETFs oder Fonds. Auch sind wir Freunde von Sparplänen. Wenn man allerdings erkennt, dass eine längere Zeit der fallenden Preise kommen wird, dann kann man auch Gewinne mitnehmen und das Pulver trocken halten wie Warren Buffet, um wieder günstiger einzusteigen.

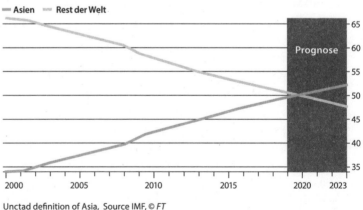

Abbildung 50

Bargeld

Wir erwarten vor dem Ende des Euros nicht nur eine erhebliche Minuszinsphase in der Eurozone (hier ist Bargeld sinnvoll, da hierauf (noch!) keine Negativzinsen anfallen), sondern auch eine Deflation. In einer Deflation fallen alle Anlagen (Assets) – bis auf Bargeld. Daher ist es ratsam, genügend Bargeld in petto zu haben, um dann antizyklisch in der Deflation günstig wertige Sachwerte zu kaufen. Egal ob Immobilien, Firmen, Aktien, Edelmetalle, Kunst, Autos oder was auch immer. In der Deflation ist Bargeld König!

Empfehlung

Halten Sie bis zu 20 Prozent Ihres Vermögens in Bargeld vor. Seit langer Zeit heißt es: »Cash is king« (Bargeld ist König). Und wenn wir »Cash« sagen, dann meinen wir Cash! Parken Sie Ihre Barreserven nicht auf Konten, sondern in Form von physischen Banknoten in Tresoren und Schließfächern. Das bringt zwar genauso wenig Zinsen wie etwa Tagegelder, aber dafür nagen wenigstens keine Negativzinsen an Ihrem Vermögen. Und in Krisensituationen, in denen der Zugriff auf Konten schneller gesperrt werden kann, als Sie »Huch!« sagen können, kommen Sie immer an Ihr Geld. Bargeld ermöglicht es Ihnen, Chancen in einzelnen Investment-Klassen sofort zu ergreifen. Außerdem können Sie mit Bargeld bei bereits getätigten Investments antizyklisch nachkaufen. Diese Strategie bildet eines der Fundamente zur Erhaltung Ihres Vermögens in Zeiten wirtschaftlicher und politischer Verwerfungen, historischer Schuldenhöchststände und schleichender Vermögensentwertung.

Selbst wenn das Bargeld von der Politik und der Finanzwelt verteufelt wird, ist ein gewisser Bargeldbestand elementar. Auch wenn die Finanzwelt nicht untergeht, sondern lediglich die Banken mitsamt ihren Geldautomaten für ein paar Tage geschlossen bleiben, dann werden Sie das Bargeld zu schätzen wissen.

Bitcoin

Marc Friedrich, PlanB (Twitter: @100trillionUSD)
und Florian Kössler

>*Regierungen haben uns niemals gutes Geld gegeben, ja die Begründung für das Geldausgabemonopol der Regierungen war noch nicht einmal die, sie würden uns gutes Geld geben, sondern immer nur die, sie bräuchten es zu Finanzierungszwecken. Das Ergebnis war, dass wir zweitausend Jahre lang ein Monopol hatten, das niemand in Frage gestellt hat. Wenn wir also eine freie Gesellschaft erhalten wollen, müssen wir die Demokratie neu gestalten und der Regierung das Geldausgabe-Monopol nehmen.*<
Interviewfilm >*Inside the Hayek-Equation*<, World Research INC, San Diego, Cal. 1979, frei übersetzt von Roland Baader*

Auch wenn Sie von Bitcoin keine Ahnung haben oder nichts davon halten, bitten wir Sie, diesen Abschnitt zu lesen. Man müsste zu diesem Thema ein eigenes Buch verfassen, denn Bitcoin könnte eine der größten Revolutionen sein. Wenn Sie in den letzten Jahren Bitcoin gehört haben dann zumeist negativ behaftet. Bitcoin ist ein Kind der Finanzkrise 2008. Es wurde als Reaktion auf die Verfehlungen, Skandale und dem Versagen der Finanzbranche und unseres Geldsystems von einem gewissen Satoshi Nakamoto kreiert.

Erstmalig in Kontakt mit Bitcoin kamen wir 2011 über einen Kunden und Bekannten. Wir wurden gefragt, was wir von diesem mysteriösen Geld aus dem Internet hielten. Für uns klang die Idee, digitales Geld zu haben, abstrus und deshalb abwegig, und wir taten es als Unfug ab. Bei der Recherche für unser zweites Buch *Der Crash ist die Lösung* zum Thema alternative Geldsysteme kreuzte Bitcoin wieder unseren Weg. Ich (MF) druckte das »white paper« (Übersichtspapier) vom Bitcoin-Erfinder Satoshi Nakamoto aus und legte es auf meinen Nachttisch.[122] Dort lag es dann ziemlich lange. Nach einem Vortrag vor großem Publikum kam ich 2013 aufgewühlt und voller Adrenalin nach Hause und konnte nicht einschlafen. Ich griff zum Nachttisch und fand nichts zum Lesen außer dem Bitcoin-Papier. Weil ich zu faul war, nach anderer Lektüre zu suchen, fing ich an es zu lesen. Schon nach der ersten Seite war ich hellwach und saß aufrecht im Bett. Mit jeder Seite war ich mehr und mehr von den Ausführungen Nakamotos gefesselt. Nach Abschluss der gerade mal acht Seiten hatte ich Gänsehaut und wusste, dass Bitcoin das Potenzial hat, die Welt zu verändern.

Bereits 2013 haben wir Bitcoin erstmals empfohlen und Ende 2016 nochmals bei einem Stand von 600 Euro in unserem Ausblick für 2017, unter anderem beim *Focus*. 2017 ist der Kurs dann in der Spitze auf 15.000 Euro gestiegen. Volltreffer!

Sollten Sie sich mit Bitcoin beschäftigen, werden Sie mehr über unser Wirtschafts- und Finanzsystem lernen, als es in unserem staatlichen Bildungssystem je möglich gewesen wäre. Man begibt sich auf eine niemals endende Reise durch die Geschichte von Geld, Finanzpolitik, Mathematik, Spieltheorie, Kryptografie und Informatik.

Sie werden über Bitcoin bereits viele Schlagzeilen gelesen haben. Es sei eine Manie, eine Tulpenblase, Bitcoin würde bald wieder verschwinden oder verboten werden. Dennoch scheint Bitcoin weiter zu existieren. Und nicht nur das, es wächst und wird sogar größer. Warum ist das so?

Auf den kommenden Seiten erklären wir, warum der Bitcoin die vielleicht wichtigste Erfindung und Errungenschaft mit den größten sozioökonomischen Auswirkungen zu unseren Lebzeiten ist.

Fakten zu Bitcoin:

- Bitcoin ist die dienstälteste und stabilste Blockchain – sie ist aktiv seit dem 3. Januar 2009.

- Sie wurde noch nie gehackt und läuft seit Beginn zu 99,99 Prozent.

- Es handelt sich um ein dezentrales Peer-to-Peer-Network mit circa 14.000 Full Nodes.

- Bitcoin ist mathematisch begrenzt auf 21 Millionen Coins durch einen kryptografischen Algorithmus.

- Bitcoin ist das erste digitale limitierte Asset.

- 18 Millionen sind bereits geschürft worden (86 Prozent aller verfügbaren Bitcoins).

- Der letzte Bitcoin wird 2140 produziert.

- Alle 10 Minuten wird ein Block generiert und der Finder des Blocks wird mit 12,5 Bitcoins belohnt.

- Die Belohnung wird alle 210.000 Blocks halbiert (circa alle 4 Jahre). Das wird Halving genannt.

- Das nächste Halving ist im Mai 2020, dann gibt es nur noch 6,25 Bitcoins alle 10 Minuten für das Finden eines Blocks.

- Das Bitcoin-System ist intrinsisch deflationär und basiert nicht auf Schulden!

Bitcoin war und ist eine Kritik und Antwort auf unser heutiges zentral gesteuertes Geldsystem. Der größte Unterschied zwischen Fiat-Währungen und Bitcoin ist die limitierte Verfügbarkeit. Nie werden mehr als 21 Millionen Bitcoin existieren, dies ist fest im Code verankert und unveränderbar. Bitcoin ist also in seiner Menge begrenzt. Es ist extrem wichtig, das zu verstehen. Es leben in etwa 7,5 Milliarden Menschen auf der Welt, es wird aber nie mehr als

21 Millionen Bitcoin geben. Glücklicherweise lässt sich Bitcoin bis auf 8 Nachkommastellen aufteilen, oder wissenschaftlich ausgedrückt 1.0 x 10-8. Satoshi Nakamoto hat das erste digital limitierte Asset erschaffen. Vielleicht sogar das erste limitierte liquide Asset, das jemals auf diesem Planeten erzeugt wurde. Das aber vielleicht wichtigste Merkmal von Bitcoin ist seine Dezentralität und Neutralität. **Es gibt keine Firma oder Bank, die hinter Bitcoin steht.** Ebenso gibt es keinen CEO, und Satoshi selbst ist im Jahr 2011 spurlos verschwunden. Bitcoin ist ein Netzwerk, das von niemandem kontrolliert wird. Bitcoin ist eine neue Form von digitalem Geld, die ohne Mittelsmänner auskommt und deren Herausgabe nicht von einer zentralen Institution bestimmt wird.

Wie der österreichische Nobelpreisträge Friedrich August von Hayek bereits in den 1980ern prophezeite, sollten wir niemals mehr »gutes Geld« besitzen, bevor wir die Kontrolle darüber nicht aus den Händen von Regierungen nehmen. Geld sollte ein Produkt des freien Marktes sein und nicht den Menschen »top down« aufgezwungen werden. In einem solchen Szenario sollte sich das »bessere« Geld durchsetzen und das schlechtere verdrängen.

Mythen um Bitcoin

Die meisten Kritiker von Bitcoin sehen entweder ihre Felle davonschwimmen oder haben keine bis wenig Ahnung, was Bitcoin tatsächlich ist. Die Medien werfen hinsichtlich Bitcoin ebenso mit vielen Nebelkerzen und Halbwahrheiten um sich, sodass die meisten Menschen, wenn sie zum ersten Mal von Bitcoin hören, bereits in stark vorgefertigte Denkmuster verfallen, bevor sie überhaupt versucht haben, Bitcoin wirklich zu verstehen. Je mehr gegen etwas geschossen wird, umso mehr sollte das Ihr Interesse wecken, und Sie sollten sich damit beschäftigen. Im Folgenden möchten wir Licht ins Dunkle bringen und mit einigen Mythen aufräumen.

»Bitcoin zerstört die Umwelt.«
»Bitcoin zerstört die Umwelt durch seinen enormen Energiehunger.« ist eine häufig zitierte Aussage von Personen, die meist in einem

Wolkenkratzer sitzen, der Tag und Nacht beleuchtet und rund um die Uhr klimatisiert ist.

Wieso benötigt Bitcoin Energie? Bitcoin Mining ist das Rückgrat des Bitcoin-Netzwerks. Sogenannte Miners verwenden hochspezialisierte Computerchips, um das Netzwerk zu sichern und Transaktionen zu bestätigen. Dafür erhalten sie für jeden Block eine festgelegte Belohnung an Bitcoins.

Je mehr Personen sich an diesen Mining-Operationen beteiligen, umso sicherer und geschützter ist das Netzwerk. Das betreiben dieser Miningchips kostet Strom und Energie.

Im Gegenzug ist aber auch klar: Je weniger ein Miner für Strom bezahlt, desto profitabler ist sein Unterfangen. Dies hat dazu geführt, dass ein immer größerer Anteil von Minern auf erneuerbare Energien setzt und sich teilweise in den entlegensten Gegenden der Welt befindet. Strom aus einem Wasserkraftwerk in der hintersten Mongolei ist eben billiger als in Berlin Mitte. Studien haben aufgezeigt, dass 74,1 Prozent des Netzwerkes auf selbige setzen und damit sicherlich nicht zur Freisetzung von klimaschädlichen Gasen beitragen.[123]

Bitcoin-Miner setzen nicht nur verstärkt auf klimaneutrale Energiequellen, sondern suchen zudem ständig nach neuen innovativen Wegen, um Strom noch günstiger zu beziehen und helfen aktiv dabei mit, nachhaltigere Wege der Stromgewinnung zu erforschen.

Wem das noch immer nicht überzeugt: Im Vergleich zum heutigen Bankensystem, zu Gold-Mining-Operationen oder dem riesigen bürokratischen Regierungsapparat, »verbraucht« Bitcoin noch immer deutlich weniger Energie.

Vielleicht sollte man aber gänzlich anders über Bitcoin denken. Die in Bitcoin investierte Energie wird weder verschwendet noch verbraucht. Viel mehr wird sie investiert: in die Erstellung von digitalem Gold, in eine Alternative zu dem aus den Fugen geratenen Finanzsystem, in eine Option, das vom Zusammenbruch bedrohte Bankensystem zu verlassen, in eine friedliche Revolution für ein nachhaltigeres und gerechteres Geldsystem.

»Bitcoin ist für Kriminelle.«

Häufig wird versucht, den Eindruck zu erwecken, Bitcoin werde nur zum Kauf von Drogen, Geldwäsche oder zur Finanzierung von Terrorismus verwendet. Die Realität sieht jedoch anders aus. Laut verschiedenen Studien werden pro Jahr rund 2 Billionen US-Dollar durch illegale Aktivitäten erwirtschaftet. Zum Vergleich: Alle Kryptowährungen zusammen kommen nicht einmal auf eine Marktkapitalisierung von 300 Milliarden Dollar. Banken hingegen haben im letzten Jahrzehnt allein hunderte Milliarden an Strafe für illegale Aktivitäten zahlen müssen.

Die Währung der Wahl von Kriminellen ist der Dollar in Bargeldform. Im Gegensatz zu Bitcoin bietet Bargeld die Möglichkeit, komplett anonym zu interagieren, während Bitcoin maximal eine Pseudoanonymität bietet.

Bitcoin-Transaktionen bieten 100 Prozent Transparenz und können zu jeder Zeit global eingesehen werden. Klingt nicht nach dem besten Mittel für kriminelle Handlungen, nicht wahr?

So wie sich durch den Einsatz von VPNs und anderer Tools Spuren im Internet verwischen lassen, bietet natürlich auch Bitcoin Möglichkeiten, seine Privatsphäre zu schützen. Dennoch ist es bei weitem nicht so anonym wie Bargeld.

Schlussendlich ist Bitcoin eine neue Form von Geld, und Geld wird immer für illegale Zwecke verwendet werden.

»Wer hats erfunden? Nicht die Schweizer, sondern die CIA.«

Diese Frage wird sich vermutlich nie mit 100-prozentiger Gewissheit beantworten lassen. Satoshi Nakamoto, der Erfinder, bleibt bis heute unbekannt. Jedoch ist Bitcoin nicht, wie häufig behauptet wird, aus dem Nichts entstanden, ganz im Gegenteil. Die Cypherpunks, eine Gruppe von Internet-Aktivisten, die sich besonders für liberale Ideale und den Schutz der individuellen Privatsphäre und Freiheit einsetzen, prophezeiten viele Probleme und Herausforderungen des digitalen Zeitalters. Sie träumten bereits seit den 1990ern von einem digitalen Geldsystem, das nicht vom Staat kontrolliert und überwacht werden könne. Bitcoin ist ein Resultat genau jener Versuche und Projekte. Bitcoin ist eben nachweislich nicht vom Himmel gefallen, sondern stand auf den Schultern von Giganten. Satoshi selbst zitiert in seinem Whitepaper zahlreiche Vorläufer von Bitcoin, unter anderem Adam Backs *Hashcash* (1997) und Wei Dais *B-Money* (1998).

Satoshi Nakamotos Leistung liegt nicht etwa darin, für Bitcoin neue technologische Durchbrüche erreicht zu haben, viel mehr hat er teilweise seit 20 Jahren existierende Systeme neu miteinander verbunden und daraus Bitcoin erschaffen.

Nun kann natürlich an dieser Stelle nicht ausgeschlossen werden, dass Geheimdienste wie die CIA oder NSA, diesen Schritt ebenfalls durchgeführt haben. Bekanntlich beschäftigen Geheimdienste einige der talentiertesten Hacker und Mathematiker. Was wäre die Motivation hinter einer solchen Geheimdienst-Operation? Kontrolle.

Und hier beginnt die Geschichte vom NSA-Agenten Satoshi Nakamoto Risse zu bekommen. Sollte die totale Kontrolle eines digitalen Cash-Systems das Ziel sein, warum ein dezentrales Open-Source-Computernetzwerk erschaffen wird, über das man selbst die Kontrolle verliert? Denn genau das ist passiert. Selbst US-Abgeordnete haben bei den Anhörungen zu Libra vor dem US-Kongress zugegeben, dass man Bitcoin weder staatlich verbieten noch stoppen kann. Die chinesische Regierung kann ein Lied davon singen.

Bitcoin wird von niemandem kontrolliert. Der Code ist öffentlich im Netz einsehbar und wurde von tausenden unabhängigen Programmierern erfolglos auf potenzielle Hintertüren überprüft. Selbst wenn sich Hintertüren oder andere Fehler im Code befinden würden, ließen sie sich jederzeit korrigieren.

Zusätzlich hatte Bitcoin in seinen ersten Jahren kaum einen Wert und wurde nur von wenigen Entwicklern unterstützt. Eine staatliche Operation mit dem Ziel, ein neues Geldsystem zu erschaffen, hätte wohl größere Ressourcen erhalten.

Kurzum, wir werden es vermutlich nie wissen, wer Bitcoin wirklich erschaffen hat, aber selbst wenn es aus geheimdienstlichen Operationen entstanden sein sollte, was wir nicht glauben, haben sie die Kontrolle über Bitcoin verloren.

»Bargeldfreie Gesellschaft«

Kritiker sehen häufig Bitcoin als Einfallstor, um die Abschaffung von Bargeld zu beschleunigen. Und es stimmt, mehr als 90 Prozent des sich heute im Umlauf befindlichen Bargelds existieren nur noch in digitaler Form. Aber steht dies wirklich im Zusammenhang mit Bitcoin? PayPal, einer der beliebten digitalen Zahlungsdienstleister wurde im Jahr 1998 gegründet, über ein Jahrzehnt vor Bitcoin. Internetgiganten wie Google und Apple pushen ihre eigenen digitalen Zahlungsmethoden und treiben die Zukunft einer bargeldlosen Gesellschaft voran, völlig losgelöst von Bitcoin. Darüber hinaus wird es immer einfacher, ohne Bargeld zu bezahlen. Wer trägt schon gerne einen Geldbeutel mit sich herum, wenn er alternativ nur noch seine Kreditkarte scannen lassen muss. Privatsphäre und Überwachung? Geschenkt!

Leider muss man akzeptieren, dass der Kampf um Bargeld verloren ist. Sein Ende lässt sich höchstens noch hinauszögern, aber alle Zeichen stehen auf einer bargeldlosen Zukunft. Was also tun?

Überraschenderweise sollten alle Fans von Bargeld auch Fans von Bitcoin sein. In einer Zukunft, in der sämtliche Zahlungsvorgänge digital ablaufen und für den Staat überwachbar sind, ist Bitcoin eine der wenigen Optionen, sich dem Überwachungsstaat zu entziehen.

In unseren Augen wird dies einer der größten Treiber für die Adoption von Bitcoin darstellen. Menschen, die Wert auf ihre Privatsphäre legen, werden sich nach Alternativen umsehen. Bitcoin ist die wahrscheinlich vielversprechendste.

»Ohne Strom funktioniert Bitcoin nicht!«

Bei einem Stromausfall könne man Bitcoin gar nicht mehr verwenden, bringen Kritiker gerne, oftmals als letztes Argument hervor.

Nun beeinträchtigt ein regionaler Stromausfall das globale Bitcoin-Netzwerk in keiner Weise, im schlimmsten Fall müssen sie ihren Besuch im Supermarkt verschieben. (Im Übrigen würde im Fall eines Stromausfalles der Supermarkt vermutlich schließen und keine Form von Geld akzeptieren.)

Was wäre aber nun bei einem globalen Stromausfall? Nun sollte so etwas wirklich passieren, wird ihre ausstehende Bitcoin-Transaktion die geringste Ihrer Sorgen sein. In einem Horrorszenario, bei dem der Strom über mehrere Tage flächendeckend ausfällt, würden wir in kürzester Zeit in eine reine Tauschgesellschaft übergehen. Nicht einmal Gold und Silber würden hier vermutlich mehr akzeptiert werden, denn dann geht es um das nackte Überleben, und da sind Güter, die das direkte Überleben sichern, am wertvollsten.

Darüber hinaus reicht es, wenn irgendwo auf der Welt nach wie vor ein Computer mit Strom versorgt werden würde, und das Bitcoin Netzwerk wäre weiterhin am Leben, während das digitale Geld auf ihrer Bank im wahrsten Sinne des Wortes in einem dunklen Loch verschwunden ist.

Und zu guter Letzt noch der ultimative Clue: Bitcoin-Transaktionen lassen sich über Radiowellen versenden, die selbst während eines globalen Stromausfalles nicht verschwinden würden.

— ⊚⊚⊚ —

Bitcoins Wert – Modellierung mit Stock-to-Flow

PlanB / @100trillionUSD

Originalartikel: https://medium.com/@100trillionUSD/modeling-bitcoins-value-with-scarcity-91fa0fc03e25[124]

Satoshi Nakamoto veröffentlichte den Bitcoin-Code am 8. Januar 2009.

Bitcoin ist das erste endliche digitale Objekt der Welt. Es ist limitiert wie Gold und Silber und kann über das Internet, Radio und Satellit versendet werden. Stromunabhängig!

»Als Gedankenexperiment: Stellen Sie sich vor, es gäbe ein unedles Metall, welches so selten und begrenzt wie Gold wäre, aber mit den folgenden Eigenschaften: langweilig grau in der Farbe, kein guter elektrischer Leiter, nicht besonders widerstandsfähig [...], nicht hilfreich für irgendwelche praktischen oder dekorativen Anwendungen [...] und mit einer speziellen, magischen Eigenschaft: Es kann über einen Kommunikationsweg transportiert werden«.[125]

Mit Sicherheit hat dieses seltene digitale Objekt einen Wert. Aber wie hoch ist dieser? In diesem Abschnitt soll die »Seltenheit« von Bitcoin (BTC) quantifiziert werden. Dazu soll das »Stock-to-Flow«-Modell verwendet werden.

Knappheit und Stock-to-Flow

Knappheit wird in Wörterbüchern üblicherweise mit einem »Mangel« an etwas definiert. Das Wort Rarität wäre in diesem Kontext auch ein Synonym.

Nick Szabo hat eine bessere Definition von Knappheit: Die des »unfälschbaren Kostenaufwands«: »Was haben Antiquitäten, Zeit und Gold gemeinsam? Sie sind teuer, entweder durch ihre Anfangskosten oder durch die Einzigartigkeit ihrer Geschichte. Dabei ist es schwer diesen Kostenaufwand zu fälschen. [...] Es gibt einige Probleme diesen ›unfälschbaren Kostenaufwand‹ in einem Computer zu implementieren. Wenn diese Hürde überwunden werden kann, dann können wir digitales Gold erschaffen.«[126]

»Seltene Metall und Sammlerstücke haben unfälschbare Seltenheit dank des Kostenaufwands ihrer Erschaffung. Diese Eigenschaft gab einst Münzgeld seinen Wert, ohne die Kontrolle durch Dritte. [...] [aber] man kann online nicht mit Edelmetallen zahlen. Deshalb wäre es schön, wenn es ein Protokoll gäbe, das Datenpakete mit einem unfälschbaren Kostenaufwand online erzeugen könnte, ohne die Abhängigkeit von Dritten. Diese Daten müssen dann sicher verwahrt, transferiert und überprüft werden können, ebenfalls ohne das Vertrauen auf Dritte. Diese Daten könnten dann als digitales Gold angesehen werden.«[127]

Bitcoin besitzt diesen unfälschbaren Kostenaufwand, denn es kostet eine Menge Elektrizität, neue Bitcoins zu erschaffen. Die Erschaffung von Bitcoin kann nicht einfach gefälscht werden. Beachten Sie, dass dies ein fundamentaler Unterschied zu herkömmlichen Fiat-Währungen ist. Aber auch Altcoins (alle anderen Kryptowährungen neben Bitcoin werden Altcoin genannt – von Alternativ.

Bitcoin-Maximalisten nennen diese auch gerne Shitcoins) ohne fixe Obergrenze, ohne Proof-of-Work (PoW), mit geringen Hash-Raten oder bei denen eine kleine Gruppe von Leuten oder Firmen die Menge an Coins beeinflussen kann.

Saifedean Ammous beschreibt Seltenheit mit dem Stock-to-Flow-Verhältnis (SF). Er erklärt, warum Gold und Bitcoin anders sind als Kupfer, Zink, Nickel, Messing, denn Gold und Bitcoin haben ein hohes SF.

»Für jede Verbrauchsware [gilt]: wird die Produktion verdoppelt wird das die aktuellen Bestände winzig erscheinen lassen, was zu einem Kollaps des Preises führt und den Besitzer dieser Waren finanziell schaden würde. Für Gold wäre eine Preisspitze, die zu einer Verdopplung der jährlichen Produktion führt, unbedeutend. Es würde die Bestände gerade einmal um 3 Prozent statt 1,5 Prozent erhöhen.«

»Es ist dieser durchgehend niedrige Zuwachs an Gold welcher der fundamentale Grund ist, dass Gold seine monetäre Rolle durch die Menschheitsgeschichte aufrechterhalten hat.«

»Die hohe Stock-to-Flow Ratio, also das hohe Verhältnis von Bestand zu jährlichem Zuwachs, macht Gold zu dem Gut mit der geringsten angebotsabhängigen Preiselastizität.«

»Die Bitcoinbestände in 2017 waren rund 25 Mal größer als alle neuen produzierten Bitcoins im Jahr 2017. Das liegt immer noch unter der Hälfte des Verhältnisses von Gold. Aber um das Jahr 2022 wird Bitcoins Stock-to-Flow ratio die von Gold übertreffen«.[128]

Auf diese Weise kann Knappheit und Seltenheit mit SF quantifiziert werden. SF = Stock/flow = Bestand / Zuwachs.

Stock beschreibt den aktuellen Bestand an Vorräten und Reserven. Flow ist die jährliche Produktion des Gutes. Statt SF wird auch die *supply growth rate* verwendet (flow/stock). SF entspricht dabei:

SF = 1 / supply growth rate.

Betrachten wir nun einige SF-Zahlen in der Tabelle 5: Stock (Bestand) to Flow (jährlicher Zuwachs) von verschiedenen Metallen.

	Bestand (Tonnen)	Zuwachs/ jährliche Produktion	SF	Wachs- tumsrate	Preis pro Unze	Marktbewertung/ Kapitalisierung
Gold	185.000	3.000	62	1,6 %	1300 $	8.417.500.000.000 $
Silber	550.000	25.000	22	4,5 %	16 $	308.000.000.000 $
Palladium	244	215	1,1	88,1 %	1400 $	11.956.000.000 $
Platin	86	229	0,4	266,7 %	800 $	2.400.000.000 $

Tabelle 5

FRIEDRICH & WEIK
VERMÖGENSSICHERUNG

Gold besitzt die höchste SF von 62, es braucht also 62 Jahre an Produktion, um den aktuellen Bestand an Gold zu erhalten. Silber erreicht den zweiten Platz mit SF 22. Diese hohen SF machen sie zu monetären Gütern.

Palladium, Platinum und alle anderen Güter haben SF von knapp über 1. Der aktuelle Vorrat ist meist gleich oder niedriger als die Jahresproduktion, was die Produktion zu einem entscheiden Einflussfaktor macht. Es ist fast unmöglich, für diese Güter einen höheren SF zu bekommen. Denn sobald jemand beginnt, sie zu horten, steigen die Preise, die Produktion wird erhöht und die Preise fallen wieder. Es ist sehr schwer, dieser Spirale zu entkommen.

Bitcoin hat zurzeit einen Vorrat an 17,5 Millionen Coins und eine »Produktion« von 0,7 Millionen pro Jahr, was ein SF 25 ergibt. Das macht Bitcoin zu einem monetären Gut wie Silber oder Gold. Bitcoins Marktwert liegt beim aktuellen Preis von 70 Milliarden US-Dollar.

Der Zuwachs an Bitcoins ist limitiert. Neue Bitcoins werden mit jedem Block erschaffen. Blocks werden alle 10 Minuten (im Mittel) kreiert, immer dann, wenn ein Miner den Hash findet, der die PoW-Vorgabe für einen validen Block erfüllt. Die erste Transaktion in jedem Block, »coinbase« genannt, enthält die Belohnung (»block reward«) für den Miner, der den Block gefunden hat. Die Blockbelohnung enthält die Gebühren, die Leute für Transaktionen in diesem Block zahlen, und die neu erschaffenen Coins (»sUBSidy« genannt). Diese SUBSidy startete mit 50 Bitcoins und halbierte sich alle 210.000 Blöcke (ungefähr 4 Jahre). Das ist der Grund, warum

»halvings« (Halbierungen) sehr wichtig für Bitcoins Geldmenge und SF sind. Diese Halvings führen dazu, dass der Zuwachs an neuen Coins (im Kontext von Bitcoin oft Inflation »monetary infaltion« genannt) stufenförmig und nicht glatt verläuft. In Abbildung 51 sehen Sie den Zuwachs an Bitcoins über die Anzahl der Blöcke von links unten nach rechts oben steigend. Die damit einhergehende Entwertung von links oben sukzessive fallend nach rechts unten findet stufenförmig nach jedem Halving statt.

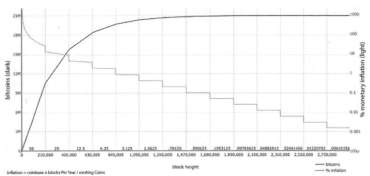

Abbildung 51

Stock-to-Flow und Wert

Die Hypothese dieser Studie ist es, dass Knappheit, gemessen durch SF, direkt den Wert eines Gutes beeinflusst. Ein Blick in die Tabelle 5 bestätigt, dass Marktwerte dazu tendieren, höher zu liegen, wenn SF höher liegt. Der nächste Schritt ist es nun, Daten zu sammeln und ein statistisches Modell zu entwerfen.

Daten

Bitcoins monatlicher Wert und SF wurden von Dezember 2009 bis Februar 2019 (111 Datenpunkte insgesamt) berechnet. Die Anzahl an Blöcken pro Monat kann direkt von der Bitcoin Blockchain, mit Python/RPC/bitcoind, abgefragt werden. Die wirkliche Anzahl an

Blöcken weicht ein Stück von der theoretischen Anzahl ab, da Blöcke nicht exakt alle 10 Minuten erzeugt werden (zum Beispiel wurden im ersten Jahr 2009 signifikant weniger Blöcke erzeugt). Mit der Anzahl an Blöcken pro Monat und der bekannten Blockbelohnung in jedem Block kann man die Stock-to-Flow ratio berechnen. Die Daten wurden um verlorengegangene Coins bereinigt, in dem die erste Million Coins (7 Monate) aus der Berechnung ausgelassen wurde. Ein genaueres Einbeziehen von verlorene Coins wird Teil zukünftiger Recherchen sein.

Daten über Bitcoin-Preise sind von verschiedenen Quellen verfügbar, aber starten erst im Juli 2010. Die ersten bekannten Bitcoin-Preise wurden hinzugefügt und interpoliert (1 US-Dollar für 1.309 BTC im Oktober 2009; erste Rate von 0,003 Dollar auf BitcoinMarket im März 2010; zwei Pizzen im Wert von 41 Dollar für 10.000 BTC im Mai 2010). Das Einbeziehen von mehr »historischen« Daten wird Teil zukünftiger Recherchen sein.

Die Datenpunkte für Gold (SF 62, Marktwert 8,5 Billionen Dollar) und Silber (SF 22, Marktwert 308 Milliarden Dollar) sind bekannt und wurden als Vergleichsgröße herangezogen.

Modell

Ein erstes Streudiagramm mit SF gegen den Marktwert zeigt, dass eine logarithmische Skala zur Darstellung vorteilhaft ist, da die Werte sich über acht Größenordnungen erstrecken (von 10.000 Dollar bis 100 Milliarden Dollar). Die Verwendung der logarithmischen Achse zeigt einen linearen Zusammenhang zwischen dem ln(SF) und ln(Marktwert) auf. Zur Darstellung wurde der natürliche Logarithmus verwendet, der Log10 würde aber ähnliche Ergebnisse liefern. In der Abbildung 52 sehen Sie das Bitcoins SF Model für die Berechnung des Marktwertes. Die SF und die Marktwerte von Silber und Gold folgen demselben Trend. Helle Datenpunkte sind kurz vor, dunkle kurz nach dem Halving. Mit dem Halving ändert sich das SF von Bitcoin schlagartig, weshalb Sprünge in der Grafik zu sehen sind.

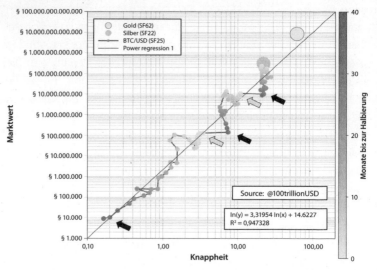

Abbildung 52

Ein Fit mithilfe der linearen Regression zeigt, was schon mit dem bloßen Auge sichtbar ist: ein statistisch signifikanter Zusammenhang zwischen SF und Marktwert (95 Prozent R2, Signifikanz von F 2.3E-17, p-Wert der Steigung von 2.3E-17). Die Wahrscheinlichkeit, dass diese Beziehung zwischen SF und Marktwert durch Zufall erzeugt wurde, ist nahe Null. Natürlich haben aber auch andere Faktoren einen Einfluss auf den Preis, zum Beispiel Regularien, Hacks und andere Nachrichten. Das ist der Grund, warum R2 nicht 100 Prozent ist und nicht alle Datenpunkte auf der schwarzen Linie liegen. Nichtsdestoweniger scheint der Hauptgrund die Knappheit/SF zu sein.

Sehr interessant ist zu sehen, dass Gold und Silber, welche völlig andere Märkte sind, im Einklang mit dem Bitcoin Modell für SF sind. Das gibt zusätzliches Vertrauen in das Modell. Beachten Sie, dass zu Beginn des Bullenmarktes im Dezember 2017 Bitcoins SF bei 22 und Bitcoins Marktwert bei 230 Milliarden Dollar lag, also sehr nahe bei dem von Silber.

Da Halvings einen hohen Einfluss auf SF haben, wurden die Monate bis zum nächsten Halving als Helligkeitscode in dem Graphen eingefügt. ⬅︎ ist der Monat des Halvings und ⬅︎ ist kurz nach dem Halving. Das nächste Halving wird im Mai 2020 eintreten. Das aktuelle SF 25 wird sich auf SF 50 verdoppeln, was nahe an Gold ist (SF 62).

Der vorhergesagte Marktwert für Bitcoin nach dem Halving im Mai 2020 ist 1 Billion Dollar, was zu einem Bitcoin-Preis von 55.000 Dollar führen würde. Das ist ziemlich spektakulär. Die Zeit wird zeigen, ob sich diese Prognose bewahrheiten wird. Vermutlich werden wir es in ein oder zwei Jahren wissen, nach dem Halving in 2020 oder 2021.

Bitcoin ist gegenüber Gold und Silber unterbewertet

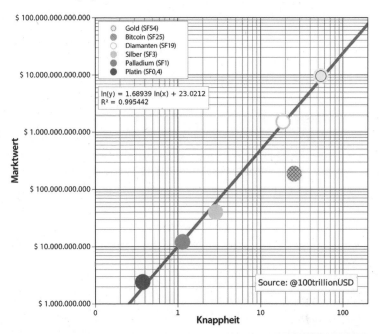

Abbildung 53

In der Abbildung 53 ist der erweiterte Zusammenhang zwischen SF und Marktwert dargestellt. Edelmetalle und Diamanten folgen demselben Trend, Bitcoin wirkt dagegen unterbewertet.

Ergänzung

Manche Menschen fragen sich, woher das Geld kommen soll, das für einen Marktwert von 1 Billion Dollar nötig ist. Mögliche Antworten: Silber, Gold, Länder mit negativem Zinssatz (Europa, Japan, möglicherweise bald die USA), Länder mit extremen Regierungen (Venezuela, China, Iran, Türkei et cetera), Milliardäre und Millionäre, die sich gegen die lockere Zinspolitik wappnen wollen (*quantitative easing*) aber auch institutionelle Investoren, die die Anlage mit der besten Rendite der letzten 10 Jahre für sich entdecken.

Der Bitcoin-Preis kann direkt mit SF modelliert werden. Die Formel hat andere Parameter, aber das Ergebnis ist dasselbe: 95 Prozent R2 und ein vorhergesagter Bitcoin-Preis von 55.000 Dollar mit SF 50 nach dem Halving im Mai 2020.

Die Abbildung 54 zeigt den Bitcoin-Modellpreis, basierend auf SF (schwarz) und dem tatsächlichen Bitcoin-Preis über die Zeit. Die Anzahl an Blöcken pro Monat ist als Helligkeitscode gegeben.

Beachten Sie die Güte des Fits, besonders den fast direkten Preisanstieg nach dem Halving im November 2012. Preisanpassungen nach dem Halving im Juni 2016 waren wesentlich langsamer. Mögliche Ursachen dafür sind die Konkurrenz durch Ethereum und der DAO Hack. Außerdem ist ersichtlich, dass teilweise weniger Blöcke pro Monat (hell) erzeugt werden – besonders im ersten Jahr 2009 und während der Verringerung der Hash-Schwierigkeit (*difficulty adjustment*) Ende 2011, Mitte 2015 und Ende 2018. Die Einführung von GPU Minern in den Jahren 2010 bis 2011 und ASIC Minern im Jahr 2013 führte zu mehr Blöcken pro Monat (dunkel).

Potenzgesetz und Fraktale

Ebenfalls interessant ist der Hinweis auf einen exponentiellen Zusammenhang.

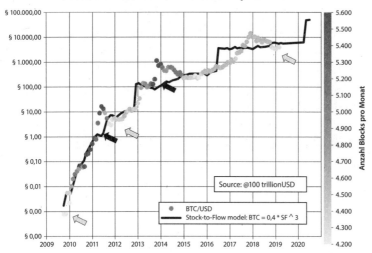

Abbildung 54

Die Funktion der linearen Regression ln(Marktwert) = 3.3 * ln(SF)+14,6 kann als Potenzgesetz umbeschrieben werden: Marktwert = exp(14.6) * SF ^ 3,3

Exponentielle Zusammenhänge sind selten. Die Möglichkeit eines Potenzgesetzes mit R2 von 95 Prozent über 8 Größenordnungen erhöht das Vertrauen, dass die treibende Kraft hinter Bitcoins Wert korrekt mit SF wiedergegeben werden kann.

Ein Potenzgesetz ist eine Beziehung, in der eine relativ kleine Änderung in einer Größe eine proportional große Änderung in der anderen Größe hervorrufen kann. Bei jedem Halving verdoppeln sich Bitcoins SF und der Marktwert verzehnfacht sich, dies ist ein konstanter Faktor.

Potenzgesetze sind interessant, weil sie eine tieferliegende Regelmäßigkeit in Eigenschaften von scheinbar zufälligen komplexen Systemen aufzeigen. Diese selbstähnlichen Eigenschaften unterliegen exponentiellen Zusammenhängen. Wir sehen diese Zusammenhänge auch in Bitcoin: Die Crashs 2011, 2014 und 2018 sahen alle sehr ähnlich aus (Einbrüche um 80 Prozent), aber auf völlig unterschiedlichen Skalen (10 Dollar; 1.000 Dollar, 10.000 Dollar); ohne logarithmische Skalierung wäre das nicht sichtbar. Skaleninvarianz und Selbstähnlichkeit sind Eigenschaften von Fraktalen. Der Parameter mit einem Wert von 3,3 im Potenzgesetz wird auch als fraktale Dimension bezeichnet. (Für mehr Informationen auf dem Gebiet siehe die berühmte Studie über die Länge von Küstenlinien).

Zusammenfassung

Bitcoin ist das erste knappe, digitale Objekt der Welt. Es ist selten wie Silber und Gold und kann über Internet, Radio und Satellit versendet werden.

Diese digitale Seltenheit hat Wert! Aber wie viel? In diesem Kapitel wurde die Seltenheit mit dem Stock-to-Flow-Modell quantifiziert. Darüber konnte der Wert von Bitcoin modelliert werden.

Ein statistisch signifikanter Zusammenhang zwischen Stock-to-Flow und Marktwert besteht. Die Wahrscheinlichkeit, dass dieser Zusammenhang durch Zufall entstanden ist, ist nahe null.

Was zusätzliches Vertrauen in das Modell gibt:

- Gold und Silber, welche völlig unterschiedliche Märkte darstellen, werden durch das Bitcoin-SF-Modell korrekt abgebildet.
- Es scheint einen exponentiellen Zusammenhang zu geben.
- Das Modell sagt einen Bitcoin Marktwert von 1 Billionen Dollar nach dem nächsten Halving im Mai 2020 voraus, was einem BTC-Preis von 55.000 Dollar pro Bitcoin entsprechen würde. (Dies deckt sich mit unseren Modellen die ein Fair Price Value von 42000 Dollar prognostizieren).
- Wir werden also bis 2021/2022 sehen, ob das Modell funktioniert und Recht behält.

— ❀❀❀ —

302   LÖSUNGEN

Empfehlung

Erstmalig haben wir mit Bitcoin ein demokratisches, dezentrales, nicht schuldenbasiertes, deflationäres, grenzenloses, zensurfreies Geldsystem und einen digitalen Wertspeicher (*store of value*). Ein jeder sollte Bitcoin besitzen. Ein jeder sollte investieren und es dann als Lotterieschein sehen. Wenn etwas für die breite Masse gut ist, wird es sich immer durchsetzen – das galt in der Vergangenheit für Gold und in Zukunft wird es für Bitcoin gelten. Davon sind wir fest überzeugt.

Bitcoin wandelt auf elegante Weise Energie und Zeit in das einzig existierende digitale Asset, das in seiner Menge begrenzt ist. Es ist die beste Form von Geld, die die Welt vielleicht jemals gesehen hat.

Wir glauben, dass in einigen Jahrzehnten Bitcoin die größte Assetklasse der Welt sein kann, vielleicht sogar knapp hinter dem globalen Immobilienmarkt.

Wir sehen vier treibende Faktoren:

1. Autoritäre und totalitäre Regime, die ihre Bürger immer extensiver überwachen wollen und ihnen zunehmend sämtliche Freiheitsrechte entziehen, werden als großer Katalysator für alternative Systeme dienen.

2. Regierungen rund um die Welt werden immer mehr und immer schneller neues Geld drucken. Die Kosten für die Erzeugung neuen Fiat-Geldes sind praktisch null. Bildlich gesprochen ist es lediglich das Drücken einer Taste. Immer mehr Menschen werden sich fragen, wo speichere ich meinen Wohlstand? In einem System, das unbegrenzt und stark inflationär konstant neue Einheiten produziert, oder in einem disinflationärem System, das in seiner Menge begrenzt ist?

3. Anlagenotstand und Preisblasen in anderen Investmentklassen. Man stelle sich nur mal vor, was mit dem Preis von Bitcoin passiert, wenn Pensionskassen oder Hedgefonds aber auch die Bürger erkennen, dass das Zeitalter der limitierten Werte beginnt und Bitcoin als Teil davon ist. Wenn hier nur 1 oder 5 Prozent zur Streuung in Bitcoin investiert werden würden, wäre unser Kursziel über Nacht erreicht und übertroffen.

4. Ein Bankensterben, das Ende unserer Geldordnung einhergehend mit einem Vertrauensverlust der Menschen in die Systeme.

Kaufen Sie sich für 10 oder 50 Euro ein paar Satoshis. Sollte Bitcoin, wovon wir nicht ausgehen, tatsächlich wertlos werden, dann ist das bitter, aber Sie haben keine Unsummen verloren. Sollte Bitcoin unserer Prognose oder gar der von Plan B folgen, dann werden Sie glücklich sein, dabei zu sein. Da Bitcoin noch keine richtige Krise und Rezession mitgemacht hat, weiß man nicht, wie es sich verhalten wird. Wird Bitcoin in einer Deflation ebenso abverkauft und in den Keller gehen wie Aktien, Immobilien und andere Werte, oder wird es sich antizyklisch verhalten? Bitcoin korreliert auf jeden Fall nicht mit den gängigen Investments, der Politik und den Notenbanken. Allein deshalb sollte man einen Teil seines Vermögens als spekulative Gegenwette in Bitcoin platzieren. Schwimmen Sie gegen den Strom, seien Sie von Anfang an bei dieser Geldrevolution dabei.

Wer mehr investieren möchte, kann dies mit bis zu 5 Prozent vom Vermögen als Gegengewicht tun.

Falls Sie jetzt nicht wissen, wo und wie Sie Bitcoins kaufen können, senden Sie uns eine E-Mail, damit wir Ihnen eine Anleitung zusenden können.

Diamanten

Diamanten sind seit Tausenden von Jahren begehrt, geschätzt und selten. Seit jeher sagt ihnen der Mensch magische Kräfte nach und viele Könige, Kaiser und Päpste besetzten ihre Kronen mit den glitzernden Steinchen. Der Diamant hat hervorragende und einzigartige Eigenschaften: Er ist der härteste natürliche Stoff und verfügt über die größte Wertdichte auf kleinstem Raum. 1 Karat sind 0,2 Gramm.

Ein Vergleich: 100.000 Euro in Gold wiegen über 2 Kilogramm. Ein Diamant von höchster Qualität im Wert von 100.000 Euro wiegt gerade mal 2,2 Karat (= 0,44 Gramm)!

Diamanten sind unvergänglich und so mobil wie kein anderer Sachwert. Diamanten waren schon immer und werden auch zukünftig die Fluchtwährung schlechthin sein.

Diamanten können ebenfalls wie Edelmetalle noch im anonymen Tafelgeschäft erworben werden. Allerdings mit dem Manko, dass auf Diamanten 19 Prozent Mehrwertsteuer anfallen. Umso wichtiger ist deshalb auch der Einkaufspreis.

Der Markt für Diamanten ist weit weniger volatil als die Wertpapier- und Rohstoffmärkte, da der Handel mit Diamanten immer auch physisch vollzogen wird, in dem die Diamanten noch von Hand zu Hand gehen. Ein schneller Kauf und Verkauf innerhalb weniger Sekunden, wie im Börsengeschäft, ist im Diamantengeschäft unmöglich. Da ein tägliches Preisfixing für Diamanten ebenfalls nicht möglich ist und es keine Terminmarktkontrakte auf Diamanten gibt, können die großen Finanzinvestoren kaum spekulativen Einfluss auf die Preisbildung nehmen, wie es zum Beispiel bei Gold möglich ist. Da Diamanten seit jeher als Schmucksteine begehrt sind, gibt es eine konstante Nachfrage, die nahezu unabhängig von Weltfinanzmarkt ist. Auch während der Finanzkrise haben Diamanten sich antizyklisch verhalten.

Der Preis für hochwertige Diamanten hat sich in den letzten 50 Jahren stetig nach oben entwickelt. Seit 1960 ist der Diamantenpreis im Schnitt um 4,3 Prozent pro Jahr gestiegen. Wie die Abbildung 55 zeigt, hat sich der Preis für erstklassige Diamanten

(Anlage-Diamanten) von 1960 bis heute mehr als verzehnfacht! Die kurzen konjunkturell bedingten Abwärtstrends haben den Wert der Diamanten nie nachhaltig mindern können. Das liegt unter anderem daran, dass das weltweite Angebot hochwertiger Diamanten immer knapper und die Förderung von Diamanten technisch aufwendiger und somit teurer wird (siehe Bain & Company Diamond Report). Zudem steigt die Nachfrage nach Diamanten auch in den Schwellenländern stetig an.

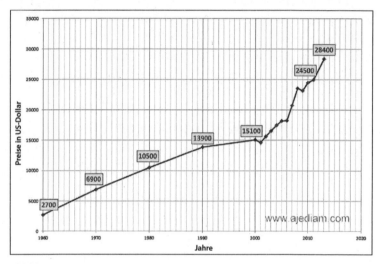

Abbildung 55

Die Wertstabilität und die Mobilität von Diamanten sind in Krisenzeiten historisch belegt.

Gewinne aus privaten Veräußerungsgeschäften sind in Deutschland nach zwölf Monaten Haltedauer steuerfrei. Es existiert keine Besitzsteuer auf Diamanten.

Ein Riesenvorteil von Diamanten ist: Sie wurden noch nie verboten!

Empfehlung

Es ist sinnvoll, bis zu 10 Prozent in Diamanten zur Vermögenssicherung zu investieren. Diamanten bieten sich an als
Krisen- und Inflationsschutz sowie zur Risikostreuung. Sie sind
ein mobiler und jederzeit liquidierbarer Wertspeicher.

Der Kauf eines Diamanten ist nicht schwer. Er obliegt ein
paar Regeln, nämlich denen der 4 Cs:

- *Carat* – Gewicht (idealerweise: 0.3 bis 0.33, 0.5 bis 0.53, 1.01
  bis 1.03, 2.01 bis 2.05 und so weiter),

- *Color* – Farbe (empfehlenswert: beste Farbe D (Hochfeines
  Weiß) bis G),

- *Clarity* – Reinheit (empfehlenswert: lupenrein (IF oder F),

- *Cut* – Schliff (empfehlenswert: *excellent*).

Wir empfehlen noch zwei weitere Cs:

- *Certificate* vom Gemological Institute of America (GIA),

- *Confidence* – Vertrauen (guter, seriöser Händler).

Die ersten vier Cs finden sie alle in dem fünften C (*Certificate*).
Dieses muss von dem Institut GIA sein! Mit dem Zertifikat
dieses Institutes sind Diamanten weltweit am besten handel-
bar und werden überall angenommen. Zudem wird dadurch
garantiert, dass die Diamanten aus rechtlich und ethisch ein-
wandfreien Quellen stammen und in Übereinstimmung mit
dem »Kimberley Process« (konfliktfreie Herkunft) stehen.

Ferner gibt es noch weitere Kriterien, die auf dem GIA-
Zertifikat vermerkt sind: Fluoreszenz (hier sollte *none* stehen),
Politur (*excellent*) und Symmetrie (*excellent*).

Die Besonderheit bei GIA-zertifizierten Diamanten ist, dass
jeder einzelne Diamant eine eigene Nummer hat, die in den
Stein an der Rondiste sogar eingelasert ist.

Ein seriöser Diamantenhändler sollte den Diamanten, den Sie bei ihm gekauft haben, auch wieder zurücknehmen. Kaufen Sie keinen Diamanten bei einem Händler, der nur verspricht, beim Verkauf des Diamanten behilflich zu sein

Gold

> *»Gold ist Geld, alles andere ist Kredit.«*
> J.P. Morgan, Gründer der gleichnamigen US-Bank

Gold ist seit über 5.000 Jahren Geld! Wertspeicher, Wertanker, wertstabil. Die alten Ägypter nannten es das »Fleisch der Götter«. Seit jeher vertraut der Mensch dem Gold. Es ist durch die Natur limitiert. Alle Notenbanken besitzen es – bis heute und das obwohl wir seit 1971 kein goldgedecktes Geldsystem mehr haben. Alle Menschen weltweit wissen, dass dieses gelb schimmernde Metall edel und wertvoll ist. Gold schützt vor Inflation, vor Geldexperimenten einer ausufernden Notenbankpolitik, und es ist antizyklisch. Es ist nicht nur ein Wertspeicher, sondern vor allem ein Vertrauensspeicher. Edelmetalle haben Krisen, Crashs, Währungsreformen, Staatsbankrotte, Kriege und Diktaturen überstanden.

Gold ist ein korrosionsbeständiges Metall, das von Luft, Wasser und Säuren nicht angegriffen wird. Es hat eine hohe Wertdichte, ist extrem dehnbar und gehört zu den besten Leitern von Strom und Wärme. 1 Gramm Gold ergibt einen Draht von 3,7 Kilometern Länge! Es gibt momentan 25,1 Gramm Gold je Erdenbürger, das heißt, mit einer Feinunze (31,1 Gramm) haben Sie schon Ihr Soll erreicht und nennen mehr Gold Ihr Eigen als rechnerisch bei Gleichverteilung pro Kopf überhaupt verfügbar wäre.

Die Menge allen Goldes der Welt, das jemals gefördert wurde, beträgt 195.000 Tonnen und passt in einen Würfel mit der Kantenlänge von 21,70 Metern. Jährlich kommen circa 3.300 Tonnen dazu. Die

Nachfrage ist aber deutlich höher – vor allem seit der Finanzkrise 2008 als krisensicheres Investment. Diese Differenz wird mit Altbeständen und recyceltem Gold ausgeglichen.

Jetzt möchten wir mit ein paar Mythen aufräumen:

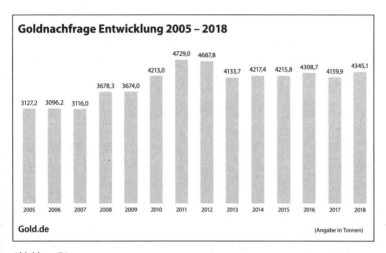

Abbildung 56

Gold gibt keine Zinsen und wirft keine Rendite ab!
Stimmt, Geld allerdings auch nicht! Ganz im Gegenteil, jetzt muss man sogar Strafzinsen für Geld auf dem Konto zahlen und wenn es nach dem IWF und der EZB-Chefin Christine Lagarde geht auch auf Bargeld. Daher ist Gold sogar besser als Geld, da es günstiger, älter, bewährter, unzerstörbar ist. **Gold ist die ultimative Lebensversicherung für das Ersparte!**
Abbildung 57 zeigt die Entwicklung europäischer Aktien (-5 Prozent) und Gold (+450 Prozent) seit 1999.

Entwicklung europäischer Aktien und Gold

Abbilding 57

FRIEDRICH & WEIK
VERMÖGENSSICHERUNG

Gold kann man nicht essen!

Weit verbreitet ist der Mythos, dass man Gold nicht essen könne. Das ist falsch! Fragen Sie mal den französischen Fußballer Franck Ribéry nach seinem 1.200-Euro-Goldsteak.

Gold kann man tatsächlich verspeisen in Form von Blattgold, Goldpralinen, Goldwasser (Gewürzlikör mit Blattgold) und vielem mehr. Dessen ungeachtet gilt unsere Empfehlung ausdrücklich nicht primär dem Gold-Gaumenschmaus, sondern dem Gold als bewährtem Vermögenswertanker in stürmischen Zeiten!

Gold wird wertlos, weil im Meer und auf Asteroiden Milliarden Tonnen Gold liegen.

Ja, das mag sein, aber die Bergung ist entweder unmöglich oder kostet ein Vielfaches des Goldpreises.

Gold ist nutzlos.
Falsch! Gold wird vielseitig verwendet. Neben der Sicherung von Vermögen in Form von Anlagegold und Schmuck, wird Gold tatsächlich in der Industrie verwendet, zum Beispiel in Smartphones, Computern und Satelliten. Rund 10 Prozent des geförderten Goldes fließen in die Produktion von Elektronikware und technischen Geräten.

Aufgrund seiner Eigenschaften wird Gold auch in der Medizin eingesetzt. Gold ist ungiftig und korrosionsbeständig. Außerdem hat es eine stoffliche Resistenz gegenüber Wasser und Säure (Zahnfüllungen).

Gold fällt in der Deflation
Mythos: Es heißt immer, in der Deflation wird alles abverkauft – auch Gold. Das stimmt nicht! Deflationsphasen der Vergangenheit und die Entwicklung von Gold, Silber und Rohstoffen:

1814 – 1830: Gold 100 Prozent, Silber 89 Prozent, Rohstoffe: -50 Prozent
1864 – 1897: Gold 40 Prozent, Silber 27 Prozent, Rohstoffe: -65 Prozent
1929 – 1933: Gold 44 Prozent, Silber -5 Prozent, Rohstoffe: -31 Prozent
2008: Gold 6 Prozent, Silber -23 Prozent, Rohstoffe: -24 Prozent

Gold trotzt der Deflation

In historischen deflationären Phasen zeigt der Goldpreis immer eine positive Entwicklung. Damit unterscheidet sich Gold deutlich von anderen Rohstoffen.

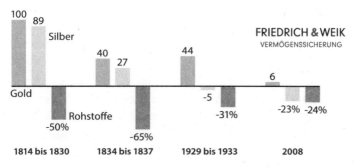

Abbildung 58

Silber wird stark verbraucht und ist von einem Geldmetall in den letzten Jahrzehnten zu einem zyklischen Industriemetall geworden. Allerdings gehen wir davon aus, dass es wieder den Status des Geldmetalls erhalten wird und sich dann in der Deflation besser entwickelt wie andere Anlagen.

Und wenn Gold verboten wird?

Gold ist der Feind von Regierungen – jedenfalls solange diese mit ungedeckten Papierwährungen operieren. Mit Gold können die Bürger noch legal Geld aus dem Bankenkreislauf ziehen und sich so vor Inflation und Entwertung schützen. Generell wird Gold gerne von Politik und Medien schlechtgeredet, vermutlich mit der Intention, den Menschen das historisch gewachsene, tief verwurzelte Vertrauen in Gold zu nehmen. Oben haben Sie manche Argumente bereits gelesen, die wir widerlegen konnten. Der IWF beschimpft Gold sogar als Krisenbeschleuniger, Banken sagen, dass Gold keine Rendite bringe, und Staaten verbieten und konfiszieren es im Notfall. Was aber jedem Leser deutlich machen sollte, was Gold ist! Wenn Staaten es als gefährlich ansehen (gefährlich ist es in der Tat – allerdings nur für machtgierige Politiker, nicht für die Goldeigentümer) und sich genötigt fühlen, es zu verbieten, belegt dies lediglich die tatsächliche Machtfülle und Alleinstellungsmerkmale des Goldes.

Goldverbote gab es schon immer. Von der Antike bis in die Neuzeit. Im Übrigen auch Silberverbote. Oftmals wird fälschlicherweise behauptet, dass Silber noch nie verboten wurde. Das ist falsch! Ebenso Platin. Sie dürfen nie vergessen, wenn Staaten und Politiker verzweifelt sind, starten sie verzweifelte Aktionen. Und zwar nicht nur in Diktaturen, nein, auch »saubere« Demokratien greifen im Extremfall gerne auf ein Goldverbot zurück.

Im alten Ägypten war der Goldbesitz den Pharaonen und heiligen Priestern vorbehalten, da es als göttlich galt. In Sparta war der Gold- und Silberbesitz verboten und im Römischen Reich versuchte Julius Caesar die Schuldenkrise mit einem Verbot einzudämmen. Auch im fernen China war im Kaiserreich der Besitz der beiden Geldmetalle verboten, nachdem man 1273 das erste ungedeckte Papiergeldsystem installierte. Dies geschah, nachdem ein gold- und silbergedecktes Geldsystem gescheitert war, was wiederum auf die unkontrollierte Ausgabenwut der Herrscher zurückzuführen war. Was danach folgte, war der natürliche Kreislauf eines jeden ungedeckten Geldsystems: die Umverteilung von den Produktiven zu den Mächtigen via Inflation und schlussendlich Währungsreform. Also kann man mit Recht sagen: **Unser Geldsystem – das ungedeckte Papiergeld – ist seit 1273 erfolglos!**

Spannend ist die Frage, wie Goldverbote in der Neuzeit umgesetzt wurden. Im 20. Jahrhundert hatten wir Goldverbote in:

- der Sowjetunion: 1918 – 1989,
- Deutschland (Weimarer Republik): 1923 – März 1931,
- Deutschland: Juli 1931 – 1951 (Bundesrepublik); 1955 (DDR),
- USA: 1933 – 1974,
- Frankreich: 1936 – 1937,
- China: 1949 – 1982,
- Polen: 1950 – 1989,
- Indien: 1963 – 1990,
- Großbritannien: 1966 – 1971.

Zumeist durften kleinere Mengen behalten werden. Bis 1931 gab es in Deutschland eine Freimenge von bis zu 10 Goldmark, ab 1931 dann bis zu 20.000 Reichsmark, was dann im selben Jahr noch auf zunächst 1.000 Reichsmark und später auf nur noch 200 Reichsmark gesenkt wurde. In den USA galt eine Freigrenze von 100 Dollar, was damals 5 Unzen Gold entsprach. Damit wurde die breite Bevölkerung verschont. Allerdings wurden auch in den USA Schließfächer geöffnet und geleert. Wer keine oder falsche Angaben gemacht hatte, wurde ohne Entschädigung enteignet. Bei freiwilliger Abgabe gab es pro Unze Gold 20,67 Dollar. 1934 hob die Regierung den Goldpreis dann auf 35,00 Dollar je Feinunze an. Den Bürgern, die der Anordnung Folge leisteten, entging damit ein Aufwertungsgewinn von 69 Prozent. Ab 1961 galt das US-Verbot auch für den Goldbesitz im Ausland! Seltene Sammelmünzen waren nicht betroffen.

Bis 1973 war in über 120 Staaten der Erde der private Goldbesitz von Restriktionen betroffen. Im Zusammenhang mit dem Ende des Bretton-Woods-Systems, das vom goldhinterlegten Dollar als Leitwährung bestimmt war, wurden die meisten Beschränkungen dann aufgehoben. Die Goldverbote in vielen sozialistischen Ländern blieben bis zum Ende des Ostblocks 1989 bestehen.

Zusammenfassend muss man aber feststellen: Gold- beziehungsweise Edelmetallverbote haben nie wirklich funktioniert. In der Weimarer Republik gab es zum Beispiel Razzien, die aber nicht sonderlich erfolgreich waren. Auch der Abgabepflicht kam ein Großteil nicht nach. Dasselbe galt für die USA. Hier geht man davon aus, dass zwei Drittel der Goldbesitzer ihr Gold behalten haben und das trotz der drakonischen Strafdrohungen – konkret drohten bis zu 10 Jahre Gefängnis und ein Strafgeld von 10.000 Dollar (heutiger Wert circa 200.000 Dollar). Der Schwarzmarkt und private Handel florierte währenddessen. Gold wurde um 50 bis 100 Prozent über dem festgelegten Preis bewertet und gehandelt.

Oft waren auch Sammelmünzen oder kursfähige Goldmünzen nicht betroffen, da diese als gesetzliches Zahlungsmittel galten.

In der Weimarer Republik war im Übrigen auch der Besitz von Fremdwährungen wie Dollar, Pfund und viele andere verboten. In Argentinien wurden beim Staatsbankrott Fremdwährungskonten per Dekret zwangsweise in Peso umgetauscht und dann erst um 29 und schließlich um ganze 74 entwertet.

Selbstverständlich könnten jederzeit im Zuge der finanziellen Repression auch wieder Gold, Silber, Platin, aber auch alles andere verboten werden. Allerdings wird es davor noch einige andere Zwangsmaßnahmen aus der Folterkammer überschuldeter Staaten geben, die einen vorwarnen werden. Überhaupt lässt sich anhand der vorgenannten Beispiele festhalten, dass ums Überleben kämpfende Staaten zumeist nicht durch Mangel an Fantasie hinsichtlich Repressalien, sondern vielmehr an deren Durchsetzbarkeit scheitern.

Im jetzigen System würde ein Verbot ferner den Gleichheitsgrundsätzen widersprechen. Staaten beziehungsweise Notenbanken dürfen Edelmetalle kaufen – und die Bürger nicht?

Der größte Goldbesitzer der Welt

Der größte Goldbesitzer weltweit ist weder der Milliardär Warren Buffet noch Dagobert Duck. **Es sind die Notenbanken der Welt.** Ja, Sie lesen richtig. Diejenigen, die Papiergeld drucken und Gold bei nahezu jeder Gelegenheit öffentlich schlechtmachen, haben selbst den größten Goldschatz in ihren Tresoren. Warum das? Die Notenbanken trauen anscheinend ihrem eigenen Produkt nicht mehr – dem Papiergeld!

Top 10 der Zentralbanken mit den größen Goldreserven (in Tonnen)

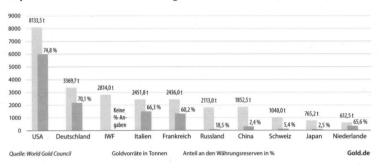

Abbildung 59

Seit der Finanzkrise 2008 sind die Notenbanken die größten Käufer. 2018 haben die Notenbanken der Welt netto (also Käufe abzüglich Verkäufe) so viel Gold gekauft wie seit 50 Jahren nicht mehr – nämlich 651,5 Tonnen. Dieser Trend ist auch im Jahr 2019 ungebrochen: Die Zentralbank-Goldkäufe liegen auf neuen Rekordniveaus.

Allein im ersten Halbjahr haben die Notenbanken schon 374 Tonnen Gold erworben.

GOLD 315

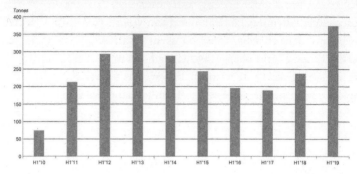

Abbildung 60

Die Jahre zuvor waren sie lange Zeit noch die größten Verkäufer – und vollbrachten so das Kunststück, große Mengen des Goldschatzes ihrer Völker (natürlich ungefragt) zu Tiefstpreisen zu verkaufen, ohne für ihr Missmanagement geradestehen zu müssen.

Abbildung 61

316 LÖSUNGEN

Zusätzlich haben die europäischen Notenbanken zuletzt sogar das Goldabkommen nicht verlängert. Diese Vereinbarung regelte das Verkaufsverhalten der Notenbanken und war immer nötig, um den Goldpreis nicht zu sehr zu beeinflussen, sobald eine Notenbank ihr Gold auf den Markt warf. Anscheinend sehen die Notenbanken dafür in Zukunft keine Relevanz mehr, weil die Notenbanken ohnehin Gold kaufen und nicht mehr daran denken zu verkaufen.

Goethe hat es treffend zitiert »*Nach Golde drängt, am Golde hängt doch alles*«. Auch das haben die Notenbanken nun registriert und handeln dementsprechend konsequent.

In der Abbildung 62 sehen Sie die Entwicklung von Währungen gegen das wahre Geld – Gold.

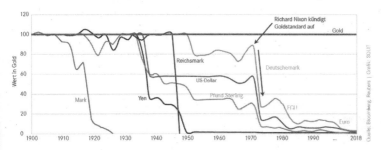

Abbildung 62

Merke: **Wenn der Goldpreis steigt, steigt in Wahrheit nicht das Gold, sondern die Währung fällt – ergo müssen Sie immer mehr Geld auf den Tisch legen, um Gold zu erwerben.** Die Kaufkraft unseres Papiergeldes nimmt also sukzessive ab. Gold ist ein stabiler Wertanker, der diesen Verwässerungsprozess der Währungen aufzeigt. In der Abbildung sehen Sie, dass US-Dollar, Euro, Yen und so weiter alle bereits über 97 Prozent gegenüber Gold verloren haben. Wenn der Goldpreis um 5 Prozent fällt, dann hat Ihr 10-Gramm-Goldbarren immer noch 10 Gramm und nicht 9,5 Gramm.

Je länger die Null- und Negativzinsphase anhält, umso mehr Geld gedruckt wird, desto attraktiver wird Gold als Anlage und Investmentalternative zur Konservierung des eigenen Vermögens gegen Entwertung und Krisen. In der Abbildung 63 sehen wir die beeindruckend hohe Korrelation vom Volumen negativ verzinster Staatsanleihen und dem Verlauf des Goldpreises.

»Wenn das Gold redet, dann schweigt die Welt!«

Zu guter Letzt hat auch einer der erfolgreichsten Hedgefonds-Manager, der Multi-Milliardär Ray Dalio von Bridgewater, einen Paradigmenwechsel ausgerufen. Ebenso wie auch wir erwartet er, dass das kommende Jahrzehnt das Zeitalter von Gold wird. Wörtlich sagt Ray Dalio: **»Das Ende ist nah, kaufen Sie Gold!«** Dem können wir ohne Einschränkungen zustimmen. Sein Szenario deckt sich mit dem unsrigen.

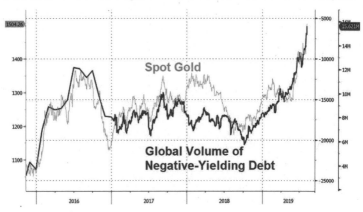

Abbildung 63

Das Szenario von Ray Dalio

1. **Basis:** Die Wirtschaft durchläuft längere Phasen, in denen gewisse Erfahrungen und Regelsysteme herrschen – Paradigmen. Solche Phasen kommen immer an ein Ende.
2. **Stand jetzt:** Seit der Finanzkrise 2008 und der Euro-Krise gilt: Die Notenbanken arbeiten daran, mit tiefen Zinsen und Quantitative-Easing-Programmen (Aufkaufprogramme) sowohl die Finanzmärkte als auch die Gesamtwirtschaft am Laufen zu halten.
3. **Prognose:** Das kann nicht ewig so weitergehen. Denn das billige Geld wirkt in der Realwirtschaft immer weniger, und die Verschuldung erreicht Rekordwerte. Der Wind wird sich drehen, sobald mehr Anleger einsehen, dass sie mit Obligationen und Staatsanleihen de facto Geld verlieren, und sobald zugleich größere Schuldensummen zur Umschichtung anstehen.
4. **Folgen:** Wenn der Trend bricht, werden sich Steuererhöhungen, Währungsabwertungen und noch höhere Staatsdefizite kaum vermeiden lassen. Es wird zu intensiven Verteilungskonflikten kommen.
5. **Preis:** In dieser Lage wird man kaum noch die Möglichkeit haben, sein Vermögen bar oder in Staatsanleihen zu horten. Denn jeder muss damit rechnen, dass sein Geld am Ende wertgemindert oder gar wertlos ist.
6. **Alternative:** Als Anlagemöglichkeit bleibt Gold. Es gewinnt traditionell an Wert, wenn es mehr Kämpfe gibt auf der Welt und wenn die Währungen unsicher werden.
7. **Zeitpunkt:** Der Paradigmenwechsel sei »pretty close«, sagt Ray Dalio. Wir sagen, wir sind schon mittendrin.

Mehr denn je gilt: Sie müssen sich jetzt um Ihr Vermögen, egal wie groß, kümmern. Lieber heute als morgen, denn das Zeitfenster wird immer kleiner.

Gold ist *noch* von der Mehrwertsteuer befreit. Wir gehen in Zukunft von einer Änderung aus. Empfehlenswert sind Münzen und Barren. Münzen gibt es ab 1/10 Unzen (3,11 Gramm). 1 Unze wiegt 31,1 Gramm und kostet circa 1.420 Euro (Stand September 2019). Barren sind ab 1 Gramm zu haben. Umso größer die Einheit, desto günstiger der Grammpreis. Ein jeder kann sich Gold kaufen. 1-Gramm-Barren kosten etwa 50 Euro.

Die gängigsten Investmentmünzen sind der weltbekannte Krügerrand aus Südafrika, der kanadische Maple Leaf, die Britannia, der australische Nugget, das Känguru und der Wiener Philharmoniker. All diese Münzen sind offizielles Zahlungsmittel. Aber auch ältere Münzen wie der Schweizer Vreneli und Goldmünzen aus der Kaiserzeit sind interessant. Bei den Barren sollte man nur LBMA-zertifizierte Qualitätsware kaufen von den bekannten Herstellern: Degussa, Heraeus, Umicore, Valcambi oder der UBS, Credit Suisse und den Schweizer Kantonalbanken. **Warnung!** Lassen Sie die Finger von exotischem Gold, welches auch unter dem Goldpreis angeboten wird. Wenn Ihnen Anbieter eine Verzinsung von 5 Prozent oder mehr auf Gold versprechen, seien Sie gewarnt und nehmen Sie Abstand von solchen unseriösen Anbietern.

Silber

>*Gold und Silber lieb ich sehr.*«
Dagobert Duck, Edelmetallinvestor und reichste Ente der Welt

Silber ist der kleine Bruder des Goldes und fällt oftmals als Nebenprodukt beim Abbau von Gold und anderen Metallen an. Silber ist ebenfalls seit jeher Geld. Silber wird tatsächlich stark verbraucht und ist eigentlich rarer als Gold! Ja, Sie lesen richtig. Die weltweit zu Investitionszwecken verfügbaren Vorräte sind geringer als die von Gold. Momentan sind 71.000 Tonnen Silber vorhanden und die jährliche Förderrate beträgt 25.000 Tonnen. Mehrere Analysen gehen davon aus, dass die weltweiten Silbervorräte 2028 bis 2035 erschöpft sein werden, wenn keine neuen Vorkommen gefunden werden. Silber leitet von allen Metallen Wärme und Elektrizität am besten. Es hat eine extreme Dehnbarkeit und Weichheit.

Neben seiner monetären Rolle wird das Silber als sogenanntes Zwittermetall stark in der Industrie gebraucht und verbraucht. Es ist daher stark konjunkturell abhängig.

Aktuell ist der Silberpreis historisch gesehen günstig. Das Gold-Silber-Ratio – das Verhältnis zwischen dem Gold- und dem Silberpreis – war in der Vergangenheit immer um 60. Das bedeutet für eine Unze Gold musste man 60 Silberunzen hergeben. Aktuell stehen wir bei 90. Das heißt, Gold ist gegenüber Silber über- beziehungsweise Silber gegenüber dem Gold stark unterbewertet.

Abbildung 64

Silber unterliegt aufgrund seiner Kategorisierung als Industriemetall bereits der Mehrwertsteuer. Aus diesem Grund eignen sich für Privatanleger nur Münzen und keine Barren, da diese mit 19 Prozent besteuert sind. Seit Abschaffung des reduzierten Mehrwertsteuersatzes von 7 Prozent auf Silbermünzen im Jahr 2014 lassen sich diese heute differenzbesteuert erwerben. Empfehlenswerte Investmentmünzen sind der Maple Leaf, das Känguru und der Wiener Philharmoniker. Seit 2018 gibt es auch die Silbervariante vom Krügerrand. Sinnvoll sind vor allem 1-Unze-Münzen.

Abbildung 65

FRIEDRICH & WEIK
VERMÖGENSSICHERUNG

Im September 2019 kostet 1 Unze Silber in Münzform etwa 20 Euro. 10 Kilogramm Gold sind momentan fast 450.000 Euro wert, während 10 Kilogramm Silber gerade mal einen Wert von circa 6.000 Euro haben. Wer Silber kaufen will, muss also schwer tragen und braucht Platz. Die Münzen und Barren sind voluminös. Eine Alternative ist der Kauf eines ETF. Allerdings gibt es in der Europäischen Union nur wenige »echte« Silber-ETFs. Denn nach einer EWG-Richtlinie (Richtlinie der Europäischen Wirtschaftsgemeinschaft, Vorgänger der EG und der EU) dürfen Fonds nicht mehr als 20 Prozent in ein Anlagegut investieren. Als Alternative bieten sich ETCs an, Exchange Traded Commodities, also börsengehandelte Rohstoffe. Im Unterschied zu einem echten Silber-ETF handelt es sich dabei um ein Zertifikat und nicht um ein Sondervermögen. Allerdings werden sie im Regelfall nicht von Banken, sondern von speziellen Emissionshäusern herausgegeben. Das soll das Risiko senken, dass das Unternehmen, beispielsweise durch Kreditausfälle, insolvent wird. Außerdem sind die ETCs besichert, womit eine ähnliche Sicherheit wie bei ETFs garantiert werden soll. Ein ETF ist zu bevorzugen und lediglich in der Schweiz erhältlich, weil dies nicht unter EU-Gesetz fällt.

Wir sind für Sie in der Schweiz fündig geworden und haben dies auch gleich in unseren Wertefonds (WKN: A2AQ95) gelegt. Die Zürcher Kantonalbank hat das ZKB-SILBER-ETF (WKN: A1JXTG) aufgelegt – ein physisch hinterlegter ETF. Die Zürcher Kantonalbank ist eine öffentlich-rechtliche Bank, vergleichbar den deutschen Landesbanken. Wobei die Schweizer Kantonalbanken die Finanzkrise meist besser meisterten als ihre deutschen Kollegen. Die jährlichen Gebühren liegen mit 0,60 Prozent vergleichsweise niedrig, wenn man bedenkt, dass der ETF das hinterlegte Silber tatsächlich in Form von Barren lagern und versichern muss. Allerdings muss der Fonds über die Börse in Zürich gekauft werden. Je nach Broker können dafür hohe Gebühren anfallen. Hier lohnt es sich zu vergleichen!

Was noch für Edelmetalle spricht

Mit der Basel-III-Richtlinie werden Gold, Silber und Platin als Geld aufgewertet. Ab 2022 können Banken und Notenbanken bis zu 20 Prozent ihres Eigenkapitals in diese drei Edelmetalle physisch investieren, um ihre Bilanzen zu stärken und gegen Krisen zu stabilisieren, die man wohl erwartet. Damit werden erstmalig seit 1971 Gold, aber auch Silber und sogar Platin von Tier 3 auf die Kernkapitalquote Tier 1 hochgestuft und damit als risikoloses Investment wie Staatsanleihen (!) und Notenbankgeld gleichgesetzt. Das wird für weitere Nachfrage sorgen, da immer mehr Notenbanken den Glauben an ihr eigenes Produkt verlieren und sich vor Crashs und Krisen schützen möchten.

Eine hervorragende unabhängige Quelle für seriöse Edelmetallhändler ist die Seite gold.de. Hier finden Sie auch einen guten und seriösen Händler in Ihrer Nähe. Vergleichen Sie aber immer die Preise! Auf der Seite gibt es auch eine Warnliste mit unseriösen Anbietern und Fakeshops.

Überregionale und empfehlenswerte Händler sind der mehrfach ausgezeichnete Testsieger von *FOCUS Money* Goldsilbershop.de, Degussa, Goldkanzlei.com, Geiger und Kettner.

Empfehlung

Ein jeder sollte Edelmetalle physisch besitzen. Selbst Banken empfehlen seit der Finanzkrise 2008 den Anlegern 5 bis 10 Prozent im Portfolio zur Absicherung zu haben. **Wir empfehlen, bis zu 30 Prozent vom Vermögen in Form von Edelmetallen als Vermögenssicherung zu besitzen.** Gold, Silber und Platin sind eine Lebensversicherung für Ihr Vermögen gegen Inflation, Krisen und den Wahnsinn der Notenbanken und der Politik. Unserer Analyse nach ist der nächste Zyklus ein Rohstoff- und vor allem ein Edelmetallzyklus. Das Vertrauen der Menschen in die Eliten und in Papierwerte wird schwinden und eine Flucht in Sachwerte auslösen. Wir erwarten langfristig ein neues Hoch bei Gold von 5.000 Dollar, in einer Übertreibungsphase vielleicht sogar 10.000 Dollar oder mehr. Bei Silber wird der Anstieg noch dramatischer sein. Hier sehen wir Kurse im dreistelligen Bereich.

Vorzugsweise sollten Sie Edelmetalle **physisch im Tafelgeschäft anonym erwerben,** das heißt, ohne dass Sie ihre Personalien vorzeigen und registrieren lassen müssen. Dies ist ab Januar 2020 nur noch bis 2.000 Euro möglich. Zuvor waren es bis 2017 noch 15.000. Dies wurde auf 10.000 Euro reduziert und mit Wirkung Januar 2020 auf nur noch 2.000 Euro. Wir gehen ohnehin von einer kompletten Abschaffung aus. Daher sollte man dieses Zeitfenster noch nutzen, um legal und anonym Geld aus dem Banken- und Geldkreislauf zu ziehen in Form von Edelmetallen und Diamanten. Alle Edelmetalle sind von der Abgeltungsteuer befreit. Erträge aus Kurszuwächsen für in Deutschland ansässige Privatpersonen sind somit nach einem Jahr Haltedauer steuerfrei. Kaufen Sie schrittweise in Tranchen in Schwächephasen ein. Das Fundament sollte Gold sein. 75 bis 90 Prozent in Gold, 10 bis 25 Prozent in Silber und 1 bis 3 Prozent in Platin.

Fremdwährungen

Oft werden wir zu Investments in Fremdwährungen gefragt, vor allem zu Schweizer Franken (außerhalb der EU und des Euro, sicherer Hafen, Welt-Safe – siehe auch Abschnitt »Schweiz«), Norwegischen Kronen, Australischen und Kanadischen Dollar (außerhalb der EU und Eurozone, alle durch Rohstoffe gedeckt) und US-Dollar (Wirtschaftsmacht Nummer 1, gedeckt durch Flugzeugträger und Atomwaffen, die Leitwährung).

Jede ungedeckte Papierwährung ist de facto immer ein schlechtes Investment!

Warum? Jede Währung wird von den Staaten inflationiert. Das bedeutet, sie verliert kontinuierlich an Kaufkraft. Denn so kann sich der Staat auf Kosten der Bürger entschulden. **Inflation ist nichts anderes als eine Steuer.** So hat die EZB zum Beispiel das Ziel herausgegeben, die Preise im gesamten Euroraum stabil zu halten. Hierzu wird eine jährliche Inflationsrate von 2 Prozent pro Jahr angestrebt. Das klappt eher schlecht als recht, aber seit seiner Einführung hat der Euro offiziell 30 Prozent an Kaufkraft verloren.[129] Bei dem Erreichen von 2 Prozent Inflation verliert unser Geld jedes Jahr 2 Prozent an Kaufkraft. Was daran stabil sein soll, konnte uns bisher niemand erklären. Bei 2 Prozent Inflation halbiert sich die Kaufkraft Ihres Geldes nach 35 Jahren. Bei 5 Prozent dauert es 14 Jahre.

Des Weiteren haben ungedeckte Papierwährungen über die Zeit massiv an Wert verloren und sind schlussendlich immer gescheitert (siehe auch Abschnitt »Edelmetalle«).

Ferner sind Fremdwährungen in Deutschland kein gesetzliches Zahlungsmittel. Sie können damit nicht in den Laden spazieren und bezahlen. Fremdwährungskonten können im Extremfall enteignet werden, wie zum Beispiel in Argentinien. Zudem gehört Geld auf dem Konto nicht Ihnen, sondern der Bank und Sie haben der Bank lediglich einen günstigen, kostenfreien Kredit gegeben, für den Sie haften.

Empfehlung

Zwar sind unsere Empfehlungen, 2013 in Schweizer Franken und 2018 in den US-Dollar zu investieren, aufgegangen und man machte bei der Loslösung vom Euro einen schönen Buchgewinn von 20 Prozent und der Dollar verteuerte sich gegenüber dem Euro um über 10 Prozent. Trotzdem empfehlen wir nicht mehr als 1 bis 2 Prozent des Vermögens in Fremdwährungen zu investieren, und wenn, dann in physischem Cash. Orientieren würden wir uns immer am IWF-Währungskorb (siehe Abschnitt »Schweiz«). Da finden Sie aber weder Franken noch Kanadischen Dollar oder Norwegische Kronen, sondern US-Dollar, Euro, Pfund, Yuan und Yen. Das Pfund und der Yuan sind momentan interessant, da sie stark verloren haben. Wir gehen davon aus, dass sich Großbritannien mittelfristig berappen wird (siehe Abschnitt »Brexit«) und China in Zukunft die Wirtschaftsmacht Nummer 1 sein wird (siehe Abschnitt »China«). Aber auch den US-Dollar sehen wir weiterhin positiv.

Immobilien

Der Traum vom Eigenheim ist im Menschen tief verwurzelt. Neben den Vorzügen, wie keine Miete zahlen zu müssen, zu Hause tun und lassen zu können, was man will, keine Rücksicht auf Nachbarn oben oder unten nehmen zu müssen, gibt es auch einige Rechte und Pflichten für Eigenheimbesitzer.

Eigentum verpflichtet ... zu zahlen!

Die eigenen vier Wände! Freiheit, Unabhängigkeit, eine gute Altersvorsorge. Aber diese Freiheit kommt mit Nachteilen daher. Jeder Immobilienbesitzer kennt den Grundsteuerbescheid. Das bedeutet, die Immobilie gehört zwar Ihnen, aber der Grund und Boden gehört auch dem Immobilienbesitzer.

Vergessen darf man auch nicht: **Nichts ist einfacher zu besteuern als eine Immobilie.** Denn Immobilien sind, wie es der Name schon sagt, immobil. Das heißt, Sie können sie weder verstecken, noch im Garten vergraben oder über die Grenze tragen.

Befinden sich Staaten in der finanziellen Klemme, greifen Sie allzu gerne auf Immobilienbesitzer zurück. Das haben wir bei der letzten Krise in Griechenland, Zypern und Italien gesehen. In Griechenland wurde 2014 die Einheitliche Immobilien-Besitzsteuer (ENFIA) auf Druck der Troika eingeführt. Der Basissteuersatz beträgt zwischen 0,001 Euro und 13 Euro pro Quadratmeter – abhängig vom Wert der Immobilie. Die Zusatzsteuer fällt für Privatpersonen ab einem Immobilienwert von 200.000 Euro an und beträgt zwischen 0,1 Prozent und 1,15 Prozent des Wertes der Immobilie. Der Zusatzsteuersatz beträgt für juristische Personen 0,55 Prozent des Wertes der Immobilie. Ferner wird jährlich die Gemeindevermögenssteuer von 0,25 Prozent bis 0,35 Prozent des Immobilienwertes verlangt.

In Deutschland war die Immobilienbesteuerung immer ein beliebtes Instrument der Politiker, um die leere Staatskasse aufzupeppen: 1924 gab es die **Hauszinssteuer** (bis 1943) und 1952 den **Schuldenlastenausgleich.**

Durch die Hyperinflation 1923 wurden viele Schuldner komplett entschuldet, weil die Schulden weginflationiert wurden, während der Sachwert Immobilie den Wert behalten hat. Um dem Entgegenzuwirken und damit die Schuldner nicht von der Hyperinflation profitieren, wurde 1924 die Hauszinssteuer eingeführt, und die Häuslebauer wurden zur Kasse gebeten.

Ähnliches geschah 1952 mit dem Schuldenlastenausgleich. Dieser war eine Vermögensabgabe, da aber die meisten nach dem Krieg nichts hatten, außer ihrem Häuschen mussten wieder die Immobilienbesitzer bluten. Diesmal wurde das Schröpfen der Immobilienbesitzer auf 30 Jahre gestreckt, und man musste 50 Prozent seines Vermögens (Freibetrag: 5.000 D-Mark) zu 1,67 Prozent pro Jahr abstottern.

Im Rahmen der bereits stattfindenden hitzigen Diskussionen über Enteignung und Umverteilung erwarten wir eine Vermögenssteuer, die wiederum vor allem Immobilienbesitzer treffen wird. Vielleicht bleibt die Erstimmobilie oder die ersten 300.000 oder 500.000 Euro steuerfrei, danach geht es aber voraussichtlich gestaffelt exponentiell nach oben.

Zusätzlich gibt es aktuell auf Bundesebene eine ganze Palette von weiteren Maßnahmen – schon umgesetzt und teils geplant –, die faktisch zu einer Enteignung von Immobilieneigentümern führen. Dazu gehören:

1. **Grundsteuerreform**: Diese muss nun durch Entscheid des Bundesverfassungsgerichts von der Politik geändert werden, und wir können jetzt schon sagen: Billiger wird es für viele sicherlich nicht. SPD, Linke und Grüne fordern, dass die Grundsteuer nicht mehr auf die Mieter umgelegt werden darf, sondern allein vom Immobilienbesitzer zu tragen ist.

2. **Mietpreisbremse** (seit 2015): Bisher waren Neubauten davon ausgenommen, aber nun gibt es einen Gesetzentwurf, der erstmals die Vertragsfreiheit auch im Neubau beseitigt: Paragraph 5 des Wirtschaftsstrafgesetzbuches soll so geändert werden, dass die Miete beim Neubau nur noch in den ersten fünf Jahren frei vereinbart werden darf! Danach gilt dann eine Obergrenze von 120 Prozent der ortsüblichen Vergleichsmiete. Damit würde ein Neubau unrentabel.

3. **Mietspiegel-Gesetz**: Die Berechnung für die Erstellung von Mietspiegeln soll nicht mehr – wie bisher – die Mieten der letzten vier Jahre, sondern mindestens die der letzten sechs Jahre in Betracht ziehen. Die SPD will eine noch längere Betrachtungszeit. Der Mieterbund fordert sogar, dass alle Mietverträge, egal wann sie abgeschlossen wurden, in die Berechnung eingehen. Damit wird das Vermieten unwirtschaftlich.

4. **Mietendeckel**: In Berlin ist der »Mietendeckel« seit Juni 2019 Gesetz. Danach darf die Miete zunächst für fünf Jahre nicht mehr erhöht werden. Laut einem Gutachten des wissenschaftlichen Dienstes des Deutschen Bundestages kann ein Bundesland so etwas zwar gar nicht beschließen, weil die Gesetzgebungskompetenz für das Mietrecht beim Bund liegt. Die Berliner

Linksregierung lässt sich davon nicht abschrecken. Sie weiß, dass es fünf bis sechs Jahre dauern kann, bis das Bundesverfassungsgericht dies feststellt.

Im rot-rot-grün regierten Bremen will man einen »zeitlich begrenzten Mietendeckel« einführen. Die SPD, ringend nach Wählerstimmen, fordert sogar einen Mietendeckel für ganz Deutschland.

Das zeitlich Begrenzte kennen wir aus der Politik schon vom Soli und der Schaumweinsteuer (damit sollte die Kriegsflotte im Ersten Weltkrieg finanziert werden). Wir fordern schon lange die Amtszeit der Berufspolitiker zeitlich zu begrenzen. Aber das ist ein anderes Thema.

Empfehlung

Auf dem aktuellen, sehr hohen Preisniveau eine Immobilie zu kaufen, ist nicht sinnvoll. Selbst die Bundesbank sieht in der Zwischenzeit deutliche Übertreibungen in Städten und Ballungsgebieten. Sollten Sie die Möglichkeit des günstigen Erwerbs einer für Sie passenden Immobilie haben, dann ist das natürlich eine Überlegung wert. Aus der Erfahrung heraus können wir sagen, dass Schnäppchen im Immobiliensektor gegenwärtig kaum zu finden sind. Folglich entpuppen sich vermeintliche Schnäppchen oftmals als das Gegenteil. Wir empfehlen unseren Kunden im Rahmen der Honorarberatung momentan folglich zumeist eher das Gegenteil – nämlich bei den heutigen hohen Preisen zu verkaufen. Handeln Sie antizyklisch! Die Preise werden auch wieder fallen.

Selbstverständlich spricht nichts gegen eine schuldenfreie, eigengenutzte Immobilie. Egal, wann Sie eine Immobilie kaufen, diese sollte nicht mehr als 30 Prozent vom Gesamtvermögen kosten. Warum? Wegen des Klumpenrisikos. Folgendes Beispiel: Würden Sie 50 Prozent oder sogar all Ihr Geld nehmen, ins Casino gehen und alles auf die Zahl 34 setzen? Sicherlich nicht, aber genau das macht ein Großteil unserer Mitmenschen in Deutschland. Sie wetten auf das Eigenheim. Was aber, wenn sich die wirtschaftliche Lage verschlechtert? Der Job flöten geht oder die Frau die Scheidung einreicht? Wenn die Kosten des Kredites nicht mehr getragen werden können? Eine Immobilie ist immer mit Kosten verbunden. Nach einigen Jahren fallen Reparaturen an. Sollte der Gesetzgeber weitere Klimaschutzverordnungen verabschieden, dann wird auf manch einen Immobilienbesitzer noch die eine oder andere unerwartete kostspielige Überraschung zukommen.

Falls Sie jetzt sagen: »Aber ich habe nur 50.000 oder 100.000 Euro und der nette Mann von der Bank bietet mir einen supergünstigen Kredit an.« Ja, klar, aber dann gehört die Immobilie der Bank, so lange, bis Sie den letzten Cent zurückbezahlt haben. Und dann sind Sie mit 150 Prozent verschuldet. Wohnen Sie zur Miete. Auch hier wird der Zyklus wieder wechseln, und es werden wieder günstige Immobilien zu haben sein.

Investment-No-Gos

Wir befinden uns in einer neuen Zeitrechnung. Was die letzten Jahrzehnte funktioniert hat, hat nun oftmals ausgedient. Riester, Rürup, Versicherungen, Lebensversicherungen, Bausparverträge sowie sonstige langfristige Investitionen in Staats-, aber auch Unternehmensanleihen jeder Art halten wir für nicht mehr zeitgemäß und somit nicht zielführend. Wir sind Verfechter von Investitionen in Sachwerte. Vom Kauf auf Schulden raten wir grundsätzlich ab.

Ebenso warnen wir vor Spekulationen auf fallende/steigende Kurse von Wertpapieren, wenn Sie damit keine Erfahrung haben. Hierbei handelt es sich um Zockerei und nicht um Vermögenssicherung. Dies soll nur der machen, der sich der Risiken in Gänze bewusst ist. Hierbei ist es sinnvoll, allerhöchstens 5 Prozent des Vermögens einzusetzen. Dieses Kapital ist als »Spielgeld« zu betrachten.

Ferner können wir moralisch weder die Preisspekulationen auf Nahrungsmittel noch die Anlage in Unternehmen, die im Bereich Waffen aktiv sind, vertreten. Letzteren Punkt müssen Sie für sich selbst entscheiden. Für manch einen steht Rendite vor Moral. Wir möchten jedenfalls morgens noch in den Spiegel schauen können. Folglich investieren wir beispielsweise weder in Nestlé, Deutsche Bank, Goldman Sachs noch in Bayer/Monsanto, da wir deren Unternehmensphilosophie grundlegend widersprechen.

Seltene Erden, seltene Käufer, selten Gewinne

Warnen möchten wir auch ausdrücklich vor seltenen Erden und Strategiemetallen – auch werbewirksam High-Tech- oder Technologiemetalle genannt. Verwendung finden diese Metalle und Erden vor allem in der Unterhaltungselektronik (Handys, Computer, Tablets), der Medizintechnik und bei der Batterieherstellung. Als Nebenprodukt der Gewinnung bleiben häufig giftige Säuren und sogar radioaktive Abfälle übrig.

Beliebt sind vor allem Indium, Chrom, Antimon, Gallium, Osmium, Molybdän, Ruthenium, Hafnium, Wismut und Wolfram. Was das ist? Das weiß kaum einer! Wo das gehandelt wird? Ebenso wenig. Diese Metalle und Erden werden nicht an der Börse gehandelt. Das erschwert die Preistransparenz und den Verkauf. Die Vermittler und Anbieter machen zumeist dreifach Kasse:

1. durch den Verkauf,
2. mit der kostenpflichtigen Lagerung, denn die wenigsten wollen zig Kilo von irgendwelchen Metallen im Haus bunkern oder ihre Schließfächer damit füllen. Um 5.000 Euro in Molybdän zu investieren, müssten Sie über 100 Kilo davon ins Schließfach packen. Das wird nicht nur teuer, sondern vor allem schweißtreibend.
3. durch den Ankauf.

Der Markt ist intransparent und illiquide. Die Vermittler und Verkäufer sind flink und eloquent, Ihnen diese Produkte anzupreisen und zu verkaufen, aber sie kaufen diese nicht zurück beziehungsweise nur mit massiven Abschlägen. Anscheinend ist das Vertrauen in das eigene Produkt nicht sonderlich groß. Das wäre ungefähr so, als wenn Sie einen Audi kaufen und dann Jahre später einen neuen erwerben wollen und der Audihändler sagt: »Nee, den alten nehmen wir nicht zurück.«

Wir hatten Kunden in der Honorarberatung, die monatelang warten mussten, bis es einen Käufer gab, und sind dann nur mit enormen Verlusten ihre ach so seltenen Erden wieder losgeworden. Aktuell liegt die Wartezeit für einen Verkauf bei einem der größten Anbieter zwischen 12 und 18 Monaten! *Stiftung Finanztest* hatte ein Leserbeispiel, bei dem die Kundin nach fünfjährigem Investment und Preissteigerungen ganze 15 Monate auf den Verkauf warten musste, weil der Anbieter nicht direkt zurückkaufte, sondern erst einen neuen Käufer finden musste. Schlussendlich musste die Dame dann einen Verlust von 50 Prozent realisieren.[130] Interessanterweise wird dieser enorme Preisabschlag dem interessierten Neueinsteiger nicht weitergegeben.

Empfehlung

Finger weg! Bei diesem Investment verdienen nur die Vermittler und der Verkauf erweist sich als äußerst schwierig. Wer sein Geld in Rohstoffe stecken möchte, sollte lieber direkt in die gängigen und hochliquiden Geldmetalle (Gold, Silber, Platin), in eine Tankfüllung ;-), Fonds oder physisch hinterlegte Zertifikate investieren.

Geschlossene Fonds

Geschlossene Fonds für Immobilien, Container, Schiffe oder sonst was sind gefährlich und beinhalten schlimmstenfalls sogar eine

Nachschusspflicht. Das bedeutet, Sie können nicht nur Ihre Einlage verlieren, sondern bei schlechter Entwicklung des Investments sogar noch einmal einen Betrag, der die Höhe des Kaufpreises erreichen kann. Deshalb Vorsicht! Wir raten massiv davon ab, Geld langfristig anzulegen und schon gar nicht in geschlossene Fonds ohne jegliche dingliche Absicherung. Nicht wenige der Anbieter haben in der Zwischenzeit Insolvenz angemeldet oder die Fonds wurden geschlossen – und zwar für immer!

Auch beliebt war die Abzocke mit Schrottimmobilien. Das sind meist völlig überteuerte Wohnungen, die Anlegern als Kapitalanlage zur Altersvorsorge empfohlen werden.

Empfehlung

Machen Sie keine Geschäfte am Telefon! Wenn Sie jemand anruft, egal wie nett und sympathisch er klingt, lassen Sie sich nichts andrehen. Nur wer schreibt, der bleibt. Es gibt Warnlisten bei den Verbraucherzentralen oder bei Stiftung Warentest.

Wenn etwas zu gut klingt, um wahr zu sein, ist es wahrscheinlich nicht wahr!

Immer wieder erreichen uns Nachrichten oder Hilferufe, bei denen wir nur mit dem Kopf schütteln können. Da gibt es Menschen, die auf irgendwelche windigen Investments reinfallen, weil es 5 oder 10 Prozent Rendite geben soll. »Klang alles super seriös, weil die haben ja ne schicke Webseite und Hochglanzflyer.« Das hatte Lehman Brothers und hat die Deutsche Bank auch. Es kommt nicht auf die Verpackung an, sondern auf den Inhalt!

Zuletzt erreichten uns mehrere Nachrichten von Menschen, die irgendwelchen »Tradern«, die in Telegram-Gruppen oder auf Webseiten Geld einsammeln und dafür hohe Renditen versprechen, Geld oder Bitcoin anvertraut haben, teilweise sogar ohne Verträge. Das ist naiv und höchst spekulativ! Gewettet wurde da auf den steigenden

DAX oder es wurden Bitcoins eingesetzt. Dann wurde nach 70, 80 oder mehr Prozent den Anlegern der Verlust offenbart, und die Kohle war größtenteils weg.

Apropos Bitcoin – auf diesen Zug sind jetzt auch viele zwielichtige Anbieter aufgesprungen. Zumeist sind es Pyramidensysteme wie Bitclub, Onecoin, Platincoin und so weiter. Wenn Sie in diesem neuen Bereich investieren möchten, tun Sie es direkt und nicht über Drittanbieter.

Empfehlung: Nehmen Sie Abstand von unrealistischen Renditeversprechen. Wir haben eine Null- und bald Negativzinsphase. Hohe Rendite bedeutet hohes Risiko!

— ✹✹✹ —

Whisky

von Horst Lüning von *Whisky.de*

Seit mehreren Jahren lese ich die Bücher der beiden Autoren Marc Friedrich und Matthias Weik mit wachsender Begeisterung. Besonders gefreut hat mich, dass Marc Friedrich Whisky als Sachwert schon mehrfach in den Medien zur Sprache gebracht hat. Meist mit einer lustigen Anspielung zwischen Rendite und Alkoholgehalt. »Bei Whisky sind 40 Prozent garantiert …«

Zwar muss der Alkoholgehalt von Whisky nach Verordnung (EG) Nr. 110/20081 mindestens 40 Volumenprozent enthalten. Das heißt aber noch lange nicht, dass man mit diesem Whisky auch eine Rendite von 40 Prozent erreichen wird. Allerdings zeigt Whisky hier auch seine Stärke. Sollte sich die Rendite eines Investors nicht so einstellen wie angenommen, so kann man die Flasche dennoch seiner finalen Bestimmung zuführen und konsumieren.

Geschichte

Es gibt keine Spirituose auf der Welt, die über die vergangenen 200 Jahre eine ähnliche globale Verbreitung erfahren hat, wie Whisky. Zwar gab eine ganze Reihe an Hypes wie Rum und Wodka, doch die haben ihren Höhepunkt bereits überschritten. Tequila ist auf dem Peak und Gin befindet sich in einem steilen Aufstieg. Aus Asien, woher auch sonst, stammt die aktuell meistverkaufte Spirituose der Welt. Jinro ist der neue Shootingstar.

Einen konstanten Aufschwung mit nur sehr wenigen Rückschlägen zeigt der schottische Whisky oder kurz Scotch genannt. Aber auch seine Cousins, der US-amerikanische Bourbon und der Irish Whiskey legen kräftig zu. Zusammen stellen sie nach wie vor die Nummer 1 der globalen Spirituosenindustrie, noch vor dem Branntwein dar. Doch woran liegt das? Schließlich lassen sich klare Spirituosen wie Wodka und Gin deutlich billiger und einfacher herstellen. Warum bevorzugen die Menschen weltweit Whisky?

Dafür gibt es zwei Gründe. Whisky wird aus Bier hergestellt, genauso wie Branntwein das Destillat des Weins ist. Da Bier das am weitesten verbreitete alkoholische Getränk der Welt ist und Wein dicht dahinter folgt, sind auch die Destillate dieser Getränke (Whisky ist destilliertes Bier ohne Hopfen) sehr beliebt. Der Mensch neigt nur begrenzt zu Experimenten.

Der für die Langfristigkeit größte Einfluss ist das kulturelle Erbe des Britischen Empire. Bis Ende des 19. Jahrhunderts und eingeschränkt bis zum Zweiten Weltkrieg war Großbritannien mit seinen Kolonien die bedeutendste Weltmacht.

Was weniger bekannt ist, war die Organisation der Kolonien und deren Stützpunkten. Die Verwaltung lag vor allem in englischer Hand. Hier wurden die kolonialen Schätze vereinnahmt und nach London geschickt. Doch das Militär und die Marine oblag im Empire meist den Schotten. Rund die Hälfte der Welthandelsmarine segelte im 19. Jahrhundert unter dem Union Jack. Und rund zwei Drittel dieser Schiffe wurden am schottischen Clyde, dem Meeresarm an dessen östlichen Ende Glasgow liegt, gebaut.

Und all diese Schotten wollten ob dem Kampf und den Entbehrungen in den Kolonien auf eines nicht verzichten: ihren Whisky! Und so wundert es nicht, dass heute die größten Whisky-Produzenten der Welt aus dem ehemaligen Empire stammen.

Natürlich gibt es unterhalb dieses »demokratischen«, um nicht zu sagen wenig elitären Elements des Alters noch weitere Abstufungen. Sie machen die Whiskys besonders und damit teuer und mitunter wertvoll und werterhaltend oder sogar wertsteigernd. Und genau darum soll es im weiteren Text im Speziellen gehen.

Eine der wenigen Bezeichnungen, die Sie sich beim Investment in guten Whisky merken müssen, ist der Typ des Whiskys: Single Malt Scotch Whisky. In diesen vier einfachen Worten liegt der Schlüssel zum Erfolg des Investors. Malt steht englisch für Malz, also gekeimte Gerste. In diesen angekeimten Gerstenkörnern liegt keine Stärke mehr vor. Per enzymatischer, natürlicher Keimung wurde diese Stärke wie beim Bier in Malzzucker verwandelt, der dann zu einem Starkbier (ohne den bitteren Hopfen) mit 8 bis 9 Prozent Alkoholgehalt vergoren wird. Anschließend wird dieses Bier auf Destillationsapparaturen zum Whisky gebrannt.

Das Wort Single steht für die Herkunft aus einer einzelnen Brennerei. In solchen Flaschen werden keine Whiskys unterschiedlicher Brennereien miteinander vermählt (geblended), sondern rein aus einer Brennerei abgefüllt. Deshalb setzt man meist auch den Brennereinamen mit auf das Flaschenetikett.

Der richtige globale Whisky-Hype begann mit dem Aufstieg des Internets. Es erlaubte das erste Mal die weite und tiefe Verbreitung des Spezialwissens um den Whisky auf der gesamten Welt. Einige Länder konnten davon in Sachen hochwertigem Whisky mehr profitieren als andere. In Schottland wacht über das Einhalten aller Regularien die Scotch Whisky Association, die Industrievereinigung der Whiskyhersteller Schottlands. Sie wachen unter Einsatz sämtlicher international möglicher rechtlicher Mittel, dass Scotch Whisky ausschließlich aus Schottland stammen darf. Sie legt zusammen mit der Regierung in Westminster fest, welche Regularien vorhanden sein sollten und welche nicht. Alles zum Wohle der Industrie und der Steuereinnahmen der Krone. Selten haben Industrievereinigung und Regierung bei solchen Themen gleichmäßiger und vor allem so stark in eine Richtung zusammengearbeitet.

2009 wurde mit neuen Regularien zum Beispiel festgelegt, dass Single Malt Scotch Whisky ab sofort nur noch auf klassischen Pot Stills, also kupfernen Brennkesseln, hergestellt werden darf. Die Verwendung von industriellen Destillationskolonnen wurde verboten. Der Whisky aus diesen Massenproduktionen darf nur noch in Blended Scotch Whisky Verwendung finden. Ein deutlicher und willkommen angenommener Eingriff in Richtung hoher Qualität des produzierten Whiskys.

Aus Sicht eines Sammlers geht es in 99,9 Prozent aller Ankäufe um Single Malt Scotch Whisky. Obwohl die USA mittlerweile abseits der bekannten Megaseller ebenfalls auf hohe Qualitäten wertlegen, wurden sie von Sammlern bislang jedoch weitgehend ignoriert. Allein Asien mit Südkorea und Japan konnten bislang erste Erfolge bei teuersten Qualitäten erzielen. Seit rund 10 bis 15 Jahren gibt es einen Sammlermarkt für asiatische Whiskys – mit steigenden Preisen und steigenden Volumina.

Whiskyregionen

Der Bezeichnung Single Malt Scotch Whisky wird bei den höherwertigen Abfüllungen oft noch eine Region vorangestellt. Die klassischen fünf Regionen sind in alphabetischer Reihenfolge: Campbeltown, Highland, Islay, Lowland und Speyside. Heute dürfen, um nicht Brennereien lokal zu diskriminieren, auch alle weiteren regionalen Bezeichnungen hinzugefügt werden. Jedoch haben die alten fünf Regionen unter Sammlern eine höhere Akzeptanz. Nach subjektiver Einschätzung des Autors ist die Reihenfolge von höchster zur niedrigsten Bedeutung: Islay, Speyside, Highlands und Lowlands. Die kleine Region Campbeltown mit heute nur noch drei Malt-Whiskybrennereien sollte man gesondert betrachten. Die Bedeutung der einzelnen Brennerei zählt dort mehr als die Zuordnung zur Region.

Während der Lagerung verliert jedoch der reifende Whisky

an alkoholischer Stärke. Eichenholz hat im Gegensatz zu den harzhaltigen Nadelhölzern offene Poren, die einen Austausch mit der Umgebungsluft ermöglichen. Und da Ethanol einen höheren Dampfdruck als Wasser bei den Lagerbedingungen hat, verdunstet über diese Poren mehr Alkohol als Wasser und der Alkoholgehalt sinkt. Das Resultat sind Whiskys, die nach 10 und mehr Jahren deutlich geringere Alkoholgehalte von nur noch 50 bis 60 Prozent aufweisen.

Normale Whiskys werden deshalb bei der Abfüllung auf die gewünschte Trinkstärke reduziert. Um teuren Maltwhisky zu sparen, werden die sich stark verkaufenden Whiskys auf das gesetzliche Minimum von 40 Prozent verdünnt.

Und hier kann man die ersten Qualitätsmerkmale feststellen. Brennereien, die schon immer auf eine bessere Qualität wertgelegt haben, weisen oft eine Stärke von 43 Prozent auf. In der Regel kann man sagen, **dass die wenigsten Flaschen mit nur 40 Prozent Stärke ein Wertsteigerungspotential aufweisen.**

Ein besonderes Merkmal für einen guten Whisky ist die Abfüllung in Fassstärke. Hier wird der Whisky nicht verdünnt und mit »krummen« Alkoholgehalten direkt abgefüllt. 56,7 Prozent sind genauso möglich wie 40,1 Prozent nach extrem langer Lagerzeit. Bitte achten Sie aber darauf, dass auf der Flasche tatsächlich Cask Strength (Fassstärke) angegeben ist. Es gibt durchaus auch hochprozentige Whiskys (zum Beispiel Glenfarclas 105 mit 60 Prozent), die dennoch verdünnt sind und ein geringeres Wertsteigerungspotenzial aufweisen.

Diese Cask-Strength-Whiskys werden besonders von Genießern bevorzugt, weil sie bei ihrem Genuss die Menge anzusetzendem stillen Wasser selbst bestimmen können. Das ist vorteilhaft für den Investor. Er hat für seinen späteren Verkauf nicht nur den Sammler, sondern auch den Genießer als Zielgruppe.

Alter und Jahrgänge

Das Alter von Whiskys wird meist auf dem Etikett mit angegeben. Es gilt aber nicht, dass ältere Whiskys immer teurer sind oder die größere Wertsteigerung aufweisen. Manches Mal übersteigt die Besonderheit des Inhalts die Wertsteigerung eines besonderen Alters. Alle Whiskys, die keine Altersangabe aufweisen, sind in Europa mindestens 3 Jahre alt. Für USA gelten 2 Jahre.

Doch Whiskys müssen in ihren einzelnen Bestandteilen nicht das gleiche Alter aufweisen. Werden mehrere Fässer in einer Brennerei miteinander vermischt, so bleibt das Ergebnis wegen der Herkunft aus einer Brennerei immer noch ein Single Malt. Auf dem Etikett ist immer das Alter des jüngsten Whiskys anzugeben. Älter darf der Inhalt sein. Jünger niemals. Alternativ kann jedoch ein Jahrgang angegeben werden. Wenn als 1976 auf einer Flasche steht, so können durchaus Whiskys aus früheren Jahren aus derselben Brennerei mit eingemischt sein.

Dennoch zeigen aus der Erfahrung des Autors Whiskys mit Jahrgangsangabe statt Alter höhere Preise.

Am interessantesten sind für Sammler Whiskys, die nicht nur ein Alter oder einen Jahrgang sondern exakte Brenn- und Abfülldaten auf dem Etikett zeigen. Oftmals wird auch die Anzahl an abgefüllten Flaschen mit angegeben. Je weniger Flaschen, umso wertvoller kann die Flasche am Ende werden. Doch Achtung! Auch hier gibt es eine gewisse Inflation. Wenn 100 sehr ähnliche Einzelfässer abgefüllt wurden, so ergibt sich aus dem scheinbaren Vorteil ein Nachteil. Niemand weiß, wie viele Flaschen es wirklich aus dem Jahrgang gab und ob die Fässer ähnlich oder unterschiedlich ausfielen.

Whiskys, die nicht kühlgefiltert und damit naturbelassen sind, erzielen in der Regel höhere Preise am Markt.

Allerdings unterliegen diese Whiskys der Gefahr, dass sich über Jahrzehnte der Aufbewahrung der Flasche in einer Sammlung ein Niederschlag auch ohne Abkühlung entsteht, was den möglichen Verkaufspreis einer Flasche massiv reduziert. Alternativ kann man die Lösungsfähigkeit des Whiskys für diese zur Trübung neigenden Stoffe erhöhen. Und das geht am besten mit einem leicht erhöhten Alkoholgehalt. 46 Prozent hat sich als eine ziemlich sichere Hausnummer erwiesen.

Finden Sie als Investor die Angabe ›unchillfiltered‹ auf einem

Whisky, so ist dies positiv für die zukünftige Wertentwicklung. Ideale Flaschengrößen sind 0,7-Liter-Flaschen.

Äußeres Erscheinungsbild

Der Volksmund sagt: »Das Auge isst mit!« Das gilt auch für Whisky. Das Erscheinungsbild einer Flasche hängt nicht nur von der Farbe des Whiskys und den Angaben auf dem Etikett ab. Auch die Umverpackung zählt. Einfache Whiskys werden in der sogenannten Standard Liquor Bottle ohne Umverpackung verkauft. Dies ist eine schlichte farblose Flasche, die häufig mit einem Schraubverschluss aus Metall ausgeführt ist. Der Schraubverschluss ist fast immer Anzeichen für eine billige Massenware. Hochwertige Ware wird mit Korken verschlossen.

Es gibt aber Ausnahmen. Im 20. Jahrhundert war die Empfindlichkeit der Verbraucher in Sachen Natürlichkeit noch nicht so hoch wie heute. Ein Metallverschluss hat zudem noch den Vorteil, dass er nicht den Geschmack eines Whiskys verändern kann. Denn Whisky kann, nicht ganz so häufig wie Wein, anfangen zu korken. Metallverschlüsse mit Kunststoffdichtung verhindern dies zuverlässig. Ein Abfüller der hochwertigsten Whiskys überhaupt (Gordon & MacPhail aus Elgin, Schottland) verschloss seine Flaschen bis vor ein paar Jahrzehnten aus diesen Gründen grundsätzlich mit Schraubverschlüssen. Man sollte also solche Verschlussarten nicht grundsätzlich ablehnen. Allerdings muss man aufpassen, dass der Flüssigkeitsstand in der Flasche durch Verdunstung nicht zu weit abgesunken ist. Denn das Metall hält über die Jahre die Vorspannung auf der Dichtung nicht und der Whisky beginnt zu verdunsten.

Je hochwertiger ein Whisky ist, umso mehr legt der Hersteller auch Wert auf eine ansprechende Verpackung. Die einfachste Form besteht aus gefalteter, farbiger Pappe. Sie schützt die Flasche vor Verkratzen. Allerdings neigt auch sie selbst über die Jahre zu einem gewissen Verschleiß. Soll heißen es zeigen sich feine Kratzer auf den Farbflächen und die Ecken sind mitunter abgestoßen und die blanke Pappe scheint durch. Lagerte ein Whisky in einem feuchten Keller, so leidet diese Art der Umverpackung besonders und kann den Wert einer Whiskyflasche massiv reduzieren.

Neben der Pappverpackung mit quadratischer Grundfläche gibt es häufiger zylindrische Dosen mit metallenen Deckeln. Sie werden seltener verwendet, sind jedoch kein Anzeichen für einen höheren Flaschenwert.

Herausragende Flaschen werden von den Herstellern mit Holzkisten versehen. Mitunter findet man feinste Schachteln aus Wurzelholz vor, die sicherlich zwischen 50 und 100€ in der Herstellung kosten. Diese werden nur verwendet, um die Hochwertigkeit einer Flasche besonders hervorzuheben. Doch Achtung! Manches Mal versteckt sich hinter so einer extremen Verpackung nur ein durchschnittlicher Whisky, der von Sammlern nicht akzeptiert wird.

Die Wertsteigerung

Sammeln von Whisky ist sehr vergleichbar mit dem Aktienmarkt. Erscheint eine Flasche das erste Mal auf dem Markt (entspricht dem IPO), so gibt der Handel, beeinflusst vom Großhandelspreis des Herstellers, den ersten Verkaufspreis vor. Handelt es sich bei der Flasche um eine normale Erweiterung des Sortiments einer Brennerei, so sind keine Preissteigerungen zu erwarten. Im Gegenteil. Da die Hersteller mit jeder neuen Flasche versuchen die Preise anzuheben, kommen die Preise im Handel bald unter Druck. Preisreduktionen von rund 10 Prozent im ersten Jahr sind nicht selten. Über die Jahre versucht man, die Preise der Inflation anzupassen, was nicht immer gelingt. Es gibt mehrere Dutzend bekannte Flaschen, die über die vergangenen 25 Jahre im Preis stabil geblieben sind.[131]

Anders und besser für den Sammler ist es, wenn Whiskys mit einer stark limitierten Anzahl an Flaschen erscheinen. Wenn zum Beispiel eine Brennerei einen Whisky eines speziellen Alters, gereift in besonderen Fässern wie beispielsweise von der Atlantikinsel Madeira, anbietet. Besonders gut ist es, wenn sich die Preise noch unter 100 Euro pro Flasche bewegen. Denn von einem niedrigen Preisniveau fallen die Preissteigerungen in der Regel prozentual höher aus. Da die Anzahl der Flaschen begrenzt ist und es oftmals mehr Kaufwillige als

Flaschen gibt, wandern die ersten so verkauften Flaschen unmittelbar auf die Versteigerungsplattformen im Internet und werden dort mit einem Arbitrage-Gewinn verkauft. Schon am ersten Tag nach diesem »Pseudo-IPO« können sich die Flaschenpreise verdoppeln.

Worin liegt dies begründet? Die überregionalen Händler wie Whisky.de erhalten je nach Verfügbarkeit nur einige Dutzend bis zu wenigen Hundert von diesen Flaschen. Sie haben jedoch weitaus mehr Kunden für die Ware. Also werden besondere Kunden (zum Beispiel eigene Clubkunden) bevorzugt und gleichzeitig die Abgabe auf eine Flasche pro Kunde begrenzt. Also besteht eine rege Nachfrage nach den ersten weiterverkauften Flaschen. Sehr vergleichbar zu interessanten IPOs, bei denen man bei der Zuteilung von Aktien zu kurz kam und man am ersten Handelstag an der Börse nachkaufen musste.

Die Wertsteigerung einer Flasche lässt sich schwer vorhersagen. Verdoppelt sich der Preis einer solchen Flasche von zum Beispiel 70 Euro am ersten Tag auf 140 Euro in der folgenden Woche, so hat man eine Wertsteigerung von 100 Prozent erfahren. Schafft man jede Woche so einen Deal, so erreichen die Gewinne astronomische Höhen. Doch leider gibt es nicht jede Woche solche Deals. Am Ende dieses Kapitels gebe ich einen Ausblick, bei welchen Brennereien die Chancen für solche Wertsteigerungen am größten sind.

Ist die Nachfrage nicht ganz so groß, so kämpfen die Sammlerpreise mit den Verkaufspreisen der Händler. Um diese extremen Preissteigerungen nicht in den Taschen der Sammler »versickern« zu lassen, haben sich im Umfeld der Hersteller/Großhandel-Distribution/Einzelhändler interessante Spielchen entwickelt. Flaschen werden dabei zunächst vorsichtig in den Markt gebracht, um die Preise nicht zu entwerten. Wenn die Preise dann anziehen, folgen weitere Flaschen zu höheren Preisen, bis dann die letzten gehorteten Flaschen zu Sammlerpreisen verkauft werden. Geht der Hersteller so vor, bleiben die Gewinne der Arbitrage-Jäger begrenzt.

Hat ein Hersteller nur wenige Flaschen mit extremer Qualität beziehungsweise Seltenheit, so beginnt der Verkauf gleich in astronomischer Höhe. Mehrere Tausend Euro Einstiegspreis für eine

40 Jahre alte Flasche einer herausragenden Brennerei sind heute üblich. Von New York bis Singapur finden sich leicht die Hundert Kunden, die keinen Preis zu beachten haben. Doch Achtung! Für den Wertsammler sind diese Flaschen meist nicht interessant. Der Hersteller hat den Preis bereits so extrem eingestellt, dass sich diese extremen Flaschen trotz geringer Auflage nur über Jahre hinweg abverkaufen. Preissteigerungen sind so nicht möglich. Also Finger weg von extrem teuren Flaschen! Ein kleines Rechenbeispiel hilft: Wenn sich eine Flasche für 3.000 Euro über 5 Jahre auf 3.300 Euro im Wert erhöht, so haben Sie eine Rendite von nur 10 Prozent über 5 Jahre eingefahren (1,92 Prozent/Jahr). Da bringt sogar Gold im Jahr 2019 schon mehr.

Ein Extrembeispiel

Welcher Sammler kennt die legendäre Black-Bowmore-Flasche nicht? 1964 kam die namhafte Bowmore-Brennerei auf der wohl berühmtesten Whiskyinsel Islay vor der Westküste Schottlands in finanzielle Schieflage und wurde verkauft. Der neue Eigentümer befüllte bereits im selben Jahr herausragende Ex-Sherry-Fässer mit seinem Whisky. 30 Jahre später wurde dieser extrem dunkle Whisky auf die Flaschen gezogen und zu 150 D-Mark (heute 77 Prozent) pro Flasche verkauft. Insgesamt erschienen drei Chargen. Wir von Whisky.de kauften eine halbe Palette der Final Edition um das Jahr 1998 und warteten ab.

Über die folgenden Jahre verkauften wir Flaschen zu steigenden Preisen, bis wir bei einem Stand von rund 700 Prozent pro Flasche fast ausverkauft waren. Die letzte Flasche versteigerten wir dann zu 2.805 Euro im Jahr 2002. Das entsprach für diese einzelne Flasche einer jährlichen Wertsteigerung von 67,2 Prozent.

In den Jahren danach sank der Preis der Flaschen auf dem Sammlermarkt. Zu viele wollten den Preis nun realisieren, und der Preis verfiel bis auf 1.500 Euro. In der Zwischenzeit haben viele Sammler und Genießer der Verlockung nicht widerstehen können und haben ihre Flaschen geleert. Die letzten von mir beobachteten Preise lagen bei 10.000 Euro.

Auch der Hersteller ist auf den Zug aufgesprungen und hat seine letzten beiden Fässer aus den ersten Jahren jetzt mit einem Alter von 50 Jahren abgefüllt und verlangt pro Flasche in extremer Verpackung 16.000 Britische Pfund.

Jedem, der nachrechnet, wird sehr schnell klar, dass die größten prozentualen Preissteigerungen auf niedrigem Preisniveau stattfinden.

Fälschungen

Auf den einschlägigen Versteigerungsplattformen werden hin und wieder auch leere Flaschen angeboten. Das hat seinen Ursprung in den USA, wo der Transport von gefüllten Whiskeyflaschen in Nachprohibitionszeiten nur wenigen Transporteuren vorbehalten war. So wurde der US-Whiskey mitunter in Sammelkaraffen abgefüllt und vor dem Versand der Flasche wieder vom Inhalt befreit. Der US-amerikanische Sammler war »Trockenheit« noch aus der Prohibition gewöhnt und konnte sich auch an den leeren Karaffen optisch erfreuen.

Heute werden leere Flaschen wertvoller Whiskys im Internet an den Meistbietenden verkauft. Und die Gefahr ist groß, dass diese Flasche wieder befüllt ihren Weg in den Sammlermarkt findet. Meist werden diese erneut befüllten Flaschen zu Schnäppchenpreisen angeboten. Nach dem alten Motto: »Gier frisst Hirn« findet sich dann auch immer ein Käufer, der ein Vielfaches des wahren Wertes des Inhalts bezahlt. Prominentestes Opfer war die Brennerei Macallan selbst, die sehr alte Flaschen aus den Anfängen des 20. Jahrhunderts vor allem aus dem italienischen Markt zurückkaufte. Hausinterne Zweifel an der Echtheit dieser Flaschen führten zu einer Untersuchung in einem Radioisotopen-Labor einer britischen Universität. Und tatsächlich fand man in der Mehrzahl der Whiskyflaschen minimale Mengen an Radioisotopen der Atombomben von Hiroshima und Nagasaki. Bestes Anzeichen, dass der Whisky in der Flasche aus Getreide gebrannt wurde, das erst nach dem Zweiten Weltkrieg geerntet wurde.

Falls Sie sich als Sammler auf diesen Sekundärmarkt begeben

wollen, so lassen Sie sich unbedingt die Originalrechnung des renommierten Händlers des ursprünglichen Kaufs zeigen. Falls er diese Rechnung im Original nicht weitergeben kann, weil noch andere Flaschen aus seiner Sammlung darauf vermerkt sind, so lassen Sie sich wenigstens eine Kopie aushändigen. Kann man den Lebenslauf einer Flasche nachweisen, umso sicherer wird ein zukünftiger Weiterverkauf. Heben also auch Sie Ihre Kaufbelege auf.

Praktische Tipps zur Lagerung

Whiskyflaschen können sehr schnell an Wert verlieren, wenn Schachteln und Etiketten unter Umweltbedingungen leiden. Ein Absinken des Füllstands lässt sich über sehr lange Zeiten nicht immer vermeiden. Metallverschlüsse lockern sich und natürlicher Korken ist immer etwas luftdurchlässig. Doch man sollte darauf achten, dass nicht zu viel an Füllstand verloren geht. Der Fachmann spricht von (*three quarter neck, half neck* und so weiter). Solange sich der Füllstand im oberen, zylindrischen Hals der Flasche oberhalb des »Necks« befindet und nicht mehr als 2 Zentimeter abgesunken ist, ist alles in Ordnung.

Ganz wichtig ist die Lagerung des Whiskys. Die Flaschen immer stehend lagern, sodass der Korken nicht mit dem Whisky in Kontakt kommt. Der Korken in der Flasche ist ein Gebrauchskorken, ganz im Gegensatz zum Einmalkorken in einer Weinflasche. Während Wein in der Flasche reift und bis zu einem gewissen Punkt auch besser wird, bleibt Whisky bis auf feinste Nuancen im Geschmack so, wie er beim Entleeren des Fasses war. Deshalb zählen auch die Jahre der Lagerung eines Whiskys nicht zum Alter hinzu. Ein 12-jähriger Whisky, den Sie vor 10 Jahren gekauft haben, ist und bleibt ein 12-jähriger Whisky.

Doch kommen wir zum Korken zurück. Ein Gebrauchskorken muss weitaus lockerer in einer Flasche sitzen als ein Einmalkorken. Denn wie wollte man die Flasche während des über Monate andauernden Genusses bis zu 35 Mal wieder verschließen? Und da der Korken nicht so festsitzt, darf man die Flaschen NIEMALS über längere Zeit legen und den Korken dem Whisky aussetzen. Der

Whisky dränge dann in den natürlichen Korken ein und würde seinen Weg nach draußen finden. Nach dem ersten Jahr sehen Sie einen Tropfen, dann ein paar mehr und ehe Sie es sich versehen, haben sie einen aufgelösten Korken und ein verschmutztes Etikett.

Auch größere Temperaturwechsel schaden dem Inhalt. Ein Gemisch aus Alkohol und Wasser – und Whisky besteht zu mehr als 95 Prozent daraus – dehnt sich deutlich mit einem Wechsel der Temperatur aus. Eine Abkühlung des Whiskys von 25 Grad Celsius auf 0 Grad Celsius kann den Flüssigkeitsspiegel im Flaschenhals um mehr als 1 Zentimeter absenken. Dieser neue Raum bleibt nicht ungefüllt, und so drückt Luft von außen über die Poren des Korkens in die Flasche. Diese Luft reichert sich mit Alkoholdämpfen an, die beim nächsten Erwärmen wieder nach außen gedrückt werden.

Extremsammler haben verschiedenste Konservierungsformen entwickelt, die ich hier nur anreißen und nicht empfehlen möchte. Wie bei einer Aktie sind Sie höchstpersönlich für Ihre Entscheidungen selbst verantwortlich.

Die einen umwickeln den Kopf der Flasche mit einer speziellen, sehr neutralen und gut dehnbaren Folie aus dem Chemielaborbedarf. Das nicht ganz billige Produkt nennt sich Parafilm und ist im Internetversandhandel verfügbar. Mit einer Rolle kommt man schon sehr weit, sodass der Preis einen nicht reuen muss.

Andere packen die gesamte Flasche nebst Umverpackung in einen hermetisch verschließbaren, lebensmittelechten Kunststoffbeutel. So wird nicht nur die Flasche, sondern auch das Etikett und die Schachtel geschützt.

Was Sie auch tun. Sie sollten auf eine konstante Temperatur mit moderater, aber nicht zu niedriger Luftfeuchtigkeit am Lagerort achten. Damit haben Sie das Problem minimiert.

Whisky in der Krise

Die Wahrscheinlichkeit ist ziemlich hoch, dass wir in den kommenden Jahren in eine massive, wirtschaftliche Krise stürzen.

Was wird unser Whisky dabei machen? Seine Preise werden ebenfalls abstürzen. Genau wie Aktien, Immobilien, Kunst und Oldtimern. Denn in einer riesigen Wirtschaftskrise fehlt es an Liquidität. Wie heißt es so schön? Cash ist in der Krise King! Das heißt, die Nachfrage nach diesen Luxusgütern lässt massiv nach, was die Preise verfallen lässt. Doch keine Angst. Genauso wie nach der Weltwirtschaftskrise in den 1930ern und der vergangenen Finanzkrise erholen sich die Preise mittelfristig wieder. Whisky ist also ein Vehikel, genauso wie Wald, Kunst, Edelmetalle und so weiter, um Ihren Wohlstand über Jahrzehnte hinweg zu sichern und zu speichern.

Natürlich mag der eine oder andere auf den Gedanken kommen, dass man in der größten Not auch Whisky gegen Brot tauschen kann und wenn alle Stricke reißen, auch selbst verzehren kann. Denn Whisky enthält Alkohol und der enthält 7 Kilokalorien Energie pro Gramm reinem Alkohol. Doch Achtung! Hier konsumieren Sie an der falschen Stelle.

Legen Sie sich für die Krise einen größeren Vorrat an preiswertem Whisky an. Ein Single Malt Scotch Whisky für 25 Euro pro Flasche tauscht sich genauso gegen ein Brot, wie eine Highend-Flasche zu 250 Euro. Sorgen Sie also dafür, dass Sie sich »kurz vor Schluss« noch einen Vorrat von rund 100 Flaschen einfachen, aber guten Single Malt Whiskys auf Lager legen. Wegen der Präferenz der Menschen für Whisky (statt billigem Wodka), werden Sie beim Bäcker der beliebtere Kunde sein.

Gute Whiskybrennereien

Zum Abschluss möchte ich noch einige herausragende Whiskybrennereien nennen. Von dieser Liste an Brennereien ausgehend, können Sie sich im Markt umsehen. Ich teile sie in zwei Gruppen Tier 1 und Tier 2 ein (englisch *Tier* = Stufe, Klasse). Tier 1 sind die alten, extrem renommierten Brennereien, von denen es bereits extreme Sammlerflaschen gibt. Tier 2 sind dagegen die Brennereien, die noch keine lange Erfolgsstrecke aufzuweisen haben, jedoch vom Markt aus meiner persönlichen Sicht seit wenigen Jahrzehnten akzeptiert wurden. Fragen Sie unterschiedliche Experten, so werden Sie unterschiedliche Einordnungen erhalten. Sie werden indes einen Großteil der Namen wiederfinden.

Tier 1	Tier 2
Ardbeg	Aberlour
Bowmore	Balvenie
Dalmore	Benriach
Highland Park	Bruichladdich
Glenfarclas	Caol Ila
Glenfiddich	Edradour
Glenlivet	Glendronach
Glenmorangie	Glengoyne
Laphroaig	Talisker
Lagavulin	
Macallan	
Springbank	

— ✹ —

Empfehlung

Single Malt Whisky war neben Bitcoin das erfolgreichste Investment in den letzten 10 Jahren. Vieles spricht dafür, dass der Trend auch in Zukunft anhalten wird. Zudem ist ein Investment in Whisky pflegeleicht und liquide – sowohl trinkbar als auch schnell wieder in Geld umwandelbar über Verkäufe bei Auktionen, eBay oder Händlern. Alkohol war und ist immer auch eine Tauschwährung für den Notfall. Hierzu reicht aber auch der Whisky vom Discounter. Bis zu 8 Prozent in limitierte Abfüllungen von Qualitätsdestillerien sind zur Diversifikation interessant.

Versicherungen

Deutschland ist Versicherungsweltmeister! Kein Land hat mehr Versicherungen pro Kopf als Deutschland. Ende 2017 gab es in Deutschland mit 84,1 Millionen Verträgen mehr Lebensversicherungen als Einwohner. Hierzu kommen noch 23,7 Millionen Zusatzversicherungen (Unfall, Invalidität und so weiter) bei den Lebensversicherungen.[132] Nicht ohne Grund also kommt die größte Versicherung der Welt, der Versicherungsgigant Allianz, aus Deutschland. Der weltgrößte Rückversicherer hat ebenfalls seinen Sitz in München: Munich RE.[133]

Wir versichern gerne alles. Aber was braucht man wirklich?

Ganz kurz und knackig – folgende Versicherungen sind absolut notwendig:

- Privathaftpflicht,
- Hausrat,
- Krankenversicherung/Auslandskrankenversicherung (wenn Sie reisen),
- KFZ-Versicherung (nur wenn Sie auch eines besitzen). Wägen Sie ab, wie lange eine Voll-, Teilkasko- und ab wann eine Haftpflichtversicherung sinnvoll ist. Für einen sieben Jahre alten Schrottkübel braucht es keine Vollkasko ohne Selbstbeteiligung. Durch die richtige Wahl der KFZ-Versicherung und die jährliche Anpassung und Versicherungsvergleich lassen sich schnell mehrere hundert Euro pro Jahr sparen.
- Gebäudeversicherung (nur wenn Sie auch eine Immobilie haben),
- Berufsunfähigkeit (BU) – sobald Sie auf Dächern rumturnen, mit Säge und Hammer arbeiten oder zu Depressionen neigen, sollten Sie sich das überlegen. Je gefährlicher und körperintensiver Ihre Arbeit ist, desto sinnvoller ist eine BU. Bei Menschen mit einem Bürojob ist es schwer, im Ernstfall von der Versicherung etwas zu bekommen. Der Grad von Arbeitsunfähigkeit wird von den Versicherungen zumeist wesentlich anders definiert als von dem

Geschädigten. Knallhart gesagt: Jede Versicherung wird darauf pochen: Solange Sie noch einen Joystick mit dem Mund bewegen können, sind Sie als Büroangestellter arbeitsfähig. Lesen Sie mal das Kleingedruckte.

- Risikolebensversicherung: Wichtig ist, dass die Familie abgesichert ist. Sobald man Kinder hat, sollte ein Ehepaar eine Risikolebensversicherung auf sich gegenseitig abschließen. Mindestens 100.000 Euro pro Kind.

- Hundehaftpflicht: Sobald Sie stolzer Hundebesitzer sind, ist das absolut sinnvoll. Rennt der Hund über die Straße und verursacht lediglich einen Unfall mit jeder Menge Blechschäden wird es ganz schnell richtig teuer. Sind auch noch Personenschäden mit im Spiel, kann Ihr vierbeiniger Freund Sie ganz schnell in die Privatinsolvenz treiben. In Berlin, Hamburg und Niedersachsen ist diese Versicherung bereits gesetzlich vorgeschrieben.

- Zahnzusatz: Zähne sind bekanntlich der beste Schmuck und werden in Zukunft immer teurer. Mit einer Zahnzusatzversicherung kann man die Kosten einfangen und deutlich reduzieren.

- Rechtschutz: Wenn Sie oft und gerne streiten – machen! Ansonsten lassen.

Alles andere ist Luxus, und man muss schon Glück haben, dass die Versicherung im Ernstfall tatsächlich auch zahlt. Chefarztbehandlung: Schlechte Idee, da die Chefärzte oft aus der Übung sind und die letzten Jahre in Papierarbeit erstickt sind. Reisegepäck-, Handy-, Glas-, Sterbegeld- und private Arbeitslosenversicherungen sind ebenfalls entbehrlich.

Sachwert Daten

Wie schon beschrieben ist der Rohstoff der Zukunft Daten! Momentan liegen diese vor allem bei Firmen in den USA, die damit unvorstellbar viel Geld verdienen. Unser Vorschlag: Wir holen uns die Daten zurück und bestimmen selbst, was wir preisgeben wollen und wie es monetisiert wird!

Wir alle haben die Hoheitsrechte über unsere kompletten Daten und Profile und können entscheiden ob, wer und wann sie verwendet werden und welchen Anteil der Verwender monetär erhält. Wenn die freigegebenen Daten Geld verdienen, dann bekommen wir, als Quelle und Urheber, einen Großteil davon und die Konzerne nur einen Teil, den man bestimmen kann. Dies kann unmittelbar errechnet und bezahlt werden. Man könnte jeden Tag sehen, welche Daten von wem und für was genutzt wurden und wie viel Geld sowohl ich, als auch die Plattform verdient hat. Aber auch nicht freigegebene Daten, die dennoch im Netz sind, würden trotzdem zu einem Einkommen führen, weil man via Blockchain den Nachweis erbringen kann, dass man der Eigentümer dieser persönlichen Daten ist. Das würde für viele ein nettes Zusatzeinkommen pro Monat bedeuten. Vielleicht sogar eine Art Grundeinkommen. Dies alles ohne hässliche Ausrutscher wie Datenpannen bei Unternehmen oder Skandale wie Cambridge Analytica, da die Blockchain durch ihre dezentrale Struktur absolut robust und sicher ist.

Das wichtigste Investment

Dieser Abschnitt wird Sie sicherlich überraschen. Er sprengt die Erwartung an ein Finanzbuch und doch gehört das Thema, auch in unserer ganzheitlichen Honorarberatung, dazu. Allzu oft vergessen wir bei allem Materiellen das Wesentliche. Noch viel wichtiger als Investments in Goldmünzen, Wertpapiere, Betongold oder Edelsteine ist das Investment in sich selbst. Das ist die beste Krisenvorsorge! Investieren Sie deshalb so viel wie möglich in Ihre **Gesundheit,** in

Ihre **Bildung** und in **Reisen! Hier erhalten Sie die höchste Rendite. Niemand kann Ihnen einen gesunden Körper und Geist sowie schöne Erfahrungen nehmen geschweige denn besteuern.**

Gesundheit wird immer mehr zum Luxus. In Zukunft wird es in Deutschland so sein, wie heute in den USA. Nur wer viel Geld hat kann sich Gesundheit leisten. Ernähren Sie sich ausgewogen und gesund, greifen Sie zu regionalen und unbehandelten sowie unverarbeiteten Produkten, kochen Sie selbst, trinken Sie viel (Wasser, Tee, wenig Säfte und keine Zuckerplörre). Beginnen Sie den Tag mit einem Liter Wasser oder Tee auf leeren Magen, vermeiden Sie ungesunde Fette, reduzieren Sie Zucker und Chemie und versuchen Sie, mindestens 12 Stunden nichts zu essen. Selbstverständlich darf man auch mal ein Glas Wein trinken oder ein Tiramisu essen, aber in Maßen. Bewegen Sie sich, nehmen Sie die Treppe statt den Lift, das Fahrrad statt dem Auto und treiben Sie Sport. Aber nicht nur körperliche Gesundheit zählt, sondern auch seelische! Darum hören Sie auf Ihr Bauchgefühl, umgeben Sie sich mit Menschen, die Ihnen guttun und sagen Sie immer Ihre Meinung. Seien Sie ehrlich zu sich und anderen. Tun Sie alles in Maßen.

Die wichtigste limitierte Ressource, die wir alle haben, ist unsere Lebenszeit. Nutzen Sie Ihre Lebenszeit! Sie ist mit nichts ersetzbar. Mit keinem Geld der Welt. Machen Sie sich bewusst: Was wäre, wenn dies der letzte Tag meines Lebens wäre? Was möchte ich machen? Wen will ich sehen? Was möchte ich zu meinen Liebsten und Freunden sagen? Wie verhalte ich mich? Wie will ich wahrgenommen und erinnert werden? Vergeuden Sie die wertvolle Zeit nicht mit dumpfer Unterhaltung wie TV, Smartphone und Playstation. Erkunden Sie die Welt, sprechen Sie mit Menschen und lesen Sie. Nutzen Sie die Fahrt zur Arbeit oder im Wartezimmer beim Arzt und lesen Sie ein Buch. Es gibt Hörbücher und Podcasts, die einem unglaubliches Wissen vermitteln können. Egal wo und wann und egal, ob Sie 16 Jahre alt sind oder 86. Lernen Sie lebenslang!

Die fitten und agilen 90-Jährigen, die wir kennenlernen durften, hatten alle eins gemein: **Eine kindliche Neugier!**

Auch eine Art Vermögenssicherung und Investment ist Folgendes:

Eignen Sie sich Fähigkeiten an, die auch in einer Krise wertvoll sein können. So machen Sie sich unabhängig von Ihrem Beruf. Lernen Sie Handwerkliches, Backen, Gärtnern, das Anbauen von Lebensmitteln, Reparaturen und vieles mehr.

Oftmals lernt man auf Reisen mehr fürs Leben als in der Schul- und Studienzeit. Seien Sie offen, gehen Sie auf andere Menschen zu. Tun Sie Gutes, und Ihnen wird Gutes widerfahren, das ist das allmächtige karmische Gesetz des Universums – Aktion und Reaktion.

Versuchen Sie, die Welt zu einem besseren Ort zu gestalten. Auch wenn die Transformation und die Krise hart werden, das Danach kann, wenn wir alle an einem Strang ziehen und erkennen, was wirklich zählt, eine einzigartige goldene Ära werden. Wir glauben daran und werden alles dafür tun.

Wir haben in der folgenden Matrix unterschiedliche Anlagenklassen untersucht und festgehalten, wie sie sich in verschiedenen Situationen verhalten.

Investmentmatrix

FRIEDRICH & WEIK
VERMÖGENSSICHERUNG

	Deflation	Inflation	Währungs-reform	Boom	Wert-speicher
Aktien, Fonds, ETF's	↓	→	↓	↑	*
Bargeld	↑	↓	↓	↓	
Bausparvertrag	↓	↓	↓	↑	
Bitcoin	?	↑	↑	↑	**
Diamanten	↓	↑	↑	→	***
Fremdwährungen	↑	↓	↓	↓	
Gold	↑	↑	↑	↓	***
Immobilien	↓	↑	↓	↑	*
Kontoguthaben	↑	↓	↓	↓	
Kunst	↓	↑	→	↑	**
Land (Ackerland)	↓	↑	→	↑	**
Lebensversicherung	↓	↓	↓	↑	
Oldtimer	↓	↑	→	↑	*
Platin	↓	↑	→	↑	*
Rohstoffe	↓	↑	↑	↑	*
Sammlungen	↓	↑	→	↑	**
Schulden	↓	↑	↓	↑	
Silber	↓	↑	↑	↑	***
Staatsanleihen (EU)	↑	↓	↓	↓	
Staatsanleihen	↑	↓	↑	↓	
Tauschartikel	→	↓	↓	↓	***
Uhren	↓	↑	→	↑	**
Wald	↓	↑	↑	↑	**
Whisky	↓	↑	→	↑	*

Tabelle 6

14. Nach der Demokratie droht die Diktatur

Sollten wir jetzt nicht aufpassen, dann wachen wir in einer Diktatur auf. Am Ende einer Epoche neigen Gesellschaftsformen dazu, in totalitäre Systeme abzudriften, um den Machterhalt zu sichern. Wir sind auf dem besten Weg dorthin. Die Anzeichen sind unübersehbar. Wir sehen den wachsenden Überwachungsstaat, egal, ob in Ost oder West. Überall sind Kameras und fast jeder Schritt wird erfasst. Bargeld wird immer mehr verteufelt, und alles möge schön transparent digital ablaufen. Parallel dazu steigen die Abgaben und Steuern. Ferner soll wieder eine Vermögensabgabe eingeführt werden und auch über Enteignungen wird fabuliert. Zu unserer Unterhaltung wird die Brot-und-Spiele-Kultur weiter voran getrieben, damit wir vom Wesentlichen abgelenkt werden. Regierungen versuchen krampfhaft, ihre Macht mit drastischen Maßnahmen zu zementieren. Die Überwachung und Kontrolle von uns Bürgern nimmt kontinuierlich zu.

Wir sehen in China die Implementierung von sozialen Punkten für deren Bürger. Auch im Rest der Welt, auch bei uns im zivilisierten Westen sind wir mit Fake News und extremen Parteien, exotischen Charakteren, korrupten Politikern und Cliquen konfrontiert. Sie lügen sich an die Macht und reißen ganze Länder an sich. Wir hören von Gedankenspielen (noch!) des IWF, wie das jetzt schon gescheiterte Finanzsystem in die Verlängerung gebracht werden kann. Die Zauberwörter sind Bargeldbegrenzung und eventuell sogar Abschaffung, Einführung von Negativzinsen, Goldverbot und Sondersteuern (10 oder 30 Prozent auf alles!). Im Endeffekt ist die eigentliche Frage: **Bekommen wir das Szenario von Aldous Huxleys** *Schöne neue Welt*, **eine emotional leere und oberflächliche Konsumgesellschaft, oder Orwells Überwachungsstaat aus** *1984*, **der seine**

Bürger mit Fake News in ständiger Angst hält und sie damit kontrolliert und manipuliert? Oder eine Mischung aus beidem?

Wir befinden uns in einer Zeitenwende und erleben einen Paradigmen- und Systemwechsel. Im Zuge des kommenden Crashs und der daraus resultierenden wirtschaftlichen und sozialen Verwerfungen wird unsere Politik vollkommen überfordert sein. Schon während der Finanzkrise 2008 war sie ratlos, und sie wird es erst recht sein, bei dem, was kommen wird. **Spätestens dann wird unser heutiges politisches System an seine Grenzen stoßen und letztendlich scheitern.** Wir werden hilflose Eliten erleben, die verzweifelt versuchen, doch noch Lösungen zu finden, um das scheiternde System länger am Leben zu erhalten und ihre Pfründe zu sichern. Letztendlich können sie jedoch nur noch Zeit gewinnen. Ein Krisengipfel wird den nächsten ablösen. Jedoch erfolglos. Den Niedergang zu verhindern, wird ihnen nicht gelingen. Diese Machtlosigkeit wird für eine große Verunsicherung unter der Bevölkerung sorgen. **Die Grundfesten unseres Systems werden nicht nur wanken, sondern sogar einbrechen.** Eine Rettung des jetzigen Systems ist nicht mehr möglich. In der Krise wird die Mehrheit unserer Mitmenschen orientierungslos, ohne Kompass nach einem stabilen Anker suchen, und etliche Scharlatane werden dies geschickt auszunutzen wissen.

Keine Lösung in Sicht?

In vier Büchern haben wir immer wieder mögliche und praktische Lösungen aufgezeigt, um das bestehende System tatsächlich zu verbessern oder gar zu heilen. Wir haben mit unzähligen Politikern und Ministerien gesprochen. All das war fruchtlos, sodass wir leider erkennen müssen: Es ist zu spät! **Es gibt im bestehenden System keine Lösungen mehr.** Der Zug ist abgefahren. Das ist bitter. Aber kein Grund zur Sorge. Die Welt wird weder untergehen, noch werden wir für alle Ewigkeiten die Hölle auf Erden haben. Der Mensch hat unzählige kleine und große Krisen gemeistert und wird auch diese überstehen. Wir sehen sogar die Chance, die Krise zu nutzen, denn jede Krise ist auch eine Chance. Wir möchten versuchen Ihnen dabei zu helfen, sich darauf vorzubereiten – materiell und mental.

Blicken wir auf Deutschland: Generell muss man feststellen, dass sich unser Föderalismus, ja unsere Demokratie im Endstadium befindet. Sie ist nicht mehr zeitgemäß, sondern unmodern, schwerfällig, ja sogar lethargisch. Hierbei handelt es sich um normale Zyklen – alles hat seine Zeit. Das ist natürlich. Apropos Natur. Nehmen wir die Natur als Beispiel. Auch hier sind Zyklen das Fundament, zum Beispiel die Jahreszeiten: ein Aufleben im Frühjahr, die Blüte im Sommer und das Absterben im Herbst und Winter – zum Kraftsammeln, um dann im Frühling wieder explosionsartig zu erwachen. Das ist auch in Wirtschafts-/Konjunkturzyklen erkennbar und sogar essenziell. Nach dem Aufschwung muss eine Konsolidierung stattfinden und ein Durchatmen, um neue Kraft zu tanken. Wir haben Tag und Nacht, Ebbe und Flut, Jung und Alt, Geburt und Tod. Unser politisches System ist nun im Herbst angelangt.

Hierzu eine treffende Prognose des Ökonomen und Sozialphilosophen Friedrich Hayek:

»Die Demokratie, die wir kennen, muss scheitern, und so viele Menschen werden enttäuscht sein, dass sie sich eventuell gemeinsam gegen die Demokratie wenden. Ursache ist aber nur ein ganz spezieller Fehler unseres demokratischen Systems. Es ist überhaupt nicht notwendig, dass Demokratie ein allmächtiges Parlament bedeuten muss. Die meiste Zeit der neueren Geschichte zeigt das Ringen um eine Beschränkung der Regierung. Es war eine unglückliche Entwicklung, dass die Leute glaubten, dass eine Beschränkung der Regierung hinfällig sei, wenn man die Macht der Repräsentanten der Mehrheit der Bevölkerung gegeben habe. So wurden all die langen Bemühungen um eine Beschränkung der Regierung weggespült. Die Macht wurde einer einzigen Gruppierung gegeben, die sowohl die Gesetze machen kann, die sie für ihre Zwecke wünscht, als auch regieren kann. So haben wir eine unbeschränkte Demokratie bekommen, wo die Mehrheit des gewählten Parlaments machen kann, was sie will. Und was sie will, deckt sich überhaupt nicht mit der Meinung der Mehrheit, weil der Prozess der Mehrheitsbildung darin besteht, bestimmte Gruppen mit bestimmten Vorteilen zu bezahlen. Und solange die gewählte Versammlung die Macht hat, muss sie dies tun. Man kann in einer Vertreter-Versammlung keine Vertreter-Mehrheit bilden, wenn man die vorhandene Macht nicht dazu benutzt, bestimmten Gruppen bestimmte Vorteile zu gewähren. Diese Art von Demokratie ist schädlich und wird zusammenbrechen. Eines meiner Hauptanliegen ist nun, den Menschen zu zeigen, dass Demokratie nicht diese Form annehmen muss. Wir können eine Demokratie haben, in welcher die Regierung – obwohl demokratisch geführt – unter dem Gesetz einer Körperschaft bleibt, die nicht regieren kann, sondern nur allgemeine Regeln festlegen kann. Die Macht der Regierung ist dann durch allgemeine Regeln limitiert und auf die Durchsetzung dieser allgemeinen Regeln beschränkt. Diese Regierung wird unfähig, bestimmten Gruppen bestimmte Vorteile zuzuschanzen. Um eine beschränkte Demokratie zu schaffen, müssen wir die Macht teilen zwischen einer gewählten Versammlung (die nicht über die Parteilinien gewählt wird), welche generelle Regeln festlegen muss, und einer Regierungsversammlung, welche den von ersterer festgelegten Regeln unterworfen ist. Eine solche Regierung könnte nach wie vor Leistungen aller Art erbringen, aber keine Zwangsherrschaft ausüben.«

(Interviewfilm *Inside the Hayek-Equation*, World Research Inc., San Diego, Cal. 1979, frei übersetzt von Roland Baader)

Schlimmer noch: Es droht eine Diktatur. Dagegen müssen wir uns wehren. Allerdings ist unser jetziges System auf dem Abstellgleis und wird in der Zukunft nicht halten und funktionieren. Wir brauchen neue Modelle.

Egal, welches System wir hatten. Das schwächste Glied in der Kette ist immer der Mensch. Er ist anfällig für Fehler, Korruption, Emotionen, Gier, niedere Instinkte usw. Wie können wir das in Zukunft lösen?

Eine mögliche Lösung ist unserer Meinung nach die Künstliche Intelligenz. Diese könnte die Politik ergänzen, unterstützen und ggf. sogar ganz ersetzen. Stellen Sie sich ein System vor, dass alle Fehler ausmerzt und immer sinnvolle und optimale Entscheidungen trifft? Dies könnte transparent auf der Blockchain-Technologie basieren. Für jeden einsehbar und nicht manipulierbar. Jede Entscheidung, jeder Algorithmus über die wir alle demokratisch abgestimmt haben.

Die meisten Unfälle sind auf menschliches Versagen zurückzuführen. Wenn die Technik versagt war es wieder der Mensch, der sie falsch programmiert hat oder aus Profitgründen an der falschen Stelle gespart hat (Boeing mit seinen 737 MAX). **Fakt ist:** Die Technik ist dem Menschen überlegen. Einen Quantensprung, im wahrsten Sinne des Wortes, werden wir mit der Künstlichen Intelligenz und den Quantencomputern erleben. Quantencomputer werden Milliarden mal schneller sein als heutige Computer, das heißt Quantencomputer werden Aufgaben in Sekunden berechnen und lösen, für die heute die leistungsstärksten Rechner Tausende von Jahren brauchen würden. Dies sind für uns Menschen unvorstellbare Geschwindigkeiten. Damit stoßen wir in eine neue Dimension vor. Diese neue Technologie ist unserer heutigen um Lichtjahre überlegen. Daher auch unser Vorschlag:

15. Maschinen an die Macht!

von Max Thinius, Futurologe, und Marc Friedrich

Immer wieder klang dieser Ansatz im Buch an. Der Mensch ist das schwächste Glied in der Kette, und wir sollten uns die Künstliche Intelligenz zunutze machen; sie sollte uns unterstützen.

Schon jetzt ist sicher: **Der Wechsel von der industriellen in die digitale Welt wird unseren gesamten Alltag verändern. Arbeit, Freizeit, Gesundheit, Geld, Gesetze, Steuern, Politik – alles!** Künstliche Intelligenz wird unser täglicher Begleiter in Form vielfältiger Maschinen. Sie wird uns viele neue Sichtweisen ermöglichen. Sollten Maschinen dann nicht gleich selber an die Macht?

»Maschinen an die Macht!« Jetzt mal ehrlich: Was denken Sie? Supercomputer werden mit ihren Superintelligenzen die Macht auf diesem Planeten übernehmen und uns alle unterjochen wie bei *Terminator*? Die letzten Arbeitsplätze werden verschwinden? Selbst Rechtsanwälte, Ärzte, Steuerberater, auch Politiker werden weitgehend automatisiert, die Maschinen erkennen ohnehin alles besser, können die besseren Diagnosen erstellen, Urteile fällen und Entscheidungen treffen? Künstliche Intelligenz wird mit ihrem IQ in den 10.000ern unsere bescheidenen IQ-Leistungen von 130 zu Staub zermalmen? Wir Menschen werden von Maschinen letztendlich ersetzt?

Solche Szenarien machen den meisten Menschen Angst. Sie werden immer wieder in den Medien ausgebreitet: Maschinen ersetzen den Menschen – und am Ende braucht es uns gar nicht mehr. Und sie verbreiten sich rasend. Am Ende haben Menschen Angst vor Maschinen, der Digitalisierung, der Zukunft und dem ganzen Rest. Und das in einer Zeit in der China Künstliche Intelligenz bereits als Schulfach in den ersten Klassen einführt.

Wir denken da anders. Wir denken: Maschinen »sollten« den Menschen ersetzen oder ergänzen. Und zwar schnell. Ganz besonders an Positionen, an denen er viel (zu viel) Macht ausübt. An denen Entscheidungen nicht transparent sind und von versteckten Machtideen geleitet werden. Und wir plädieren für »Maschinen an die Macht« überall dort, wo Menschen die Auswirkungen ihrer Handlungen nicht mehr überblicken können, da die Welt und die verschiedenen Zusammenhänge immer komplexer werden. Denn da kann es schnell gefährlich werden. Für alle. Und wer versucht das mit aller Macht zu verhindern? Richtig! Die Mächtigen selbst. Die Eliten, die ihre Macht erhalten wollen. Das machen sie bewusst oder unbewusst. In jedem Fall wollen sie ihre Macht erhalten. Damit jedoch schaden sie der Gesellschaft und der Demokratie. Sie verhindern Fortschritt. Fortschritt in eine digitale Zukunft, die dringend gebraucht wird.

Und so kommt es, dass wir uns selten mit den *Möglichkeiten* von Maschinen beschäftigen, sondern vor allem mit hypothetischen *Schreckensszenarien*. Anstatt die Chancen für die Weiterentwicklung von Demokratie, die sozialen und kulturellen Potenziale in unserem Land, Europa und der ganzen Welt zu diskutieren, versuchen wir, Maschinen und Digitalisierung aufzuhalten und sie madig zu machen. Es hat sich in Deutschland eine Art kollektive Skepsis gegen Maschinen entwickelt. Angetrieben durch kurzsichtige Berichterstattungen und meist mit dem Tenor: Wir werden alle wegrationalisiert. Und so kommt es, dass wir uns oft erst gar nicht mit der neuen Technologie beschäftigen.

Dabei sind Maschinen auch eine Chance für mehr Gerechtigkeit und eine neue gesellschaftliche Ordnung. Denn dass sich hierdurch neue Machtstrukturen ergeben, ist offensichtlich. Dabei ist es so: Je mehr wir über die positiven Möglichkeiten von digitalen Maschinen wissen, desto besser und schneller können wir sie in der Gesellschaft zu positiven Lösungen wandeln und für uns nutzen. Eine Abkehr und Angst führt zu Stillstand und Rückschritt. Und zu einer immer tieferen Kluft zwischen unserem Land und der digitalen Realität in anderen Ländern auf der Welt in Asien, Afrika, Amerika, Skandinavien usw. Hier wird offener mit neuen Technologien umgegangen. Offener – nicht unbedingt risikoreicher.

Also: Maschinen an die Macht! Ein Einwand kommt dann immer noch: Menschen wollen das Menschliche in der Entscheidung, nicht, dass Maschinen über sie bestimmen. Wirklich? Wollen wir einem Menschen trauen, der die gesamte Lage gar nicht im Blick hat? Nicht im Blick haben kann? Dabei könnten Demokratie und Machtstrukturen hervorragend von Maschinen profitieren. Sowohl im positiven wie im negativen Sinne. Stichworte wären hier Überwachung und Kontrolle. Auf der anderen Seite stehen wir vor enormen Chancen für uns als Gesellschaft und Menschheit.

Wenn wir clever sind, lassen wir Maschinen überall da ran, wo sie besser sind!

Es war schon immer so. Maschinen wurden argwöhnisch beäugt, wenn sie den Menschen ersetzen sollten. Zuletzt im Übergang von der Agrarwirtschaft zur Industrialisierung. Hier waren es die Webstühle und die Dampfmaschinen, die den Menschen überlegen waren. Die sie ersetzt haben, weil sie Stoffe besser und genauer weben konnten oder dank der Dampfmaschine schwere Arbeiten in einem Bruchteil der Zeit und mit einer bis dahin nicht gekannten Präzision erledigt haben. »Der Mensch wird überflüssig werden!«, war die seinerzeit gängige Meinung – ersetzt durch die Dampfmaschine.

Gut, das waren ja meist körperliche Tätigkeiten, könnte man einwenden. Das ist ja heute ganz anders. Auch die Computer, die mit der Zeit in unserem Alltag Einzug gehalten haben, haben in speziellen Feldern durchaus eine höhere Intelligenz als der Mensch. Sie können vor allem schneller, fehlerfreier und in viel komplexeren Strukturen rechnen. Hierdurch konnten zum Beispiel optische Systeme in neuer Präzision ermöglicht werden. Oder es wurden Bauteile, wie für die Sicherheit in Autos, in einer sonst nicht erreichbaren Qualität entwickelt. Und Roboter. Sie werden auch durch Computer gesteuert. Sie können in der Produktion, als weit entfernte Nachfahren der Dampfmaschine, schneller, präziser und besser die für sie bestimmten Arbeiten ausführen, als Menschen je dazu in der Lage wären. Gemeinsam mit unserer Kreativität und der Präzision der Maschinen haben wir einen neuen gesellschaftlichen Wohlstand geschaffen.

Würden wir solchen Maschinen die »Macht anvertrauen«? Ihnen gestatten über unsere Zukunft zu entscheiden – oder über Teilbereiche unseres Alltags? Sicher nicht. Dazu sind sie, trotz aller Rechenleistung, Präzision und Kraft, viel zu blöd. Sie können nur genau das, was wir Menschen ihnen vorgegeben haben. Deshalb fühlen wir uns in Bezug auf sie auch sicher. Sie machen ja nur, was »wir« wollen.

Aber jetzt kommt die Künstliche Intelligenz. Und damit wird alles anders. Jetzt können Computer auch denken. Und das schneller als der Mensch. Sie haben Gehirne, die ähnlich wie die der Menschen funktionieren – nur viel schneller, besser und ohne Ermüdungserscheinungen. Sie werden mit Algorithmen gefüttert, die kein Mensch nachvollziehen kann. Sie kombinieren und entwickeln diese eigenständig weiter. Sie entscheiden selbständig, entwickeln individuelle Lösungen und setzen sie um. Sie werden eigene Staaten bauen und eine bessere Welt erschaffen. Ganz ohne uns Menschen zu fragen. Und vielleicht sogar ganz ohne uns Menschen? Und Maschinen brennen darauf die Macht an sich zu reißen.

Ist das so?

Auch wenn viele Science-Fiction-Filme und Berichterstattungen das vermuten lassen und es sogar prominente Stimmen mit Warnungen an die Menschheit gibt – nein! Computer mit Künstlicher Intelligenz wollen weder die Macht übernehmen, noch sind sie intelligenter als der Mensch. Sie können nach wie vor einzelne Dinge besser. Aufgrund der zunehmenden Rechenleistung auch immer komplexere Dinge. Aber intelligent sind sie nicht. Denn, das hat man inzwischen doch im wissenschaftlichen Diskurs herausgefunden: Intelligenz bedeutet nicht nur Rechenpower, mit der man irgendwelche Formen in die richtige Reihenfolge bringen und logisch weiterdenken kann (wie beim Schachspielen). Intelligenz entsteht aus einer Mischung an logischem Denken, aber auch Empathie, also der Möglichkeit sich in andere Menschen, Gruppen oder Situationen hineinzudenken. Zur Intelligenz gehören Gefühle, Sexualität, logische, aber auch chaotische Verkettungen an Gedanken, Stil, Zwischentöne, vielleicht sogar Spiritualität und Karma.

Computer sind also nicht wirklich intelligent, auch wenn wir heute versuchen, Strukturen des menschlichen Gehirns in digitalen Strukturen nachzubauen. Aber sie können, in einzelnen Bereichen, sehr viel schneller und genauer denken. Sie können problemlos umfangreiche Datenmengen analysieren und in kürzester Zeit Rückschlüsse ziehen. Sie können damit Zusammenhänge analysieren und sichtbar machen, die Menschen ohne sie niemals verstehen würden. Sie sind aber nicht »machthungrig« oder wollen ihre Ziele vor allen anderen aus selbstherrlichen Gründen durchsetzen (oder weil sie von Lobbyisten beeinflusst werden). Sie tun das, was wir Menschen ihnen ermöglichen zu tun. Allerdings müssen wir das, was sie tun, überwachen. Und das nicht, weil die Computer eigenständig bösartig werden, sondern weil a) Menschen bei der Programmierung Fehler machen, die kontrolliert werden müssen und b) weil Computer selber keine Ethik haben. Sie führen stur aus, was sie durch ihre Programmierung vorgegeben bekommen. Die ethische Kontrolle müssen wir Menschen übernehmen. Dafür können die Entscheidungsbäume, also die Schritte und Bezüge zu Daten, mit denen Computer zu ihrem Ergebnis gekommen sind, weithin transparent dargestellt werden (Blockchain). Eine politische Einflussnahme durch Dritte würde auffallen. Maschinen könnten also mit einer besseren Übersicht, besserer Analyse der Daten, treffsicheren Ergebnissen und größerer Neutralität eine neue Art von Macht repräsentieren.

Die Technik ist schon da – die Revolution steht noch aus!

Und vielleicht brauchen wir ja diese neue Art von Macht. Denn unsere Gesellschaft ändert sich. Bisherige Machtstrukturen versagen zunehmend.

Wir kommen mit dem Übergang von der Industrialisierung in die Digitalisierung in ein vollkommen neues Zeitalter. Mit genauso gravierenden Änderungen wie im Übergang zwischen Agrarwirtschaft und Industrialisierung. Das heißt: Es geht nicht nur um eine technologische Ergänzung in unserem Alltag. Wir bekommen nicht nur »eine neue Form des Computers«. Alles was digitalisiert werden kann, wird digitalisiert werden!

Nehmen wir als Beispiel die industrielle Revolution. Menschen arbeiteten nicht mehr zu Hause, sondern in Fabriken. In der Digitalisierung ändert sich all das jetzt erneut. Menschen müssen nicht mehr in Fabriken oder Büros arbeiten, sondern können dank digitaler Technologien zunehmend an jedem Ort der Welt auf ihren Arbeitsplatz zugreifen. Neue Geschäftsmodelle werden entstehen und neue Formen von Geld werden Einzug halten, da bisheriges Geld einfach zunehmend unpraktisch werden wird. Gleichzeitig brauchen wir auch Gesetze und Möglichkeiten, diese neuen technologischen Formen zu regeln und in unser aller Alltag einzupassen.

Das stellt die derzeitigen Eliten, die die industrielle Strukturen kontrollieren, vor große Gefahren. Sie werden Macht verlieren. An andere oder schlimmer noch: an die Digitalisierung und damit die demokratische Basis aller Menschen. Warum? Weil es geht. Nehmen wir nur mal den Biermarkt. An ihm lässt sich, im Wandel durch die Zeitalter, hervorragend erklären, wie sich Machtstrukturen verändert haben, und warum sie sich auch jetzt wieder verändern werden müssen.

Ein Bier auf die Zukunft der Maschinen

Gehen wir zurück in das Zeitalter der Agrarwirtschaft. Damals gab es in Deutschland Tausende von kleinen Brauereien. Mit einem Mal war es möglich, durch die Hilfe von Maschinen Produkte günstiger und in besserer Qualität herzustellen. Damit begann die Konzentration der Brauereien. Viele kleine wurden von großen geschluckt, die einfach effizienter waren und Bier besser und günstiger herstellen konnten. Viele kleine gaben auch einfach auf. Am Ende gab es nur noch ganz wenige Brauereien, die noch heute großen industriellen Konsortien gehören. Damit bildeten sich Eliten heraus, die bis heute viel Macht besitzen. Sie haben diese Macht durch die konsequente Nutzung der industriellen Möglichkeiten erlangt. Vor allem also durch zunehmende Effizienz. Die Brauereien wurden größer, konnten billiger produzieren, aber wurden sie auch besser? Zu Beginn der Industrialisierung schon. Durch die größeren Produktionsanlagen und den zentralen Einkauf von Zutaten konnte das Bier qualitativ hochwertiger gebraut werden und wurde dabei sogar günstiger. Aber das industrielle System wurde zunehmend überspannt: Heute wird Hopfen nicht mehr aus der Region, sondern als Extrakt aus China eingekauft. Weil er günstiger ist. Es wird an allem gespart, auch an der Qualität. Trotzdem: Entstanden sind auf diese Weise machtvolle Strukturen, die ganze Märkte kontrollieren. Und das ist beileibe nicht nur bei Bier der Fall. Sondern in vielen Bereichen unserer industriellen Gesellschaft: Eliten haben sich gebildet, deren Macht auf industriellen Prozessen basiert.

Und jetzt kommen die digitalen Maschinen des digitalen Zeitalters. Damit ist es zunächst einmal möglich, kleinere Brauanlagen zu bauen. Diese sind so günstig und dank der maschinellen Steuerung so sicher zu bedienen, dass jeder ein hochwertiges Bier damit herstellen kann. Man braucht also nicht mehr das Kapital und die Möglichkeit einer Großbrauerei. Aber es passiert noch mehr. Nämlich in verschiedenen Bereichen der Gesellschaft. Über ein weltweites Netzwerk tauschen sich die neuen Brauer über Rezepte aus und stehen in Kontakt mit den besten Anbietern für Rohstoffe. Das können wieder kleine

Betriebe aus den jeweiligen Regionen sein. Oft entstehen hier auch neue. Denn auch diese können mithilfe von digitalen Maschinen eine perfekte und gleichbleibende Qualität herstellen. Das Ergebnis: Hunderte neuer Brauereien entstehen. Sie nutzen Tausende neuer Einkaufsmöglichkeiten. Eine gesamte Branche mit ihren industriellen Strukturen wird langsam entmachtet. Noch dazu kommt: Die neuen Brauer brauchen noch nicht einmal mehr die klassischen Vertriebswege über den Großhandel. Sie bauen sich im Internet über Soziale Medien eigene Bekanntheit auf und organisieren mit verschiedensten Anbietern die logistische Struktur, um ihr Bier an jede Verkaufsstelle oder zu jedem Genießer nach Hause zu bekommen – weltweit. Und es hat keine fünf Jahre gedauert, da haben in Amerika in vielen Regionen diese jungen digitalen Bierbrauer 20 Prozent des Marktes übernommen. Auch in Deutschland sind es bald so viele. Die Macht verteilt sich dank Maschinen von den Eliten wieder auf eine breitere Basis. Und wir bekommen so viel mehr als nur gutes Bier: Wir bekommen eine größere Vielfalt, höhere Qualität und deutlich mehr Ethik durch bewussten regionalen Anbau, der lokalen Förderung von Familien und neuer sinnvoller Altersteilzeitmodelle, bei denen Menschen nicht mehr in die Rente ausgesondert werden, sondern auf Wunsch gesellschaftlich integriert bleiben – nach eigenem Ermessen. Es entsteht also eine neue Lebensqualität, weil sich durch maschinelle Möglichkeiten Machtstrukturen verschieben.

Okay, jetzt kann man sagen: »Aber was ist denn mit den großen Playern wie Microsoft, Amazon, Google, die konzentrieren doch diese Macht der Maschinen auf sich.« Ja, aber vor allem, weil sie mit ihrer digitalen Kenntnis die derzeitigen industriellen Gesetze und Möglichkeiten überflügeln. Nehmen wir nur das Thema Daten: Wieso gibt es kein Gesetz, das regelt, dass jeder Mensch seinen persönlichen Algorithmus für sich speichern kann. Der ihn im Leben beobachtet und damit Entscheidungshilfen im Alltag bieten kann – statt wie derzeit solche Daten nur durch die großen Player erheben und speichern zu lassen. Diese Daten sollten im »Besitz« der Personen sein, die sie erzeugen. Und diese Personen sollten diese Daten an Unternehmen persönlich oder anonymisiert herausgeben, um damit bessere Leistungen zu erhalten, nach *ihren* Wünschen. Zum Beispiel im Gesundheitswesen, um Krankheiten vorherzusagen, bevor sie ausbrechen, eine bessere Altersvorsorge, die optimale Bildung für ihre Kinder (wer weiß das heute schon noch) und vieles mehr.

Wir dürfen keine Angst vor Maschinen und digitalen Technologien haben. Wir müssen auf sie zugehen und uns mit den Möglichkeiten auseinandersetzen. Nur dann können wir die Vorteile daraus erkennen und für uns nutzen. Sonst gewinnen die, die schon bisher gewonnen haben. Lassen Sie uns lieber ein Bier trinken, aus einer wundervollen kleinen Craft-Beer-Brauerei und uns überlegen, wie wir Maschinen für uns nützlich machen können, um unabhängig zu werden von den bisherigen Eliten und Machtstrukturen. Wie wärs?

Denkst du noch – oder entscheidest du schon?

Und es gibt noch ein großes Missverständnis mit Maschinen. Die Angst davor, dass sie für uns entscheiden statt Menschen. Das ist doch komisch. Einerseits wollen wir nicht von Maschinen regiert werden, wissen aber andererseits, dass sie objektiver sind und einiges besser überblicken können als der Mensch. Trotzdem legen wir die »Entscheidung« lieber in die Hände von Menschen, also den Eliten, die damit die Innovation unserer Gesellschaft verzögern. Um aber wirklich die Möglichkeiten der neuen Zeit nutzen zu können, müssen wir unser Verständnis hier dringend ändern.

Zuallererst: Maschinen, Algorithmen und die ganze Digitalisierung »entscheiden« nicht für uns. Sie machen Vorschläge, auf deren Basis *wir* entscheiden können.

Schon jetzt sind unsere technischen Helfer unverzichtbar, vom Navigationsgerät über die Spracherkennung bis hin zur Suchmaschine. Was wir früher in einer Woche erledigt haben, machen wir heute in einer Stunde. Das Smartphone sind 100 Geräte in einem. Die erste Mondlandung erforderte nur ein Bruchteil der Rechenleistung unserer heutigen Handys. Wenn Sie Ihr Smartphone oder Ihren

Computer nutzen, fühlen Sie sich bedroht? Sicherlich nicht. Die Geräte haben unser aller Leben vereinfacht. (Auch wenn ständiges Online-Sein nicht immer das Beste für die Gesundheit ist).

Es ist so: Mithilfe von Maschinen können wir Menschen uns Freiräume schaffen, um »weiter zu denken«. Allerdings müssen wir dazu andere Kompetenzen erlernen als in der Industrialisierung. Nicht Entscheidungen *zu befolgen* bringt uns heute weiter, sondern Entscheidungen *zu treffen*. Wir können also, wie schon am Beispiel der Brauereien beschrieben, wieder viel eigenständiger, autarker und selbstbestimmter denken und handeln, dank der Maschinen, die uns in vielen Bereichen unterstützen. Wir könnten uns also auf die Ethik konzentrieren, ein neues Demokratieverständnis entwickeln, die Gesellschaft in die richtige Richtung lenken und uns dabei von Maschinen unterstützen lassen. Ja, wir könnten eine neue Form der Politik einläuten. Maschinen an die Macht – an die Macht der Politik.

Maschinen an die politische Macht

Mithilfe der Künstlichen Intelligenz können wir Entwicklungen sehr viel besser vorhersagen. Das gelingt, da wir viel schneller viel mehr Daten analysieren können. Wir verlassen uns damit nicht nur auf unsere eigenen Erfahrungen, sondern die Erfahrung einer riesigen Menge an Quellen. Nehmen wir zum Beispiel eine politische Entscheidung zum Bau eines Fahrradweges durch die Innenstadt. Als Politiker würden wir heute die Meinung der Einwohner befragen, eine Analyse des Verkehrs in Auftrag geben und daraufhin entscheiden. Mit Künstlicher Intelligenz können wir aber auch das Wetter der Zukunft einbeziehen, die wirtschaftlichen Entwicklungspotenziale berechnen, die aufgrund des Fokus auf ein anderes Verkehrsmittel eintreten können, die Entwicklung der Fahrräder hin zu Elektrofahrrädern miteinbeziehen, mögliche autonome und neue Nahverkehrssysteme und deren Auswirkungen auf das Verhalten der

Einwohner – Tausende weitere Daten könnten wir in die Berechnung einfließen lassen. Damit könnten wir nicht nur auf die Erkenntnisse der Vergangenheit, sondern auch auf Potenziale der Zukunft blicken.

Viele Menschen werden ein Problem damit haben, loszulassen und der Datenintelligenz der Maschine zu vertrauen. Sie wollen ihre eigene Erfahrung ins Spiel bringen, möglicherweise auch eigene Vorlieben, Vorurteile oder parteipolitische Richtungen. Künstliche Intelligenz wird aber die Sachlage sehr viel genauer analysieren, unter Einbeziehung aller aktuellen und zukünftig zu erwartenden Parameter. Sie wird auch transparenter in den Entscheidungsbäumen sein, nicht so leicht beeinflusst von Vorurteilen, persönlichen Wünschen, Lobbystrukturen. Wir werden sehen können, welche Daten sie genutzt hat, wie sie programmiert wurde, wie Alternativen sich entwickelt hätten. Sie wird nicht in allem Recht haben, aber sie wird sehr viel genauer aktuelle Situationen analysieren und auch *vorhersagen* können als der Mensch. Und wenn jemand eine konkrete Nachfrage hat oder etwas nicht versteht, kann »die Maschine« sehr viel genauer Auskunft geben über den Hintergrund ihrer Entscheidung.

Künstliche oder von Menschen gemachte Politik?

Ein anderes Beispiel: Stellen Sie sich vor, dass ein neues Steuergesetz eingeführt werden soll. Eines, das möglichst einkommensschwache Menschen unterstützt, ohne aber die einkommensstarken Menschen und ihre möglichen Investitionen zu schwächen. Hierzu würde es heute, vereinfacht gesagt, eine Arbeitsgruppe geben. Nehmen wir an, diese bestünde aus zehn Personen. Diese zehn Personen werden einerseits Tausende Seiten mit Studien, gesellschaftliche Entwicklungszahlen und Positionspapiere auf dem Tisch haben. Sie werden es nicht schaffen, sie alle vollständig zu lesen, aber sie werden einen Überblick bekommen. Und dann wird diskutiert werden, wie das Gesetz am besten zu gestalten wäre. Dabei werden sie alle ihre eigene Meinung einbringen. Nicht bewusst und auch nicht böswillig. Es ist ihre tiefe innere Überzeugung, ihre Haltung zu dieser Sache – im

Idealfall. Sonst ist es möglicherweise eine Meinung Dritter. Von Parteien gesteuert, von Lobbyisten, Gewerkschaften oder anderen Organisationen. Es wird auch eine öffentliche Diskussion in den Medien geben. Dabei werden Parteien oder auch einzelne Politiker sehr genau analysieren lassen, wohin die Tendenz in der Wählergunst geht. Sie wollen das Gesetz ja nicht einführen und dadurch Wählerstimmen verlieren. Dann spielen Vorurteile eine Rolle, die parteipolitischen oder religiösen Weltbilder und vielleicht die eigenen Erfahrungen bei der letzten Steuererklärung. Am Ende wird ein Gesetzestext verabschiedet, der mehr oder weniger den kleinsten gemeinsamen Nenner aller Beteiligten darstellt.

Das Gesetz wird verabschiedet und umgesetzt. Ein paar Wochen oder Monate später entdecken dann möglicherweise ein paar multinationale Unternehmen, dass sich hierdurch ein interessantes neues »Steuersparmodell« ergibt. Außerdem fällt der gewünschte Effekt für die einkommensschwachen Strukturen viel geringer aus als erhofft. Denn wie auch immer man es versucht: Man kann nicht alles berücksichtigen, was wichtig ist, um hier ein Gesetz hundertprozentig richtig umzusetzen. Zumal es von vielen weiteren Einflussfaktoren abhängt, wie es genau ausgestaltet wird.

Jetzt stellen Sie sich mal vor, wie eine Maschine mit Künstlicher Intelligenz das Thema angehen würde. Natürlich müsste sie gefüttert werden mit der Intention hinter dem Gesetz, der Idee: Was soll es überhaupt bewirken? Wie soll es die Gesellschaft unterstützen? Die Maschine mit der Künstlichen Intelligenz würde dann, bevor sie einen neuen Gesetzestext vorschlägt, zunächst einmal alle bestehenden Gesetze in allen Paragraphen und Ergänzungen sowie deutende Rechtsprechungen durchforsten, ob es vielleicht schon ein Gesetz in diese Richtung gibt. Oder ob es überhaupt ein Gesetz braucht, ob nicht stattdessen ein anderes Gesetz angepasst werden könnte, um denselben Effekt zu erzielen. Aber gut: Nehmen wir einmal an, sie würde erkennen, dass ein neues Gesetz sinnvoll wäre. Dann würde sie einen Gesetzestext vorschlagen, den sie parallel mit allen deutschen Gesetzen auf mögliche Zusammenhänge prüft – mit allen! Nicht nur mit Gesetzen, in denen wir Menschen mögliche Zusammenhänge vermuten würden. Dasselbe würde sie mit den weltweit verfügbaren Gesetzestexten aller Länder und in allen Sprachen tun. Sie könnte daraus nicht nur mögliche Steuerschlupflöcher erkennen, sondern auch eine sehr viel genauere Prognose abgeben, ob der wirtschaftliche und gesellschaftliche Effekt dieses neuen Gesetzes in der gewünschten Form überhaupt eintritt. Möglicherweise würde sie Hinweise auf ungünstige Konstellationen mit Nachbarländern finden, eventuell auch Anpassungen in Nachbarländern empfehlen, damit beide Seiten profitieren. Denn ein neues Gesetz bei uns könnte ja auch Einfluss auf die Gesellschaft anderer Nationen haben. Sie merken schon. Das ist derart komplex – kein Mensch kann diese Arbeit machen. Niemand kann alle Gesetzestexte abgleichen, deren Inhalte verstehen und gleichzeitig Berechnungen anstellen, ob der gewünschte Effekt für die Gesellschaft eintritt.

Mithilfe von Maschinen könnten also die tatsächlichen Auswirkungen eines Gesetzes auf die Gesellschaft viel besser berechnet werden. Wieviel Gesetze gibt es heute, die eingeführt werden und nicht das gewünschte Ergebnis bringen? Trotzdem wirkt es fremd auf uns, dass Künstliche Intelligenz uns hilft, unsere Gesetze zu definieren. Auch hier ist es wichtig zu verstehen: Die Maschine macht Vorschläge, sie entscheidet nicht. Natürlich könnten wir sie entscheiden lassen. Dann würden wir ihr aber etwas auftragen, was sie nicht so gut kann wie der Mensch: nämlich neben der reinen Analyse die ethische, emotionale und kulturelle Komponente eines neuen Gesetzes abzuwägen.

Ersetzen Maschinen dann Politiker?

Die Rolle von Politikern würde sich entscheidend ändern. Statt konkrete Gesetze vorzuschlagen und zu entwickeln, müssten sie sich vielmehr Gedanken über die grundsätzlichen Ziele der Gesellschaft und der sie strukturierenden Politik machen. Sie würden also eher auf einer Meta-Ebene über das Wohl der Gesellschaft nachdenken und ethische Ziele definieren. Auf dieser Basis würden dann

Maschinen programmiert, welche die notwendigen Details für die Erreichung dieser Vorhaben berechnen und Vorschläge machen, mit welchen Steuermechanismen sie erzielt werden. Das könnten dann Gesetze sein, aber auch der Wegfall von Gesetzen. Das könnten Förderungen bestimmter Bereiche sein oder deren Aufhebung. Alle möglichen heutigen und zukünftigen Steuerelemente der Politik würden deutlich transparenter und vielfältiger in die Umsetzung kommen können.

Auch wäre es, im Sinne des allgemeinen Politikverständnisses, deutlich *transparenter*, wenn Politiker sich vor allem mit der Meta-Ebene und ethischen Ausrichtung der Gesellschaft beschäftigen würden. Wir hätten eine Themenebene, die wir als Bürger in der Diskussion wieder fassen und im Ganzen nachvollziehen könnten. Die gesamte Komplexität würde nämlich an die Maschine übertragen – die Idee, die gesellschaftlich erreicht werden sollte, wäre wieder diskussionsfähig. Zumal hier gälte: Auch diese ethischen Überlegungen der Politiker könnte man von Maschinen prüfen lassen. So hätte man doppelte Sicherheit. Entscheiden müssten dann immer noch wir Bürger durch die Wahl, aber auf einer insgesamt deutlich transparenteren Basis. Und die gesamte Diskussion würde sich aus den Tiefen der Details wieder um die globale Ausrichtung der Gesellschaft drehen. Und das wiederum ist eine Diskussion die aufgrund neuer, die Struktur der Gesellschaft verändernder Technologie dringend notwendig ist. Vor allem auch notwendig im internationalen Kontext, denn wir können nicht mehr nur alleine für uns denken. Wir *sind* nicht allein. Und das bringt uns ganz schnell zur europäischen Diskussion.

»Ersetzt die Politiker durch Maschinen – sie können das besser!« Erntet diese Aussage heute noch Kopfschütteln und missmutige Blicke, könnte es schon 2030 oder 2035 heißen: »Ja klar, welcher Mensch will denn bei dieser Vielzahl an national und global vernetzten Themen noch die Übersicht behalten?« Und außerdem: Erst wenn Maschinen in die Regierung integriert sind, kann ich als Bürger nachvollziehbar mitgestalten. Ich kann mir zukünftige Szenarien anschauen und mitbestimmen.

Maschinen an die Macht – bitte auch im Finanzwesen

Zunächst einmal stehen wir vor dem bisherigen Finanzwesen, mit einem Blick auf all die wundervollen Banken, die uns mit ihrem Handeln diese wundervolle Finanzkrise beschert haben. Mit hemmungslosen Finanzwetten auf zum Beispiel den Preisanstieg von bestimmten Grundnahrungsmitteln in Entwicklungsländern. In Kauf nehmend, dass so möglicherweise eine Krise in dem jeweiligen Land entstehen kann, wenn sich die dort lebenden Menschen die eigenen Lebensmittel nicht mehr leisten können. Der eigene Profit wird über alles gestellt. Ethik? Weit weg. Das, was dort passiert ist, ist nicht einmal illegal. Und hier sind wir schon bei der direkten Verzahnung mit der Politik und deren Gesetzgebung. Vieles von dem was heute im Finanzwesen geduldet wird, könnte verhindert werden. Es sind Lücken in Gesetzen entstanden, da oft nur einzelne Gesetze behandelt und nicht alle korrespondierenden Gesetze im Gesamtkontext betrachtet werden. Oder es sind neue Anlageformen erfunden worden, die kaum gesetzlich geregelt sind. Der Markt ist da sehr schnell und erfinderisch. Ziel: die eigene Gewinnmaximierung. Mit dem Wohl von Gesellschaft hat das nichts zu tun.

Der Witz ist: Über solche Methoden bringen Banken sich selbst in Schwierigkeiten. Dann helfen wir Steuerzahler. »Die Bank ist ja so wichtig für unsere Wirtschaft und ein Ausfall würde unser wirtschaftliches System schwächen.« Aber mal im Ernst: Wir als Bürger helfen, und der Staat verschuldet sich, dann lassen Hedgefonds der Banken wiederum Wetten auf die Verschuldung des Staates und seiner Bürger los, um daran Geld zu verdienen? Das ist so skurril, dass es eigentlich gar nicht wahr sein kann. Warum bitte gibt es da keine Maschine, die derlei Finanztransaktionen überwacht und mindestens meldet, wenn nicht unterbindet?

Auf der einen Seite wird die Unabhängigkeit der Banken hochgehalten, und auf der anderen Seite zahlen wir als Gesellschaft die Zeche! Das ist mit einfachen Sätzen nicht erklärbar. Es sind maximal komplexe Strukturen entwickelt worden, die selbst durch Finanzexperten nicht mehr verständlich gemacht werden können. Deshalb auch hier: Maschinen an die Macht des Finanzsystems! Maschinen, die mit den Maschinen der Politik korrespondieren, in denen wir über Szenarien unsere Ziele für die Entwicklung der Gesellschaft eingegeben haben. Finanzsysteme dürfen nicht tun, was sie wollen. Sie können im unternehmerischen Rahmen sicherlich eigenverantwortlich Risiken übernehmen, aber nicht im Namen aller. Und wenn, dann nur wer nach den Wahlszenarien der Gesellschaft handelt und nicht dagegen.

Brauchen wir eigentlich noch eine Bank?

Dabei kommt eine ganz andere Frage auf: Brauchen wir eigentlich noch Banken? Ursprünglich gab es mal die Idee, dass Banken unser Geld sicher aufbewahren, damit handeln dürfen und daran verdienen. Und wenn wir Geld an ein Gegenüber transferieren wollen, bestätigt uns ebendiese Bank den Vorgang. Vorher meins, jetzt deins.

Genau diese grundlegende Dienstleistung braucht heute aber keine Banken mehr. Das geht auch ohne. Kryptowährungen sind da inzwischen viel sicherer. Das sieht man besonders dort, wo Banken oft einen sehr zweifelhaften Ruf haben: in Entwicklungsländern. Hier haben die Vereinten Nationen innerhalb ihres World Food Program (WFP) ein Projekt entwickelt, mit dem Microfarmer, also kleine Bauern, ihre Waren sicher verkaufen können. Sie richten ihnen ein Kryptowährungskonto ein. Und es gibt übrigens Kryptowährungen, die nicht täglichen großen Schwankungen ausgesetzt sind. Für ein solches Konto braucht man nur ein Smartphone, keine Bank. Das hat den Vorteil, dass örtliche Regime nicht einfach auf das Geld zugreifen können und dass keine hohen Banktransferkosten anfallen. Das Geld ist also sicher für die Kleinbauern und es werden keine unnötigen Gebühren abgezogen. Die Idee geht aber noch weiter. Und zwar so weit, dass die Vereinten Nationen die Ernte dieser Kleinbauern von deren Feldern abholen, zum nächsten Markt fahren, der mit 50, 100 oder mehr Kilometern normalerweise unerreichbar ist, dort abliefern und die Kleinbauern erhalten sofort ihre Bezahlung per Kryptowährung auf das Smartphone – weil sicherer, schneller, besser nachvollziehbar und bei weitem nicht so einfach zu stehlen wie Bargeld unter der Matratze. Was anderenfalls die Alternative zu Banken wäre.

Wir schaffen es mit solchen Ideen, Menschen wieder an das Wirtschaftssystem anzubinden. Stellen Sie sich einmal vor: Der Bauer kann, da er jetzt wieder Teil des Wirtschaftssystems ist, langsam seine Ernte optimieren, seine Felder vergrößern. Über weltweite Vergleichsdaten erfährt er, wie bestimmtes Saatgut unter bestimmten Bedingungen am besten gedeiht. Er könnte von den Gewinnen etwas sparen, seine Kinder in die Schule schicken, selber ein Haus bauen. Es wäre ein wirtschaftlicher Aufschwung in vielen Regionen möglich. Und alles ohne Banken und Bargeld.

Was das mit unserer Finanzwelt zu tun hat? Mal abgesehen von der weltweiten Stärkung der Wirtschaft, stellen Sie sich doch einmal vor: Erst Tausende, dann Millionen dieser Bauern und Kleingewerbetreibenden haben solche Krypto-Konten. Noch dazu könnte man die Kryptowährung so gestalten, dass damit zum Beispiel keine Waffen gekauft werden können oder nur nachhaltige Güter aus einer Region. Wenn irgendwann Millionen von Menschen aus Entwicklungsländern eine sinnvolle neue Form des Geldes mit sich herumtragen ... woher könnte die nächste Finanzrevolution kommen?

In *unserer* Gesellschaft denken wir immer noch, Banken seien unverzichtbar; eben weil wir es gewohnt sind. Wenn wir aber einmal neu denken und die Möglichkeiten von Technologie ausschöpfen, dann gibt es vielleicht neue Formen, die viel weiter reichen, als wir heute denken. Neue Formen, die in der zunehmend komplexen Welt viel sinnvoller sind, als das gute alte Bargeld (für alle denen es an dieser Stelle wichtig ist: Ja, sie können auch mit Kryptowährung anonym bezahlen) und klassische Banken. Sinnvollerweise entstehen bereits erste Nachfolger von Banken. Die nennen sich Paypal, Wirecard oder Heidelpay. Mit ihnen können in unserem Alltag Finanztransaktionen schnell, sicher und digital umgesetzt werden. Allerdings nutzen wir dazu immer noch eine analoge Basis, sogenanntes Fiat-Geld. Also kein digitales Geld, sondern Währungen, die ihren Wert aus dem Vertrauen zum Staat generieren und nicht mal mehr wie früher an materielle Güter wie Gold gebunden sind. Das heißt, zum einen sind wir rein vom Vertrauen in den Staat abhängig. Und zum anderen: Wir brauchen immer noch Workarounds, damit wir Sicherheit herstellen und Betrug vermeiden können. Denn wir müssen dieses analoge Geld immer erst einmal digital machen. Wie unendlich einfacher wäre das mit digitalem Geld.

Wie viel simpler ließe sich dieses digitale Geld mit den neuen politischen Strukturen, die von intelligenten Maschinen unterstützt werden, vernetzen und daraus Szenarien, die unsere Gesellschaft prägen sollen, positiv entwickeln? Von irgendwo ruft an dieser Stelle immer einer »Big Brother is watching you!«. Das ist auch richtig – auf Basis der heutigen Technologie und Gesetze und unserem Denken, das aus einer industriell geprägten Gesellschaft entstammt. Wenn wir aber neu denken, die richtigen Gesetze mit der richtigen Idee und ethischem Anspruch verbinden, dahinter mit Hilfe von Maschinen und in Kooperation mit einer neuen Garde an politischen Personen Lösungen entwickeln ... dann entsteht möglicherweise eine Gesellschaft 4.0.

Das Problem dabei: Die derzeitigen Eliten neigen zur Realitätsverweigerung. Sie glauben einfach nicht daran, dass es so kommen wird. Sie versuchen mit aller Macht alte Strukturen aufrecht zu erhalten, denn dadurch manifestieren sie ihre derzeitige Macht. Neue Strukturen könnten aber für alle in unserer Gesellschaft sehr schnell eine bessere Lebensqualität herstellen. Aber welcher Politiker stellt schon selbst gerne fest, dass sein Job besser von einer Maschine gemacht wird?

Wir müssen nicht nur anders denken, wir müssen uns auch etwas trauen. Vor allem müssen wir zukünftig Maschinen trauen und sie als Basis für unsere Entscheidungen, die wir als Menschen nach wie vor treffen müssen, heranziehen. Nur so bekommen wir die Komplexität der Welt und der verschiedenen aufeinandertreffenden gesellschaftlichen Strukturen in den Griff. Nur so können wir politische, ökologische wie ökonomische Systeme entwickeln, die mit den verschiedenen Kulturen und Menschen auf diesem Planeten ein grundsätzliches Zusammenleben ermöglichen. Das Ding ist: All diese Innovationen kommen ohnehin. In Asien sind wir schon viel weiter. Allerdings, das muss ich zugeben, nicht immer im Sinne unserer Kultur. Nur wenn wir damit anfangen, diese neuen Möglichkeiten *unserer Kultur* anzupassen, werden wir zukünftig die Chance haben, nicht gänzlich abgehängt zu werden. Denken Sie also darüber nach: Maschinen an die Macht. Lassen Sie uns Szenarien für eine funktionierende Gesellschaft mit hoher Lebensqualität entwickeln. Maschinen können uns dabei helfen, sie zu erreichen. Sie sollten Teil der Macht in unserer Gesellschaft im digitalen Zeitalter sein.

16. Worum gehts überhaupt?

»Nie haben die Massen nach Wahrheit gedürstet. Von den Tatsachen, die ihnen missfallen, wenden sie sich ab und ziehen es vor, den Irrtum zu vergöttern, wenn er sie zu verführen vermag. Wer sie zu täuschen versteht, wird leicht ihr Herr, wer sie aufzuklären sucht, stets ihr Opfer.«

Gustave le Bon, französischer Arzt und Psychologe

Wir erleben seit 2008 einen Paradigmenwechsel, eine historische Zeitenwende und zwar die größte seit 100 Jahren. Seit der großen Finanzkrise 2008 erleben wir eine historische Vertrauenskrise. Nicht nur wurden Billionen an Vermögen vernichtet, nein, auch das Vertrauen in die Institutionen wurde mit Füßen getreten.

Zuerst bröckelte das Ansehen und das Vertrauen in die Finanzindustrie, die Banken und die Versicherungen, denn diese haben jahrelang mit unseren Geldern fahrlässig und verantwortungslos gezockt.

Dann erodierte das Vertrauen in die Politik, weil genau zu dieser Zeit der Krise die Politiker, die wir demokratisch gewählt hatten, die uns vertreten sollten, den Banken der Finanzindustrie zu Hilfe kamen und aus den Krisenverursachern oftmals Krisengewinner machten – indem sie die Verantwortlichen, die Delinquenten mit unseren Steuergeldern retteten und sogar noch deren Schulden auf uns Bürger abwälzten, für die wir bis heute haften.

Seitdem sehen wir, dass den Volksparteien das Volk wegläuft und das kritischere Parteien am linken und rechten Rand Zugewinne verzeichnen. Zu sehen ist der Vertrauensverlust nicht nur bei den Wahlen, sondern auch bei dem Referendum in Großbritannien, dem »Brexit«, den letzten EU-Wahlen, den Landtags-, den Bundestagswahlen – überall bröckelt es bei den Mainstream-Parteien. Die

Flüchtlingskrise, aber auch der Skandal um BER, Stuttgart 21 und Diesel-Gate haben ihr Übriges dazu beigetragen. Diese Entwicklung ist weltweit zu beobachten: von Brasilien bis zu den Philippinen, von den USA bis Deutschland.

Es werden rückgratlose Entscheidungen im Hinblick auf eine potenziell verärgerte Wählerschaft getroffen, die – so denken offensichtlich die Politiker – mit unpopulären, klaren Entschlüssen überfordert oder verstimmt werden. Vielleicht auch zu Recht. Aber was nützt es, Wichtiges aus Angst nicht anzugehen. Permanent werden Probleme verschleppt, verschleiert und beschönigt. Das Volk vergisst sofort den letzten Skandal, wenn die nächste Sau von den Medien durchs Dorf getrieben wird – Politik und Presse spielen sich da in die Hände: Vergessen für die einen, Verkaufszahlen für die anderen.

Parallel erodierte das Vertrauen in die Presse: Nicht nur die (Zwangs-)Abgabe bezüglich des Rundfunkbeitrages führt zu Unmut unter vielen, sondern auch die vielen Fake-News sowie die einseitige Berichterstattung. Ein Zeichen hierfür sind nicht nur sinkende Quoten bei den Öffentlich-Rechtlichen und Co., sondern auch sinkende Auflagen bei *Spiegel*, *BILD* und den anderen Qualitätsblättern, die abgelöst werden durch neue Medien. Hier ist das Vertrauen ebenfalls auf einem Rekordtief.

Zusammenfassend muss man sagen, dass die Finanzkrise von 2008 alle Bereiche durchdrungen hat: Die Menschen haben in einem hohen Maße das Vertrauen in die Institutionen, die Politik, die Finanzwelt, die Wirtschaft und die Presse verloren. Das ist eine brandgefährliche Entwicklung. Wir erleben einen historisch einmaligen Vertrauensverlust, und wenn das Vertrauen wegfällt, bleibt nur noch das große Aua.

Zombie-Gesellschaft

Steigen Sie morgens in eine Straßenbahn, einen Zug oder einen Bus in Ihrer Stadt, in Ihrer Region. Was fällt Ihnen auf? Genau. Es ist relativ still.

Während man sich früher unterhalten hat oder das Rascheln großer Zeitungsblätter hören konnte, sieht man heute zumeist Menschen, die auf Displays schauen, die Stöpsel in den Ohren haben und mit vollkommender Geistesabwesenheit glänzen. Gleiches kann man auf dem Weg zur Schule oder zur Uni beobachten. Viele Menschen unterhalten sich nicht mehr miteinander, sondern laufen in kleinen Gruppen nebeneinander her, daddeln oder lesen auf ihrem Handy, machen noch kurz etwas bei »Insta« und konsumieren digitale Inhalte.

Fakt ist: Durch die unglaubliche Innovation des Smartphones leben wir nicht mehr miteinander, wir leben nebeneinander, jeder in seinem eigenen Universum. Die neue Technologie hat uns (noch mehr) auseinanderdividiert – insgesamt hat sich die Gesellschaft zergliedert.

Läuft man durch deutsche Städte, fühlt man regelrecht, dass die Gesellschaft erkaltet ist. Wir haben folgendes Experiment in Stuttgart auf der Königstraße, der Haupteinkaufsstraße, gemacht: An einem Samstagvormittag haben wir jedem, der uns entgegenkam, in die Augen geschaut und ihn oder sie gegrüßt. Die Reaktionen waren vielsagend und ergaben ein deutliches Bild unserer Gesellschaft: Wir ernteten verstörte, verängstigte, angewiderte und empörte Blicke – wir kannten uns ja schließlich nicht! Dass wir aber die gleiche Spezies sind, scheint völlig egal zu sein. Nur wenige haben zurückgelächelt und auch gegrüßt.

Nach einer Viertelstunde kamen Polizisten auf uns zu und fragten, was wir denn hier machen würden. Als wir antworteten, dass wir den Menschen einfach »Hallo« sagen, schauten uns die beiden Polizisten noch argwöhnischer an als zuvor und fragten, ob wir irgendwelche verbotenen Substanzen zu uns genommen hätten oder Medikamente benötigten. Wir verneinten dies wahrheitsgemäß. Dies hielt die Polizisten nicht davon ab, uns um unsere Personalien zu bitten. Als wir ihnen erklärten, dass wir hier lediglich eine Sozialstudie betrieben, ließen sie von uns ab.

Diese Erfahrung bestätigte unser Gefühl, dass die Gesellschaft auseinanderdriftet, verroht, erkaltet, nicht mehr zusammenhält und selbst Freundlichkeit misstraut. Das ist das große Problem. Denn ein jeder Mensch ist abhängig von anderen, keiner kann hier allein überleben, wir alle brauchen einander.

Was läuft hier schief? Wir können uns nicht daran erinnern, dass früher Rettungssanitäter, Ärzte, Polizisten oder Feuerwehrleute im Einsatz beschimpft, bespuckt oder sogar attackiert worden sind. Dass es auf der Autobahn bei Stau keine Rettungsgasse gab. Dass Aufnahmen von schlimmsten Unfällen gemacht wurden, die dann umgehend auf den »Sozialen« Netzwerken online gestellt wurden, um viel Aufmerksamkeit und Anerkennung zu bekommen durch »clicks« und »likes«. Wann kam der Punkt, als Gäste von Freibädern nicht mehr von Bademeistern sondern durch Security geschützt wurden und man am Eingang nach Waffen durchsucht wird? Unsere Gesellschaft hat sich in eine negative Richtung entwickelt. Sie ist verroht.

Wir leben in einer Gesellschaft, die augenscheinlich alles hat, sorglos vor sich hinleben kann, keine ethischen Leitsätze mehr kennt, die vor dem Gegenüber keinen Respekt mehr hat. Eine Gesellschaft die sich frei von Verantwortung gegenüber allem fühlt. Ausschließlich der eigene Vorteil hat noch Bedeutung, allein die persönliche Optimierung ist noch erstrebenswert.

Dies ist in sämtlichen Zivilisationen zu beobachten, die gescheitert sind: mangelnder Respekt und die Verrohung des Umgangs der Menschen miteinander.

Viele sind nur noch funktionierende Zombies à la *The Walking Dead*, der US-amerikanischen Endzeit-Serie. Und das ist so gewollt – mit Brot und Spielen sind wir zu einem satten, uninformierten, abgelenkten Volk geworden. Wir sind weniger revolutionär und subversiv unterwegs, denn wir haben keine Zeit mehr, kritische Bücher zu lesen oder kritische Podcasts zu hören oder uns Gedanken zu machen über eine Revolution (beziehungsweise die offensichtlichen Missstände im Vorfeld).

Das ist alles so gewollt! Man möchte uns ablenken und uns beschäftigt halten mit augenscheinlich wichtigen Dingen, damit das System erhalten bleibt. Denn würden die Menschen aus ihrer

Lethargie erwachen und aus ihrem digitalen Universum aufblicken, würden sie die Wahrheit erkennen. **Dann hätten wir Revolution, und zwar noch morgen früh.**

Wer nicht hören will, muss fühlen

Egal ob beim Staatsbankrott in Argentinien, bei der Währungsreform in Deutschland oder beim Währungsschnitt in Griechenland – es ist immer das Gleiche: Wir sind das Volk und zahlen die Zeche. Das Wort Bürger stammt zwar nicht vom Wort »bürgen« ab, aber wir alle bürgen für das, was die Politiker und der Staat uns an Schulden hinterlassen und bezahlen sie.

Die breite Masse wird die Zeche bezahlen, auch wenn sie es nicht hören, nicht aus ihrer Komfortzone herauskommen, nicht das Handy zur Seite legen und aktiv werden will. Menschen, die sich bewegen, treten der stehenden Masse zwangsläufig auf die Füße. Oftmals ist es frustrierend, wenn man mit lieben Menschen über diese essenziellen Themen redet und auf Desinteresse oder Unverständnis stößt. Aber lassen Sie sich nicht demotivieren.

Wir rütteln mit unseren Büchern und Vorträgen an den Grundfesten des Systems, das allen so wohlig vertraut ist. Das ist unbequem, das ist nicht schön. Man möchte sich nicht mit negativen Dingen beschäftigen, man hat den ganzen Tag schon genügend Stress. Warum sich dann noch mit so unangenehmen Wahrheiten auseinandersetzen? Die Sonne scheint, es gibt Kaffee und Kuchen, nachher gehts ins Freibad, dazu noch die Fußball-WM – es läuft.

So lange, bis es eben nicht mehr läuft. Bis Frau Merkel oder wer auch immer vor die Kamera tritt und verkündet: »Der Euro ist gescheitert.« Was ist dann da draußen los?

Darum: Je mehr Mitmenschen auf die Krise vorbereitet sind, umso glimpflicher läuft sie für uns alle ab. Seien Sie bitte Multiplikator, lassen Sie sich nicht entmutigen, geben Sie Ihr Wissen weiter. Wenn Sie mit 100 Gesprächen nur einen Mitmenschen erreichen, der aktiv wird, dann hat sich das Ganze schon gelohnt. Jeder Einzelne zählt!

Je mehr Menschen monetär, aber auch mental darauf vorbereitet sind, desto glimpflicher läuft es für uns als Gesellschaft ab. Überlegen Sie einmal: Morgen geht der Euro baden oder die ganzen Lebensversicherungen kippen um oder eine große Bank kippt um. Was ist dann hier los? Was ist mit der Altersvorsorge, was ist mit der Rente, was ist mit dem Geld auf dem Konto? Wenn 2 Millionen Menschen vorbereitet sind und der Rest nicht, dann wird es spannend, dann gibt es da draußen Halligalli. Wenn aber 20 Millionen Menschen vorbereitet sind, dann sieht die Sache schon anders aus. So muss man im Lawineneffekt diese Informationen weitergeben und daher nochmals unsere innigste Bitte an Sie: Seien Sie Multiplikator, geben Sie ihr gewonnenes Wissen aus diesem Buch weiter, kopieren Sie das Buch von uns aus, verleihen Sie es, verschenken Sie es, aber dieses Wissen muss raus, um eine bessere Zukunft zu erreichen, um die Krise abzufedern.

Die Krise als Chance

Zusammenfassend muss man feststellen, dass wir vor der größten Krise aller Zeiten stehen. Aber wir dürfen nicht vergessen, dass jede Krise auch eine Chance ist. **Der Mensch lernt durch Scheitern.** Schauen Sie in Ihre eigene Biografie: Wann hatten Sie einen großen Lerneffekt? Nicht, wenn alles wie am Schnürchen lief, nicht wenn überall gutes Wetter war … Nein, den größten Lerneffekt hatten Sie, als Probleme auftauchten, als Krisen kamen, wenn Hindernisse zu überwinden waren, wenn Sie scheiterten. Denn der Mensch lernt durch Scheitern. Zum Beispiel durch eine gescheiterte Beziehung, ein Scheitern im Job, bei den Hausaufgaben, beim Studium. All das bringt uns Menschen weiter, dazu gibt es unzählige Beispiele: Studienabbrecher wie Steve Jobs oder Bill Gates beweisen, das Scheitern auch ein Vorteil sein kann, ein Wettbewerbsvorteil.

Was kommt danach?

Aufgrund der Größe der Krise sollte man sich auf einen längeren Zeitraum vorbereiten.

Der Ökonom Joseph Schumpeter hat schon gesagt: Man benötigt die kreative Zerstörung. Um jetzt die alten Zöpfe abzuschneiden, brauchen wir leider einen kolossalen Crash. Um die verkrusteten, jetzt schon gescheiterten Strukturen zu durchbrechen. Es gibt auch keine Besserung, keine Genesung ohne Schmerzen. Der Genesungsprozess geht einher mit Schmerzen. So wird es auch in diesem Fall sein.

Wir haben eine historisch große Krise und damit auch eine historisch große Chance – dass wir endlich das jetzt schon gescheiterte Geld- und Wirtschaftssystem ad acta legen, das sich über Jahrzehnte verkrustet und festgesetzt hat. Kein Politiker, kein Wirtschaftsführer war bereit, fähig, mutig oder progressiv genug, um dieses System aufzubrechen und nachhaltig zu ändern.

Wir werden durch den kommenden Crash die größte Umverteilung in der Geschichte der Menschheit erleben und alles, was wir bisher kannten, wird auf den Kopf gestellt werden. Wir werden dadurch aber auch einmalig die Chance haben, das System neu zu gestalten und zwar so, dass es dem Menschen dient, dass Kapital, Geld, Wirtschaft dem Menschen dienen (und zwar allen), und nicht der Mensch dem Kapital, dem Geld und der Wirtschaft.

Wir haben die Hoffnung, dass die kommende Krise uns als Menschen auf eine neue Bewusstseinsstufe katapultiert, dass wir erkennen, was wirklich zählt und wichtig ist – was den Kern des Menschseins ausmacht. Dass Gier und Neid verschwinden werden und Zusammenhalt, Brüderlichkeit, Respekt und Harmonie die neuen Leitgedanken werden. Dass wir ein neues, faires, demokratisches, menschliches Geld- und Wirtschaftssystem installieren, an dem jeder partizipieren kann. Dass wir uns die disruptiven Technologien wie Digitalisierung, Künstliche Intelligenz, Blockchain, Bitcoin und so weiter zunutze machen und den Wohlstand fair und transparent verteilen. Dass wir diesen Erdenball noch lange bewohnen können und dass die Menschheit in einem goldenen Zeitalter friedlich und nachhaltig miteinander lebt und prosperiert.

Es könnte eine grandiose Zeit für die Menschheit werden, wenn wir diese Chance nutzen und an einem Strang ziehen. Wir könnten ein grandioses Erbe hinterlassen. **Packen wir es an!**

»Im Wald zwei Wege boten sich mir dar, und ich ging den, der weniger betreten war und das veränderte mein Leben.«
Robert Frost

Kontakt

Lob, konstruktive Kritik, Anregungen, Vortragsanfragen, Whistle-blower-Informationen, Autogrammwünsche:

Friedrich & Weik Vermögenssicherung
Mühlstrasse 90
73547 Lorch-Waldhausen
info@fw-vs.de
Telefon: 07172 9119-717
www.friedrich-weik.de

youtube.com/friedrichweik
twitter.com/friedrich_weik
twitter.com/marcfriedrich7
instagram.com/friedrich_weik
facebook.com/friedrichundweik

Live erleben

Erleben Sie Marc Friedrich und Matthias Weik live.
Alle Daten finden Sie unter:

https://fw-redner.de/vortraege-seminare/live-vor-ort/

Danksagung

Wir danken Dr. Norbert Häring, Dr. Daniel Stelter, Horst Lüning, Erich Künzler, Florian Kössler, Dr. Gerhard Schick, Max Thinius, David Bornscheuer, Marvin Meier, Stephan Reinholz, Sergej Seider, Jakob, Andreas Hiller, Dominique Pleimling, Julian Fuhrmann, Dr. Enrik Lauer, den zwei Wolken sowie unseren Eltern und Familien für die Geduld und die wertvolle Unterstützung!

Gewidmet Hertha Friedrich

Endnoten

1 https://de.statista.com/statistik/daten/studie/159798/umfrage/entwicklung-des-bip-bruttoinlandsprodunkt-weltweit/

2 https://www.allianz.com/en/investor_relations/share/share-buy-back.html

3 Quelle: Ray Dalio | Bridgewater Associates

4 https://www.finanzen100.de/finanznachrichten/boerse/im-herzen-der-finanzmaerkte-waechst-ein-billionen-dollar-grosses-schwarzes-loch_H1273509477_10925952/

5 Statistisches Bundesamt

6 Hier gab es eine Änderung durch die Wiedervereinigung.

7 https://www.nber.org/papers/w15639

8 https://www.welt.de/politik/deutschland/article193504541/Iran-Krise-Neuer-Fluechtlingsstrom-Richtung-Europa-droht.html

9 https://www.bis.org/publ/qtrpdf/r_qt1809g.pdf; https://edition.cnn.com/2019/03/31/investing/stocks-week-ahead-zombie-companies-debt/index.html

10 https://www.derstandard.at/story/1371169965605/die-wunderbare-welt-der-christine-l

11 https://www.zeit.de/wirtschaft/2019-07/adidas-affaere-bernard-tapie-frankreich-rechtsstreit-freispruch

12 https://www.fuw.ch/article/us-aktienportfolio-der-snb-verzeichnet-starke-verluste/

13 https://www.zdf.de/nachrichten/heute/strafen-deutsche-bank-100.html

14 https://www.sueddeutsche.de/wirtschaft/deutsche-bank-investment-finanz-krise-1.4339952?fbclid=IwAR1qQ5m1jF8QEpQtjkzyvosMfSBH1qi8VZtod4RS6UbnyF-BdF63SUxdbg8

15 https://www.welt.de/finanzen/article181823918/Aufsichtsraete-Das-sind-Deutschlands-maechtigste-Firmenkontrolleure.html

16 https://www.brokervergleich.de/wissen/statistiken/deutsche-bank-boni-und-dividenden-im-vergleich/

17 https://www.handelsblatt.com/meinung/kommentare/kommentar-die-

deutsche-bank-hat-kein-geld-zu-verschenken/24133412.html?ticket=ST-17511735-C4yKbf9fQn6d9oUYtImn-ap3

18 https://www.wiwo.de/unternehmen/kirchmedia-pleite-insolvenzverfahren-steht-nach-16-jahren-vor-dem-abschluss-/23126392.html

19 https://www.n-tv.de/wirtschaft/Deutsche-Bank-naehert-sich-Allzeittief-article20458733.html

20 https://www.faz.net/aktuell/wirtschaft/unternehmen/deutsche-bank-streicht-18-000-stellen-16272935.html; https://www.sueddeutsche.de/wirtschaft/deutsche-bank-bad-bank-1.4489184

21 https://www.handelsblatt.com/finanzen/geldpolitik/geldpolitik-sparer-verlieren-648-milliarden-euro-durch-niedrigzinsen/24341874.html?ticket=ST-3740709-gjAmUCEure15KYfFOpvc-ap5

22 https://www.tagesschau.de/wirtschaft/negativzinsen-107.html

23 http://www.faz.net/aktuell/finanzen/meine-finanzen/finanzieren/ezb-vize-deutsche-nutzen-nullzins-zu-wenig-15613718.html?GEPC=s3

24 https://blogs.imf.org/2019/02/05/cashing-in-how-to-make-negative-interest-rates-work/ ; https://www.welt.de/wirtschaft/article188528229/Bargeld-So-koennte-eine-stille-Enteignung-ueber-Negativzinsen-funktionieren.html

25 https://howmuch.net/articles/putting-companies-power-into-perspective

26 https://finance.yahoo.com/news/jeff-bezos-quietly-betting-15-100700301.html

27 https://eur-lex.europa.eu/legal-content/DE/TXT/HTML/?uri=CELEX:3 2018L0843&from=DE

28 https://www.bundesfinanzministerium.de/Content/DE/Gesetzestexte/Gesetze_Gesetzesvorhaben/Abteilungen/Abteilung_VII/19_Legislaturperiode/2019-05-24-Gesetz-4-EU-Geldwaescherichtlinie/1-Referentenentwurf.pdf

29 https://www.nrz.de/wirtschaft/drittel-der-privathaushalte-in-deutschland-ohne-ersparnisse-id216483235.html

30 https://www.wiwo.de/politik/konjunktur/einkommensstudie-des-diw-die-deutschen-werden-reicher-aber-nicht-alle/24311466.html

31 https://www.welt.de/wirtschaft/article191736757/OECD-Studie-Bei-der-Steuerlast-gehoert-Deutschland-zur-Weltspitze.html

32 https://www.insm.de/fileadmin/insm-dms/text/publikationen/studien/IW-Koeln-Gutachten-Einkommensteuer.pdf

33 https://www.welt.de/finanzen/immobilien/article196726145/Kredite-Jetzt-wird-selbst-den-Banken-der-Immobilienmarkt-zu-heiss.html

34   https://www.faz.net/aktuell/finanzen/erreichen-bauzinsen-neuen-tiefstand-dank-ezb-praesidentin-lagarde-16268881.html

35   https://www.welt.de/finanzen/immobilien/article173130194/Immobilien-boom-Chinesen-stuermen-den-deutschen-Wohnungsmarkt.html

36   https://www.welt.de/finanzen/immobilien/article183878020/Bundesbank-sieht-im-Immobilienboom-ein-Stabilitaetsrisiko.html

37   https://www.deutschland.de/de/topic/leben/stadt-und-land-fakten-zu-urbanisierung-und-landflucht

38   https://www.tagesspiegel.de/wirtschaft/immobilien/grundsteuer-reform-kostet-mehr-als-530-millioneneuro/24503484.html

39   http://www.spiegel.de/politik/deutschland/nachrichten-am-morgen-die-news-in-echtzeit-a-1210461.html; https://www.sueddeutsche.de/wirtschaft/oeffentlicher-dienst-befristungen-1.4307813

40   https://www.handelsblatt.com/politik/deutschland/fluechtlingspolitik-zwei-von-drei-fluechtlingen-beziehen-hartz-iv-/23771590.html?ticket=ST-6729187-NGf7WndADo9MhO0pUhWQ-ap3

41   https://www.focus.de/finanzen/altersvorsorge/rente/brisante-studie-rente-mit-70-kommt-und-das-ist-erst-der-anfang_id_10452196.html

42   https://lobbypedia.de/wiki/Deutsche_Post-Stiftung

43   https://www.welt.de/wirtschaft/karriere/plus196609097/Gehaelter-In-Deutschland-ist-die-Mittelschicht-der-Verlierer.html?source=k143_control.capping.sondergruppe-lage-1.1.196609097

44   https://www.welt.de/newsticker/news1/article195547227/Rente-Juengste-Rentenerhoehungen-lassen-Durchschnittsrente-um-3-4-Prozent-steigen.html

45   https://www.spiegel.de/politik/deutschland/nato-general-nennt-deutsche-infrastruktur-miserabel-a-1267507.html

46   https://www.haz.de/Nachrichten/Wirtschaft/Deutschland-Welt/Schlechte-Infrastruktur-beeintraechtigt-die-deutsche-Wirtschaft

47   https://www.wiwo.de/politik/deutschland/schwarze-null-statt-nachhaltiger-finanzen-es-ist-nicht-nur-die-oeffentliche-infrastruktur-die-verfaellt/22921768.html

48   https://www.focus.de/politik/deutschland/pofalla-gegen-bosbach-ich-kann-deine-fresse-nicht-mehr-sehen_aid_670836.html

49   https://www.wiwo.de/unternehmen/dienstleister/um-puenktlicher-zu-werden-deutsche-bahn-spielt-fahrgaeste-gegeneinander-aus/23672036.html; https://orange.handelsblatt.com/artikel/52203

50   https://www.manager-magazin.de/politik/europa/investitionen-deutschland-muss-laut-ey-studie-1-4-billionen-euro-ausgeben-a-1212871.html

51 https://www.morgenpost.de/flughafen-BER/article216858873/Flughafen-BER-seit-2500-Tagen-nicht-eroeffnet.html

52 https://www.deutschlandfunk.de/stuttgart-21-entgleisung-eines-bahnprojekts.724.de.html?dram:article_id=409964

53 https://www.stuttgarter-zeitung.de/inhalt.vor-aufsichtsratssitzung-der-bahn-bei-stuttgart-21-drohen-weitere-mehrkosten.f1487816-153b-44cf-b61b-1547c5bf7ba9.html

54 https://www.capital.de/wirtschaft-politik/der-schweizer-praezisionstunnel

55 https://www.derstandard.at/story/2000103037393/chinas-megaprojekte-216-neue-flughaefen-in-15-jahren

56 https://www.bundesrechnungshof.de/de/veroeffentlichungen/produkte/pruefungsmitteilungen/oeffentlichkeitswirksame-massnahmen-der-fraktionen-des-deutschen-bundestages-im-wahljahr-2013

57 https://www.zeit.de/2007/46/Bertelsmann

58 http://www.ddvg.de/wirueberuns/unserebeteiligungen/;

59 https://www.focus.de/kultur/medien/nicht-so-frei-und-unabhaengig-guenter-jauch-kritisiert-ard-und-zdf_id_10319400.html

60 https://cdn.netzpolitik.org/wp-upload/2019/02/framing_gutachten_ard.pdf

61 https://www.welt.de/wirtschaft/article188971321/ARD-Framing-Papier-Ein-Versuch-den-freien-Markt-zu-verleumden.html

62 https://www.salonkolumnisten.com/framing-institute/

63 https://www.welt.de/kultur/medien/article189326869/Framing-Manual-Tom-Buhrow-kritisiert-das-ARD-Papier.html

64 https://www.focus.de/kultur/medien/framing-manual-wdr-intendant-buhrow-kritisiert-ard-sprachanleitung_id_10367787.html

65 https://www.welt.de/wirtschaft/article188971321/ARD-Framing-Papier-Ein-Versuch-den-freien-Markt-zu-verleumden.html

66 https://www.welt.de/kultur/medien/article189064441/ARD-Chefredakteur-zum-Framing-Manual-Wir-haben-nichts-zu-verbergen.html

67 https://www.faz.net/aktuell/feuilleton/klimahysterie-im-ersten-ard-hat-fuer-zwangsmassnahmen-was-uebrig-16297485.html

68 https://www.tagesschau.de/multimedia/video/video-569639.html

69 https://www.faz.net/aktuell/feuilleton/klimahysterie-im-ersten-ard-hat-fuer-zwangsmassnahmen-was-uebrig-16297485.html

70 https://www.pro-medienmagazin.de/medien/journalismus/2019/01/18/medien-berichteten-einseitig-ueber-fluechtlinge/

71 https://www.vzhh.de/themen/rundfunkbeitrag/meldedaten-fuer-rundfunkbeitrag

72   https://www.faz.net/aktuell/feuilleton/medien/rundfunkbeitrag-gefaengnis-wegen-gez-schulden-14491433.html

73   https://www.focus.de/finanzen/recht/milliardenloecher-trotz-hoher-rund-funk-abgabe-ard-und-zdf-wollen-wieder-mehr-geld-von-uns-weshalb-das-kein-ende-hat_id_10121587.html

74   https://www.nzz.ch/international/deutschland/der-andere-blick-manipula-tionen-aufgedeckt-doch-der-oeffentlich-rechtliche-rundfunk-beweihraeu-chert-sich-selbst-ld.1463811

75   https://www.sueddeutsche.de/medien/gez-rundfunkbeitrag-eugh-ur-teil-1.4251452

76   https://www.welt.de/debatte/kommentare/article190517671/ARD-und-ZDF-Automatische-Rundfunkbeitrag-Erhoehung-droht.html

77   https://www.zeit.de/thema/fake-news

78   https://meedia.de/2019/02/20/protagonistin-erfunden-sz-magazin-trennt-sich-von-preisgekroentem-autor-spiegel-und-zeit-ueberpruefen-artikel/

79   https://www.suedkurier.de/ueberregional/kultur/Robert-Menasse-und-die-falschen-Zitate-ist-das-alles-wirklich-nur-kuenstliche-Aufregung; art10399, 10011145; http://www.spiegel.de/kultur/literatur/robert-menasse-schriftstel-ler-hat-zitate-erfunden-der-ueberblick-a-1246396.html

80   https://edition.cnn.com/2019/06/10/politics/donald-trump-lies-fact-check/index.html ; https://www.washingtonpost.com/politics/2019/06/10/presi-dent-trump-has-made-false-or-misleading-claims-over-days/?noredirect=on&utm_term=.407da1640695

81   https://www.haz.de/Nachrichten/Politik/Deutschland-Welt/Studie-90-Prozent-der-Kitas-kaempfen-gegen-Erziehermangel

82   https://www.swisslife.ch/de/private/blog/darum-ist-kinder-kriegen-in-frankreich-so-attraktiv.html

83   http://www.tagesspiegel.de/weltspiegel/hochzeit-mit-kate-prinz-william-sucht-die-normalitaet/4100540.html

84   http://www.handelsblatt.com/unternehmen/banken-versicherungen/deut-sche-bank-clemens-boersig-steht-vor-einem-scherbenhaufen/4346280.html; http://www.deutsche-bank-stiftung.de/ueber_uns_organe.html;

     https://de.esmt.org/ueber-die-esmt/daten-und-fakten/organisationsstruktur #aufsichtsrat-esmt-gmbh_

85   https://de.euronews.com/2018/12/07/10-minuten-stehende-ovationen-bei-merkels-abschied

86   https://www.focus.de/politik/videos/cdu-parteitag-elf-minuten-applaus-fuer-merkel-was-das-signal-fuer-die-kanzlerin-bedeutet_id_6303794.html http://www.sueddeutsche.de/politik/cdu-parteitag-was-claqueure-ueber-politik-verraten-1.2781876

ENDNOTEN   397

87 https://www.stuttgarter-nachrichten.de/inhalt.wanderung-im-naturschutz-gebiet-spd-kritisiert-hubschrauber-flug-von-winfried-kretschmann.56001c8a-e2b5-4f40-b26a-5295a3806268.html

88 http://www.bundestag.de/dokumente/textarchiv/2011/33142473_kw04_pa_sport/204408

89 http://www.sport-im-bundestag.de/ueber_uns/

90 http://www.zeit.de/wirtschaft/2015-11/klimakonferenz-paris-fragen-ant-worten/komplettansicht; abgerufen am 14.12.2015

91 http://www.bz-berlin.de/deutschland/jede-minute-beim-g7-gipfel-kostet-90-000-euro

92 http://www.sueddeutsche.de/bayern/elmau-mehr-als-polizisten-fuer-den-g-gipfel-1.2476071

93 https://www.welt.de/wirtschaft/webwelt/article193880565/InterNations-Studie-Auswanderer-bewerten-digitales-Leben-in-Deutschland-schlecht.html

94 https://www.sueddeutsche.de/politik/digitalisierung-merkel-deutschland-droht-digitales-entwicklungsland-zu-werden-1.3326389

95 https://www.nzz.ch/amp/international/der-andere-blick-die-deutschen-waeren-gerne-moralweltmeister-ld.1493987?__twitter_impression=true

96 https://www.gaborsteingart.com/der-podcast/page/4/

97 https://www.sueddeutsche.de/wirtschaft/unternehmenssteuern-gruene-eu-1.4296481

98 https://www.tagesspiegel.de/politik/eu-bericht-von-lobbycontrol-die-macht-der-konzerne-ist-zu-gross/24269216.html

99 https://www.n-tv.de/wirtschaft/Deutschland-ist-grosser-Steuerverlierer-article20477762.html

100 https://www.tagesschau.de/wirtschaft/steueroasen-schwarze-liste-105.html

101 https://www.dailymail.co.uk/news/article-6543235/Jean-Claude-Juncker-used-private-jets-half-official-visits-year.html

102 https://www.zeit.de/politik/ausland/2019-02/martin-selmayr-generalse-kretaer-eu-kommission-kritik-ruege; https://www.tagesschau.de/ausland/eu-selmayr-103.html

103 https://www.t-online.de/digital/id_85457618/-lasst-euch-das-internet-erklaeren-bevor-ihr-es-kaputt-macht-.html

104 https://www.sueddeutsche.de/politik/urheberrechtsreform-eu-uploadfil-ter-1.4357372

105 https://www.wiwo.de/politik/europa/shitstorm-gegen-axel-voss-der-meist-gehasste-mann-des-internets/23645010.html; https://www.facebook.com/AxelVossMdEP/posts/2152082868221217/

106 https://www.tagesspiegel.de/politik/eu-bericht-von-lobbycontrol-die-macht-der-konzerne-ist-zu-gross/24269216.html

107 https://www.hersfelder-zeitung.de/lokales/rotenburg/verfassungsrichter-peter-huber-in-imshausen-eu-steht-vor-herzinfarkt-9940321.html

108 https://www.tagesschau.de/ausland/passhandel-101.html

109 https://www.spiegel.de/wirtschaft/soziales/griechenland-weitet-milliarden-geschaeft-mit-goldenen-visa-aus-a-1225923.html

110 https://www.sueddeutsche.de/politik/krise-der-eu-eiszeit-in-europa-1.4175343

111 https://www.spiegel.de/politik/ausland/grossbritannien-immer-mehr-menschen-auf-tafel-angewiesen-a-1266188.html

112 https://www.welt.de/politik/ausland/article178988502/Angela-Merkel-New-York-Times-Journalist-fordert-Ruecktritt-der-Kanzlerin.html

113 https://www.welt.de/debatte/kommentare/article191150239/Migration-Fuer-Europa-muesste-Deutschland-Asylgrundrecht-aufgeben.html

114 http://www.hanswernersinn.de/de/brexit

115 https://www.krone.at/548797

116 https://www.tagesschau.de/ausland/usa-afghanistan-strafgerichtshof-101.html

117 https://www.zeit.de/wirtschaft/2019-02/aussenhandel-export-usa-wichtigster-absatzmarkt-handelspartner-china

118 https://www.tagesspiegel.de/politik/chinas-wirtschaft-in-der-krise-nicht-mehr-zu-beschoenigen/24065748.html

119 https://growney.de/blog/sichere-sache-wie-ihr-erspartes-geschützt-ist; abgerufen am 26.08.2019

120 https://www.youtube.com/watch?v=FavACsyF-aE

121 https://www.spiegel.de/politik/deutschland/bundeswehr-studie-haelt-zerfall-der-europaeischen-union-fuer-denkbar-a-1176367.html

122 https://bitcoin.org/bitcoin.pdf — Satoshi Nakamoto, 2008

123 https://finance.yahoo.com/news/study-over-74-bitcoin-mining-180300738.html

124 https://medium.com/@100trillionUSD/modeling-bitcoins-value-with-scarcity-91fa0fc03e25

125 https://bitcointalk.org/index.php?topic=583.msg11405#msg11405 — Satoshi Nakamoto, 2010

126 https://unenumerated.blogspot.com/2005/10/antiques-time-gold-and-bit-gold.html — Nick Szabo, 2008

127 https://unenumerated.blogspot.com/2005/12/bit-gold.html — Nick Szabo, 2008

128 The Bitcoin Standard: The Decentralized Alternative to Central Banking — Saifedean Ammous, 2018

129 Statistisches Bundesamt; https://www.wiwo.de/politik/europa/europaeische-zentralbank-warum-das-euro-projekt-gescheitert-ist/24068372.html

130 https://www.test.de/Industriemetalle-Unerwartete-Lagerhueter-5271392-0/

131 https://www.whisky.de/whisky/wissen/industrie/preisverfuegbarkeit/preise-alter.html

132 https://www.gdv.de/resource/blob/34084/953b4048365cf01fb254ba91 75b0d948/lebensversicherung-in-zahlen-2018-data.pdf; abgerufen am 26.08.2019

133 https://www.capital.de/wirtschaft-politik/versicherungsfirmen; https://de.statista.com/statistik/daten/studie/250231/umfrage/groesste-rueckversi-cherer-weltweit-nach-gebuchten-bruttobeitraegen/